Zu diesem Buch

In Schule und Beruf, überall, wo Menschen eingeschätzt, bewertet, differenziert werden, breiten sich Testverfahren immer mehr aus. Wer sie anwendet oder sich ihnen unterziehen muß, weiß nur in den seltensten Fällen, welch fragwürdigen Instrumenten er Aussagen über Leistungen, Fähigkeiten und Eigenschaften überläßt.

Dieses kritische Handbuch bahnt einen Weg durch das verwirrende Dickicht konkurrierender Theorien, Methoden und Verfahren. Es untersucht und bewertet:

- Sozialgeschichte und allgemeine Funktion der Tests in bestimmten gesellschaftlichen Situationen,
- die Frage der Meßbarkeit psychischer Merkmale, Eigenschaften oder Verhaltensweisen,
- Anspruch und Wirklichkeit der Tests,
- Anwendungsgrenzen und rechtliche Fragen.

Weitverbreitete

- Intelligenztests,
- «objektive» und projektive Persönlichkeitstests,
- Interessentests,
- Konzentrations-Leistungs-Tests,
- Schulreife- und Schulleistungstests,
- Tests für Lernbehinderte und
- klinische Tests

werden in Kurzanalysen vorgestellt und im Hinblick auf Grundkonzept, Gültigkeit, Normen und Aussagewert der Testresultate überprüft.

Die Autoren

Siegfried Grubitzsch, Hochschullehrer für Psychologie (Schwerpunkt Psychologische Diagnostik) am Fachbereich I (Erziehung und Sozialisation) der Universität Oldenburg. Herausgeber der Zeitschrift «Psychologie und Gesellschaft».

Günter Rexilius, Wissenschaftlicher Assistent für Sozialpsychologie/Sozialpsychiatrie am Fachbereich I (Sozialwissenschaften) der Gesamthochschule Wuppertal. Herausgeber der Zeitschrift «Psychologie und Gesellschaft».

Siegfried Grubitzsch, Günter Rexilius

Testtheorie – Testpraxis

Voraussetzungen, Verfahren, Formen und Anwendungsmöglichkeiten psychologischer Tests im kritischen Überblick

unter Mitarbeit von: Thomas Blanke, Friedrich-Carl Braun-Munzinger, Berthold Dunkel, Ulrich U. Hermann, Michaela Huber, Frank Nestmann, Walter Rokita, Anton Rosner, Rudolf Schmid, Dieter Sterzel, Ulrich Tappe, Paul Walter, Achim Weiser

rororo

Rowohlt

21.–24. Tausend Februar 1983

Erstausgabe
Veröffentlicht im Rowohlt Taschenbuch Verlag GmbH,
Reinbek bei Hamburg, August 1978

Redaktion Wolfgang Müller
Umschlagentwurf Werner Rebhuhn
Satz Times (Linotron 505 C)
Gesamtherstellung Clausen & Bosse, Leck
Printed in Germany
980-ISBN 3 499 17157 0

Inhalt

I. Einleitung 9

II. Testtheorie 12

1\.
Rudolf Schmid
Sozialhistorische und sozialpolitische Aspekte von psychologischen Testverfahren 12
1.1 Einleitung 12
1.2 Die Idee von Testverfahren – Überlegungen zu Ursprung und Funktion von Tests 14
1.3 Biologische und psychologische Indikatoren des gesellschaftlichen Ranges (Galton) 16
1.4 Die Zuordnung von Individuen zu Bildungsinstitutionen (Binet) 22
1.5 Zuordnung zum Arbeitsplatz aufgrund Eignung (Münsterberg) 27
1.6 Tests und Politik 32

2\.
Siegfried Grubitzsch
Sozialökonomische Grundlagen des Testens und Messens 40

3\.
Paul Walter
Meß- und testtheoretische Grundlagen psychologischen Testens 52
3.1 Meßtheorie, Testtheorie und Testpraxis – einleitende Bemerkungen 52
3.2 Meßtheoretische Grundbegriffe 54
a) Messung 54
b) Meßtheorie 57
c) Das Problem der Repräsentation 58
d) Das Problem der Eindeutigkeit 58
e) Das Problem der Bedeutsamkeit 59
3.3 Wissenschaftskritische Überlegungen zum Meßbegriff 61
3.4 Der Ansatz der klassischen Testtheorie 64
a) Das Grundkonzept 64
b) Die Axiome der klassischen Testtheorie 65
c) Die Herleitung der Reliabilität nach der klassischen Testtheorie 66

d) Erweiterungen der klassischen Testtheorie 67
e) Kritische Anmerkungen zur klassischen Testtheorie 68
3.5 Alternative Testmodelle – Fortschritte in der Diagnostik? 69
a) Das Rasch-Modell 69
b) Diagnostik in der Verhaltenstherapie 72
3.6 Zusammenfassung 73

4.
Siegfried Grubitzsch
Konstruktion psychologischer Tests 75
4.1 Begriffsbestimmung von Tests 76
4.2 Allgemeines zur Testkonstruktion 78
4.2.1 Herstellung der Testvorform 79
4.2.1.1 Exkurs: Stichprobenorganisation 80
4.2.2 Aufgabenanalyse 80
4.2.2.1 Schwierigkeitsgrad der Testaufgaben 81
4.2.2.2 Trennschärfe der Testaufgaben 81
4.2.3 Analyse der Häufigkeitsverteilung der Testrohwerte 82
4.2.3.1 Exkurs: Normalverteilung, Mittelwert, Standardabweichung, Auftretenswahrscheinlichkeit 83
4.2.4 Testgütekriterien 89
4.2.4.1 Validität (Gültigkeit) 89
4.2.4.1.1 Übereinstimmungsvalidität 90
4.2.4.1.2 Vorhersagevalidität 97
4.2.4.1.3 Inhaltsgültigkeit 97
4.2.4.1.4 Konstruktvalidität 98
4.2.4.2 Reliabilität (Zuverlässigkeit) 100
4.2.4.3 Interpersonelle Übereinstimmung 106
4.2.5 Eichung des Tests 106

5.
Günter Rexilius
Grenzen der Testerei 112
5.1 Das Problem 112
5.1.1 Warum wird getestet? 112
5.1.2 Wo nach Grenzen suchen? 114
5.2 Das Testen in seine Bestandteile zerlegt 116
5.2.1 Was getestet wird 116
5.2.2 Der Testinhalt 119
5.2.3 «Mißt» der Test? 122
a) Meßmodell 122
b) Normalverteilung 124
c) Standardisierung 125
d) Objektivität 127

e) Validität 129
f) Zusammenfassende Anmerkungen 132
5.2.4 Die Testsituation 134
a) Äußere Bedingungen der Testsituation 135
b) Der Testleiter 136
c) Das Verhalten des Testleiters 136
d) Interaktion Testleiter – Proband 137
e) Einstellungen und Erwartungen des Getesteten 138
f) Testangst 139
g) Die Situation des Getesteten 139
h) Zusammenfassende Bemerkungen 141
5.3 Das diagnostische Urteil 141
5.3.1 Welche Informationen liefern Tests? 141
5.3.2 Der Prozeß der Urteilsbildung 143
a) Die Fähigkeiten und Eigenschaften des Urteilers 143
b) Psychometriker, Kasuistiker und die Quintessenz 146
5.3.3 Die Folgen 147
5.4 «Immanente» Verbesserungsvorschläge 148
5.4.1 Forderungen an den «Testanwender» 149
5.4.2 Theoretische Korrektur durch die «Verhaltenswissenschaftler» 150
5.4.3 Inhaltliche Alternativen 152
5.4.4 Meßtheoretische Alternativen 154
5.5 Die Funktion der Psychodiagnostik 156
5.5.1 Der diagnostische Prozeß 156
5.5.2 «Das Kapital» als Urheber der Testerei 158
5.5.3 Die Stabilisierung sozialer und ökonomischer Verhältnisse 160
5.5.4 Legitimation gesellschaftlicher Verhältnisse 162
5.5.5 Die Testung der Loyalität 164
5.6 Schlußfolgerungen und Fragmente zum Weiterdenken 166

6.
Thomas Blanke, Dieter Sterzel
Die Innenwelt der Außenwelt der Innenwelt als Rechtsproblem oder: Selektion durch Tests und Menschenwürde 168
6.1 Verrechtlichung psychodiagnostischer Verfahren 168
6.2 Grenzen der Zulässigkeit psychologischer Testverfahren oder: Die Demontage des Persönlichkeitsrechts 171
6.2.1 Die unfaßbare Menschenwürde 172
6.2.2 Gesetzesvorbehalt ohne Grenzen 181
6.3 Vergesellschaftung der inneren Natur – Konsequenzen und Widersprüche 184

III. Testpraxis 190

Kurzanalyse einzelner Testverfahren 190

1. Ergebnisse einer Umfrage unter Psychologen zur «Anwendung und Beurteilung psychologischer Testverfahren» 190

2. Kurzanalysen – Einführung 203

3. Liste der besprochenen Tests 205

4. Kurzanalysen – Darstellung 207
   1. Intelligenztests 207
   2. «Objektive» Persönlichkeitstests 229
   3. Projektive Persönlichkeitstests 256
   4. Interessentests 277
   5. Konzentrations-Leistungs-Tests 286
   6. Schulreifetests 290
   7. Schulleistungstests 305
   8. Tests für Lernbehinderte 307
   9. Klinische Tests 319

IV. Anhang 324

1. Checkliste fürs Testen und Getestetwerden 324

2. Erläuterung der Testabkürzungen 326

3. Gesamtliteraturverzeichnis 327

4. Einführende Literatur in wichtige Bereiche der Testproblematik 336

5. Personennamenregister 338

6. Sachwortregister 343

I.

Einleitung

Warum noch ein Buch über Tests?

Weil es nach Meinung des Verlags eine Marktlücke gibt? Weil es Informationen gibt, die noch nicht publiziert worden sind? Weil die Thematik so ungemein spannend ist? Oder weil es gerade «in» ist, über Tests und ihre Anwendung mit leicht kritischem Augenaufschlag zu konversieren?

Eigentlich alles nicht. Wir wollen ein Buch vorlegen, das sich von der gewohnten Testliteratur unterscheidet:

- von den wissenschaftlichen Standard-, Hand- und Lesebüchern zur Theorie über Testerei und Psychodiagnostik, indem der Inhalt, obwohl er sich im großen und ganzen mit derselben Thematik befaßt, für – hoffentlich – jedermann verständlich sein soll;
- von den Sammelwerken über psychologische und pädagogische Tests, indem wir uns auf einen kleinen Teil verwendeter Tests beschränken, sie dafür aber ausführlicher behandeln;
- von der «populärwissenschaftlichen» Literatur über Tests, indem wir versuchen, einerseits sehr gründlich und ohne Verkürzungen, andererseits für ein breites Publikum zu berichten.

Bücher über Tests und Testerei sind in zwei Gruppen einzuteilen: in die einen, die sich mit der «Testtheorie» beschäftigen in allen ihren Einzelheiten und Teilbereichen; und in die anderen, die sich der «Testpraxis» widmen: den Tests selbst, den Problemen ihrer Anwendung, ihrer Auswertung und Verwendung. Es gibt wenige Bücher, in denen beide Bereiche abgewogen dargestellt werden, und dann sind sie für Wissenschaftler oder wissenschaftlich Ausgebildete geschrieben und nicht für sogenannte «Laien».

Wir wollen sowohl die Testtheorie als auch die Testpraxis zu Wort kommen lassen, weil beide, gleich ob Theoretiker oder Praktiker, angesprochen werden, untrennbar sind. Im theoretischen Teil werden alle wesentlichen Aspekte des Testens dargestellt und diskutiert; im praktischen Teil stellen wir die wichtigsten in der (hauptsächlich) psychologischen Praxis verwendeten Tests vor.

Bei der Lektüre von Werken über die theoretischen und praktischen Seiten der Testerei ist immer wieder festzustellen, daß Tests zwar dargestellt und manchmal auch hier und da kritisch angemerkt werden. Abgesehen davon, daß die Kritik in der Regel etwas stiefmütterlich behandelt wird, geht der Zusammenhang zwischen den beiden Ebenen oft verloren: Wir wollen Darstellung und Kritik in einem Band vereinheitlichen, im systematischen Neben- und Durcheinander vermitteln, wo wir darstellen, auch eine kritische Einsicht ermöglichen.

Tests werden immer zahlreicher. Ihre Produktion nimmt zu, ihre Anzahl, die Bereiche, in denen sie eingesetzt werden, die Personen, die sie anwenden und mit ihnen umgehen, die Eigenschaften, Fähigkeiten, Verhaltensweisen, für die sie entwickelt werden – alles wächst, vermehrt sich. Ihre Anwendung wird zwangsläufig häufiger: in der klinischen Diagnose, in der Persönlichkeitsbeschreibung und -beurteilung, in der Analyse von Verhaltens-, Lern- und Leistungsstörungen, in Schulreifeuntersuchungen, bei Schulwechsel, in der Kriminalpsychologie, in Erziehungsfragen, in der Berufsberatung und nun auch noch in der Hochschulzulassung.

Das ist die eine Seite der Testerei. Die andere sieht so aus:

Die wenigsten Betroffenen, Getesteten wissen, was da eigentlich mit ihnen passiert. Sie haben keine Ahnung, was ein Test ist, was er mißt oder messen soll, wozu er angewendet wird, warum gerade dieser, ob er das, was er messen soll, auch wirklich mißt; ihnen bleibt die Testsituation selbst undurchschaubar, weil sie die Modalitäten nicht kennen, keine Einblicke erhalten, ihnen Einblicke sogar gezielt vorenthalten werden, sie verunsichert werden, alles zwar beängstigend, aber auch irgendwie überzeugend-geheimnisvoll wirkt; und sie wissen nicht, was mit den Testergebnissen geschieht, welche Folgen sie haben, was über sie selbst erkannt wird, welche Tiefen ihrer Seelen ausgelotet, welche Urteile über sie gefällt werden und wer eigentlich für sie das Plädoyer hält.

Statt dessen

- glauben sie an den Test;
- sind sie skeptisch, aber nur so, wissen nicht genau warum;
- glauben sie an den Tester und seine Profession;
- hoffen sie, daß schon Richtiges geschieht.

Die wenigsten Testanwender wissen, was sie da eigentlich tun. Sie wissen nicht so genau, was ein Test wirklich mißt; ob er es mißt, ob er überhaupt mißt, ob er testtheoretischen Ansprüchen genügt, welche Tests es überhaupt gibt, welches die besten sind; sie beherrschen die Testsituation, aber sie kennen ihren eigenen Einfluß auf das Testergebnis nicht, wissen nicht um die Voraussetzungen, die der Getestete in die Testsituation mitbringt und ob sie irgendwie berücksichtigt werden müssen, und wie der «Proband» selbst die ganze Situation erlebt; sie wissen auch nicht, welche Informationen ihnen die Testergebnisse wirklich liefern, was aus ihnen zu schlußfolgern ist, wie sie zu beurteilen und wie in ein Urteil, eine Entscheidung umzusetzen sind.

Statt dessen

- bauen sie auf ihre im Studium erworbenen und oft genug überholten Kenntnisse;
- glauben sie an die «Erfahrung», die sie im Lauf der Zeit erwerben;
- akzeptieren sie Tests, weil sie keinen Ersatz kennen;
- hoffen sie, als Test-Anwender wenigstens einen wissenschaftlichen und kompetenten Eindruck zu hinterlassen.

Wenn für dieses Buch überhaupt ein Ziel anzuvisieren ist, dann die Veränderung der geschilderten Situationen; vielleicht ist es möglich, sowohl Getesteten als auch Test-Anwendern einige hilfreiche Hinweise und Informationen zu geben, die ihnen den kritischen Umgang mit Tests erleichtern und sie – jeden in seiner «Rolle» und vielleicht gemeinsam – selbstsicherer und souveräner gegenüber einem «Instrument» zu machen.

Die Darstellung der «Testtheorie» beginnen wir mit einem Beitrag zur **Geschichte der Testentwicklung**, in dem sozialhistorische und -politische Hintergründe aufgezeigt werden, die zur Entstehung von Intelligenzmessung und Intelligenztests und ihrem ersten umfassenderen Einsatz führten; eine kurze Diskussion schlägt den Bogen zur gegenwärtigen Situation der Testerei.

Der zweite Beitrag versucht kurz und knapp, den **sozialpolitischen und sozialökonomischen Hintergrund** der Entstehung von Tests als Prüfsituationen, die aus der Aufrechterhaltung bestimmter gesellschaftlicher Zustände begründete Notwendigkeit der Prüfung und ihre Entwicklung hin zur «Kalkulierbarkeit», die sich in einer umfangreichen Meßtheorie verdichtet, darzustellen.

Der **Meßtheorie** selbst wendet sich der dritte Beitrag zu; die wichtigsten Voraussetzungen, Begriffe und Zusammenhänge werden dargestellt und diskutiert. Der Gegenstand des vierten Beitrages schließt unmittelbar an die meßtheoretischen Überlegungen an: die **Grundlagen der Testtheorie und Testkonstruktion**, angefangen bei der Aufgabenstellung bis hin zur Eichung eines Tests, werden erläutert und problematisiert.

Im fünften Beitrag werden die **Grenzen der Testerei** diskutiert; angefangen bei den Voraussetzungen über die Testkonstruktion bis hin zur Testanwendung und ihren Folgen für den Getesteten.

Einen wichtigen Schlußpunkt setzt der sechste Beitrag, in dem die **rechtlichen Probleme** im Zusammenhang mit der Testerei aufgegriffen werden. In einer Analyse der Rechtsprechung zu diesem Problem wird die Stück für Stück stärkere Eingrenzung der persönlichen Freiheitsrechte zugunsten der Anwendung psychologischer Testinstrumente entwickelt.

Im zweiten Teil des Buches wollen wir die **Tests in Kurzananlysen** darstellen, von denen wir aufgrund von Überlegungen und Erfahrungen annehmen, daß sie zu den meistverwendeten gehören. Das Ziel ist, in Gegenstand und Inhalt, Voraussetzungen und Ergebnisse der jeweiligen Tests einzuführen und durch eine kritische Betrachtung eine Einschätzung des Tests zu ermöglichen. So sollte es möglich sein, daß weder Getesteter noch Anwender in eine Testsituation geraten, ohne genau zu wissen, was sie unter welchen Bedingungen und Voraussetzungen und mit welchen Folgen spielen. Die Handhabung wird für beide souveräner werden, die Folgen kalkulierbarer, an die Stelle des Ausgeliefertseins an einen undurchschaubaren Mechanismus sollte Wissen und Problembewußtsein treten – und wo möglich vielleicht der Verzicht auf die Anwendung von Tests.

II. Testtheorie

1.

Rudolf Schmid

Sozialhistorische und sozialpolitische Aspekte von psychologischen Testverfahren

1.1 Einleitung

Bei der Vorbereitung dieses Beitrags stieß der Verfasser auf ein Buch aus den USA, das unter der Angabe der Jahreszahl 1969 katalogisiert war. Das darin enthaltene Vorwort, flüchtig aufgeschlagen, begann folgendermaßen: «Es existiert gegenwärtig ein großes öffentliches wie wissenschaftliches Interesse für das Thema der Intelligenzprüfung, und eine beträchtliche Summe Geldes wird jedes Jahr in Schulen und Hochschulen dafür ausgegeben, um vor Beginn der Ausbildung mittels Testverfahren die Qualifikation der Auszubildenden zu bestimmen, die diese Institutionen besuchen wollen. Die Information, die man so erhält, wird nicht nur als nützlich für Erziehungsberatung und Unterrichtung der Kinder und Jugendlichen im Hinblick auf ihre individuelle Laufbahn erachtet, sondern auch für deren Zuweisung zu unterschiedlichen Stufen, wo sie mit Gruppen von Kindern mit etwa ihrem Intelligenzgrad unterrichtet werden können.» (Peterson, 1969, S. III – alle fremdsprachigen Zitate werden vom Verf. übersetzt.) Abgesehen von der Bezogenheit auf US-amerikanische Verhältnisse schien dieses Vorwort auch gut in die Diskussion in der Bundesrepublik vor einiger Zeit zu passen, die unter bildungsreformerischen Gesichtspunkten den psychologischen Testverfahren große Chancen eröffnete, die Zuordnung von Individuen zu Ausbildung und Beruf zu vermitteln und zu steuern – eine Diskussion, die im übrigen bis heute, wenngleich unter Gesichtspunkten der «knapp» gewordenen Ausbildungs- und Berufsplätze, anhält. So hieß es zum Beispiel im Bildungsgesamtplan 1973 unter «Innovationen im Bildungswesen»:

«4. Pädagogische Diagnostik.

Ziele: Entwicklung von zuverlässigen und gültigen psychologisch-diagnostischen Verfahren zur Erfassung der Persönlichkeit der Lernenden einschließlich ihrer Lerndispositionen als Voraussetzung für eine gezielte Bildungsberatung.

Ständige objektivierte Leistungsmessung als Voraussetzung für eine regelmäßige Leistungsbeschreibung und Selbstkontrolle und, je nach wissenschaftlicher Erprobung und Bewährung, zur Ergänzung oder anstelle von punktuellen Bewertungen (Zeugnisse) und von Prüfungen. Aufklärung über Probleme der inneren und äußeren Differenzierung, insbesondere des Übergangs zwischen verschiedenen Schulformen und Kursen sowie der Selbstkontrolle im Lernprozeß.» (Bildungsgesamtplan, 1973, S. 75)

In speziellen Veröffentlichungen wie z. B. von Wendeler zum Thema «Intelligenztests in Schulen» ([2]1971) konnte man lesen: «Intelligenztests werden hierzulande besonders häufig eingesetzt, wenn entschieden werden muß, welche Schulart oder welchen Schulzweig ein Schüler in Zukunft besuchen sollte. Die Ergebnisse des Intelligenztests sollen helfen, diese Entscheidungen zu verbessern» (S. 70).

Das eingangs zitierte «öffentliche und wissenschaftliche Interesse» schien also vorhanden und eine lange Tradition zu haben: Denn wie eine genauere Inspektion des zuerst zitierten Buches ergab, erwies es sich als Neudruck (!) einer Arbeit aus dem Jahre 1926, womit das Faktum seiner kürzlichen Neuerscheinung, aber auch sein Inhalt Belege für eine seit mehr als fünf Jahrzehnten kaum veränderte Problemlage darstellte – auch unter Berücksichtigung der Unterschiede in den Ländern und der bekannten «Zeitverschiebung» zwischen den USA und Mitteleuropa bei der Übernahme «öffentlicher und wissenschaftlicher» Anliegen.

Im folgenden möchte ich das «Anliegen» der Entwicklung und des Einsatzes psychologischer Testverfahren zur Lösung gesellschaftlicher, bildungspolitischer, betriebsorganisatorischer etc. Aufgabenstellungen an Beispielen näher erläutern, und zwar, um im Rahmen dieses Buches auf einige wichtige sozialhistorische und sozialpolitische Determinanten der Entstehung von Testverfahren hinzuweisen. Es erschien mir allerdings nicht günstig, dies in einer Weise zu tun, die den gesamten Zeitraum der bisherigen Testgeschichte umgreift bzw. in Kurzform alle wichtigen Stationen benennt. Dazu verweise ich auf die zum Thema Testgeschichte vorliegende Literatur (z. B. Drenth, 1969; Goodenough, 1969; Groffmann, 1964; Schmid, 1977; auf die Diskussion der Testgeschichte auf psychiatrischem und klinischem Gebiet muß hier verzichtet werden, hierzu vgl. z. B. Schmid, 1977, S. 35–63). Ich möchte im folgenden einige Problemstellungen in Verbindung mit psychologiegeschichtlich wichtigen Personen (insbesondere Galton, Binet und Münsterberg, die entscheidende Kristallisationspunkte für die Entstehung und Form heute bekannter Testverfahren lieferten) auswählen und soweit dies in aller Knappheit möglich ist, den Leser an die Bedeutung dieser Problemstellungen für die Testgeschichte und an ihre Aktualität erinnern bzw. auf sie unter Einschluß weitgehender Entwicklungslinien aufmerksam machen. Dabei soll abschließend noch kurz auf die öffentliche Diskussion um die Verwendung von Testverfahren eingegangen werden.

1.2 Die Idee von Testverfahren – Überlegungen zu Ursprung und Funktion von Tests

Wenn es eine «Idee» eines psychodiagnostischen Testverfahrens gäbe, so bestünde sie in der Vorstellung von der Zuordnung von Individuen oder Gruppen von Individuen zu bestimmten sozialen Orten. Sozialer Ort bedeutet hier: ein in der Gesellschaft oder einer ihrer Institutionen mehr oder weniger genau umschreibbarer Ort, den ein Individuum – oder mehrere – darin zugewiesen bekommt bzw. bekommen (z. B. Arbeitsplatz, Ausbildungsplatz, Platz in einer therapeutischen Institution usw.); es kann aber auch ein nur abstrakt-theoretisch beschreibbarer Ort sein (mit freilich konkreten Konsequenzen), den Individuen durch ihre Zuordnung zu bestimmten Persönlichkeitsbildern, Typologien, Eigenschaftsdimensionen, Rollen usw. einnehmen. Diese sozialen Orte können nach bestimmten Kriterien, z. B. in bezug auf ihre sozialen und gesellschaftlichen Werte bzw. Funktionen unterschieden werden; bei der Aufstellung und Anwendung solcher Kriterien spielt die jeweilige herrschende Machtstruktur innerhalb einer Gesellschaft eine wichtige und entscheidende Rolle.

«Tests» – im folgenden kurz für «psychodiagnostische Verfahren» – sind Prüfsteine, Experimente, Verhaltensstichproben, mittels derer die Zuordnung von Individuen zu sozialen Orten bewerkstelligt, vermittel und gesteuert werden kann. Psychologische Definitionen betonen häufig den Aspekt, daß der Test ein *Meßinstrument* (vgl. Lienert, 1969, S. 7; Anastasi, 1967, S. 21) zur Erfassung psychischer Eigenschaften sei. Cronbach und Gleser sehen den Test jedoch in einem größeren gesellschaftlichen Entscheidungszusammenhang: «Unsere Gesellschaft konfrontiert Menschen laufend mit Entscheidungen, für die sie inadäquate Informationen haben. Gerade aus diesem Grund existieren psychologische und schulische Tests . . . Es ist deshalb wünschenswert, daß eine Theorie der Testkonstruktion und des Testgebrauchs darauf Rücksicht nimmt, wie Tests am besten Entscheidungsfällungen dienen können. Weniges in der gegenwärtigen Testtheorie nimmt jedoch diesen Standpunkt ein» (1965, S. 1).

Von dieser Kritik und Sichtweise sind im übrigen seither wichtige Impulse für die Testtheorie ausgegangen.

Grundsätzlich gilt, daß ein Test ein vermittelnder dritter Faktor in der Beziehung von Individuen ist – eine Beziehung, die bestimmt sein kann von Abhängigkeitsverhältnissen generell, von Arbeitskontrakten, von therapeutischen Intentionen u. a. m. –, an dem die Kriterien der Zuordnung und Entscheidung festgemacht werden können, was nicht heißt, daß sie immer alle offen zutage liegen oder kommen. In einfachen und prägnanten Fällen bestehen Tests in mehr oder weniger fein abgestuften Maßstäben, die die Dimensionierung der Eigenschaften oder des Verhaltens von Individuen zu erlauben scheinen. Wichtig ist, darauf hinzuweisen, daß die Entscheidung, zu welchem Ort ein Individuum mit einem bestimmten «Meßergebnis», das an diesem Dritten abgelesen werden kann, gebracht wird, nicht von diesem Dritten – dem Test – gefällt wird. Testkritiker lasten zuweilen dem Test als Instrument die negativ oder positiv ausfallende Entscheidung an. Diese Entscheidung wird höchstens vom Test vorbereitet; daß sie gefällt wird, ist jedoch dem Test als solchem äußerlich. Die Existenz der Testsituation ist bereits eine Folge der Absicht, überhaupt über die Zuordnung (zuweilen Rangordnung) von Individuen zu bestimmten sozialen Orten zu entscheiden. Im selben Sinne ist es im gewissen Rahmen auch relativ beliebig, welcher Test zur Gewinnung von Meßergebnissen herangezogen wird. Die Frage nach der Existenz von Testverfahren führt m. E. also zurück auf die Frage nach Gesellschaftssystemen oder Institutionen, in denen einzelnen Individuen die Entscheidung, an welchem sozialen Ort sie tätig werden wollen oder können, tatsächlich nicht selber überlassen wird. Diese Entscheidung wurde sicher nicht immer oder wahrscheinlich nie und in keiner Gesellschaftsform den Einzelindividuen selbst überlassen, sondern unter Bezug auf unmittelbare soziale und überindividuelle Erfordernisse gefällt. Die Existenz von Testverfahren in der gegenwärtigen Form scheint jedoch den Endpunkt einer Entwicklung zu markieren, die dazu geführt hat, daß dieser Bezug immer weniger einsichtig wird und die Verantwortlichkeit für die Entscheidung, wo ein Individuum seinen Platz finden soll, durch die Öse des Testverfahrens sich in eine wenig greifbare, aber doch allseits präsente «Norm» auflöst. Dies ist der Fall, wenn z. B. über den Schulweg eines Kindes durch das Anlegen einer Norm entschieden wird, die für die gesamte Bundesrepublik Deutschland – im Idealfall – gilt.

Diese wenigen und relativ allgemeinen Gedanken dienten dazu, zu verdeutlichen, daß die Geschichte der Testverfahren dort beginnt, wo die Zuordnung von Individuen zu einem bestimmten sozialen Ort als Problem erscheint oder als solches dargestellt wird. In der Geschichte lassen sich genügend Beispiele ebenso wie damit verbundene Prüfverfahren und Prüfungsriten finden, die der Entscheidungsfindung dienten bzw. sie vorbereiten und ihre Legitimation demonstrieren halfen. Die Geschichte der eigentlichen Testpsychologie beginnt dort, wo unter *psycho-logischem* Blickwinkel versucht wird, die mit der Zuordnung verbundenen Klassifizierungen und Rangordnungen zu *präzisieren*, auf niederem oder höherem Meßniveau quantifizierbare Maßstäbe zu entwickeln und theoretische und praktizierbare Modelle bereitzustellen, nach denen die Zuordnung individueller Merkmale, Eigenschaften, Verhaltensweisen zu den in der oben beschriebenen Weise verstandenen sozialen Orten funktionieren oder als funktionell *erscheinen* könnte. Basierend auf medizinisch-psychiatrischen und (sozial)-philosophischen früheren Entwicklungen kann die Geschichte der Testpsychologie als Wissenschaftsgeschichte ab der Mitte des 19. Jahrhunderts allmählich kontinuierlich verfolgt werden.

Ich möchte im folgenden drei Beispiele aus dieser Geschichte auswählen, bei denen sichtbar wird, wie bestimmte Zuordnungsprobleme von Individuen zu gesellschaftlichen Orten zur Entwicklung und Anwendung von Testverfahren führen. Insbesondere stehen die Frage nach der sozialen Rangbestimmung von Individuen, die Frage nach der Zuordnung von Individuen zu Bildungsinstitutionen und die Frage der Zuordnung von Arbeitskräften zu Arbeitsplätzen zur Diskussion, die ich jeweils an die dazu vorliegenden historischen Beiträge von Galton, Binet und Münsterberg knüpfen will (ohne daß es mir allerdings möglich ist, auf dem zur Verfügung stehenden Raum noch auf wechselseitige Bezüge der genannten Personen einzugehen). Ich habe diese Persönlichkeiten gewählt, da sie erstens für die Erstellung und Anwendung von Tests von zentraler Bedeutung waren, da bei ihnen darüber hinaus aber auch Entwicklungslinien beginnen oder bei ihnen festmachbar sind, die *bis heute* sich als relevant erweisen:

– So bei Galton die sozialdarwinistische Position, daß geistige Leistung erbbestimmt sei und sich sozialer Rang nach genetischem Potential einstelle;

– so bei Binet das Bemühen, für eine behauptete Abgestuftheit intellektueller Leistungen eine abgestufte Meßskala zur Verfügung zu stellen, um die adäquate Zuordnung im Bildungssystem für eine Person zu finden;

– so bei Münsterberg der Versuch, Individuum und Arbeitsplatz zugunsten eines höheren wirtschaftlichen Gewinns wissenschaftlich begründet zu vermitteln. Diese Aspekte werden neben anderen in den folgenden Abschnitten zur Sprache kommen.

1.3. Biologische und psychologische Indikatoren des gesellschaftlichen Ranges (Galton)

Francis Galton (1822–1911; englischer Privatgelehrter, dem sein ererbtes Vermögen medizinische, mathematische, physikalische, ethnologische u. a. Studien ermöglichte – wesentlich sind seine aus diesen Studien kombinierten Beiträge zur Psychologie geworden; gegen Ende seines Lebens Lehrtätigkeit zur Vererbung und Eugenik an der Universität London; geadelt) war der Meinung, daß sich die soziale Rangordnung – sowohl innerhalb wie zwischen verschiedenen Gesellschaften und Rassen – und damit einhergehend die geistige Ausstattung von Individuen – durch die Unterschiedlichkeit biologischer Anlagen herstellen. Die biologische Forschung des 19. Jahrhunderts, unter Einschluß des Vetters von Galton, Charles Darwin, hatte eingehend demonstriert, daß die menschliche Rasse nur einen vorläufig letzten Endpunkt stammesgeschichtlicher Entwicklungen markiert. Was schien – im doppelten Sinn des Wortes – «natürlicher», als die bei Tieren gefundenen Gesetze auf menschliche Individuen zu übertragen, sie innerhalb der menschlichen Gesellschaften fortzuschreiben? Darwin hatte die Vermutung ausgesprochen, daß das Überleben von Tierformen durch Anpassung an ihre Umwelt garantiert würde, und daß diese Anpassung durch Ausleseprozesse zustande kommen würde, welche letztlich nur die jeweils «bestangepaßten» Tierformen aus einer Vielzahl von Variabilitäten – zustande gekommen durch genetische Mutationen im Vererbungsprozeß – überleben ließen. 1869 schien Galton daran gelegen, diese Gedankengänge an menschlichen Gesellschaften – speziell der englischen – zu erproben: Sein Buch «Hereditary Genius» (deutsch: «Genie und Vererbung») drückte den Gedanken aus, daß sozialer Rang vererbt würde: Feldherren, Musiker, Philosophen zeugen unter Berücksichtigung von Abweichungen, aber doch im Durchschnitt wieder Feldherren, Musiker, Philosophen. Seine Beweisführung bestand in der Durchforstung der Nachkommenschaft berühmter Persönlichkeiten, die z. B. den genannten Berufen zuzuordnen waren, wobei es Galton darauf ankam, aufzuzeigen, daß solche Persönlichkeiten im großen und ganzen wieder Nachkommen haben, die eine gleiche oder ähnliche soziale Rangstellung in der Gesellschaft haben («im großen und ganzen» verweist auf die Pauschalität und geringe Exaktheit der Galtonsschen Untersuchungen).

Galton hat sicher den Ist-Zustand der Gesellschaft, der er selbst angehörte, richtig beschrieben. Dem theoretischen Modell, das er für die Erklärung dieses Ist-Zustandes anbot – Vererbung von Begabung –, fehlte jedoch eine entscheidende Komponente, nämlich, daß die Lebensbedingungen menschlicher Individuen von diesen geschaffen und verändert werden und daß dies im Laufe eines historischen Entwicklungsprozesses geschieht. Die einfache Übertragung tierbiologischer Gesetzmäßigkeiten auf menschliche Gegebenheiten vernachlässigt die Tatsache, daß die sog. Menschwerdung und die menschliche Geschichte gerade dort beginnt, wo die strenge Erbdetermination des Verhaltens quasi außer Kraft gesetzt wird. Sie vernachlässigt weiterhin, daß die Überlebenschancen der menschlichen Rasse – oder Teile davon – durch die Weitergabe von Errungenschaften steigen, die gerade nicht dem biologischen Vererbungsmechanismus unterworfen sind – dazu gehören Werkzeuge und die Überlieferung des Wissens über den Gebrauch der Werkzeuge. Dementsprechend ist die «Vererbung von Begabung» kein rein biologischer Vorgang, sondern eng verbunden mit der sozialrechtlichen «Vererbung» des Besitzes und der Verfügung über Werkzeuge und Wissen, die zur Erziehung «begabter» Indidivuen führen können (zu Darwinismus und Psychologie vgl. auch Mackenzie, 1976).

Der Gedanke der Erbbestimmtheit bzw. genetischen Determination intelligenten Verhaltens ist vor einigen Jahren durch die sog. Jensen-Debatte allerdings wieder aktuell geworden, besonders in den USA, wo ethnische Minderheiten sich aufgrund rassischer Eigenschaften bzw. Zuschreibungen von Eigenschaften diskriminiert sehen. Für Jensen gilt aufgrund seiner und anderer Untersuchungen von Negern und Weißen mit Intelligenztests: «Neger und Weiße lassen sich in IQ und Schulfähigkeit nicht angleichen. Bis jetzt hat noch kein Autor auf der Grundlage einer ausreichend exakten Untersuchung irgendwelche Belege geliefert, daß repräsentative Stichproben von schwarzen und weißen Kindern in ihrer intellektuellen Fähigkeit durch statistische Kontrolle der Faktoren Umwelt und Schulbildung einander angeglichen werden können.» (Jensen, 1973, S. 113f) Jensen erhob für das «Studium der genetischen Grundlage individueller Differenzen» die hierzu von Burt – einem «Schüler» von Galton – geleisteten Beiträge zur «Pflichtlektüre» (vgl. ebenda, S. 70f); diese Beiträge sind allerdings inzwischen durch Untersuchungen von Kamin (1974) eher in den Rang von unseriösen Fälschungen erhoben worden, was die Qualität der von Burt mitgeteilten Daten betrifft. Zwischenzeitlich hatte sich auch Jensen von der minderen Qualität der Burtschen Daten überzeugen lassen (vgl. Ernst, 1977).

Zurück zu Galton. Noch deutlicher als bei Jensen heißt es bei ihm genau 100 Jahre früher in seinem Buch «Genie und Vererbung» (deutsche Ausgabe von 1910): «Die natürlichen Anlagen, von denen dieses Buch handelt, sind der Art, wie sie ein moderner Europäer in einem weit größeren Durchschnitt besitzt als Menschen niedrigerer Rassen. Wir finden nichts in der Geschichte der Domestikation der Tiere oder in der Evolution, was uns bezweifeln läßt, daß eine Rasse gesunder Menschen gebildet werden kann, die den modernen Europäern geistig und moralisch ebenso überlegen wäre, als die modernen Europäer den niedrigsten Negerrassen überlegen sind.» (Galton, 1910, S. XII) Es war für Galton nur folgerichtig, bei seinen Überlegungen zur Züchtung menschlicher Rassen nach Indikatoren zu suchen, die den Erfolg solcher Bemühungen garantieren halfen. 1883 schreibt er in seinem Buch «Inquiries into human faculty and its development»: «Das schließliche Ziel wäre, Mittel zu ersinnen, um Individuen zu begünstigen, die Zeichen der Mitgliedschaft in einer überlegenen Rasse zeigen, das nächste Ziel wäre, zu ermitteln, was diese Zeichen sind ...» (S. 211) Besonderes Augenmerk legte Galton auf elementarpsychologische, biophysische und Sinneseigenschaften von Individuen, da sie ihm in erster Linie Aufschluß über die Verschiedenheiten und Variabilitäten der «menschlichen Rasse» zu liefern schienen. Peterson schreibt dazu: «Sein breites Interesse an Tieren und an der Entwicklung der menschlichen Rassen lieferte ihm glücklicherweise einen objektiven Blickwinkel, der sich für die Messung ihrer Differenzen als günstig erwies, und obwohl seine Studien der physischen Eigenschaften des Menschen nur ein Mittel für seine Hauptabsicht waren, so dienten sie nichtdestoweniger doch dazu, objektive, wissenschaftliche Methoden zwingend zu machen. Er sagt: ‹Zwar beschäftigt sich dieses Buch hauptsächlich mit dem angeborenen Verhalten und den intellektuellen Fähigkeiten, aber diese sind so eng verbunden mit den physischen, daß diese genauso betrachtet werden müssen.›» (Peterson, 1969, S. 74) Galtons Absicht war es, so könnte man sagen, von der Anthropometrie und Biometrie zur Psychometrie fortzuschreiten; anders ausgedrückt: von physischen Eigenschaften und Differenzen zwischen Individuen auf die psychischen Eigenschaften und Differenzen zu schließen. Genau an diesem Punkt sind nun die Verfahren lokalisiert, deren Gestalt Galton in der psychologischen Geschichtsschreibung die Ehre zuteil werden ließ, als erster «Testkonstrukteur» zu gelten. 1882 errichtete er im South Kensington Museum in London ein anthropometrisches Labor, in dem man gegen geringe Gebühr sich Tests der Seh- und Hörschärfe, der Reaktionszeit, der Muskelkraft etc. unterziehen konnte. Peterson faßt zusammen:

«‹Aufgrund von Beobachtungen mit dem Ergebnis, daß die Diskriminationsfähigkeit von Idioten für Hitze, Kälte und Schmerz sehr abgestumpft ist und aufgrund der Tests, die er bis dahin zur Empfindungsfähigkeit von verschiedenen Personen durchgeführt hatte, nahm er an, daß diese Unterscheidungsfähigkeit im Bereich der Sinne ‹alles in allem bei den intellektuell Fähigsten am höchsten sein würde› . . . Auf diese Weise setzte er zweifellos zu diesem frühen Zeitpunkt Wesentliches der Testtheorie (theorie of mental tests) voraus, und er arbeitete tatsächlich quantitative Tests der Intelligenz heraus, basierend auf diesem Standpunkt. Die Theorie, daß bestimmte meßbare Fähigkeiten mit Intelligenz korrelieren und dazu benützt werden können, in gewissem Sinne den Grad von Intelligenz, der jemand zukommt, vorauszusagen, ist klar vorausgesetzt; und Galton erkannte auch, daß die Validität eines Tests dieser Art durch das Ausmaß der Korrelation mit einem reliablen Kriterium bestimmt wird, da er Personen mit extremen Differenzen in der allgemeinen geistigen Leistungsfähigkeit auswählte, um zu sehen, ob sie sich in entsprechender Weise auch in ihrer Diskriminierung auf der Ebene der Sinne unterschieden. Es ist natürlich wahr, daß die speziellen gewählten Tests sich seitdem von nur geringer Validität erwiesen haben für Personen, die innerhalb der Grenzen der Normalität liegen, aber die wesentliche Vorgehensweise für die Entdeckung wertvollerer Tests lag klar auf der Hand.» (Peterson, 1969, S. 75f)

Darüber hinaus hatte Galton noch auf einem anderen Gebiet Wesentliches beigebracht, das für die weitere Entwicklung auf dem Gebiet der Testpsychologie wichtig wurde: erste Ansätze zur statistischen Handhabung anthropometrischer und psychometrischer Daten. Von Galton kamen wichtige Anstöße zur Korrelationsrechnung im Bereich der Psychologie und Biometrie, die z. B. von einem seiner Schüler, K. Pearson, weiter ausgebaut wurde.

Auf einige Linien, die mit Galton eng verbunden sind, möchte ich im folgenden noch zu sprechen kommen.

Eine Linie besteht in der Bearbeitung statistischer Berechnungsverfahren für psychologische Belange. In mittelbarer oder unmittelbarer Nachfolge von Galton beschäftigten sich insbesondere Ch. Spearman, L. L. Thurstone und C. Burt in den ersten Jahrzehnten dieses Jahrhunderts – neben anderen – mit der mathematisch-statistischen Fundierung der Testtheorie und der Entwicklung von bestimmten Intelligenzmodellen. Eine weitere Linie kommt in der Anwendung und Verbreitung solcher Testverfahren, wie sie Galton konzipiert hatte, zum Ausdruck: In den um die Jahrhundertwende weitverbreiteten Prüfungen physischer und sinnesmäßiger Eigenschaften, um hieraus auf psychische Fähigkeiten zu schließen. Hier lag im übrigen eine Verbindung zur (sinnesphysiologischen) Arbeit der deutschen Psychologie des 19. Jahrhunderts, allerdings nur in methodischer, nicht in programmatischer Hinsicht, da z. B. Wundt die *Anwendung* psychologischen Wissens zur Diagnostik individueller Eigenschaften nicht konzipierte und vorsah.

Konkret wurde diese Verbindung z. B. durch den Amerikaner McKeen Cattell, der in den achtziger Jahren bei Wundt in Deutschland studierte und sich bei seiner Rückkehr nach den USA kurzfristig bei Galton aufhielt. Seine Arbeit in den USA u. a. auf der Basis der bei Wundt und Galton erworbenen Kenntnisse resultierte in der Prüfung von Studenten mittels «Testverfahren» z. B. der Seh- und Hörschärfe, der Farbwahrnehmung, der Schmerzempfindlichkeit, des Gedächtnisses u. a. m. In Ergänzung zu Galton führte er die Standardisierung der Test-Durchführung ein, um zu vergleichbaren Resultaten zu gelangen. Seine 1896 publizierten Überlegungen (1890 hatte Cattell in einem Artikel erstmals den Begriff «test» im heute üblichen Sinn verwendet) zum Zusammenhang von physischen und psychischen Merkmalen bei Studenten kritisierte Wissler 1901 vom methodischen Standpunkt aus: Er verwendete dazu erstmals in exakter Weise die von Pearson vorangetriebene Korrelationsrechnung und kam zu dem Schluß, daß die Cattellschen Verfahren zur Überprüfung der geistigen Leistungsfähigkeit wenig taugen.

Gerade diese Kritik (vgl. Peterson, 1969, S. 78f und 108), die von verschiedenen Seiten vorgetragen und hier nur an der häufig zitierten Person Wisslers festgemacht wurde, half in zweifacher Weise weiter: Zum einen präzisierte sie die methodischen Anforderungen, die an eine Testmethode zu stellen seien; zum andern richtete sie sich gegen die allmählich immer weniger fruchtende Verwendung sinnesphysiologischer und elementarpsychologischer Verfahrensweisen zur Diagnostik menschlicher Eigenschaften und zur psychologischen Erkenntnisgewinnung, wie sie vor allem in der Tradition der deutschen Psychologie üblich waren (hierzu vgl. Schmid, 1977, S. 97ff). Damit wurde der Weg allmählich frei für die Entwicklung und Anwendung von Verfahren, die von vornherein von komplexeren psychologischen Prozessen ausgingen und dafür diagnostische Instrumentarien bereitstellten. Hier sind besonders Binet und seine Mitarbeiter zu nennen. Ich komme darauf zurück.

Die zweite oben benannte Linie hatte – so paradox dies klingen mag – bei der extensiven Beachtung, die ihr hauptsächlich in den Jahren 1880 bis 1900 mit wesentlicher Beteiligung deutschsprachiger Autoren auf psychologischem Sektor beschieden war, gerade deutlich machen können, welchen Weg im Bereich der Psychodiagnostik es sich *nicht* zu verfolgen lohnte. Man könnte den Punkt fast die «kopernikanische Wende» in der Geschichte der Testpsychologie nennen, an dem sich in diesem Teil der Psychodiagnostik die Abkehr vom abstrakt-allgemeinpsychologischen oder auch in seiner biologisch-physiologischen Determination verstandenen und definierten Individuum vollzieht, und die Wendung zu einer psychodiagnostischen Aufhellung der Persönlichkeit einsetzt, die verstanden werden kann als *Bestimmung der Abweichung der Leistung eines konkreten Individuums von einer statistisch gefaßten Durchschnittsleistung*. (Hierzu vgl. z. B. Schmid, 1977, S. 66–78, S. 116–120.)

Diese Konzeption bietet die Möglichkeit, jede – auch komplexe – psychologisch beschreibbare Tätigkeit diagnostisch zu umgrenzen, da es nur auf den *Vergleich* der Leistung (unter standardisierten Bedingungen) ankommt; diesen Vergleichen kann grundsätzlich jede psychische Leistung unterzogen werden, sofern eben der Anspruch aufgegeben wird, das Individuum *an sich*, z. B. in seinen allgemeinpsychologischen Dimensionen zu begreifen.

Der Gedanke, daß biometrische und psychometrische Daten um einen Durchschnitt schwanken und «normalverteilt» sein können, war im übrigen auch schon bei Galton vorhanden, und es gingen wichtige Anstöße zur statistischen Behandlung solcher Phänomene von ihm aus. Ihre Fruchtbarkeit erwies sich jedoch erst dann in vollem Umfang, als die eben beschriebene methodologische Wendung vollzogen wurde, insbesondere unter Mitwirkung Binets (siehe 1.4).

Schließlich geht eine dritte Linie von Galton aus. Sie betrifft die bereits vorhin angesprochene Auffassung, daß soziale Ränge innerhalb einer Gesellschaft wesentlich durch das jeweilige genetische Potential ihrer Mitglieder determiniert würden. Speziell die genetische Determination von Begabung und Intelligenz stand im Mittelpunkt der Betrachtung und auch im Mittelpunkt heftig geführter Auseinandersetzungen, die bis in die unmittelbare Gegenwart anhalten, vor allem in den USA. Kamin (1974) hat das hierbei zur Debatte stehende Verhältnis von psychologischer Intelligenzforschung und Sozialpolitik auch rückblickend analysiert. Intelligenztestverfahren sind zum Beleg sowohl der nativistischen wie der empiristischen Auffassung von Intelligenz verwendet worden, haben also das «Vererbungs»-Argument (von Galton über Burt zu Jensen und Eysenck) genauso gestützt wie das «Umwelt»-Argument: Normalverteilte Ergebnisse von Intelligenzprüfungen lassen sich – grob gesagt– auch so interpretieren, daß z. B. Umwelteinflüsse wie Schule eben Benachteiligte und Bevorzugte «produzieren» – man betrachte dazu nur die relativ hohen Korrelationen von Schulleistungen und IQ (vgl. Heckhausen, 1974, S. 306).

Auf der Basis der traditionellen Testmethodologie kann zwischen diesen Argumenten nicht entschieden werden, da mit Testverfahren nur Ist-Zustände diagnostiziert werden können, ohne daß deren Ursachen dadurch aufgedeckt werden. Die Nichtberücksichtigung individual- und sozialhistorischer Dimensionen in der Konzeption von «Meßinstrument» (Test) und «Meßobjekten» (Individuen) gibt hierfür keine Handhabe. Wenn dem so ist, so entpuppen sich Versuche, mittels Testverfahren die genetische Determiniertheit von Intelligenz nachzuweisen, als sozialdarwinistische und von pädagogischem Pessimismus gefärbte Unternehmungen mit allerdings nur scheinbar tauglichen Instrumenten.

Betrachtet man in diesem Punkt die Entwicklung seit Galton, so hat sich an der Intention, die auch ihn schon veranlaßte, Tests zu entwickeln und einzusetzen, wenig geändert. Zwar sind die Argumentationen feiner geworden, die Qualität der Ergebnisse und das Fehlen schlüssiger Beweise trotz einer mehr als hundertjährigen Beschäftigung mit dem Thema «Vererbung von Begabung» lassen es aber wahrscheinlich werden, daß die ursprünglich sozialdarwinistische Intention und Ideologie («Neger sind dümmer») noch immer den Blick auf den wirklichen sozial*historischen* Grund z. B. dieser «Dummheit» verdeckt und erschwert.

1.4 Die Zuordnung von Individuen zu Bildungsinstitutionen (Binet)

In Auseinandersetzung mit der von Galton und der deutschen Psychologie des 19. Jahrhunderts favorisierten Untersuchung der biophysischen und sinnesphysiologischen Eigenschaften von Individuen als «via regia» zur Diagnose und Erkenntnis menschlichen Wesens hatte Alfred Binet (1857–1911; der Franzose Binet war ursprünglich Jurist, wandte sich dann der Physiologie und Psychopathologie zu; 1890 wurde er Direktor des psychophysiologischen Laboratoriums an der Sorbonne in Paris) bereits gegen Ende des 19. Jahrhunderts die Bedeutung der Untersuchung komplexer geistiger Prozesse als wesentlich für individualdiagnostische Verfahren hervorgehoben. Binet gestand zwar zu, daß Tests von Sinnesleistungen exakter sein könnten als Tests komplexer Prozesse; er bezeichnet erstere jedoch nicht für ausschlaggebend bei der Untersuchung individueller Differenzen, da in ihnen sich relevante Unterschiede zwischen Individuen nicht zeigen würden. Für wesentlicher hielt Binet die Untersuchung höherer geistiger Prozesse – obwohl komplizierter zu bewerkstelligen –, da sie das Feld markierten, auf dem Individuen *überhaupt* in einer für diagnostische Zwecke relevanten Weise differieren könnten. Schon vor 1904, als der oft zitierte Auftrag des französischen Erziehungsministeriums an Binet und seinen damaligen Mitarbeiter Simon erging, Testverfahren zur Unterscheidung normaler und schwachsinniger Kinder in den Schulen zu entwickeln, hatte Binet bereits empirisch und experimentell über Intelligenzdiagnostik gearbeitet, auf der Basis der eben beschriebenen Überlegungen. Binet und Simon stellten 1905 30 Aufgaben zusammen, «die sich nicht mehr auf die – angenommenen – Grundfunktionen der Intelligenz richteten, also auf psychophysische Eigenschaften, sondern gewissermaßen eine Strichprobe der verschiedenen komplexen Aufgaben darstellten, vor die das Kind sich im täglichen Leben und in der Schularbeit gestellt sieht. Sämtliche Aufgaben hatten einen stark verbalen Charakter, aber sie erfaßten doch sehr verschiedenartige Probleme, wie z. B. Benennung von Gegenständen, Ergänzung unvollständiger Sätze, Verstehen von Sätzen. Die Aufgaben wurden an etwa 50 normalen und einigen schwachsinnigen Kindern ausprobiert, und es wurde eine Rangordnung der Schwierigkeit festgelegt. Damit war der erste Intelligenztest geschaffen, der auch praktisch angewandt wurde.» (Drenth, 1969, S. 20) Die Binet-Simon-Testreihen, die von den Autoren 1908 und 1911 noch verbessert wurden, fanden die bis dahin und für einige Jahrzehnte weitgehendste Resonanz, entweder in direkten Bearbeitungen oder Adaptierungen z. B. durch Terman in den USA (1910), durch Bobertag in Deutschland (ab 1909), bzw. als *Modell* für die weitere Entwicklung von Testverfahren. Dieses Modell bestand – ich hatte es oben schon unter dem Stichwort der «kopernikanischen Wende» in der Psychodiagnostik angedeutet – in der Bestimmung der Leistung eines Individuums *relativ* zur Durchschnittsleistung einer bestimmten für das Individuum relevanten Bezugsgruppe. Auf diese Weise werden auch komplexe geistige Leistungen der Diagnostik zugänglich – ohne daß der mühevolle «Umweg» über psychophysische und sensorische Korrelate dieser Leistungen beschritten werden muß – vorausgesetzt, die Ermittlung des relativen Abstandes einer individuellen Leistung von der Durchschnittsleistung ist durch Standardisierung der Durchführungsbedingungen und Eichung des Verfahrens gewährleistet. Dies war bei Binet bereits gegeben, weitere Verbesserungen folgten in den nächsten Jahrzehnten (vornehmlich zur Theorie der Reliabilität von Tests). Eine erste Verbesserung nahm W. Stern 1912 vor, als er im Gegensatz zu Binet vorschlug, nicht die *Differenz* von Lebensalter und Intelligenzalter (gemessen durch die Anzahl Lösungen von Aufgaben bestimmter aufeinanderfolgender Altersstufen) als diagnostische Aussage zu werten, sondern den *Quotienten* aus Intelligenzalter und Lebensalter, womit er den nachmalig berühmten «Intelligenzquotienten» aus der Taufe gehoben hatte (Stern, 1912, S. 28). Der Sternsche Vorschlag selbst wurde wiederum durch Wechsler (1939) verändert, um die bessere Vergleichbarkeit der Ergebnisse zu gewährleisten: Wechsler standardisierte die Ergebnisse von Intelligenztests nach Altersstufen. Die weitaus größte Zahl heutiger Intelligenztests ist so standardisiert, daß ihr Ergebnis in einem sog. «Abweichungs-IQ» zum Ausdruck kommt. Die Bezeichnung «Quotient» ist damit hinfällig, sie wird jedoch traditionell beibehalten. (Mit diesen Bemerkungen habe ich freilich nur einen winzigen Ausschnitt der theoretischen Arbeit nach Binet beleuchtet.)

Galton war auf der Suche nach biologischen, anthropologischen und elementarpsychologischen Indikatoren, um aus ihnen Voraussagen über den sozialen Rang von Individuen in der Gesellschaft abzuleiten und ein legitimierbares Zuordnungsmodell von Personen und Gruppen zu bestimmten gesellschaftlichen Positionen zu schaffen, das ihn in seiner häufig sozialdarwinistischen Orientierung veranlaßte, Vorschläge zur Eugenik und Züchtung in bzw. von gesellschaftlichen Schichten zu machen. Binet unterschied sich nicht nur darin von ihm, sondern auch, wie gezeigt, in der methodischen Stoßrichtung. Allerdings war die vordringliche Aufgabe der Binet-Testreihen auch, Zuordnungsentscheidungen zu verwissenschaftlichen und zu legitimieren – es hatte ja gerade eine für bildungspolitische Entscheidungen verantwortliche staatliche Institution Binet um solchermaßen praktikable Verfahren gebeten. Dazu im folgenden noch einige Anmerkungen.

Im 19. Jahrhundert hatten sich allmählich jene Bildungsinstitutionen verfestigt, auf denen unsere heutigen wesentlich beruhen. War zu Zeiten der bürgerlichen Befreiungsbewegungen noch die Ansicht vertreten worden, daß Bildung unverzichtbares Recht *jeden* Bürgers sei, so ist diese Forderung im Lauf der Etablierung von Bildungssystemen mehr und mehr zurückgenommen worden. Der mit der bürgerlichen Ideologie einhergehende Individualismus, der ohne Rücksicht – im eigentlichen Sinn des Wortes – auf seine ökonomische und historische Determiniertheit dem Glauben an die Machbarkeit des Glücks und Wohlstandes bei genügender Leistung frönte, verhalf dabei einem von oben nach unten differenzierten Bildungssystem zur dauerhaften Existenz, da er die oberflächlich konstituierbare Unterschiedlichkeit der Individuen nach Wohlstand, Glück und Besitz zur *natürlichen* Gegebenheit stilisierte – und insofern Bildungsinstitutionen rechtfertigte oder forderte, die eben den natürlichen «Begabungen» der Menschen angemessen wären. Die Frage der Zuordnung von Individuen zu Bildungsinstitutionen war somit nicht nur eine Frage der Anpassung individueller Ansprüche an institutionelle Angebote, sondern vielmehr eine Frage der Legitimierung und Legalisierung der *Tatsache,* daß eben *nicht* alle Individuen gleiche Zugangs*möglichkeit* zu allen Bildungsinstitutionen haben. Dieses wurde u. a. mittels der Behauptung der unterschiedlichen Abstufung von Bildungsfähigkeit, von Begabung, von Intelligenz oder – wie man es heute findet – mittels dem Quasi-Dekret der «Normalverteilung der Intelligenz» erreicht. Eine «psychologie individuelle» (Binet), die auch dazu benützt werden konnte, diejenigen Eigenschaften dingfest zu machen, in denen sich Menschen unterscheiden, war somit geradezu willkommen. «Schulsysteme mit rigoroser Auslese von ‹unten› nach ‹oben› erscheinen so als sinnvolles Mittel der Heraussonderung der ‹von Natur aus› Besten, die demgemäß dazu bestimmt sind, gesellschaftliche Führungsfunktionen einzunehmen, und der Zurückdrängung ‹minderwertigen› Menschenmaterials. Dabei kann hier auf zirkuläre Weise der Anteil, der die institutionellen Selektionsfilter passieren kann, als Anteil der durch ‹natürliche› Begabung und Intelligenz besonders Ausgezeichneten gedeutet werden.» (Holzkamp, 1976, S. 45)

Nun soll die eminente wissenschaftliche Leistung von Binet nicht geschmälert werden, jedoch müssen wir seine psychologische Arbeit m. E. auch unter diesem Blickwinkel betrachten. Vor allem, wenn sie am Ausgangspunkt einer Entwicklung steht, in deren Verlauf sich gerade zwei «allgemeine Prinzipien der Methodologie für psychometrische Tests» als besonders wichtig herausstellten: «Eigenschaften als Mittel zur Differenzierung zwischen Personen und Eigenschaften als homogene, quantitative Größen. Fast ausnahmslos sind die Bemühungen von Testkonstrukteuren darauf beschränkt, solche Verhaltenstendenzen ausfindig zu machen, bezüglich derer sich Personen unterscheiden ... Demnach wird für die ‹Intelligenz› fraglos unterstellt, daß Intelligenz über Personen quantitativ variiert, daß es Personen mit ‹hoher Intelligenz› und mit ‹niedriger Intelligenz› geben muß. Ergänzt wird diese Auffassung durch ein Vorgehen, das die Überzeugung scheinbar rechtfertigt, daß diese Unterschiede lediglich quantitativer Natur seien ... Daß es auch Unterschiede qualitativer Art geben könnte, wird nicht ernsthaft in Betracht gezogen.» (Krüger und Tröger, 1978, S. 124) Betrachtet man weiter die Verwendung von Informationen, die durch die Anwendung von Testverfahren – konstruiert auf der Basis solcher eben genannter Prinzipien – gewonnen werden, für Entscheidungen über den Platz eines Individuums in einer Institution (hier: einer Bildungsinstitution), so muß man feststellen, daß die Methodologie von Tests so ausgerichtet wurde, daß sie Entscheidungen vom Standpunkt der Institution her treffen half. Damit geriet die Testtheorie zu einem formalen Apparat, der unter der Vorgabe des Wert- und Anforderungssystems der Institution die Zuordnung der Individuen zur Institution so steuert, daß deren Legitimität nicht angetastet wird. «Gegenüber der individuellen werden bei der *institutionellen Entscheidung* die diagnostischen Informationen benötigt, um die Entscheidung so zu fällen helfen, daß die Konsequenzen in bezug auf das Wertesystem der Institution optimal erscheinen. Hier geht es typischerweise um wiederholtes Entscheiden bei mehreren Personen, aber vergleichbaren (institutionellen) Kriterien.» (Krüger und Tröger, 1978, S. 145) Und gerade dafür scheint die Testtheorie sich zu eignen, zumindest gilt, daß «in ihrem jetzigen Entwicklungsstand die Testtheorie hauptsächlich für institutionelle Entscheidungen relevant (ist)» (Cronbach und Gleser, zit. ebenda, S. 145).

Wenn wir zurückkehren zur Arbeit Binets, die zur Aufstellung der bekannten Testreihen geführt hat, so fügt sie sich grundsätzlich den eben gegebenen Interpretationen. Das Verfahren, das er als Lösung der ihm vom Erziehungsministerium mitgeteilten Problematik vorschlug, bestand in der Bereitstellung eines quantitativ abgestuften Maßstabs zur Feststellung der behaupteten unterschiedlichen Bildungsfähigkeit von Individuen, ohne daß zur Debatte stand, inwieweit das bestehende Bildungssystem die auszusondernden «Schwachsinnigen» eventuell produzierte. Selbstverständlich steckt in dieser Anmerkung nicht die Annahme, daß z. B. manifeste und organisch bedingte Debilität eine unmittelbare Folge von Bildungsinstitutionen sei. Jedoch soll damit deutlich gemacht werden, daß durch die Ansetzung eines institutionellen Maßstabes (Testverfahren, das Leistungsdifferenzen als Abweichung nach oben oder unten von einem statistisch gefaßten Durchschnitt zulassen soll) «Grauzonen» geschaffen werden – und zwar dort, wo *mangels* hinreichender Berücksichtigung der sozialen und individuellen Hintergründe *zugunsten* der institutionellen Zwecksetzung die Abweichung in ihren Ursachen nicht begriffen wird. Mangels ausreichender Kriterien wird so die Basis der Entscheidung dann nicht durchsichtig, und die Nichtberücksichtigung ihrer Hintergründe führt möglicherweise zu einer für das betroffene Individuum negativen Diagnose und Schulkarriere. Krüger und Tröger erinnern an Bemerkungen, «die Binet und Simon (1905) zum Zusammenhang von Erfahrungswelt des Kindes und Intelligenzprüfungen gemacht haben, ohne daraus weitergehende Konsequenzen zu ziehen. Sie mußten nämlich feststellen, daß manche Kinder in Paris nie in ihrem Leben einen Schmetterling gesehen haben und eine Frage, die sich darauf bezieht, nicht verstehen konnten.» (1978, S. 154) Auf eine ähnliche Problematik verweisen Antworten, wie sie 1977 im Rahmen schulpsychologischer Tätigkeit in Berlin auf Fragen bekannter Testverfahren gegeben worden waren: «Was ist das Gemeinsame von Papier und Kohle? – Antwort: Beides kann man zum Fenster hinauswerfen». «Was ist ein Opal? – Antwort: Eine Strumpfmarke». Gemessen an der Testerwartung sind diese Antworten falsch – sind sie es tatsächlich?

Das spezielle Problem, mit dem Binet und Simon konfrontiert worden waren (Ausgrenzung von Schwachsinningen), war nur Teil eines allgemeinen, dem sich das 19. Jahrhundert zu widmen begann: Unter welchen Voraussetzungen sollen Kinder unter Kenntnis ihrer Vorstellungswelt (in der Schule) erzogen werden? Dies führte u. a. dazu, daß man sich ein Bild der kindlichen Erfahrungswelt verschaffen wollte, allerdings häufig unter Ansetzung von Beurteilungskriterien, die denen der Erwachsenenwelt und ihrer Bildungsinstitutionen entstammten. Auch in dieser Tradition finden sich erste Ansätze zu diagnostischen Verfahren auf empirisch-experimenteller Basis – ich will kurz darauf eingehen.

Die Aufgabe, ein Kind zu erziehen, stellte sich als Aufgabe dar, wie die angeblich «verworrene kindliche» Vorstellungsweise allmählich auf die Erfordernisse des Lebens hin strukturiert werden könnte. Der sich in diesem Zeitraum langsam durchsetzende Gedanke, daß die kindliche Vorstellungswelt Entwicklungsprozessen unterliege, hat allmählich den Blick auf die Wechselwirkung der kindlichen Tätigkeit mit Unterrichtsprozessen gerichtet, und die hieraus entstehende «experimentell-didaktischen und experimentell-pädagogischen» Richtungen um die Jahrhundertwende haben die Entstehung diagnostischer Verfahren für den Bildungsbereich weiter gefördert (vgl. Schmid, 1977, S. 78–136). Aufschlußreich zum Verständnis dieser Entwicklung und Beleg für die frühe empirisch-diagnostische Arbeit im Schulbereich ist hier folgende Stelle:

«Man hat schon seit Jahrzehnten versucht, den Vorstellungskreis der Schüler, namentlich der Schulneulinge, planmäßig zu erfassen ... Die ältere Pädagogik hat in bezug auf die Beachtung des kindlichen Vorstellungskreises viel gefehlt. Zwar haben auch die Pädagogen früherer Zeit, insbesondere die Philantropen und Pestalozzi, sich bemüht ‹das Chaos verwirrter Anschauungen, mit dem das Kind sich behilft, zu klaren Vorstellungen und Begriffen zu erhellen›. Aber die psychologischen Methoden dieser Anschauungspädagogen waren nicht geeignet, ihnen einen klaren Blick in das kindliche Vorstellungsleben zu schaffen ... Anregungen zu derartigen Untersuchungen (des Vorstellungslebens, R. S.) gingen auch aus von dem Arzt und Bürgermeister, Lehrer und Pädagogen, Schriftsteller und Dichter Berthold Sigismund (1819–1864), und ebenso von Otto Willmanns ‹Pädagogische Vorträge über die Hebung der geistigen Tätigkeit durch den Unterricht›, Leipzig 1869, in deren 4. Kapitel ‹Der Unterricht und die eigene Erfahrung der Zöglinge› Willmann auch die Frage zu beantworten sucht: ‹Wie hat sich der Unterricht zu dem Vorstellungsmaterial zu verhalten, das die eigene Erfahrung in die Seele des Zöglings gelegt hat und unausgesetzt zu legen fortfährt, und was soll zur fortgesetzten Verknüpfung jener Erfahrung und der Lehren und Antriebe des Unterrichts geschehen?› Die Diskussion dieses Vortrages führte 1869 in Berlin zu der ersten großangelegten Analyse des kindlichen Gedankenkreises durch den Pädagogischen Verein. Der Verein erließ ... an sämtliche Berliner Schulvorstände einen Fragebogen mit 87 Vorstellungen, Vorstellungsmassen und Fertigkeiten, deren Vorhandensein bei den neu eintretenden Berliner Schulkindern durch Frage und Antwort festgestellt werden sollte.» (Schneider, 1927, S. 86f)

1878 untersuchte ein Bezirksschulinspektor von Dresden-Land, K. Lange, 500 städtische und 300 Schulneulinge aus ländlichen Gebieten (vgl. ebenda, S. 89). Diesen Untersuchungen fehlte noch weitgehend die methodische Absicherung, doch waren sie erste Schritte in eine Richtung, die Anforderungen der Bildungsinstitutionen und diagnostizierte individuelle Eigenschaften aufeinander abzubilden. Auf dieser Linie liegt auch die Arbeit von Ebbinghaus (1897), die sich der Frage widmete, ob und wie Unterricht Schüler überbürde und aus der ein grundsätzlich noch heute verwendbarer Test hervorging: die Lückenprobe. Mit der Arbeit von Ebbinghaus läßt man gemeinhin die pädagogisch-diagnostische Arbeit in Deutschland beginnen – zu ihrer weiteren Entwicklung siehe Schmid (1977).

Mit den Hinweisen auf diese sehr frühen empirisch-experimentellen Untersuchungen im Schulbereich möchte ich diesen Abschnitt beenden. Wie die Arbeit Binets sind sie auch ein Versuch, die kindlich-individuelle Erfahrungswelt zu erfassen, ihre Grenzen zu diagnostizieren und in der Konzeption der individuellen Eigenschaften den Ansatzpunkt für erzieherische Maßnahmen zu sehen – was als solches begrüßt werden kann. Die Arbeiten Binets und die aus dem deutschsprachigen Raum zitierten gleichen sich darin, daß das Wissen über Kinder als defizitär, unvollständig begriffen wird (gemessen freilich an dem, was eine Institution Schule als Maßstab setzt) und jene somit untersucht werden müssen, damit Entscheidungen über erzieherische Maßnahmen erst gefällt werden können. Wobei allerdings auf eine Gefahr hinzuweisen ist, die m. E. bis heute bei pädagogisch-diagnostischen Untersuchungen nicht vermindert ist: Die Gefahr, das institutionell-schulische Anforderungsmodell mit seinen quantitativ abgestuften Leistungsnormen (repräsentierbar in Tests) als bloße Entsprechung einer «natürlichen» Abgestuftheit der individuellen Intelligenz oder Begabung zu mißdeuten. Sobald ein Testinstrument vorliegt oder angewendet wird, produziert es per definitionem Vergleiche und Abweichungen vom institutionell gesetzten Durchschnitt. Die Anwendung solcher quantifizierender Maßstäbe bedeutet auch, der *qualitativen* Verschiedenheit der kindlichen Erfahrungswelt gerade nicht gerecht werden zu können; bei Zuordnungsentscheidungen im Schulbereich sollte dieses alte Problem Beachtung finden.

1.5 Zuordnung zum Arbeitsplatz aufgrund Eignung (Münsterberg)

1977 erschien in der Zeitschrift «American Psychologist» ein längerer Beitrag von Moskowitz über Hugo Münsterberg (1863–1916; Münsterberg studierte Medizin und Psychologie (u. a. bei Wundt); ab 1887 Lehrtätigkeit in Freiburg und Beschäftigung mit experimenteller Psychologie; ab 1892 Professor in Harvard). Dieser Beitrag kommt quasi einer Rehabilitation gleich, die einer Person gilt, die für die Frage der Anwendung psychologischen Wissens in vielen Bereichen der Gesellschaft in den beiden Jahrzehnten vor und nach der Jahrhundertwende wohl am meisten bewirkt hat – auf wissenschaftsgeschichtlicher Ebene betrachtet – und deren Beiträge für eine Reihe von Gebieten lange paradigmatischen Charakter trugen. Bereits 1891 hatte sich Münsterberg im Zuge seiner experimental-psychologischen Untersuchungen, aber bereits unter dem Aspekt der «Individualpsychologie» mit verschiedenen Prüfungen geistiger Leistungen bei Schulkindern beschäftigt (schnelles Lesen, Farbnennungen, Gedächtnisprüfungen, Schallokalisation usw.). Münsterberg stand mit solchen im Kern schon auf «Anwendung» zielenden Arbeiten – denen später noch explizit unter diesem Blickwinkel durchgeführte folgen sollten – im übrigen in scharfem Gegenatz zu Wundt, der auch schon ähnliche Tätigkeiten seines Doktoranden McKeen Cattell mißbilligt hatte. Binet kritisierte die Münsterbergschen Arbeiten ebenso unter dem Gesichtspunkt ihrer Brauchbarkeit zur Diagnostik geistiger Leistungen. Nun, Münsterberg hat diese Arbeit auf schulischem Gebiet dann nicht mehr fortgesetzt: 1892 übernahm er auf Betreiben von William James die Direktion der psychologischen Laboratorien in Harvard/USA. Münsterberg widmete sich weitgehend der Frage, wie psychologisches Wissen für verschiedene wirtschaftliche und gesellschaftliche Bereiche nutzbar gemacht werden könne. Sein Ziel war der Aufbau einer «Psychotechnik» als «Wissenschaft von der praktischen Anwendung der Psychologie im Dienste der Kulturaufgaben» (Münsterberg, 1914, S. 1), d. h. nach seinen Worten, daß es sich bei der Anwendung von Psychologie «stets um die Herbeiführung einer gewünschten Wirkung handelt» (ebenda, S. 14). Die Kriterien zu setzen, was als gewünschte Wirkung zu gelten hat, ist nach Münsterberg nicht Aufgabe des Psychologen (vgl. ebenda S. 192ff). «Die Frage: was ist gut oder schlecht, sollte aber . . . der angewandten Psychologie ferngehalten werden.» (Ebenda, S. 197) Was für Münsterberg erstrebenswert ist, erfahren wir folglich auch nicht aus seinen Arbeiten zur Angewandten Psychologie, zumindest keine Wertung des durch psychologische Arbeit Erstrebten. Dazu liest man an anderer Stelle: «Schaffen, mit ganzer Seele mitschaffen an dem Wunderwerk des Wirtschaftsgetriebes, das ist das Verlangen und der Ehrgeiz der Begabtesten . . . Die Jagd nach dem Gewinn ist der stürmische Drang nach erfolgreicher Betätigung. Der Gewinn wird geschätzt, weil er allein besagt, daß die Aufgabe gelöst, der Sieg errungen ist . . .» (Münsterberg, 1908, S. 356) Der Anwendung der Psychologie für das «Wirtschaftsleben» hat Münsterberg denn auch ziemlich breiten Raum gegeben. Orientierung bot ihm dabei die naturwissenschaftliche Verfahrensweise, sie galt für ihn als Garant *verwertbarer* Erkenntnisgewinnung. «Als die Psychologie in ihre modernen Bahnen einlenkte, war ihre unmittelbarste Aufgabe, sich von der bloßen Spekulation zu befreien und die gegebenen Tatsachen festzuhalten und zu beobachten. Das Vorbild mußte daher die Naturwissenschaft werden, und mit der experimentellen Methode der naturwissenschaftlichen Arbeit wurde auch das naturwissenschaftliche Ziel übernommen. Es galt, Gesetze zu suchen, die allgemeingültig sind ... Die individuellen Variationen waren das Zufällige, das für die Naturwissenschaft der Seele gleichgültig ist. Nur das, was allen gemeinsam bleibt, konnte in den Wissensbestand der modernen Psychologie aufgenommen werden, alles übrige mußte durch die Maschen des Forschnungsnetzes zu Boden sinken.» (Münsterberg, 1912, S. 4f) Diese Orientierung hat der Psychologie zu Beginn dieses Jahrhunderts und bis heute den entscheidenden Aufschwung gebracht.

Ein wichtiger Beitrag, den Münsterberg zur Verbreitung und Anerkennung von Testverfahren leistete, waren seine experimentellen und theoretischen Arbeiten zur Frage der «Eignung» von Individuen für bestimmte Tätigkeiten z. B. in Schule und Beruf. Wenngleich Münsterberg selbst keinen eigentlichen «Test» entwickelte, demonstrierte er doch verschiedentlich in für Betriebe sehr erfolgreichem Maß die Brauchbarkeit psychologischer Methodik und Verfahren (z. B. bei der Auswahl von Straßenbahnführern, von Telefonistinnen; dabei ging er von genauen Arbeitsplatzanalysen aus und stellte dann auf die wesentlichen Anforderungen reduzierte Aufgaben als Prüfung; vgl. Münsterberg 1912). So konnte er schreiben: «Fabriken, deren Leiter eingesehen haben, daß die Individualauslese der Angestellten für die verschiedenen Betätigungen einer der wichtigsten Faktoren zum Erfolge ist, sehen sich bereits heute überall in der alten wie in der neuen Welt ängstlich nach solcher Hilfe um ...» (Münsterberg, 1914, S. 419), worin sich ein gewisser Stolz ausdrückt, ebenso wie er zuversichtlich ist, «daß mit Hilfe von experimentellen Testversuchen eine zuverlässige Angleichung von Mann und Werk ermöglicht wird» (ebenda). Hierin klingt bereits das Schlagwort «der richtige Mann an den richtigen Platz» an (vgl. z. B. Lipmann, 1916, S. 512 – W. Stern hat dieses Schlagwort übrigens für den Schulbereich abgewandelt, indem er «das rechte Kind in die rechte Schulform» forderte [Stern, 1916, S. 106]). Es wurde für die nächsten Jahrzehnte zum Paradigma der Berufs- und Betriebspsychologie sowie zum Leitideal von Eignungsuntersuchungen (vgl. Seifert, 1977). Münsterberg hat «die grundlegenden wissenschaftlichen und praktischen Aufgaben und Zwecke der Berufspsychologie aufgezeigt, wenigstens soweit sie bis zur Mitte dieses Jahrhunderts maßgebend waren: (1) die Ermittlung der Berufsanforderungen durch systematische Zergliederung der beruflichen Tätigkeiten und (2) die Entwicklung von wissenschaftlichen Methoden zur Prüfung der individuellen Eignungsvoraussetzungen. Unter dem Leitgesichtspunkt der Anpassung des Individuums an den Beruf bzw. die berufliche Tätigkeit sollten die hierdurch zu gewinnenden Erkenntnisse und praktisch-psychologischen Methoden einerseits bei der betrieblichen Personalauslese, andererseits bei der psychologischen Berufsberatung zum Einsatz kommen.» (Seifert 1977, S. 7f) Die Entwicklung von Testverfahren ordnete sich bei Münsterberg unter das Ziel der möglichst optimalen Zuordnung von Arbeitsplatz und Arbeitskraft, von deren psychologisch-wissenschaftlichen Gestaltung er Vorteile für Betrieb und Arbeiter sah. Er verband dies mit der Forderung, «die in Amerika bereits von den verschiedensten Seiten erhoben wird, daß die großen Betriebe fachmännisch geschulte Experimentalpsychologen anstellen, die genau wie ein naturwissenschaftlicher Spezialist sich allen einschlägigen Fragen im Dienste der besonderen Industriestätte widmen.» (Münsterberg, 1912, S. 178) Und an anderer Stelle heißt es: «Wenn in gleicher Weise einige entsprechend vorbereitete Psychologen angestellt würden, die psychophysischen Bedingungen der besonderen Arbeitstechniken zu prüfen, so würde damit voraussichtlich in gleicher Weise den wirtschaftlichen Zwecken des industriellen Unternehmens gedient werden können. Der Nutzen solcher Arbeit käme aber nicht nur der Leistungsfähigkeit der Fabrik zugute, sondern gleichzeitig der Psyche des Arbeitenden und dadurch mittelbar der gesamten Volkskultur.» (Münsterberg 1914, S. 404)

Münsterbergs Arbeit hatte zu seiner Zeit große Wirkung (vgl. Moskowitz 1977); wenn sein Name in der psychologischen Geschichtsschreibung allmählich von den Beiträgen, die er als Grundsteine für künftige Entwicklungen geliefert hatte, abgekoppelt wurde, so lag dies u. a. an seiner chauvinistischen und naiv anti-amerikanischen Haltung zur Zeit des Ersten Weltkriegs (vgl. Moskowitz, 1977, S. 825f). Moskowitz schließt seine Betrachtungen über Münsterberg u. a. folgendermaßen: «Als Hugo Münsterberg in die Vereinigten Staaten kam, war die amerikanische Psychologie, wie die europäische Erscheinungsform, eine strikt akademische Disziplin – wissenschaftlich und philosophisch, so wie sie von William James in den Principles of Psychology beschrieben und definiert worden war. Als Münsterberg starb, hatte die Psychologie schon ihren Platz in der Welt außerhalb der Akademie gefunden. Zwischen 1900 und 1915 fand die berufsmäßig ausgeübte Psychologie ihren Startpunkt und begann das geometrisch verlaufende Wachstum, das wenigstens für ein halbes Jahrhundert anhielt. Münsterberg war ein wichtiger Anstoß für diesen neuen Beruf.» (S. 841) Nun hätte die Tätigkeit Münsterbergs, seine Auffassung von Begründung und Anwendung psychologischen Wissens wohl kaum die Bedeutung erlangt, wäre sie nicht zu einer Zeit formuliert worden, die sich dafür als äußerst empfänglich erwies; d. h., Münsterbergs Überlegungen zur Psychotechnik waren Ausdruck einer Epoche, als deren Kennzeichen W. H. Whyte (1958) u. a. den «Scientismus» bestimmte. Die USA befanden sich um die Jahrhundertwende in einer Phase einer gewaltigen kapitalistischen Expansion, die relativ bald monopolistische Formen annahm. Als eine Folge davon erlebte die protestantische Ethik, die dem individuell schaffenden Einzelwesen bei genügender Anstrengung Glück und Reichtum versprach, allmählich einen Niedergang. Die zunehmend umfassendere Organisierung des Produktionsprozesses forderte nach Whyte eine ihr entsprechende Ethik. Sie etablierte sich in Gestalt des Pragmatismus, der die *Nützlichkeit* der menschlichen Tätigkeiten in Verbindung zu ihrem gewinnbringenden Beitrag zum gesellschaftlichen Leben hervorhob. Das «gesellschaftliche Leben» war dabei schlicht das vorgefundene und durch die kapitalistischen Organisationen bestimmte, die Nützlichkeit maß sich am Gewinn. William James gilt als einer der Hauptvertreter des amerikanischen Pragmatismus. Auf wissenschaftlicher Ebene fand der Pragmatismus seine Entsprechung im Scientismus, der uns nach Whyte verspricht, «mit den gleichen Methoden, die in der Physik erfolgreich waren, nach und nach eine genaue Wissenschaft vom Menschen zu schaffen» (1958, S. 29). Der von James in die USA verpflichtete Münsterberg war in diesem Sinne Scientist, insofern er in seiner «Psychotechnik» als Form der Anwendung von Psychologie die Meinung vertrat, die naturwissenschaftliche und experimentelle Methode wäre der Planung aller gesellschaftlichen Bereiche und ihrer Organisationen am nützlichsten und dienlichsten; genereller: die (psychologische) Wissenschaft sei bei Ansetzung genügenden Geldes und genügender Mittel bei gleichzeitiger (und ebenso scientistischer) Aufgeschlossenheit der Adressaten in der Lage, soziale und gesellschaftliche Probleme mit dem Ziel des größten gemeinsamen Nutzens zu lösen.

Man betrachte hierzu Münsterbergs umfangreiches Buch «Psychotechnik» (1914), in dem er viele Bereiche der Gesellschaft psychologischen Betrachtungen unterzieht, wie sie sich effektiver, reibungsloser und wissenschaftlicher – nach Gesichtspunkten der Psychotechnik – gestalten und organisieren ließen. Man könnte hier eine Parallele von einer «wissenschaftlichen Gesellschaftsleitung» zur tayloristischen «wissenschaftlichen Betriebsleitung» ziehen. Münsterberg hat im übrigen die Leistungen Taylors und seiner Schule (einer «Religion», wie Münsterberg meinte) entsprechend gewürdigt, aber doch den völligen Mangel an *psychologischer* Betrachtungsweise bei Taylor kritisiert.

Nun ist an der vorhin genannten Orientierung dort nichts falsch, wo die naturwissenschaftliche und experimentelle Arbeit zur Aufklärung gesellschaftlicher und sozialer Verhältnisse beitragen kann. Was dem Scientismus jedoch fehlt, ist die Anerkennung der Tatsache, daß soziale und psychologische Gegebenheiten – im Unterschied zu physikalischen – historischen und ökonomischen Bestimmungen und Entwicklungen unterliegen. Die scientistische Planung der Gesellschaft und damit die Glaubwürdigkeit der in ihrem Schoß entwickelten diagnostischen Methoden muß also dort fehlschlagen bzw. Einbußen hinnehmen, wo sie die individual- und sozialgeschichtliche Dimension ihres Gegenstandes nicht erkennt oder leugnet. (Von anderen Ausgangspunkten kommend, wurde das Fehlen dieser Dimensionen auch bei Galton und Binet vermerkt.) Bezeichnenderweise finden sich in Münsterbergs Arbeiten (und in denen von Binet und Galton) keine Bezüge auf die *realen ökonomischen und historischen* Dimensionen der Bereiche, Betriebe und Organisationen, deren wissenschaftlich-psychologische Durchforstung Münsterberg als quasi sozialplanerische Maßnahme empfiehlt. Insofern ist auch sein Verdikt, der Psychologe habe sich der Bewertung dessen zu enthalten, was er tue bzw. wozu er aufgefordert werde, sowohl Ausdruck einer traditionellen und mit dem Etikett «Elfenbeinturm» positiv getönt umschriebenen Trennung von Wissenschaft und Gesellschaft bzw. der Verschleierung ihrer Verhältnisse, als auch Ausdruck einer Weigerung, die realen und objektiven Verhältnisse für die eigene wissenschaftliche Tätigkeit als wesentlich zu betrachten. Dieser Hintergrund sollte m. E. bei Münsterberg in Betracht gezogen werden.

Die scientistische Hoffnung auf die Testmethodik ist sicher mit den drei genannten Personen nicht gewichen; jüngstes Beispiel scheint der Ruf nach Hochschulzulassungstests als massenhaft verwendbare Verfahren, um Numerus-clausus-Probleme zu mildern. (Ich komme darauf im nächsten Abschnitt ausführlicher zu sprechen.) Auch hier soll die «individuelle Eignung» beachtet werden, sollen Maßstäbe für die Zuordnung zu Bildungsinstitutionen erstellt werden, sollen schließlich Indikatoren ermittelt werden, die höheres geistiges Leistungspotential anzeigen – alle diese Aspekte sind in den letzten drei Abschnitten schon als *historische* präsentiert worden; vergessen sind sie anscheinend nicht.

1.6 Tests und Politik

Bevor ich in diesem abschließenden Abschnitt auf einige Berührungspunkte von Tests mit politischen Überlegungen, Vorgängen und Entscheidungen eingehe, sollen kurz zusammenfassende Bemerkungen gegeben werden.

Ich habe versucht, an die ausgewählte Darstellung dreier psychologiegeschichtlicher Personen einige Überlegungen zu knüpfen, die m. E. für die Entwicklung der Testpsychologie von wesentlicher Bedeutung sind. An den Personen von Galton, Binet und Münsterberg lassen sich einige Momente verdeutlichen, die die Testpsychologie bis heute beschäftigt haben und beschäftigen. Es sind dies, wie anfangs angesprochen, die Frage nach der Zuordnung von Individuen zu sozialen Orten, speziell zu gesellschaftlichen Rängen, zu schulischen und beruflichen Orten, und ihrer Legitimierung mittels quantifizierbarer Verfahren, mit denen die «Geeignetheit» der Individuen für bestimmte Rangplätze innerhalb der genannten Orte – aber auch ihre Festschreibung auf sie – wissenschaftlich bestimmt und demonstriert werden kann, womit zugleich die schließliche Zuordnungsentscheidung ihre objektive und überindividuelle Berechtigung erfahren soll.

Die weitere, in den vorangegangenen Abschnitten nur angedeutete Testgeschichte fußt wesentlich auf den jeweiligen Beiträgen von Galton, Binet und Münsterberg. Die Jahre 1900 bis 1920 markieren in den USA, in Frankreich, England, Deutschland, aber auch in der UdSSR und in Italien den Zeitabschnitt, in dem Testverfahren bekannt und verlangt werden, sich etablieren und in ersten Anwendungen auf Massenbasis bewähren. Des weiteren werden die Grundlagen der Testtheorie ausformuliert. Für die heute maßgeblichen existierenden Testverfahren sind zu dieser Zeit die vier erst genannten Länder hauptsächlich an der Entwicklung von Testverfahren beteiligt. Die testtheoretische Arbeit verlagert sich allerdings schon sehr früh und eigentlich bis heute auf die angloamerikanischen Länder.

In den angloamerikanischen Ländern erlebt die Testbewegung in den Jahren nach 1920 einen im großen und ganzen stetigen Aufschwung, während in den mitteleuropäischen Ländern bereits in den späten zwanziger und dann in den dreißiger Jahren «Einbrüche» zu verzeichnen sind. In den USA wandte sich «auf dem Hintergrund einer bestimmten philosophischen Grundhaltung, nämlich der behavioristisch-positivistischen, aber auch durch praktische Bedürfnisse gefördert ... das Interesse ... immer stärker dem Gruppentest zu, der quantitativ ausgewertet werden konnte» (Drenth, 1969, S. 24). Im Gegensatz dazu, so Drenth, entwickelten sich psychodiagnostische Verfahren in Deutschland mehr und mehr auf individuelle Beobachtungsverfahren hin, vor allem gefördert durch die Diagnostik bei Kindern (Ch. Bühler). Auf diesem Hintergrund ist auch die Entwicklung projektiver Verfahren zu verstehen, die in Mitteleuropa für Jahrzehnte relativ größere Resonanz fanden als in den angloamerikanischen Ländern. (Rorschach hatte seine Verfahren 1921 vorgestellt); das gleiche gilt für andere idiographische Verfahren, wie z. B. zeichnerische und graphologische Verfahren. In Mitteleuropa erlebten allerdings die Psychologie und Psychodiagnostik sowie die von ihr entwickelten Verfahren insgesamt in der Zeit der jeweiligen faschistischen Epochen einschneidende Rückschläge. Die Zuordnungsverfahren in den faschistischen Staaten machten in ihrer Orientierung an Rassenmerkmalen und durch ihre Auswahlsysteme in Partei oder parteiähnlichen, streng hierarchischen Organisationen jegliches darüber hinausgehende Verfahren überflüssig; bestimmte diagnostische Verfahren wie reliable und valide Intelligenztests waren abgeschafft worden, die theoretische Entwicklung wurde behindert, und das hatte seinen Grund auch darin, daß solche Verfahren ja die Möglichkeit bargen, den faschistischen Auswahlprozeduren die Legitimität abzusprechen – indem sie z. B. dort Intelligenz diagnostiziert hätten, wo nach rassischer Ideologie keine zu sein hatte.

Nach 1945 ist die Testbewegung in Mitteleuropa erst allmählich wieder «erwacht» – in einer kurzen Zeit unmittelbar nach 1945, dann wieder und bis heute nach 1955/60 – weitgehend unter Orientierung an angloamerikanischen Entwicklungen. Ich habe die Geschichte andernorts ausführlicher dargestellt (Schmid, 1977; Schmid und Wacker, 1978; über die Testgeschichte in der UdSSR informiert kurz Grubitzsch, 1977).

Sehr bald, nachdem die psychologischen Testverfahren in das öffentliche Bewußtsein gerückt waren, wurden sie auch Gegenstand zum Teil heftiger Auseinandersetzungen. Vor allem trifft dies für die jüngste Vergangenheit zu. Ich möchte einige Aspekte dieser Auseinandersetzung im folgenden kurz erörtern. Mir geht es dabei um die Art der Auseinandersetzung, die auf der *sozialpolitischen* Ebene geführt wurde. Die *innerwissenschaftliche* Auseinandersetzung um die Frage, ob ein Test geeignet ist, psychische Tatsachen zu erfassen – also z. B. die Kontroversen um «nomothetische vs. idiographische», um «statistische vs. klinische», um «erklärende vs. verstehende» Vorgehensweise in der Psychologie – lasse ich hier außer acht.

Cronbach hat sich 1975 über «Fünf Jahrzehnte öffentlicher Kontroverse über Testen» geäußert und sich dabei u. a. auf folgende Themen bezogen: auf die Jensen-Debatte Ende der sechziger und zu Beginn der siebziger Jahre und auf eine Debatte über die Anwendung von Testverfahren bei «morons» (Schwachsinnigen) und Immigranten in den zwanziger Jahren, die jedoch in ihren Ursprüngen noch gut zehn Jahre zurückreicht. Ich möchte diese Themen im folgenden kurz anschneiden. Die Testbewegung in den USA enthielt in einigen Aspekten von Anfang an starke sozialdarwinistische Strömungen im Verein mit eugenischen und rassistischen Überlegungen. Sie müssen in Verbindung gebracht werden mit den zu Beginn des Jahrhunderts vorhandenen scientistischen Erörterungen zur Planung einer Gesellschaft, in der unnütze Elemente unter Kontrolle zu bringen seien (siehe oben). «Der amerikanisierte ‹Stanford-Binet› wurde von Terman in einem Buch aus dem Jahre 1916 veröffentlicht. Die Hoffnung auf den Test wurde im Einleitungskapitel expliziert: . . . ‹In der näheren Zukunft werden Intelligenztests Zehntausende dieser hochgradig Schwachsinnigen unter die Überwachung und den Schutz der Gesellschaft bringen. Dies wird letztlich in einer Beschränkung der Fortpflanzung der Schwachsinnigen resultieren sowie in einer Eliminierung eines beträchtlichen Umfangs von Verbrechen, Pauperismus und industrieller Ineffektivität. Es ist kaum notwendig, zu betonen, daß die hochgradigen Fälle des Typs, der gegenwärtig so häufig übersehen wird, genau diejenigen sind, deren Pflegschaft zu übernehmen für den Staat sehr wichtig ist› . . . Der Test war in Termans Augen insbesonders nützlich bei der Diagnose ‹hochgradiger› oder ‹border-line›-Mangelzustände; d. h. im Bereich eines IQs zwischen 70 und 80. Dieses Intelligenzniveau ‹ist sehr, sehr häufig bei spanisch-indianischen und mexikanischen Familien des Südwestens und auch bei den Negern. Ihre Dummheit scheint rassisch bedingt oder zumindest im Familienstammbaum vorhanden, aus dem sie kommen . . . die gesamte Frage der rassischen Differenzen bei geistigen Eigenschaften wird von neuem und mittels experimenteller Methoden aufgenommen werden müssen.›» (Kamin, 1974, S. 6) Abgesehen von den von Terman geforderten innernationalen Bemühungen, klingt im letzten Zitat auch ein Problem an, mit dem die USA zu Beginn dieses Jahrhunderts konfrontiert waren: das der Einwanderung, das man mit einer zunehmend restriktiveren Einwanderungspolitik in den Griff zu bekommen suchte. Dabei wurden u. a. Tests verwendet, die den Zweck hatten, die Einwanderer aus verschiedenen Ländern in eine Rangreihe hinsichtlich ihres Intelligenzniveaus zu bringen und aus dieser Rangreihe Einwanderungsquoten abzuleiten. An oberer Stelle in einer von Yerkes 1921 aufgestellten Ranghreihe rangieren Engländer, Holländer und Dänen auf den Spitzenplätzen, am Ende finden sich Russen, Italiener und Polen (vgl. Kamin, 1974, S. 15ff). In einer in Zeitschriftenmagazinen ausgetragenen Kontroverse stritten sich u. a. aus diesem Anlaß in mehreren Beiträgen die Psychologen Yerkes und Terman und der Publizist Walter Lippmann, der sich schließlich heftig gegen die Möglichkeit der Messung von Intelligenz aussprach (vgl. Cronbach, 1975, S. 9f) und bei diesem Unterfangen von einer «Selbsttäuschung als Vorstadium der öffentlichen Täuschung» sprach.

Wenngleich der Anlaß – Einwanderungsprobleme – nach dem Ende der zwanziger Jahre allmählich an Wichtigkeit einbüßte, ebbte doch die öffentliche Diskussion um Sinn und Nutzen von Intelligenztests nur zeitweise ab.

Mit Heftigkeit trat sie spätestens Ende der sechziger Jahre wieder auf, als Jensen seine Thesen zu Sinn und Unsinn kompensatorischer Programme veröffentlichte. Dies geschah auf der Basis von Überlegungen zur genetischen Determiniertheit von Bildungsfähigkeit. Daß die Jensenschen Behauptungen allerdings diese positive und negative Resonanz fanden (Cronbach faßt sie kurz zusammen, 1975, S. 2ff), liegt wahrscheinlich an der Rassenproblematik, die in den sechziger Jahren zu kritischen Zuständen in den USA geführt hatten (Aufstände der schwarzen Bevölkerung). Dabei war die Jensen-Debatte im übrigen Beispiel dafür, wie Testverfahren in die Schußlinie geraten, die ja nur Ausdruck der Absicht eines Herrschaftssystems sind, Entscheidungen zu formalisieren und zu systematisieren. Die Testverfahren selbst trifft freilich nicht die «Schuld», daß z. B. Jensen solche und nicht andere Ergebnisse und Interpretationen veröffentlichte; allerdings erweisen sie sich als brauchbare Mittel, da sie von ihrer Konstruktion her den Standard einer bestimmten gesellschaftlichen Schicht oder die Anforderung von Organisationen und Institutionen repräsentieren und insofern Individuen und bestimmte gesellschaftliche Schichten, die diesen Standard nicht teilen, benachteiligen können. Testverfahren «reproduzieren» also mögliche Benachteiligungen. Am Beispiel von C. Burt mag allerdings abgelesen werden, wie diese Reproduktion auch schon unter vorgeblicher Verwendung empirischer Meßinstrumente wie Tests zustande kommen kann, vor allem, wenn – wie geschehen – solchermaßen gewonnene Ergebnisse in den Kronzeugenstand erhoben werden. Eine Reihe von Burts Daten, ermittelt im Zusammenhang mit Untersuchungen zur Vererbung von Intelligenz, haben sich bei Nachuntersuchungen als kaum haltbar, wenn nicht als teilweise sogar gefälscht herausgestellt (vgl. Kamin, 1974; Ernst, 1977; Gillie, 1977).

In der Tat gilt, daß «die Bedeutung von Tests für das Entscheiden . . . häufig überschätzt wird. Aber es ist verständlich, daß sich auch dann, wenn die Rolle der Tests richtig gesehen wird, in der Beurteilung der Testanwendung doch allerlei emotionelle Stellungnahmen der Sympathie und Antipathie einstellen. Es geht ja zuletzt immer um Entscheidungen über *Menschen*, und oft haben diese Entscheidungen für den Betroffenen sehr weitreichende Konsequenzen» (Drenth, 1969, S. 279). Die emotional geladene Stellungnahme gegenüber Tests kann dabei zu Fällen führen, wie sie Nettler (1959) berichtet: In Houston/Texas wurden Testformulare verbrannt, unter anderem mit der Begründung, daß die gegebenen Antworten der Schulkinder von «Kommunisten» verwendet werden könnten. Solche und ähnliche Aktionen haben einer kritisch-rationalen Einschätzung dessen, was ein Test ist, höchstens geschadet. Drenth meint, «daß hinter den erwähnten Testverbrennungen rechts-reaktionäre Organisationen wie die ‹American Legion› und das ‹American Flag Committee› standen. Auch ein Mann wie *Goldwater* zog in seinem Wahlkampf gegen das zu Felde, was er ‹die indirekte Inquisition in unsere persönlichsten Angelegenheiten› nannte. Die ‹Mental Health Movement› (in der tatsächlich viele Tests benutzt werden) wurde dabei in einem Atem mit dem Kommunismus und der Gehirnwäsche genannt.» (1969, S. 282)

Auf höchster Ebene ist die Frage der Entwicklung und Anwendung von Tests in den USA bisher in einem Hearing des amerikanischen Kongresses (Amrine, 1965) behandelt worden. Die dort zu lesenden Kommentare und Argumentationen skizzieren die wissenschafts- und sozialpolitischen Konsequenzen der Testanwendung in verschiedenen Institutionen in breit gespannter Weise. Zitieren möchte ich eine Stellungnahme des Rechtsprofessors Freedman. Sie ist geeignet, einige sozialpolitische Aspekte zu verdeutlichen: «Von allen Personen in unserer Gesellschaft sollten professionelle Psychologen am empfänglichsten für die sozialen und politischen Implikationen nicht-freiwilliger psychologischer Testprüfung sein, insbesondere wenn sie von seiten der Regierung durchgeführt wird. Was mir jedoch Sorgen bereitet ist, einen bedeutsamen Mangel an solcher Empfänglichkeit ... hinsichtlich des enormen Potentials von ernsthafter Verletzung der demokratischen Gesellschaft zu finden, die im Gebrauch psychologischer Testprüfungen seitens des Staates liegt ... Erstens zerstört ein Test sich nicht nach einmaligem Gebrauch. Die gleichen Testantworten, die heute dazu verwendet werden, um Anpassungsfähigkeit an neue Umgebungen oder das Ertragen von Streß zu messen, können morgen genausogut benützt werden, um irgendeine Anzahl anderer Persönlichkeitscharakteristika zu messen, einschließlich Fügsamkeit, Rebellentum, Ansprechbarkeit auf Suggestion, Loyalität, Autoritätsabhängigkeit, politische Verläßlichkeit, etc. ... Ein Test, der für einen bestimmten Zweck entwickelt wurde, kann schließlich mit einer Anzahl von anderen Gebrauchsmöglichkeiten behaftet entdeckt werden» (zit. bei Amrine, 1965, S. 878). Freedman meint weiter, daß die häufig benützte Analogie in totalitären Gesellschaften, bei der Aufdeckung gefährlicher Gedanken handle es sich um dasselbe wie um die Aufdeckung von Krankheiten, nicht in unseren Gesellschaftsformen verwendet werden dürfte, da sie die Aufgabe der westlichen Gesellschaften kennzeichnenden, grundlegenden Rechte bedeute, so z. B. die Aufgabe der Rede- und Versammlungsfreiheit, die Aufgabe der Unverletzlichkeit des Individuums (vgl. ebenda).

In der Bundesrepublik mehren sich die Anzeichen, daß diese Diskussionen auf öffentlicher und staatlicher Ebene auch bald geführt werden. Ausschlaggebend könnte sein, daß die Zahl der Testanwendungen immer noch steigt, aber dafür kaum rechtliche Vorschriften vorliegen, z. B. was das Erfragen von Persönlichkeitsdaten betrifft. Bisher war es in der Öffentlichkeit relativ «ruhig», was die mit der Testanwendung aufgeworfenen Fragestellungen betrifft, abgesehen von hier und dort verstreuten Stellungnahmen oder Übersetzungen amerikanischer Literatur, die sich u. a. kritisch mit Tests befaßt (z. B. Gross, 1963; Whyte, 1958). Deutsche Publikationen zu diesem Thema haben sich an amerikanischen Vorbildern orientiert (z. B. v.

Paczensky, 1976). Über die Rechtslage erschien Anfang der siebziger Jahre ein Buch, das die Testanwendung in Betrieben im Blickwinkel hat (K. H. Schmid, 1971). Diese Situation mag darin begründet sein, daß die psychologische Wissenschaft selbst in der Bundesrepublik erst seit knapp zwei Jahrzehnten als akademische und «brauchbare» Disziplin wahrgenommen wird; des weiteren dürften «Testverfahren» einer breiteren Öffentlichkeit auch höchstens seit dieser Zeit ein Begriff sein. Auf die wissenschaftsgeschichtlichen Begründungen kann ich hier nicht näher eingehen (vgl. z. B. Maikowski, Mattes und Rott, 1976; Schmid und Wacker, 1978). Zugleich hat die Wissenschaft Psychologie bis heute mit einem zuweilen auch von seriösen Zeitschriften kolportierten Image zu kämpfen, das sie aus einem Sammelsurium von Seelendeutung, obskuren therapeutischen Techniken und Manipulationen zusammengesetzt wiedergibt. (Eine Umfrage, was ein «Diplom-Psychologe» ist, würde sicher noch heute Schauriges zutage fördern.)

Die in den Medien geführte Diskussion psychologischer Testverfahren war lange von zwei Aspekten gekennzeichnet: Tests als technisch-seelenchirurgische Instrumente oder Tests als Kuriosa: (so z. B. «Der Spiegel» mit Zeilen wie «Nazi-Verbrecher und Rorschachtest»). Erst allmählich setzt sich eine dem Test und der damit verbundenen Problematik angemessene Erörterung in den Medien durch, in merklichem Ausmaß etwa seit dem Beginn der siebziger Jahre. Ein Grund dafür liegt sicher in den Berichten über die Jensen-Debatte (Der Spiegel, 28/1969; Die Zeit, 42–45/1974). Ein weiterer Grund liegt wahrscheinlich in den Berichten zur Bildungsreform, die in den sechziger und siebziger Jahren für verschiedene Punkte, an denen schulische Entscheidungen gefällt werden, den Einsatz von Testverfahren konzipierte (vgl. z. B. Bildungsgesamtplan, 1973, S. 75f). Der Anlaß, an dem sich Auseinandersetzungen entzünden können, wie sie in den USA bereits seit Jahrzehnten geführt werden, scheint jedoch in den für die Regelung des Hochschulzugangs vorgesehenen Tests zu liegen. (Nach § 33 Hochschulrahmengesetz besteht die Möglichkeit, ein ‹besonderes Auswahlverfahren› bei der Vergabe von Studienplätzen zu verwenden – es läuft darauf hinaus, daß dies ein psychologisches Testverfahren sein wird; die Kultusminister der Länder haben sich in einem Staatsvertrag im Februar 1978 grundsätzlich über solche bereits in der Erprobung stehende Tests geeinigt.) Diese Art von Hochschulzulassungsregelung ist in mehreren Zeitschriftenbeiträgen auch vor einer breiten Öffentlichkeit erörtert worden – unter Einbeziehung der Darstellung und Kritik der vorgesehenen Verfahren (vgl. z. B. Der Spiegel, 22/1975, 7/1977, 33/1977, 51/1977; Die Zeit, 47–52/1975, 9–19/1976; psychologie heute, Okt. 1975, Nov. 1975, Dez. 1975, Jan. 1976, März 1976, Juni 1976). Von einer «Testbewegung» oder «Anti-Testbewegung» läßt sich jedoch keinesfalls sprechen. Die Palette der Meinungen reicht von «machbar» bis «Ablehnung von Tests zu Selektionszwecken» z. B. aus berufsethischen Gründen (vgl. Arnhold, 1977). Eine größtenteils aus Psychologieprofessoren bestehender «Wissenschaftlicher Beraterkreis» der Kultusministerkonferenz hat 1977 jedoch Entwicklung und Erprobung von Hochschulzulassungstests empfohlen (vgl. Report Psychologie, Okt. 1977, S. 43–46). Hopf hat die Problematik von Hochschulzulassungstests folgendermaßen beschrieben: «Zusammenfassend läßt sich feststellen, daß innerhalb des begrenzten Zeitraums, in welchem eine spürbare Diskrepanz zwischen Studienplatzangebot und -nachfrage bestehen bleibt . . . zwar Tests entwickelt werden können . . . daß es aber trotz aller derzeit in den laufenden Projekten versammelten wissenschaftlichen Kompetenz kaum gelingen wird, eine tragfähige Grundlage für Selektionsentscheidungen zu gewinnen . . . Der faszinierte Verweis auf die breite und anscheinend erfolgreiche Testverwendung in den USA übersieht, daß es sich dort um eine unvergleichbare Situation handelt: Tests dienen dort der Klassifikation, nicht aber der Selektion . . . Man muß also nicht nur Zweifel daran haben, daß sich die Hoffnungen erfüllen, mit Hilfe der Tests eine bessere Auslese durchzuführen, sondern es stellt sich darüber hinaus die im Zusammenhang der Testkonstruktion zentrale Frage, ob die notwendigen Längsschnittuntersuchungen nicht auf ein fragwürdiges Kriterium gerichtet wären, wenn sie die Qualität der Auslese an den Studienzensuren überprüfen, nicht aber den Gründen für Studienabbruch (und schon gar nicht der Berufsbewährung) nachgehen.» (Hopf, 1976, S. 106f)

Noch streiten sich, wenn überhaupt, zu diesem Thema hauptsächlich die Wissenschaftler. Von politischer Seite gibt es kaum Verlautbarungen. Soweit ersichtlich, waren sich über den § 33 des Hochschulrahmengesetzes alle im Bundestag vertretenen Parteien einig (vgl. z. B. Das Parlament, Nr. 2 und Nr. 10, 1975). Die Möglichkeit, für die «Verwaltung des Mangels an Studienplätzen» ein Mittel gefunden zu haben, läßt das Bedenken sozialpolitischer und sozialpsychologischer Konsequenzen an den Rand rücken bzw. gar nicht erst auftauchen. Eventuell gibt es aber noch einen anderen Grund für die relativ geringe Beteiligung maßgeblicher politischer Stellen an der Diskussion zum Thema Hochschulzulassungstest: Es scheint fast, als würde dieser «Eisberg» in höchst sicherer Entfernung erst einmal ausgelotet und umfahren, denn unter seiner Spitze liegt das weitaus größere Problem der bereits ja in großem Umfang *tatsächlich betriebenen* Testanwendung in Schulen und vor allem bei der betrieblichen Eignungsauslese! Dies ist, ich betone es, eine Vermutung. Die Brisanz der Probleme, die in diesen Anwendungsbereichen steckt, läßt mich allerdings glauben, daß sie nicht ganz falsch ist. Man will vielleicht nicht zu sehr daran rühren.

Ich habe diese Probleme in begrenzten Ausschnitten für weiter zurückliegende Zeiträume erörtert, gemäß der Empfehlung von Terman, die er für das eingangs zitierte Buch von Peterson 1926 abgab: Terman (ein Pionier der Testanwendung in den USA u. a. durch seine Bearbeitung der Binet-Verfahren) meinte, daß es keinen besseren Weg gibt, in die mit (Intelligenz-)Tests verbundenen Fragen einzuführen, als die Experimente und Entwürfe bekannt zu machen, die zu ihrer Entwicklung geführt haben (vgl. Peterson, 1969, S. XIV). Vielleicht können diese knappen Überlegungen zur Testgeschichte ein wenig anregen, die *Testgegenwart* und das große «öffentliche wie wissenschaftliche Interesse» (Peterson, 1926/1969) zu bedenken.

2.

Siegfried Grubitzsch

Sozialökonomische Grundlagen des Testens und Messens

«Wo Ideologien herrschen, wird Wissenschaftlichkeit zum Oppositionsprinzip.» (Hofmann, 1969, S. 59) Wo Wissenschaft, ihre Resultate und Methoden, zur Rechtfertigung der bestehenden gesellschaftlichen Verhältnisse benutzt, werden, wird die Kritik der Wissenschaft zum unabdingbaren Bestandteil der *praktischen* Kritik dieser Verhältnisse. Psychologische Tests sind Ausdruck dieser gesellschaftlichen Verhältnisse; sie sind in bezug auf ihren *Inhalt* und ihre *Form* in die Sprache der Wissenschaft gefaßte gesellschaftliche Prüf- und Ausfragesituationen. Wer sie erfolgreich durchläuft, erhält Zugang zu sozial anerkannteren Berufen, gesellschaftlich attraktiveren Tätigkeiten wie leitenden Positionen oder bekommt mehr Geld; kurzum: er steigt sozial eher auf als ein anderer (vgl. Herrnstein, 1974). Ist ein Kind fähig und gewillt, sich den im Test simulierten gesellschaftlichen Ordnungsprinzipien – beispielsweise individuell in Konkurrenz zu anderen zu arbeiten – unterzuordnen oder versucht es die Lösungsmöglichkeiten einer Testaufgabe mit seinen Platznachbarn zu diskutieren? Den Test *erfolgreich* zu durchlaufen, heißt in vielerlei Hinsicht besser als der Mitbewerber, als der Konkurrent abzuschneiden. Über die eigentliche Testleistung hinaus und zugleich mit ihr wird von der Testperson verlangt, sich den Testbedingungen, den Anweisungen des Testleiters unterzuordnen. Was er sagt, muß getan werden.

Der Test verlangt schließlich auch, seine Resultate anzuerkennen. Sie hinzunehmen, als wären es die eigenen Fähigkeiten bzw. die des Kindes, die im Testresultat widergespiegelt werden, ganz so, als läge es nur an einem selbst, ob man gut oder schlecht abschneidet. Den «Fähigen» vom «Unfähigen» zu trennen, den Unterschied zwischen Menschen festzustellen, den «Schwachen» auszusieben, weil dem «Stärkeren» mehr zugemutet wird, ist das Ziel, das jeder Prüfsituation innewohnt. Gefragt wird nach *interindividuellen* Unterschieden, nach Unterschieden zwischen Menschen, oder danach, ob sich ein Mensch im Vergleich zu seiner früheren Leistung, seinen früheren Fähigkeiten und Kenntnissen verändert hat und also ein *intraindividueller* Unterschied festzustellen ist. Diesen Fragestellungen liegt zugleich das Interesse daran zugrunde, wie sich der Einzelne wohl *künftig* verhalten und was er *künftig* leisten wird. Wenn ein Bewerber für den öffentlichen Dienst in einer Anhörung Zweifel an seiner Verfassungstreue ausräumen soll, wenn sich ein Arbeiter einer Eignungsprüfung unterziehen muß, wenn ein Schüler auf seine Sonderschulbedürftigkeit hin getestet und beobachtet wird oder wenn ein Hochschullehrer bei seiner Bewerbung um eine Stelle eine Anhörung über sich ergehen lassen muß, dann erhoffen sich die Arbeitgeber oder späteren Mitarbeiter Aufschlüsse darüber, ob sie mit dem Befragten oder dem Geprüften künftig auskommen können, ob er die Bedingungen am Arbeitsplatz akzeptiert oder den späteren Anforderungen gewachsen sein wird. Wie in der Prüfung so auch im Test. In ihm ist die gesellschaftlich zweckbestimmte Prüf- und Befrage-/Ausfragesituation instrumentalisiert und dadurch aus ihrer bloßen Zufälligkeit in eine gezielt wiederholbare, beliebig aufs neue herstellbare Prüfsituation überführt. Von wenigen Ausnahmen abgesehen dienen sie der Informationsbeschaffung über Personen zum Zwecke der Auslese, der Klassifikation oder der Zuweisung zu bestimmten Institutionen. Die Informationen betreffen solche psychischen Merkmale, Eigenschaften und Funktionen, die im Hinblick auf die künftigen Anforderungen und Tätigkeiten erwartet bzw. vorausgesetzt werden (Kreativität, Abstraktionsvermögen, Fähigkeit zu sozialer Anpassung etc.). So schließt die Klassifikation beispielsweise auch die psychiatrische Zuordnung zu Krankheitsbildern ein. Hierbei fungieren Tests als das wissenschaftliche Instrumentarium, das gesellschaftlich noch akzeptierte Verhalten und Erleben von dem abweichenden, das «Normale» vom «Kranken» zu trennen. Aber Tests haben nicht nur diese «objektive» Funktion, sondern werden schließlich auch von den Betroffenen spezifisch erlebt. Sie werden als bedrohlich empfunden und als angsterzeugend, da ihre Resultate für das gehalten werden, als was sie scheinen: nämlich als wissenschaftlich abgesicherte Ergebnisse eines unbestechlichen Instruments, dessen Anwendung in der Regel weittragende Konsequenzen für die Testperson hat (Schuleignung, psychiatrische Einweisung etc.). Diese negativen Konsequenzen ergeben sich aber nicht nur aus einem schlechten Testergebnis. Sie können auch aus dem Verweigern einer Testsituation resultieren. Im ersten Fall ist die Person dann nur «dumm» oder «ungeeignet»; im zweiten Fall jedoch zusätzlich ein Querulant, ein Realitätsfremder, nicht bereit, sich anzupassen. Soweit zum *Inhalt* von Tests und wie sie von Individuen erlebt werden.

Ein *Form*spezifikum psychologischer Tests besteht darin, daß in ihnen menschliches Handeln, Bewußtsein, Denken, Angst, Kreativität oder soziales Verhalten als quantifizierbar und folglich *meßbar unterstellt* wird. So schreibt D. Wechsler, Autor des weitverbreiteten Hamburg-Wechsler-Intelligenztests (HAWI): «Intelligenz ist die zusammengesetzte und globale Fähigkeit des Individuums, zweckvoll zu handeln, vernünftig zu denken und sich mit seiner Umgebung wirkungsvoll auseinanderzusetzen.» (1956, S. 13) Und weiter: «Durch die Messung (!) dieser Fähigkeiten kommen wir letztlich zu einer Bewertung (!) der Intelligenz» (a. a. O.). Was der Mensch tut und denkt, seine Gefühle und sein Handeln, werden als meßbar unterstellt, noch bevor die Testkonstrukteure überhaupt wissen, was das von ihnen Gemessene eigentlich ist, denn die Messung soll sie ja dem Gegenstand erst näherbringen! Statt dessen machen sie den konkreten Menschen zur Zahl, berauben ihn seiner Subjektivität; machen ihn methodisch-technisch verfügbar. Aus dem Subjekt wird ihnen eine Testperson, ein Ding, das zwar nicht nach seiner Länge und Breite, aber doch immerhin darauf befragt wird, *wieviel* Kreativität, *wieviel* Intelligenz und *wieviel* Anpassungsbereitschaft es hat. Durch Verdinglichung und Quantifizierung seiner Eigenschaften, Fähigkeiten und seines Wissens wird das Subjekt zum kalkulierbaren, abstrakten Menschen, dessen Verhalten *vorhersagbar* und planbar gemacht wird. Um welche Eigenschaften, Fähigkeiten oder Wissensinhalte es sich dabei handelt, ist Ausdruck der jeweiligen Zwecksetzung der Prüfsituation. Eine Sekretärin soll organisieren können, die Rechtschreibung beherrschen und obendrein noch gut aussehen. Ein Vertreter einer Möbelfirma soll sich auf seine Kunden einstellen können und ein Sonderschüler soll noch lernfähig sein. Nun ist das Messen und Vorhersagen menschlichen Verhaltens nicht ein Ziel, das allein der Testkonstruktion und Testanwendung zukommt, sondern schlechthin für die herrschende empirisch-experimentelle Psychologie in Anspruch genommen wird. Sie hat es sich allgemein zur Aufgabe gemacht, die Gesetzmäßigkeiten menschlichen Erlebens und Verhaltens zu erforschen, um auf der Grundlage dieser Kenntnisse künftiges Verhalten und Erleben vorherzusagen (Thomae und Feger, 1969; Ruch und Zimbardo, 1974; Selg, 1966; u. a.). Auf der Grundlage des hier und jetzt beobachteten Verhaltens, Denkens und Erlebens wird angestrebt, menschliches Verhalten exakt zu prognostizieren. Dahinter steht die Auffassung, daß die Kenntnis des Verhaltens von Individuen unter spezifischen Bedingungen die Vorhersage eben dieses Verhaltens unter den gleichen Bedingungen ermöglicht.

«Der Mensch ist gewöhnlich nicht damit zufrieden, nur zu beschreiben, zu verstehen und etwas vorauszusagen. Es gibt viele Gelegenheiten, bei denen er das, was sich ereignet, beeinflussen und verändern, kurz kontrollieren möchte.

Die Fähigkeit, Verhalten zu kontrollieren (!), bietet dem Psychologen die beste Möglichkeit, zu überprüfen, ob er dieses Verhalten auch tatsächlich verstanden hat. Man hat festgestellt, daß im Beruf Erfolg und Arbeitsfreude eng mit bestimmten Fähigkeiten, Interessen und anderen meßbaren (!) Eigenschaften zusammenhängen . . . Die Fähigkeit, Verhalten zu beeinflussen und zu manipulieren, bietet viele neue Möglichkeiten, soziale Zustände und Arbeitsbedingungen zu verbessern . . .» (Ruch und Zimbardo, 1974, S. 28)

Sowohl die Unterstellung der Meßbarkeit menschlichen Verhaltens wie auch der Vorhersagbarkeit sind nicht zufällige Ideen einzelner Wissenschaftler fernab aller gesellschaftlichen Lebens- und Arbeitszusammenhänge, sondern logischer und historischer Ausdruck der gesellschaftlichen Verhältnisse, in denen sie leben. In den gesellschaftlichen Verhältnissen bilden sich jene Erkenntnisfragen und Problemstellungen heraus, um deren Klärung sich die Wissenschaft schließlich bemüht. Ich will das im folgenden exemplarisch in bezug auf test- und meßtheoretische Überlegungen im Überblick aufzeigen, wobei ich mir bewußt bin, die Komplexität des Sachverhalts zu Gunsten eines besseren Verständnisses der Zusammenhänge auf ihre einfache Grundstruktur reduzieren zu müssen.

Ein Mißverständnis soll jedoch gleich zu Anfang ausgeräumt werden: Tests bilden sich nicht direkt und monokausal aus dem unmittelbaren Produktionsprozeß heraus und haben dort auch nicht ihren alleinigen Ausgangspunkt. Sie resultieren z. B. ebenso aus dem Versuch, psychiatrische Patienten präziser und schneller bestimmten Behandlungsformen zuzuweisen (vgl. dazu Schmid in diesem Buch) oder dauerhaft handlungsunfähige Personen von nur vorübergehend beeinträchtigten zu unterscheiden. Denn die einen abverlangen dem Staat dauerhafte Soziallasten, die anderen sind möglicherweise fähig, durch Arbeit einen Teil dieser Kosten wieder einzubringen. Zu erfahren, was den einen Menschen beeinträchtigt, den anderen zu «normalen» Leistungen befähigt, setzt freilich eine allgemeine Kenntnis über die Menschen, ihr gesellschaftlich durchschnittliches Verhalten und Erleben voraus. Die Frage, was Menschen zu bestimmten Handlungen und Gefühlen veranlaßt, taucht mit Beginn des 19. Jahrhunderts immer häufiger auf. Und für den Bereich der Schule gilt am Ende des gleichen Jahrhunderts zunehmend die Frage, wie «lernunfähige» Schüler nicht nur erkannt, sondern auch an die «Bedürfnisse der Gesellschaft» herangeführt werden können. Freilich letztlich auch deshalb, um die noch halbwegs «bildungsfähigen» Schüler lebens- und vor allem arbeitsfähig zu machen.

Die Vielfalt der Entstehungsorte von Tests oder doch zumindest solcher Prüf-, Befragungs- oder Beobachtungssituationen, die potentiell den Einsatz von Tests ermöglichen, sollen jedoch nicht darüber hinwegtäuschen, daß sie letztendlich ihre Bündelung in dem Punkt finden, wo es um die Überprüfung und Feststellung menschlicher Lebens- bzw. mehr noch Arbeitsfähigkeit geht. In den ökonomischen Verhältnissen finden die gesellschaftlichen und historischen Erscheinungen ihre Erklärung, nicht umgekehrt.

Die Unterstellung der Meßbarkeit menschlichen Verhaltens und seine Vorhersagbarkeit haben zwei gemeinsame Wurzeln:

1. die Herausbildung der großen Industrie und
2. die Lohnarbeit als alles beherrschende Form der Arbeit, die den Warencharakter der Arbeitskraft voraussetzt.

Mit dem aufkommenden Kapitalismus, der Entfaltung der großen Industrie und der Durchsetzung der maschinenmäßigen Produktion wird der kalkulierbare, «maschinenmäßig funktionierende Arbeiter» gebraucht, dessen Verhalten vorhersagbar ist. Ein Mensch, der pünktlich zur Arbeit kommt, nur Pausen macht, wenn es der Produktionsablauf erlaubt, und der nicht streikt, sondern sich für den Arbeitsprozeß verantwortlich fühlt, ist der im Sinn des Produktionsprozesses einplanbare und funktionierende Mensch. «Der Mensch als solcher ist für den Betrieb nichts, die Funktion, die er ausüben kann, alles . . . Funktionen und Funktionäre müssen also wesensmäßig ersetzbar sein. Da sie innerer Teil eines Ganzen, des Betriebes, sind, sind sie ersetzbarer Teil und – von der Mehrheit gesehen – Ersatzteile.

Ersatzteile müssen griffbereit sein, daher eingeordnet, gekennzeichnet, katalogisiert sein, eine Nummer tragen. Das Wesentliche und Wichtige an ihnen ist die Nummer, die angibt, wie sie als Ersatzteile verwendet werden können.» (Entnommen einer Rede eines BASF-Direktors) Dieses Zitat ist zwar jüngeren Datums, entspricht aber durchaus dem Tenor der Klagelieder frühindustrieller Kapitalisten, die sich über den widerspenstigen, undisziplinierten, unzuverlässigen Plebs beschwerten, dem die einförmige Plackerei in der Fabrik bestenfalls so lange erträglich war, wie er Geld zum Leben brauchte. Hatte er wieder zu essen, ging er – ohne nach dem Fortgang der Arbeit zu fragen. Im Produktionsprozeß wird aber ein Mensch benötigt, der seine Bedürfnisse den Forderungen der Maschinen und des Arbeitsplatzes unterzuordnen vermag; der sich im Rhythmus der Maschine nicht nur bewegt, sondern diesen Rhythmus *lebt*, als wäre es sein eigener. Das gilt freilich nicht nur für die Fabrik, dem Ort der Waren*produktion*. In vergleichbarer Weise gilt dies ebenso für die Arbeitsabläufe im Bereich der Waren*verteilung*: für Bank, Handel, Verwaltung und schließlich auch für den Transport. Die Ware muß verteilt und verkauft werden, damit sich der in ihr enthaltene Mehrwert baldmöglichst realisieren, d. h. in Geld-Kapital zurückverwandeln kann, das dem Produktionsprozeß aufs neue zum Zwecke seiner Verwertung zugeführt werden kann. Deshalb sind auch hier die reibungslos funktionierenden Menschen nötig, die fähig und bereit sind, sich heute und auch in naher Zukunft den Arbeitszwängen zu fügen, Menschen also, deren Verhalten, deren Leistungen und Bereitwilligkeit von Dauer sind.

In dem Moment, wo Lohnarbeit zur alles beherrschenden Form der Arbeit geworden ist und der Gebrauch der Lohnarbeiter für den Geldbesitzer das A und O der Verwertung seines Geldes ist, wird die Frage nach dem Nutzen oder Wert-Sein einer Arbeitskraft für die Mehrwertbildung zu einer grundlegenden Überlegung. Nutzen meint hier die Höhe des Wertes, die der Gebrauch der Arbeitskraft pro Zeiteinheit dem Kapitalisten bringt. Für sein Geld, das der Käufer in Form des Lohnes dem Besitzer der Arbeitskraft zahlt, will er eine möglichst «gute» und billige Arbeitskraft. Sie soll entsprechend der Anforderung im Produktionsprozeß *qualifiziert* und also fähig sein, die dort anfallenden Handgriffe, wie beispielsweise Leder bearbeiten, Büchsen verpacken, Maschineschreiben oder Holz hobeln, beherrschen. Und die Arbeitskraft soll *willens* sein, sich dem Produktionsprozeß einzufügen; sie darf die Bedingungen der eigenen Lohnarbeit, ihr Ausgebeutet-Sein, *nicht hinterfragen*. Der Käufer hat also ein doppeltes Interesse beim Kauf einer Arbeitskraft. Sie soll qualifiziert sein zur Verrichtung der anfallenden Tätigkeiten im Produktionsprozeß. Sie soll jedoch nicht dazu geeignet sein, ihr Wissen und ihr Können wie ihre Fähigkeiten dazu zu benutzen, die bestehenden Herrschafts- und Eigentumsverhältnisse in Frage zu stellen.

Folglich sucht der Käufer von Arbeitskraft nicht nur eine qualifizierte und billige, sondern auch eine loyale Arbeitskraft.

Nun lassen sich weder die prozeßgebundenen, noch die nicht unmittelbar auf den Produktionsprozeß bezogenen Fähigkeiten beliebig feststellen. Sie sind nur bedingt sichtbar. Aber der Betrieb, der die Arbeitskraft kauft, will kein Risiko eingehen. Deshalb will er möglichst genau wissen, ob die Arbeitskraft seinen Anforderungen und Ansprüchen genügt, sich also gut in den Arbeits- und Verwertungsprozeß einfügen wird. Und wie der Käufer eines Pferdes dem Tier ins Maul schaut und der Sklavenhändler die Körpermaße und die Kraft der Sklaven prüfte, tut es der Käufer der Arbeitskraft auf seine Weise. Er läßt die Handschrift seiner künftigen Mitarbeiter beurteilen oder gibt Lehrlingen Arbeitsproben vor, um zu sehen, welche von mehreren zur Auswahl stehenden Arbeitskräften die für seine Zwecke geeignetere ist. Und wer in der Arbeitsprobe am besten abschneidet, von dem erhofft sich das Unternehmen die nützlichste Leistung im künftigen Arbeitsverhältnis. Die Überprüfung der Arbeitsfähigkeiten (Qualifikationen) und der Arbeitswilligkeit, Arbeitsbereitschaft bzw. Loyalität in Form der Messung dient letztlich dem Zweck der Taxierung der Arbeitskraft. Die Erfassung dieser immateriellen «Qualifikationen» ist nur mittelbar über äußerlich sichtbare, also durch bestimmte Untersuchungsbedingungen induzierte Verhaltensweisen möglich. Es ist die Funktion von Tests, solche gewünschten Verhaltensweisen zu provozieren und sie in qualitativer und quantitativer Hinsicht zu taxieren: Eine Person 1, die x Fähigkeiten A hat, wird am Arbeitsplatz k-mal soviel willig leisten wie eine Person 2 mit y-Fähigkeiten B. Ziel ist die Bewertung der Arbeitskraft für den Produktionsprozeß. Taylor und Brogden (1950) schlagen vor, wie dies zu bewerkstelligen sei; nämlich «indem die Messung des Wertes eines Mannes als der Gesamtdollar-*Wert* seiner Produktion minus den Dollar-*Kosten* für seine Produktion bestimmt wird. Der Arbeiter, der in einer gegebenen Zeitspanne die größte Menge produziert, würde in Ausdrücken der Kostenrechnung einen größeren Wert produzieren, aber dieser größere Wert kann bei einem sorglosen Arbeitnehmer durch kostenverursachende Posten wie Ausschuß, Unfall, Zerstörung der Ausrüstung (Maschinerie) usw. ausgeglichen sein» (zit. nach Guion, 1965, S. 92).

Insbesondere Maßnahmen zur Intensivierung der Produktion waren es, die am Ende des vergangenen Jahrhunderts getroffen wurden, um in der Industrie die Profitmaximierung zu sichern (vgl. dazu den Beitrag von Schmid).

Man stellte fest, daß die Reserve an Arbeitskräften nicht unerschöpflich ist, und daß sie teuer (sind) werden, um so mehr, als sich die Arbeiter straffer (zu) organisieren (beginnen), um ihren Wert auf dem Arbeitsmarkt zu verteidigen. Den besonderen lokalen ökonomischen und gesellschaftlichen Bedingungen in England, Frankreich, Deutschland und den USA entsprechend wird nach Möglichkeiten zur optimalen Rekrutierung von Arbeitskraft zum Zweck nicht nur der Produktionserweiterung, sondern auch und gerade zur *Produktionsintensivierung* gesucht. Um die Akkumulationsraten zu erhöhen und konkurrenzfähig zu bleiben, stand die Industrie vor der Notwendigkeit, optimale Leistungen aus dem Faktor Arbeitskraft zu pressen. Untersuchungen über die «Verschwendung in der Industrie» sprießen aus dem Boden.

«Während des 19. Jahrhunderts ging die industrielle Entwicklung in Amerika und in Europa so rasch vor sich, daß kaum jemand die Notwendigkeit erkannte, den Faktor Mensch in der Produktion zu schützen und zu erhalten . . . Man verwandte große Mühe darauf, das Kapital wirtschaftlich einzusetzen, die verschlissene Ausrüstung zu erneuern und sparsam mit den Bodenschätzen umzugehen. Aber auf die Verwendung von Menschenleben, die Übermüdung und die Zerstörung der Gesundheit in der Industrie wurde lange nicht so sehr geachtet.» (Watkins, 1921, S. 324)

In Frankreich herrscht akuter Mangel an qualifizierten Arbeitskräften, so daß sich das Volksbildungsministerium veranlaßt sieht, Binet u. a. mit der Entwicklung eines (Schulleistungs-)Intelligenztests zu beauftragen. Ziel: Optimierung und Intensivierung der schulischen Ausbildung durch Auslese der Minderbegabten in speziell dafür neu eingerichtete Sonderschulen. In England mit seiner kolonialen Expansionspolitik, die u. a. der Rekrutierung billiger Arbeitskraft diente und den Gegensatz zwischen arm und reich noch weiter verschärfte, wo sich die Arbeiter entschieden politisch organisieren und von den Unternehmern gepredigt wird, daß jeder Tüchtige nach oben kommen könne, ist Galton dabei, geprägt von darwinistischem Gedankengut, die Vererbbarkeit der Intelligenz bzw. deren (biologisch begründete) Normalverteilung in der Bevölkerung aufzuzeigen.

«Mittelmäßigkeit . . . definiert den Standard der intellektuellen Kapazität . . . Daher rekrutiert sich die zurückgebliebene Bevölkerung aus der Mittelmäßigkeit.» Hochbegabte sind «. . . Wesen, die von Natur aus edel und überlegen sind, dazu geboren, Könige unter den Menschen zu sein» (Galton 1869, zit. nach Liungman, 1973, S. 17).

Taylor arbeitete bereits seit 1880 in den Midvale-Stahlwerken (USA) an seinem System der «wissenschaftlichen Betriebsführung», um jene Bedingungen im Produktionsprozeß herauszufinden, unter denen ein ausgesuchter Arbeiter die größtmöglichen Leistungen erbringt, und zwar im doppelten Sinne: Er gestaltet optimale Arbeitsbedingungen einerseits und er bezieht nur für die jeweilige Tätigkeit besonders geeignete und geschulte Arbeiter ein.

Der für das Roheisenverladen auszuwählende Typ, so zitiert Copley (1923) Taylor «. . . muß natürlich geistig sehr tief stehen und recht gleichgültig sein. Ein aufgeweckter, intelligenter Mann ist deshalb ganz ungeeignet zu einer Arbeit von solch zerreibender Einförmigkeit» (S. 321).

Aber er testet nicht im eignungspsychologischen Sinn, obgleich er die gedanklichen Voraussetzungen dafür entscheidend mitgeprägt hat. Seine Methode, übrigens längst vor jedem offiziellen diagnostischen Verfahren im Erziehungssektor in den USA, wo sie erst später folgten, diente der Produktivitätssteigerung durch Intensivierung der Arbeits*organisation* in Verbindung mit einem neuen Lohnsystem, wodurch der «Geist» der Zusammenarbeit von Arbeit und Kapital geweckt werden sollte.

«Wir dürfen nicht vergessen, daß die *Leistungssteigerung* der Industrie durch psychologische Anpassung der psycho-physiologischen Bedingungen *nicht nur im Interesse der Arbeitgeber* geschieht, sondern *noch mehr* in dem der *Arbeitnehmer*; ihre Arbeitszeit kann herabgesetzt, ihr Lohn vermehrt und ihr Lebensstandard gehoben werden. Aber wichtiger noch als der materielle Vorteil der beiden Parteien ist der kulturelle Gewinn, der von dem Augenblick an im ganzen Wirtschaftsleben der Nation auftritt, in dem jeder Mensch den Platz einnehmen kann, an dem sich seine besten Kräfte entfalten und der ihm die meiste persönliche Befriedigung gibt. Die industrielle Experimental-Psychologie bietet keinen herrlicheren Gedanken, als diese wechselseitige Abstimmung von Arbeit und menschlichem Geist, *die die Unzufriedenheiten*, die seelischen Depressionen und Mutlosigkeiten in unserer sozialen Gemeinschaft durch eine Flut von Freude und vollkommener Harmonie aller ihrer Glieder *ersetzen kann.*» (Münsterberg, 1913, S. 308)

Hier sind bereits Kopf und Fuß des Gebildes verkehrt. Nicht das (beiläufig erwähnte) Kapitalinteresse als ursprüngliches, sondern die exploitierte Arbeitskraft *als zufriedene* wird sichtbar.

Die organisierten Arbeiter Frankreichs – in der Person des Gewerkschaftlers Merrheim – sehen das noch anders: «Wie man sieht, sind die Persönlichkeit des Arbeiters, seine Intelligenz und selbst seine Wünsche ausgelöscht, vernichtet und aus den Werkstätten und Fabriken verbannt . . . Durch diese Methode vermindert Taylor den Marktwert des Arbeiters und setzt an seine Stelle den mathematischen Wert der Produktivität des Menschen.» (1913, S. 214f.)

In Deutschland, das durch seinen enormen wirtschaftlichen Aufschwung um die Jahrhundertwende ähnlich wie die USA an die Spitze der Industrienationen kam, stellte sich die ökonomische Situation zwar lokal gefärbt, im Prinzip aber nicht anders dar als in den übrigen Ländern. Es existieren bereits Versuche von Psychiatern, intellektuelle Unterschiede zwischen Personengruppen festzustellen (Auslese von noch arbeitsfähigen Personen). Im Rahmen der Schule aber tauchen Intelligenztests erst mit Münsterberg (1891) auf, die im Zug der Reformdiskussion des deutschen Schulwesens (industrielles Bedürfnis nach qualifizierten Arbeitskräften) durch die Adaptation des Tests von Binet durch Bobertag erst voll zur Entfaltung kamen (1. Reform).

Gleich wo, in jedem Fall stellt sich hier das meß-/testtheoretische Problem, ob die in der Messung angezielten Qualifikationen tatsächlich *exakt* gemessen werden (Testgütekriterium der Zuverlässigkeit), d. h. die Testresultate eine homomorphe numerische Abbildung der gemessenen Qualifikationen darstellen und somit eine exakte Vorhersage künftigen Verhaltens ermöglichen (vgl. dazu auch die Beiträge von Grubitzsch und von Walter).

In welchem Ausmaß sich zwei Arbeitskräfte untereinander oder im Hinblick auf dritte unterscheiden, wird überhaupt erst dann zum gesellschaftlichen Problem, wenn die Arbeitskräfte nicht mehr von ihrem Besitzer selbst angewendet werden können, weil ihm die Produktionsmittel (Maschinen, Rohstoffe) für deren Gebrauch fehlen. Dann verfügt er über nicht mehr als über seine Arbeitskraft und ist gezwungen, um überleben zu können, sie an Besitzer von Geld und Produktionsmitteln zu verkaufen. Er sucht sich Arbeit. Aber er sucht sie nicht allein, sondern andere Menschen tun dies notwendigerweise auch. Nur selten noch liegt es bei ihnen, entscheiden zu können, an wen sie ihre Arbeitskraft verkaufen; es liegt zugleich in der Entscheidung des Käufers, welche von mehreren Arbeitskräften er kauft, weil sie ihm brauchbarer erscheint als eine andere. Die Freiheit der ursprünglichen Produzenten von ihren Produktionsmitteln und deren Konzentration in den Händen weniger ist also sowohl Voraussetzung für die *Bewertung* der Arbeitskraft durch den Kapitalisten wie auch für die Frage nach den *Unterschieden zwischen verschiedenen Arbeitsvermögen.* Denn solange der einstellende Betrieb die Möglichkeit hat, zwischen mehreren Arbeitsvermögen zu wählen, wird er nach jenen suchen, deren Gebrauch ihm am meisten Wert einzubringen verspricht. Die Trennung der Arbeitskraft von den zu ihrer Anwendung notwendigen Produktionsmitteln bedeutet zugleich auch ein zeitliches und räumliches Auseinanderfallen von der «Veräußerung der Arbeitskraft» (Kauf/Verkauf) und ihrer «wirklichen Äußerung» (Verwendung im Produktionsprozeß). Im Unterschied zur handwerklichen Produktion mit ihren familienähnlichen Zusammenhängen und Strukturen, in der der Meister im konkreten Arbeitsvollzug oder am konkreten Produkt selbst die Fähigkeiten des Gesellen einschätzen und beurteilen konnte, sieht der Produktionsmittelbesitzer nicht mehr unmittelbar in und durch die gemeinsame Arbeit, was ein Arbeiter zu leisten vermag. Die Anwendung der Arbeitskraft ist für den Kapitaleigner nicht mehr direkt erfahrbar. Die Kenntnis der Gestaltung eines optimalen Verhältnisses von Maschine/Arbeitsplatz und Mensch, also von Arbeitsplatzanforderung und Qualifikation der Arbeitskraft veranlaßt einen Betrieb, solche Zuordnungen nicht erst nach langer Beobachtungszeit im Produktionsprozeß selbst, also an Ort und Stelle der Tätigkeit einer Arbeitskraft vorzunehmen. Das würde voraussetzen, einen Arbeiter oder Angestellten mal hier und mal dort arbeiten zu lassen, um irgendwann herauszufinden, für welchen Arbeitsplatz sie geeignet sind. Vielmehr wird diese Erfahrung in einer Eignungsuntersuchung *vorweggenommen.* Seiner Kaufentscheidung wird folglich eine probeweise Anwendung der Arbeitskraft unter simulierten Bedingungen vorgeschaltet, durch die er nicht gezwungen ist, den Produktionsprozeß zu stoppen. Oft ist die Arbeitsprobe zugleich noch mit einer Probezeit gekoppelt. Solche Eignungsproben sind aber nicht nur der räumlichen und zeitlichen Trennung von Anwendung der Arbeitskraft und Erfahrbarkeit ihrer Qualifikationen geschuldet. Zugleich nämlich ist im kapitalistischen Gebrauch der Arbeitskraft und dem Zwang für den Arbeiter, seine Arbeitskraft um jeden Preis verkaufen zu müssen, um überhaupt überleben zu können, die Notwendigkeit enthalten, auch andere als die vielleicht erlernten Tätigkeiten ausüben zu müssen. Der Fernsehtechniker muß ans Fließband in die Massenproduktion gehen und verlötet nur Drähte, der gelernte Maler lackiert Autos im Akkord, und die gelernte Verkäuferin sitzt von morgens bis abends an der Kasse im Supermarkt. Die Handgriffe und Tätigkeiten, die dort abverlangt werden, sind aber nicht mehr die der Arbeitskraft angehörenden Potenzen. Und je weiter einerseits die Arbeitsteilung voranschreitet, andererseits die Ausbildung und die Anwendung der Arbeitskraft auseinanderfallen und schließlich der Gebrauch der Arbeitskraft nicht mehr unmittelbare Zunutzemachung ihrer Qualifikation bedeutet, um so notwendiger werden Zeugnisse und Zertifikate, die dem Käufer der Arbeitskraft deren Anwendbarkeit für *seine* Zwecke signalisieren. Zeugnisse und Zertifikate sind letztendlich nichts anderes als eine Zusammenstellung schulischer Prüfungs- bzw. Testresultate. Sie geben an, welche Leistungen ein Schüler bislang erbracht hat und wie gut sie im Vergleich zu den Mitschülern sind. Über diese Informationen hinaus dienen Zeugnisse und Tests auch der Kontrolle. Ihre regelmäßige Anwendung garantiert die Feststellung, ob Schüler die gesellschaftlich geforderten Leistungen erbringen, zu denen nicht nur arbeitsprozeßbezogene Qualifikationen zählen, sondern ebenso Arbeitstugenden wie Fleiß, Anpassungsbereitschaft und Verantwortungsbewußtsein. Wer diesen Anforderungen genügt, erhält entsprechend Zugang zu sozial anerkannten Bildungs- und Ausbildungsgängen. Oft genug aber sind schulische Leistungsnachweise nur sehr unzulänglich, weil sie in der Regel nicht jene Informationen enthalten, die ein Betrieb im Hinblick auf *seine konkreten Belange* im Produktionsprozeß benötigt. Um so wichtiger ist eine Eignungs-/Aufnahmeprüfung. Diese soll zur präziseren Taxierung der Arbeitskraft beitragen. Daneben leistet sie allerdings noch etwas anderes. Prüfungen bzw. Tests sind aufgrund ihres wissenschaftlichen Anstriches dazu geeignet, die Zurückweisung von «Ungeeigneten» oder «Unqualifizierten» scheinbar zu begründen. «Wissenschaftlich abgesicherte Instrumente irren sich nicht», so daß sie mit ihrem Nimbus, als exakt und präzise zu gelten, Einspruch und Gegenwehr auf ein Mindestmaß reduzieren helfen. Darin liegt ihre *Legitimationsfunktion.*

Das «Sich-ins-Verhältnis-Setzen» von Menschen als Besitzern von Arbeitskraft zum Zwecke ihrer *Bewertung* setzt zumindest ihre unmittelbare Vergleichbarkeit voraus. Wie aber lassen sich Arbeitsvermögen unterschiedlichster Art, Maler und Werkzeugschlosser, Bäcker und Seemann, miteinander vergleichen? Die Gleichheit ihrer Arbeitsvermögen läßt sich nur durch die Abstraktion von ihrer wirklichen Ungleichheit feststellen. Und diese Abstraktion in Verbindung mit der Bewertung der Arbeitskraft setzt einen entwickelten Stand der gesellschaftlichen Arbeitsteilung und damit von beruflichen Fähigkeiten voraus einerseits und wird andererseits erst dann notwendig und möglich, wenn Arbeitskraft als Ware auf dem Markt erscheint. Solange dies nicht der Fall ist, werden bestenfalls die Produkte der Produzenten taxiert, nicht aber die Produzenten selbst. Das heißt, die gesellschaftlichen und ökonomischen Verhältnisse sind es, die die Denknotwendigkeit eines allgemeinen Vergleichsmaßstabes hervortreiben. Je allgemeiner aber so ein Maßstab gewählt ist, um so schwieriger wird es, wirklich noch entscheiden zu können, ob jemand, der sich auf diesem Maßstab als «besser», «leistungsfähiger» im Vergleich zu einer anderen Arbeitskraft erweist, wirklich auch «besser» den Bedürfnissen des Käufers der Arbeitskraft entspricht. Die *Intelligenz* beispielsweise ist ein solcher allgemeiner Maßstab , sie ist Resultat menschlichen Denkens als Reflex auf gesellschaftliche Verhältnisse. «Die Eigenschaften, mit denen die wissenschaftliche Psychologie operiert, erheben im Gegensatz zum Eigenschaftsbegriff der Umgangssprache vorerst nicht den Anspruch, Aussagen über ‹Real-Seiendes› in dem Sinne zu sein, daß sie die Realität naturgetreu spiegeln. Sie sind ‹Konstrukte›, Konstruktionen unseres Verstandes . . . Nichts anderes gilt für den Begriff der ‹Intelligenz› und für die ‹Fähigkeiten› und ‹Begabungen›, in die wir diese aufgliedern.» (Jäger, 1970, S. 12)

In ihrer Allgemeinheit spiegelt die Intelligenz jene Grundpotenzen menschlichen Denkens wider, die für die Belange aller Einzelkapitale grundlegend sind. Sie ist das Gemeinsame von Problemlösen in Mathematik und in der Fernsehbranche, von logischem Denken in der Baukonstruktion und der Verkaufstechnik im Supermarkt; sie ist alles, was alle konkreten Ansprüche an die intellektuelle Leistungsfähigkeit einschließt und noch mehr, sie ist das gesellschaftlich durchschnittliche Denkvermögen als Ausdruck gesamtgesellschaftlicher Denknotwendigkeiten.

Ob die Bewertung bzw. Messung auf diesem allgemeinen Vergleichsmaßstab der tatsächlichen konkreten Leistungsfähigkeit einer Arbeitskraft im Hinblick auf einen spezifischen Produktionsprozeß entspricht, entpuppt sich dann als die Frage nach der Validität (Gültigkeit) einer Messung. Denn je allgemeiner ein solcher Bewertungsmaßstab ist, um so unsicherer wird die Voraussage auf die konkrete Tätigkeit, und je konkreter der Inhalt auf die spätere Situation bezogen ist, um so eingeengter wird die Aussagemöglichkeit der Testdaten wie auch die Vergleichbarkeit der Leistungsfähigkeit verschiedener Individuen (vgl. weiter unten Beitrag Grubitzsch, S. 75). Wie sich überhaupt nachweisen läßt, daß die Geschichte der Test- und Meßtheorie in der Psychologie den permanenten Versuch darstellt, präzise Grundlagen für die qualitative und quantitative Bewertung menschlicher Arbeitskraft einschließlich ihrer Loyalität zu schaffen. Die ständige Suche nach geeigneten Meßmodellen und testtheoretischen Grundlagen ist dadurch gekennzeichnet, die Aussagen über die einzelne Arbeitskraft in der Weise zu präzisieren, daß eine *absolute* Leistungs- bzw. Werttaxierung möglich wird und alle willkürlich definierten und gerade deshalb angreifbaren Vergleichsnormen umgangen werden können.

Jüngere Ansätze in der Meßtheorie und Testtheorie zielen darauf ab, die Fähigkeiten einer einzelnen Person abzuleiten aus ihrer Fähigkeit, mit einem Gegenstand von bestimmter Schwierigkeit umgehen zu können, ohne sie in

Vergleich zur Leistung einer zweiten Person setzen zu müssen. Der Beitrag von P. Walter, S. 52, zeigt auf, daß auch diese jüngeren Ansätze den gesellschaftlich hervorgetriebenen Meßansprüchen nicht genügen. Statt dessen verdecken sie die tatsächliche Legitimationsfunktion von Tests nur noch perfekter.

So bleibt der alte Wunsch der Testkonstrukteure weiterhin bestehen, nämlich sagen zu können: «. . . eine Vp A (Versuchsperson, S. G.) mit IQ = 150 sei doppelt so gescheit wie eine Vp B mit IQ = 75» (Hofstätter und Wendt, 1966, S. 47). Bislang ist eine solche Aussage völlig sinnlos. «Ob B die Hälfte, ein Viertel, ein Drittel oder neun Zehntel der Intelligenz As besitzt, oder was sonst, wissen wir einfach nicht.» (Hofstätter und Wendt, 1966, S. 47) Die Testbefürworter erkennen ihren Wunsch nicht als gesellschaftlich vermittelten. Sie begreifen nicht, daß ihr Bestreben nach absoluter Leistungs- bzw. Wertfeststellung von Individuen der Verkehrung gesellschaftlicher Leistungsanforderungen in subjektive Leistungsfähigkeiten gleichkommt. Sie begreifen nicht, daß sie damit unter dem Deckmantel scheinbar redlicher wissenschaftlicher Bemühungen gesellschaftliche Verhältnisse legitimieren helfen; daß sie Ideologie produzieren, wo sie Erkenntnis suchen (vgl. dazu auch den Beitrag von Rexilius S. 112).

3.

Paul Walter

Meß- und testtheoretische Grundlagen psychologischen Testens

3.1 Meßtheorie, Testtheorie und Testpraxis – einleitende Bemerkungen

Zwischen den psychologischen Forschungsgebieten, die sich mit Grundlagen, mathematisch-formalen und wissenschaftstheoretischen Problemen des Messens/Testens menschlicher Eigenschaften befassen, und der psychologischen Praxis (wie Schulpsychologie, Erziehungsberatung, Psychiatrie), in der tagtäglich Tests angewendet, «appliziert» werden, besteht eine geringere Arbeitskoordination, eine kaum systematisch aufeinander abgestimmte Problembearbeitung und Arbeitsteilung, als dies notwendig und prinzipiell wünschenswert wäre. Die Testtheoretiker findet man in der Regel in Universitäten oder Forschungsinstituten – meist ohne jegliche unmittelbaren, jedoch oft mit angeblichen Kenntnissen der Probleme psychologischer Praxis. In ihrem Elfenbeinturm der «Grundlagen-» oder «reinen Forschung» beschäftigt sich die Testtheorie mit weitgehend formalen Spezialproblemen des Messens, Testens, Schätzens und Überprüfens und erwartet hiervon eines Tages entscheidende Umwälzungen für die Testpraxis und für die psychologische Theorie insgesamt (vgl. z. B. Fischer, 1974, S. 10); allerdings scheint man dabei chronisch die Gefahr zu übersehen, daß sich Geist, «Logos» in technokratischer oder auch nur formalistischer Spitzfindigkeit verläuft und verliert. Ganz anders sieht die Situation der Testanwender aus. Sie können sich weder die Zeit für die Aufarbeitung der theoretischen Grundlagen ihres Metiers nehmen, noch können sie die mathematischen und test-theoretischen Spezialprobleme und Fortentwicklungen überschauen; man vertraut deshalb auf die statistische und psychologisch-theoretische Abgesichertheit des eigenen Tuns, indem man sich auf die zwischen wissenschaftlicher Redlichkeit und Werbewirksamkeit ansiedelbaren Versprechungen der Testkonstrukteure verläßt («Kleingedrucktes» dabei übergehend) oder sich auf persönliche Deutungs- und Interpretationskünste, auf diagnostisches «Fingerspitzengefühl» zurückzieht.

Die folgende Darstellung testtheoretischer Grundprobleme wird die unzulängliche Vermittlung mit der Testpraxis nicht durch rhetorische Meisterleistungen aufheben können, zumal hier nur einige wichtige Begriffe und Prinzipien aus der Meßtheorie und Testtheorie abgehandelt werden und zumal die sich seit den Anfängen der Psychologie objektivierenden Tendenzen nicht durch einen individuellen Akt außer Kraft gesetzt werden können. Vergessen sollte man nicht, daß formale Theorien des Messens und Testens in ihrer Darstellungsform als unhistorische, logische Aussagensysteme erscheinen, während sie in Wirklichkeit aber historisch entstandene Gebilde sind, innerhalb der und durch die Geschichte der bürgerlichen Wissenschaft mit dem ihr immanenten kapitalistischen Verwertungsinteresse geprägt wurden. Diese historische Dimension ist auch bei den hier zur Darstellung kommenden formalen Ansätzen ausgeblendet, «verschleiert» worden. Eine knappe Kritik, die sich zuallererst unmittelbar an den Ansätzen selbst zu orientieren hat, reproduziert tendenziell diese vermeintliche Geschichtslosigkeit von Meß- und Testtheorie und kann lediglich auf diese eigene Beschränkung und Unzulänglichkeit von vorneherein aufmerksam machen. Es kann also hier nur versucht werden, die dargestellten meßtheoretischen Begriffe jeweils nach ihrer übergreifenden sozialwissenschaftlichen/psychologischen Bedeutsamkeit oder Interpretierbarkeit kritisch zu befragen, um zumindest nicht scheinbarer Plausibilität oder verschleiernder Themenbegrenzung zu unterliegen. Hierbei kann teilweise auf immanente Kritik und Entwicklung innerhalb der Testtheorie zurückgegriffen werden; teilweise müssen gesellschafts- oder wissenschaftskritische Überlegungen aufgegriffen werden. Die letztere Vorgehensweise ist innerhalb der etablierten Meß- und Testtheorie verpönt und ziemlich unüblich (vielleicht auch, weil man wissenschaftskritische Aussagen nicht in Form wohlbewiesener algebraischer Gleichungssysteme darzustellen vermag).

In der inhaltlichen Abfolge bei der Behandlung meß- und testtheoretischer Grundprinzipien werden zunächst einige wesentliche Begriffe aus der Meßtheorie erörtert, einschließlich einer kurzen Diskussion der Fragen, was «Messen» ist und wozu «Messen» in der Psychologie tauglich sein soll. Daran schließt sich ein Abriß der sogenannten klassischen Testtheorie an, die – wenn auch schlicht und unzulänglich – die testtheoretische Verankerung für die meisten, heute gebräuchlichen Tests liefert, und die deshalb hier relativ ausführlich dargestellt wird. Nur in Andeutungen folgt danach ein Hinweis auf Alternativen zur klassischen Testtheorie; die relative Kürze bei der Darstellung dieser Ansätze dürfte sich aus zwei Gründen rechtfertigen lassen: zum einen wegen der nach wie vor unzureichenden Bedeutung für die Testpraxis; zum anderen wegen des vergleichsweise gedämpften Optimismus, mit dem den innovatorischen Potenzen dieser Ansätze hier entgegengesehen wird. Das Kapitel schließt mit einer zusammenfassenden Einschätzung aktueller Trends im Bereich der Testtheorie einschließlich einiger hierbei relevant erscheinender wissenschaftstheoretischer Überlegungen.

Zum Schluß der Einleitung soll noch kurz auf einführende Literatur zu den hier nur in groben Zügen abhandelbaren Themenkreisen hingewiesen werden. Eine gut verständliche, keineswegs aber oberflächliche Einführung in die Meßtheorie bietet Orth (1974). Ergänzend hierzu (mit einigen kritischen Anmerkungen zum Rasch-Modell) läßt sich das Buch von Gutjahr (^{3}1974) empfehlen. Eine ausführliche Abhandlung der klassischen Testtheorie und ihrer Varianten liefern Lord und Novick (1968). Eine kritisch orientierte Darstellung der klassischen Testtheorie und die eingehende Behandlung probabilistischer Testmodelle (insbesondere des Ansatzes von Rasch) findet sich bei Fischer (1974); trotz Mängel in Aufbau und Darstellungsweise scheint dieses Werk für den an logistischen Testmodellen näher Interessierten unumgänglich (es ist jedoch wohl weniger als allererster Einstieg in testtheoretische Fragestellungen geeignet).

Man mag sich vielleicht schon an dieser Stelle fragen, weshalb im vorhergehenden Absatz ziemlich «unkritische» Literatur angekündigt und in den folgenden Abschnitten dieses Kapitels dem Leser die Mühsamkeit des Studiums von (einfachen) mathematischen und logischen Formeln zugemutet wird, wenn sich am Ende doch nur die Unzulänglichkeit der dargestellten Ansätze zeigen wird. Für eine solche Zumutung lassen sich immerhin einige ernstzunehmende, wenngleich kritisierbare Begründungen anführen:

- Eine kritische, d. h. fundierte Beschäftigung mit psychologischen Tests setzt voraus, die wesentlichen Aspekte des Selbstverständnisses und der Argumente der Testbefürworter zu kennen. Hierzu gehören auch ganz wesentlich formale testtheoretische Themen, weil man mit Hilfe der Testtheorie versucht, über die Tests ein Mäntelchen der Wissenschaftlichkeit zu hängen.
- Eine kritische, d. h. kompetente und trotzdem nicht technokratisch verengte Betrachtung testtheoretischer Probleme kann zahlreiche Unzulänglichkeiten der Testtheorie selbst entdecken. Bevor man gesellschafts- und psychologiekritische Argumente gebraucht, sollte man die immanenten Widersprüche und verfehlten eigenen Ansprüche der Testtheorie kennen und beim Namen nennen. Deshalb dürfte derjenige an einem vertieften Studium auch testtheoretischer Texte nicht vorbeikommen, der sich kritisch und intensiv mit der Problematik psychologischer Tests und ihrer Grundlagen auseinandersetzen will (vgl. dazu den Beitrag Grubitzsch, S. 75ff).

3.2 Meßtheoretische Grundbegriffe

a) Messung

Unter einer *Messung* versteht man meist in Anlehnung an Stevens (1959, S. 18) die «Zuordnung von Zahlen zu Objekten oder Ereignissen nach bestimmten Regeln – irgendeiner Regel». Hinzuzufügen wäre der Klarheit halber, daß nicht die Objekte selbst gemessen werden, sondern Ausprägungen von Eigenschaften der Objekte. Dieser sehr weiten Definition von Messung scheint insbesondere im sozialwissenschaftlichen Bereich gegenwärtig der Vorzug gegeben zu werden gegenüber einem engeren Meßbegriff, der definierte Maßeinheiten, damit Intervall- und Verhältnisskalen, voraussetzt und der wohl dem Common-sense-Verständnis von Messen (mit dem Vorbild physikalischer Messungen) entspricht (zu den Argumenten für einen strengen Meßbegriff; vgl. Gutjahr, 1974, S. 19ff). Die sich durchsetzende Liberalisierung des Meßbegriffs beruht in der Psychologie zum einen auf der Einsicht in die bescheidene Qualität psychologischer Daten, erbringt zum anderen jedoch eine Reihe von wichtigen wissenschaftslogischen und -theoretischen Konsequenzen. Daß im folgenden zur Erläuterung des Meßbegriffs nur Beispiele aus dem physikalischen Bereich, nicht aus der Psychologie, herangezogen werden, hat mehrere Gründe: a) Zum einen wurde der Meßbegriff ursprünglich für die Präzisierung physikalischer Meßvorgänge entwickelt; die zu messenden Merkmale physikalischer Objekte schienen dabei diesen Meßtheoretikern allgemein unumstritten, so daß sie sich nur noch um deren möglichst exakte und korrekte Erfassung bemühen mußten (daß gesellschaftliche, praktische Interessen auch in der Naturwissenschaft für die Auswahl von Objekten und Merkmalen sowie für die Art ihrer wissenschaftlich-technischen Handhabung bestimmend waren, lag außerhalb des wissenschaftstheoretischen Horizonts jener Theoretiker). b) Weiterhin stellt sich für eine Psychologie, die den physikalisch konzipierten Meßbegriff akzeptiert hat, die prinzipielle Frage, was grundlegende psychologische Merkmale sein sollen, die in analoger, wenn auch vielleicht in weniger exakter Weise wie die Länge von Eisenstangen oder das Gewicht von Apfelsinen gemessen werden können. An diesem Punkt kann sich die bürgerliche Psychologie weitgehend nur an Wunschträumen ergötzen, was sie in der Regel hochstaplerisch zu kompensieren versucht. c) Die Frage nach meßbaren psychologischen Eigenschaften ist jedoch keineswegs nur ein technisches Problem (das der «wissenschaftliche Fortschritt» lösen wird); denn schließlich sind menschliche Individuen keine Objekte, sondern Subjekte; ihre Verobjektivierung zu Zwecken der Messung setzt gesellschaftliche Handlungen anderer, mächtigerer Subjekte voraus und ist weniger eine Frage des Erkenntnisfortschritts von Wissenschaften. Diese wichtigen gesellschaftlichen Determinanten des Meßbegriffs sind in formalisierten Meßmodellen und Meßbegriffen unkenntlich geworden. Dem soll hier nicht noch durch «psychologienähere», aber verkehrte Beispiele Vorschub geleistet werden. Vor weiteren Überlegungen zu solchen wissenschaftstheoretischen Konsequenzen sollten jedoch erst einige Präzisierungen des Meßbegriffs vorgenommen werden.

Die Möglichkeit des Messens setzt einen empirischen Bereich (Objekte) und einen Bereich von Zahlen voraus. Enthalten diese Bereiche sowohl eine *Menge* (einerseits von Objekten, andererseits von Zahlen) als auch *Relationen* (innerhalb dieser Mengen), so nennt man solche Bereiche *Relative*; und zwar heißen Bereiche mit empirischen Objekten und Relationen empirische Relative, Bereiche mit Zahlen und numerischen Relationen numerische Relative. Ein empirisches Relativ $RE = (S, \gtrsim, o)$ kann z. B. folgendes bedeuten: S ist eine Menge von Eisenstangen; die Relation «$\gtrsim$» (=«ist länger oder gleich lang wie») und die Relation «o» (=«Aneinanderlegen») gelten für diese Menge von Eisenstangen. Anzumerken ist noch, daß die beiden hier aufgeführten Relationen Symbole für *empirische Operationen* darstellen, die a) nicht mit analogen arithmetischen Operationen verwechselt werden dürfen (etwa « $\gtrsim$ » mit dem bekannten «$\geqslant$») und die b) selbstverständlich auch andere empirische Bedeutungen haben können (bei anderen Objektmengen mit anderen Eigenschaften könnte « $\gtrsim$ » etwa bedeuten: «ist schwerer als oder gleich schwer wie» oder «ist dicker als oder gleich dick wie»).

Numerische Relative bestehen demgegenüber aus einer Menge von numerischen Größen bzw. Zahlen und aus für diese Menge festgelegten Relationen; RN = (R, $\geqslant$, +) stellt z. B. ein Relativ dar, das die Menge der reellen Zahlen mit den Relationen «größer oder gleich» zwischen den reellen Zahlen und «Addieren» reeller Zahlen enthält.

Eine Messung stellt eine besondere Art der Zuordnung eines empirischen zu einem numerischen Relativ, eine besondere Art einer *Abbildung* dar. Eine Abbildung ist ganz allgemein die Zuordnungsmöglichkeit aller Elemente x einer Menge X zu jeweils einem y der Menge Y. Bei einer Abbildung f von X in Y (formal: «f: X → Y») heißen die Elemente y *Bilder* von x und die x *Urbilder* von y (vgl. Abbildung 1).

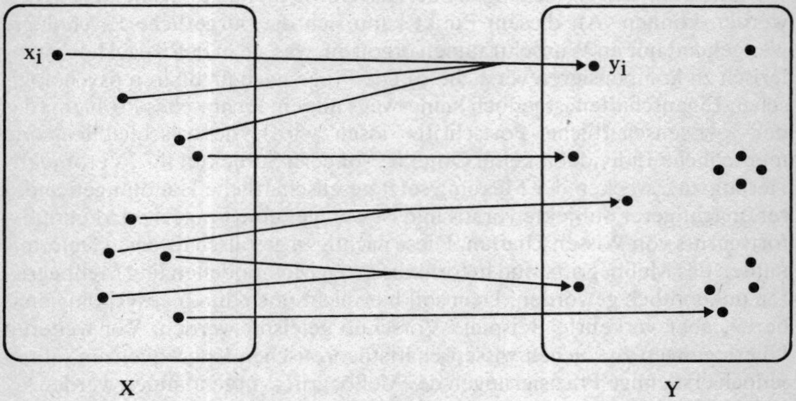

Abbildung 1: Abbildung der Menge X in Y

Eine Messung stellt eine Abbildung mit folgenden Eigenschaften dar:
1. Ein empirisches Relativ wird in ein *numerisches* Relativ abgebildet («Abbildung» ist in solchen Fällen gleichbedeutend mit «Funktion»).
2. Es handelt sich um einen *Homomorphismus*, d. h. es werden nicht nur die Elemente der Objektmenge des empirischen Relativs *eindeutig* im nume-

rischen Relativ abgebildet (vgl. Abbildung 1, die eine eindeutige Abbildung von X in Y veranschaulicht), sondern auch die Relationen zwischen den Objekten innerhalb des empirischen Relativs werden in entsprechenden Relationen des numerischen Relativs widergespiegelt. Ein Homomorphismus zwischen einem empirischen und einem numerischen Relativ (RE, RN, f), wobei f die Zuordnung symbolisiert, heißt *Skala.*

Beispiel: Das obige Beispiel «Eisenstangen» zeigt, daß zur Längenmessung ein Homomorphismus notwendig ist. Die Abbildung $(S, \gtrsim, o) \rightarrow (R, \geqslant, +) = (RE, RN, f)$ bedeutet die eindeutige Zuordnung von reellen Zahlen r aus R und Eisenstangen s aus S sowie die Zuordnung der definierten Relationen innerhalb der Eisenstangenmenge zu den definierten Relationen innerhalb der Menge der reellen Zahlen: $s_1 \gtrsim s_2 \rightarrow r_1 \geqslant r_2$; s_1 o $s_3 \rightarrow r_1 + r_3$.[1] Das Vorliegen von homomorphen Abbildungen (von Messungen) ist also nicht nur als eine Abbildung von Objektmengen zu verstehen, Homomorphie existiert nur in Hinblick auf bestimmte Relationen (bestimmter Objekteigenschaften).[2]

Zu ergänzen ist zum Abschluß dieser etwas formalen Herleitung des Meßbegriffs, daß eine Messung oft keine unmittelbare homomorphe Abbildung eines empirischen in ein numerisches Relativ ist. Die unmittelbare Abbildung liegt nur bei einer *fundamentalen Messung* vor (z. B. bei Längen-, Winkel-, Zeitmessung möglich). *Abgeleitete Messungen* dagegen beruhen auf gesetzmäßigen Zusammenhängen anderer fundamental meßbarer Eigenschaften (z. B. leitet sich die Geschwindigkeitsmessung aus der Messung des Quotienten von Weg/Zeit ab).[3]

b) Meßtheorie

Die grundlegende Fragestellung der Meßtheorie ist, die Bedingungen für die Meßbarkeit von Eigenschaften eines empirischen Relativs zu untersuchen. Es wird also untersucht, nach welchen Bedingungen, nach welchen *Axiomen* ein empirisches Relativ numerisch repräsentiert werden kann. Während die Erstellung und Ableitung eines solchen meßtheoretischen Axiomensystems nach rein mathematischen, formalen Methoden geschieht, ist die Überprüfung des Zutreffens der Axiome eines empirischen Relativs eine empirisch zu untersuchende Frage. Die Erstellung und formale Überprüfung eines Axiomensystems nennt man in der Meßtheorie das Problem der *Repräsentation.* Eine weitere Fragestellung der Meßtheorie ist das Problem der *Eindeutigkeit;* es geht hier um das Skalenniveau und um die zulässigen Transformationen von homomorphen Abbildungen, d. h. von Skalen. Das Problem der *Bedeutsamkeit* als dritte Aufgabe der Meßtheorie betrifft die Untersuchung, ob eine bestimmte numerische Aussage in bezug auf vorliegende Skalen sinnvoll ist. (Diese drei meßtheoretischen Probleme werden in den Abschnitten c), d), e) noch etwas näher erläutert.)

Die Meßtheorie kann als eine allgemeine Grundlage für die Bearbeitung testtheoretischer Fragen angesehen werden; insofern sind zwischen Test- und Meßtheorie fließende Übergänge festzustellen. Die Meßtheorie kann unter Umständen für die Testtheorie Modellannahmen bereitstellen, die psychologisch von Interesse sind und empirisch anhand von Daten überprüft werden können. In der sogenannten klassischen Testtheorie wurde allerdings die Meßtheorie nicht bei der Formulierung ihrer Grundannahmen herangezogen, die Meßbarkeit psychologischer Eigenschaften wurde hier schlicht vorausgesetzt; aus diesem Grunde dürfen die «Axiome» der klassischen Testtheorie auch nicht mit meßtheoretischen Axiomen verwechselt werden. Die Testtheorie beschäftigt sich allerdings auch mit genuinen Problemen, die grundsätzlich nicht dem Gebiet der allgemeinen Meßtheorie zugerechnet werden: die Beziehung von Person- und Testparameter, Stichprobenprobleme, Definition von Testhomogenität, -reliabilität u. ä. (vgl. dazu Grubitzsch, S. 75ff).

c) Das Problem der Repräsentation

Die Formulierung und der mathematische Beweis von Axiomen, die ein empirisches Relativ bei einer homomorphen Abbildung in ein numerisches Relativ erfüllen muß, ist die zentrale Fragestellung des Repräsentationsproblems. Beachtet werden muß bei der Aufstellung eines Axiomensystems vor allem, daß die einzelnen Axiome widerspruchsfrei formuliert werden und daß sie prinzipiell empirisch prüfbar sind.

Zur Illustration einige solcher, zur Repräsentation empirischer Relative häufig benötigter Axiome:

- $x \circ y > x$ (Positivität),
- wenn $x \approx y, y \approx x$ (Symmetrie),
- wenn $x \gtrsim y$ und $y \gtrsim z$, dann $x \gtrsim z$ (Transitivität). Das Axiom der Transitivität spielt eine wichtige Rolle für den Nachweis eindimensionaler Eigenschaftsskalen; gleichzeitig handelt es sich um ein Prinzip, das psychologische Daten häufig verletzen (z. B. wegen großer «Fehlerbehaftetheit» der Meßinstrumente, wegen «Mehrdimensionalität» der beurteilten Objekteigenschaften).[4]

d) Das Problem der Eindeutigkeit

Nachdem Messung als ziemlich allgemeiner Begriff festgelegt worden ist, Klassifizierungen, Rangordnungen, metrisches Skalieren umfassend, muß über die Lösung des Eindeutigkeitsproblems der Skalentyp eines gegebenen Homomorphismus bzw. einer Skala bestimmt werden. Diese Lösung ist über die Klärung der Eindeutigkeit der im Rahmen der Lösung des Repräsentationsproblems formulierten Axiome zu bestimmen. Das sogenannte Eindeutigkeitstheorem betrifft die Vorschrift, für jede Messung (d. h. für jeden vorher definierten Homomorphismus) den Skalentyp durch die Angabe der jeweils *zulässigen Transformationen* festzustellen; als zulässige Transformationen gelten diejenigen Transformationen, deren Anwendung die Meßstruktur der Daten nicht verändert. Je weniger Arten von Transformationen zulässig sind, desto größer ist die Eindeutigkeit der Skala.

Eine übliche Einteilung von Skalentypen (nach Stevens) unterscheidet Nominal-, Ordinal-, Intervall- und Verhältnisskalen. Am wenigsten eindeutig, d. h. die Skala mit dem geringsten Skalenniveau, ist die Nominalskala, die eine Klassifikation von Objekten mit Zahlen ermöglicht (z. B. Nummern einer Fußballmannschaft). Zulässige Transformationen sind hier sämtliche Umbenennungen, die eine gleichsinnige Unterscheidung, Klassifikation der Objekte aufrechterhalten. Eine Ordinalskala leistet eine Rangordnung der Daten; erlaubt sind alle *monoton steigenden Transformationen* f', die die Rangordnung der Skalenwerte unverändert lassen (f (x) ≙ f' (x). Beispiel: Die Objekte mit der Eigenschaft a > b > c > d lassen sich durch die Rangzahlen 2, 4, 6, 8 genauso repräsentieren wie durch f' (x) = f (x^2), also 4, 16, 32, 64; die Reihenfolge der Objekte bleibt bei der Transformation f' (x) erhalten). Bei einer Intervallskala (Beispiel Temperaturmessung nach Celsius, Fahrenheit) sind nur *lineare Transformationen* zulässig (f' (x) = u · f (x) + v), die die Rangordnung und die Verhältnisse von Differenzen zwischen den Daten invariant lassen (Beispiel bei der Transformation von Grad Celsius in Grad Fahrenheit, F = 9/5 C + 32 → 35° − 30° C = 5° − 0° C : 95° − 86° F = 41° − 32° F). Bei einer Verhältnisskala sind *Ähnlichkeitstransformationen* (f' (x) = u · f (x)) zulässig (Beispiele für Verhältnisskalen: Temperaturskala nach Kelvin, Zeit, Länge). Verhältnisskalen besitzen einen absoluten Nullpunkt; ihre Meßwerte haben bei zulässigen Transformationen invariante Verhältnisse (z. B. bei der Umrechnung von Meter in cm; f' (x) = 100 · f (x) → 10 m : 5 m = 1000 cm : 500 cm). Eine Zusammenfassung von Eigenschaften, von Beispielen des jeweiligen Skalentyps und der jeweils sinnvollen statistischen Verfahren enthält Tabelle 1.[5]

e) Das Problem der Bedeutsamkeit

Das Bedeutsamkeitsproblem muß bei der numerischen (rechnerischen) Verarbeitung von Daten berücksichtigt werden. Eine numerische Aussage (z. B. Mittelwert = Summe x_i/N) ist nur dann sinnvoll (= bedeutsam), wenn der *Wahrheitswert* der Aussage auch nach Anwendung aller zulässiger Transformationen gleichbleibt. So läßt sich beispielsweise zeigen, daß die Funktion, die zur Bildung des arithmetischen Mittels führt, bei den zulässigen linearen Transformationen einer Intervallskala wahr bleibt, nicht jedoch bei möglichen Transformationen der Ordinalskalen;

$$\bar{x} = \frac{\Sigma x_i}{N} \rightarrow u \cdot \bar{x} + v = \frac{\Sigma u \cdot x_i + v}{N} = u \cdot \frac{\Sigma x_i}{N} + v; \text{ jedoch: } \bar{x}^2 \neq \frac{\Sigma x_i^2}{N}$$

Tabelle 1: Übersicht zu den Stevenschen Skalentypen

Skalentyp	Nominalskala	Ordinalskala	Intervallskala	Verhältnisskala (auch: Ratio-Skala)
empirische Operationen	Bestimmung von Gleichheit und Ungleichheit	zusätzlich: Best. einer Rangfolge, z. B. $x > y > z$	zusätzlich: Intervalle gleich (z. B. $10-7 \approx 7-4$) willkürlich festgelegter Nullpunkt	zusätzlich: Bestimmung gleicher Verhältnisse (z. B. $\frac{x}{y} \approx \frac{k}{l}$); absoluter Nullpunkt
zulässige Transformationen	Umbenennung	nur: monoton steigende Transformationen	nur: lineare Transformationen: $f'(x) = v + u \cdot f(x)$ (wobei $u > 0$)	nur: Ähnlichkeitstransformationen $f'(x) = u \cdot f(x)$ (wobei $u > 0$)
Statistische Maßzahlen (Beispiele)	Häufigkeit, Modalwert	zusätzlich: Median, Quartile, Prozentrangwerte	zusätzlich: arithmetisches Mittel ($\bar{x}$) Standardabweichung (s) Schiefe, Exzeß	zusätzlich: geometrisches Mittel, Variationskoeffizient
Zusammenhangsmaße	Kontingenzkoeffizient (C) Vierfelderkoeffizient (Phi)	zusätzlich: Rangkorr.-Koeffizient (Spearmans Rho Kendalls Tau)	zusätzlich: Produkt-Moment-Korrelation (r) Regressionskoeffizient	
Beispiele	Numerierung von Fußballspielern, Kontonummern, Quantifizierung von dichotomen Merkmalen (z. B. Geschlecht)	Schulnoten, Richtersche Erdbebenskala, Testrohwerte	Temperatur (nach Celsius, Fahrenheit, Reaumur)	Länge, Masse, Zeit, Winkel, Temperatur (nach Kelvin)

(Wenn man für x, u, v geeignete Zahlenwerte einsetzt, kann man diese Aussagen anschaulich nachprüfen).
Das Bedeutsamkeitsproblem hängt also eng mit dem Problem der Eindeutigkeit zusammen: die Kenntnis des Skalentyps ist notwendig zur Lösung des Bedeutsamkeitsproblems (vgl. Tabelle 1).

Das Bedeutsamkeitsproblem ist vor allem auch deshalb von großer Bedeutung innerhalb der empirischen Sozialwissenschaften, weil es nahezu chronisch mißachtet wird. Z. B. sind IQ-Werte als Intervallskalen konzipiert, ohne daß man die Intervallskaleneigenschaft der Daten überprüft hat. Bei Schulnoten, die bekanntlich bestenfalls Ordinalskalenniveau besitzen könnten, sind Mittelwertbildungen sehr beliebt, obwohl sie im Sinne der Meßtheorie «sinnlos» sind.

Von pragmatischer, an bloßen Verwertungsinteressen orientierter Sichtweise aus ist die Tendenz, «sinnlose» Rechenoperationen anzuwenden, durchaus verständlich; so selbstverständliche arithmetische Operationen wie Addieren, Subtrahieren oder auch die in der Psychologie beliebten statistischen Maßzahlen wie Mittelwert, Standardabweichung, Produkt-Moment-Korrelation usw. ließen sich, wenn man meßtheoretische Maximen berücksichtigt, dann nicht mehr ungeprüft und unbeschwert auf beliebige Daten anwenden. Diesen pragmatischen Absichten scheint es aber um eindeutige Meßergebnisse zu gehen; auf die zugrunde liegende Meßtheorie bezieht man sich offensichtlich nur so lange, wie diese die prinzipielle Richtigkeit eigenen Vorgehens stützt, um sogleich dagegen zu verstoßen, wenn diese Theorie den fragwürdigen «praktischen Bedürfnissen» zuwiderläuft.

3.3 Wissenschaftskritische Überlegungen zum Meßbegriff

Wenn man von dem hier skizzierten, sehr allgemeinen Begriff des Messens ausgeht, so erübrigt sich als erstes die in der Geschichte der Psychologie häufig zu schlicht gestellte Frage, ob psychologische oder andere komplexe sozialwissenschaftliche Sachverhalte eigentlich meßbar seien; denn zweifellos lassen sich Menschen hinsichtlich vorher abstrahierter (psychologischer) Merkmale in Klassen oder Rangreihen bringen und damit «messen». Mit dieser Feststellung lassen sich aber weder sämtliche kritische Einwände gegen das Messen (in den Sozialwissenschaften) ausräumen, noch wird man damit den Ambitionen der Befürworter psychologischer Meßmethoden gerecht.

Die Befürwortung von Meßmethoden innerhalb der Sozialwisenschaften ist bislang eng an die Tendenz gekoppelt, möglichst eindeutige Messungen durchzuführen, d. h. mindestens Intervallskalenniveau zu erreichen. In der Bemerkung Galileis «Miß, was meßbar ist, und was nicht meßbar ist, versuche meßbar zu machen» (zit. nach Gutjahr, 1974, S. 30) läßt sich auch heute noch das Selbstverständnis der Bemühungen zusammenfassen, soziale und psychologische Prozesse in Annäherung an ein einheitliches wissenschaftliches (naturwissenschaftliches) Modell durch möglichst exakte Meßmethoden zu erfassen. Die Tendenz möglichst *exakten* Messens entspringt dabei einer Interessiertheit, die einerseits erkenntnistheoretisch, andererseits pragmatisch ausgerichtet ist.

Die erkenntnistheoretische Position ergibt sich aus der Identifikation von *Meßgenauigkeit* mit dem *Erkenntnisgehalt* von wissenschaftlichen Aussagen. Je eindeutiger, je exakter die Messung, desto größer ist nach dieser Auffassung der Erkenntnisgehalt. Erkenntnistheoretische Fragen nach den Abhängigkeiten von Erkenntnis, Meßmethode (damit auch deren Exaktheitsgrad) und spezifischen Charakteristika der untersuchten Objekte werden dabei allerdings fälschlicherweise als geklärt vorausgesetzt. Die Auseinandersetzung mit den bestehenden Grenzen psychologischen Messens verengt sich in dieser meßtheoretischen Perspektive zur redlichen Feststellung, daß in der Psychologie bisher nur selten hochwertige exakte Meßstrukturen aufzufinden sind, bzw. zum prinzipiell behebbaren technischen Problem, dessen befriedigende Lösung von der Weiterentwicklung der Psychologie abhängen würde.

Während man bei dieser wissenschaftlichen, erkenntnistheoretischen Grundposition bestehende meßtheoretische Unzulänglichkeiten aufzugreifen und zu kritisieren bemüht ist (vgl. die Kritik von Fischer, 1974, an den theoretischen Unzulänglichkeiten und Fehlanwendungen des klassischen Testmodells), entfällt diese kritische Distanz bei einer pragmatisch zu nennenden Befürwortung psychologischen Messens. Messungen haben hier, ähnlich wie bei allen alltäglich vorgenommenen Meßvorgängen, die Funktion der «Ermächtigung» über ein Objekt durch eine objektivierte Entscheidungsgrundlage. Meßtheoretische Grundsätze (vgl. die Ausführungen vom Problem der Bedeutsamkeit) werden dabei in der Psychologie häufig außer acht gelassen, wenn sie pragmatischen Notwendigkeiten im Wege stehen.

Wie hat sich nun angesichts dieser beobachtbaren Tendenzen und angesichts eines allgemeinen Meßbegriffs eine kritische Betrachtung des Messens im Gebiet der Sozialwissenschaften/Psychologie in ihren Grundzügen zu entfalten? Ein erstes grundlegendes Problem entsteht einer formalisierten Meßtheorie aus der prinzipiellen Ausblendung der inhaltlichen Frage, welche psychologischen Eigenschaften und wie diese für den Meßvorgang abstrahiert werden können. Die Abstraktion psychologischer Eigenschaften wird aus der Meßtheorie herausgelagert, zur genuinen Aufgabenstellung der Psychologie bzw. der jeweiligen Einzelwissenschaft gemacht. Dort jedoch, innerhalb der etablierten Psychologie, läßt sich eher eine konventionalistische Haltung, eine theoretische *Beliebigkeit* als ein ernsthafter Klärungsversuch feststellen, wenn es um die Frage nach Kriterien psychologischer Merkmalsabstraktionen geht. Anders ausgedrückt bedeutet dies, daß selbst psychologische Messungen auf Intervall- oder Verhältnisskalenniveau offen lassen, welche unbestreitbaren psychologischen Bedeutungen den gemessenen Prozessen, «Variablen», zukommen bzw. welchen semantischen, pragmatischen Einschränkungen die untersuchten Merkmale infolge des Meßvorgangs unterliegen (man sucht sich häufig durch die Einführung sogenannter «hypothetischer Konstrukte» zu retten, die die Differenz zwischen empirisch untersuchter und alltäglicher Bedeutung aufzeigen sollen, ohne das gestellte Problem dadurch aber lösen zu können; es zeigt sich hier vielmehr, daß offensichtlich eine psychologische Scheinwelt konstruiert werden muß, weil man nur so das Verwertungsinteresse am Individuum, dessen «Vermessung» sicherstellen zu können glaubt). Hinzu kommt, daß Messungen mit höherem Skalenniveau auch größere Restriktionen, Voraussetzungen gegenüber den empirischen Objekten bedingen. Für psychologische Eigenschaften bedeutet dies in der Regel, daß mit zunehmender Qualität des Messens eine zunehmende Abstraktion vom theoretischen oder konventionellen Vorverständnis dieser Merkmale verbunden ist; diesem Vorgang ist zumindest mit Ambivalenz zu begegnen. Es dürfte sich hier um *eine* Dimension des Problems handeln, das in Form der Kontroverse «Erklären» versus «Verstehen» die Psychologiegeschichte durchzieht (wobei die geschilderte Problematik andeutet, daß zunehmende Meßbarkeit, damit zunehmende Erklärbarkeit, psychologischer Prozesse deren abnehmendes Verständnis nach sich ziehen könnte).

Die kritische Würdigung der Meßtheorie hat jedoch auf ein weiteres Problem aufmerksam zu machen, das nicht auf die Sozialwissenschaften beschränkt, dort jedoch besonders gravierend ist. Messen, auch in den Naturwissenschaften, ist ein Vorgang, der die Dienstbarmachung bestimmter Objekte für menschliche Zwecke anzielt, somit pragmatische Interessiertheit einschließt. Die isolierte Bestimmung von Wissenschaft als System der Erkenntnisgewinnung vergißt diese gesellschaftliche, pragmatische Einbettung und Durchdringung der Wissenschaft und verkörpert damit eine ideologische Auffassung.

Der Versuch der Messung psychologischer Prozesse bringt damit (prinzipiell unabhängig vom Meßniveau) mit sich, menschlichen «Objekten» in instrumenteller, praktischer Perspektive zu begegnen. Anders als in den Naturwissenschaften spielt sich der Meßvorgang, der Instrumentalisierungsprozeß hier als sozialer Prozeß zwischen menschlichen Individuen ab, Kategorien wie «Macht», «Herrschaft» nahelegend. Die Erkennbarkeit psychologischer Prozesse findet jedoch in den gewollten oder ungewollten, alltäglichen oder wissenschaftlichen pragmatischen sozialen Konsequenzen der «Vermessung» nicht bloß eine häufig vergessene Ergänzung, sondern auch eine Beschränkung; diese Beschränkung ergibt sich durch die *objektivierende,* instrumentalisierende Sichtweise des Individuums, des *Subjekts* seines Handelns, im Meßvorgang. Daß die Kenntnis psychologischer Gesetzmäßigkeiten für das «vermessene» Individuum nützlich, vielleicht auch einmal lebensnotwendig sein kann, ist damit nicht bestritten. Die Hoffnung auf Erkenntnisfortschritte und die Versicherung des persongerechten Einsatzes psychologischer Meßmethoden greifen jedoch zu kurz, um die offenen oder verborgenen Tendenzen und Absichten innerhalb der (psychologischen) Wissenschaften, die Diskrepanz zwischen wissenschaftlichem «Wunsch» und Wirklichkeit, zu beschreiben und zu erklären.

Eine Spezifizierung dieser Kritik in bezug auf einige meßtheoretische Probleme wird im Anschluß an die Darstellung der folgenden Abschnitte vorgenommen.

3.4 Der Ansatz der klassischen Testtheorie[7]

Die Bedeutsamkeit der klassischen Testtheorie für die Mehrzahl der gebräuchlichen psychologischen Tests als nachträglicher «theoretischer Überbau» oder Prinzip der Testkonstruktion und -analyse (vgl. Lienert, [3]1969) wurde bereits oben angedeutet. Ihre Grundlagen (Grundkonzept, «Axiome», einige wichtige, daraus abgeleitete Resultate) werden im folgenden dargestellt; sie erweist sich dabei als ein Versuch, erstmals von Gulliksen (1950) in Angriff genommen, zur formalisierten mathematischen Umschreibung und Fundierung psychologischer Tests. Die Darstellung hier orientiert sich an der heute gebräuchlichen Fassung der Theorie, wie sie ausführlich bei Lord und Novick (1968), in knapper Form bei Fischer (1974) beschrieben ist.

a) Das Grundkonzept

Das Grundkonzept der klassischen Testtheorie ist denkbar einfach. Man geht davon aus, daß der in einem Test erhaltene Meßwert fehlerhaft ist. Der «*wahre Wert*» («true score») einer Messung (d. h. die «wahre» Eigenschaftsausprägung der gemessenen Person im jeweiligen Test) unterscheidet sich danach vom beobachteten Wert X durch den Meßfehler E; ausgedrückt in der Formel:[6]

$X = T + E$

Die erste wichtige Annahme, die man nun im Rahmen der klassischen Testtheorie trifft, besteht darin, den Erwartungswert ε (E) (der Erwartungswert entspricht, ungenau ausgedrückt, dem Mittelwert[8]) gleich Null zu setzen (vgl. Abschnitt b)), so daß X (die *beobachteten* Meßwerte) zwar nicht im Einzelfall, jedoch im Durchschnitt T (die *nicht beobachtbaren* wahren Werte) mißt. In der klassischen Testtheorie wird diese (empirisch eher widerlegte als bewiesene) Annahme letztlich zur Rechtfertigung benötigt, daß psychologische Tests, trotz offensichtlicher, nicht zu verleugnender Meßfehler, konstant dieselben definierten Eigenschaften zu erfassen vermögen.

b) Die Axiome der klassischen Testtheorie

Zur Herleitung des klassischen testtheoretischen Modells werden vier Voraussetzungen, Axiome benötigt. Diese Axiome sind empirisch unbewiesene Annahmen über das Verhalten der nicht direkt beobachtbaren Variablen E und T bei der Testvariablen X. Die Beweise der Axiome bedienen sich mathematischer und logischer Herleitungen und betreffen damit lediglich die formale Stimmigkeit der getroffenen Annahmen.[9]

Die Axiome der klassischen Testtheorie lauten:

$\varepsilon (E) = 0$ (1)

D. h. der Erwartungswert des Meßfehlers ist Null. Diese Annahme besagt, daß die Fehler bei verschiedenen getesteten Personen sich im Durchschnitt ausgleichen, sich also nicht potenzieren. Diese Aussage bezieht sich prinzipiell (*nur* prinzipiell deshalb, weil dann eigentlich eine genaue, veränderte Indizierung der Variablen vorgenommen werden müßte) auch auf das mehrfache Testen einer Person mit dem gleichen Test; daß dabei dieses Axiom reichlich abstrakt und unrealistisch wird, ist leicht einsehbar, da die gehäufte Mehrfachanwendung von Tests bei einer Person entweder unmöglich ist oder zu «unbrauchbaren» Ergebnissen (durch Übungseffekte u. ä.) führt.

$\varrho (E, T) = 0$ (2)

D. h. die Korrelation des Fehlers mit dem wahren Testwert ist Null.

$\varrho (E_1, E_2) = 0$ (3)

D. h. die Korrelation des Fehlers in einem Test (X_1) mit dem Fehler in einem anderen Test (X_2) ist Null. Diese Annahme dürfte angesichts bestehender empirischer Befunde ebenfalls sehr künstlich sein, besagt sie doch beispielsweise, daß etwa starke «Testangst»-Fehlerkomponenten in zwei Tests im Durchschnitt völlig unabhängig voneinander sein müßten oder eine positive Korrelation zumindest durch andere Fehlerkomponenten aufgehoben werden müßte.

$\varrho (E_1, T_2) = 0$ (4)

D. h. die Korrelation des Meßfehlers in einem Test (X_1) mit dem wahren Wert in einem anderen Test (X_2) ist Null.

Die Axiome der klassischen Testtheorie sind wie andere Axiome der Meßtheorie formalisierte, zunächst unbewiesene Aussagen, die einschränkende Bedingungen über Tests enthalten. Die Axiome der Testtheorie ergeben in Hinblick auf die Realität des Testens relativ künstliche Aussagen; doch darin liegt noch nicht die grundlegende Problematik und der grundlegende Unterschied zu meßtheoretischen Axiomen begründet. Die meßtheoretische Unzulänglichkeit dieser «Axiome» betrifft den Sachverhalt, daß sie nicht empirisch prüfbare oder zu überprüfende Annahmen über psychologische Messungen enthalten, sondern weit eher eine *bloße nachträgliche Rechtfertigung* des psychologischen Testens darstellen. Die Axiome dienen in erster Linie dazu, den Gebrauch von Testwerten als psychologisch sinnvoll zu rechtfertigen (ε (E) = 0 → ε (X) = ε (T) und die logisch stringente Herleitbarkeit von Konzepten wie «Reliabilität eines Tests» zu unterstreichen (vgl. Abschnitt c)). Erst in zweiter Hinsicht werden dann Tests, die den einmal gesetzten Annahmen empirisch nicht genügen (z. B. mangelnde Reliabilität besitzen), als unzulänglich betrachtet. Doch mit diesem Vorgehen ist empirisch nicht viel gewonnen; denn: a) wenn ein Test in seinen empirischen Ergebnissen der klassischen Testtheorie zuwiderläuft, kann das heißen, daß der Test entweder «schlecht» ist, oder daß das Testmodell für diesen Test nicht angemessen ist; b) wenn umgekehrt ein Test die klassische Testtheorie «erfüllt», so hat man damit weder die «Axiome» empirisch bestätigt, noch die Qualität des Tests (als Ergebnis eines angemessenen Verhältnisses von psychologischer Aussagekraft und formal-statistischer Abgesichertheit) bewiesen.

c) Die Herleitung der Reliabilität nach der klassischen Testtheorie

Die Reliabilität stellt neben der Validität gemäß der klassischen Theorie des Testens das wichtigste Testkennzeichen dar. Die formale Ableitung des Reliabilitätskonzepts wird im folgenden deswegen relativ ausführlich abgehandelt, um im einzelnen aufzuzeigen, wie aus ganz schlichten mathematischen Umformungen und Annahmen das Reliabilitätskonzept entsteht und wie sich die Willkürlichkeit des Umgangs mit der Realität in der testtheoretischen Interpretation des Reliabilitätskonzepts fortsetzt.

Bei der Herleitung der Reliabilität bedient man sich folgender, aus den Axiomen ableitbarer Annahmen:

$$\sigma^2 (X) = \sigma^2 (T) + \sigma^2 (E) + 2\,\sigma (E, T) = \sigma^2 (T) + \sigma^2 (E) \qquad \text{(a)}$$

D. h. die Gesamtvarianz von Test X ist die Summe aus wahrer Varianz und Fehlervarianz; die Kovarianz σ (E, T) fällt weg, da sie nach Axiom 2 gleich Null ist (wenn die Korrelation ϱ (E, T) = 0, dann ist auch σ (E, T) = 0, da gilt:

$$\varrho (E, T) = \frac{\sigma (E, T)}{\sigma (E) \cdot \sigma (T)}$$

Für die Kovarianz zwischen X und T ergibt sich nach einigen Umformungen:

$$\sigma (X, T) = \sigma^2 (T) \qquad \text{(b)}$$

D. h. die Kovarianz zwischen der beobachtbaren Variablen X und der nicht beobachtbaren Variablen T entspricht im Ergebnis der Varianz von T. Mit Hilfe der beiden Teilergebnisse (a) und (b) läßt sich nun eine im Rahmen des Modells einleuchtende Definition der Testreliabilität geben: *Die Reliabilität entspricht dem Anteil der wahren Varianz an der Gesamtvarianz,* kurz:

$$\frac{\sigma^2 (T)}{\sigma^2 (X)}$$

Ist die Testvariable X nicht fehlerbelastet, erreicht die Reliabilität einen Betrag von 1 (problematisch wird diese Definition von Reliabilität allerdings unter der Voraussetzung, daß alle Personen der Testpopulation den gleichen wahren Wert haben; in diesem Fall wird σ^2 (T) = 0, also auch die Reliabilität Null, unabhängig davon, «wie gut der Test eigentlich ist». Dieser Umstand verdeutlicht, daß Reliabilität ein Maß dafür darstellt, wie gut ein Test Personen einer Population zu unterscheiden vermag). Durch einfache algebraische Umformung der Ausgangsdefinition läßt sich die Relialibität auch als quadrierte Korrelation zwischen wahrem Wert T und der Variable X auffassen:

$$\text{Rel.} = \frac{\sigma^2(T)}{\sigma^2(X)} = \frac{\sigma(X,T)}{\sigma^2(X)} = \frac{\sigma(X,T)\cdot\sigma(X,T)}{\sigma^2(X)\cdot\sigma(X,T)} = \frac{\sigma^2(X,T)}{\sigma^2(X)\cdot\sigma^2(T)} = \varrho^2(X,T).$$

Für die praktische Berechnung der Reliabilität stellt sich allerdings nun das Problem, die Reliabilität nur mittels beobachtbarer Größen bestimmen zu können. Für diesen Zweck muß man nachweisen können, daß die Korrelation zwischen *Paralleltests* [ϱ (X, X′)] der obigen Definition von Reliabilität im Ergebnis entspricht. Wenn x und x’ Paralleltests sind, müssen per definitionem folgende beiden Bedingungen erfüllt sein:

1. $X = T + E, X' = T + E'$;
2. $\sigma^2(E) = \sigma^2(E')$;

aus 1. und 2. folgt zunächst

3. $\sigma^2(X) = \sigma^2(X')$ und $\varepsilon(X) = \varepsilon(X')$

Für die Reliabilitätsbestimmung folgt dann:

$$\varrho(X, X') = \frac{\sigma(X, X')}{\sigma(X)\cdot\sigma(X')} = \frac{\sigma(T, T)}{\sigma^2(X)}$$
$$= \frac{\sigma^2(T)}{\sigma^2(X)} = \text{Reliabilität.}$$

Die Reliabilität dient bekanntlich nicht nur als Testgütekriterium; mit ihrer Hilfe läßt sich auch der *Standardmeßfehler* σ (E) ableiten (der zur Bestimmung des *Vertrauensintervalls* für einen beobachteten Testwert x benötigt wird) (vgl. S. 101).

Da $\varrho(X, X') = \frac{\sigma^2(T)}{\sigma^2(X)} = 1 - \frac{\sigma^2(E)}{\sigma^2(X)}$ gilt:

$$\sigma^2(E) = 1\cdot\sigma^2(X) - \varrho(X, X')\cdot\sigma^2(X)$$
$$\sigma(E) = \sigma(X)\cdot\sqrt{1-\varrho(X, X')}$$

d) Erweiterungen der klassischen Testtheorie

Nur kurz erwähnt sei, daß verschiedene Erweiterungen der klassischen Testtheorie existieren, die zwar das klassische Grundkonzept beibehalten, jedoch einige plausiblere, «schwächere» Voraussetzungen beinhalten; so die Ersetzung der Paralleltestforderung durch die Voraussetzung der sog. *Tau-Äquivalenz* bzw. nur der *essentiellen Tau-Äquivalenz* der Testwerte, wonach die äquivalenten Tests zwar für jede Person denselben wahren Wert erfassen müssen, allerdings mit unterschiedlicher Präzision. Die gleichzeitige testtheoretische Untersuchung von mehreren parallelen Tests oder von ganzen «Testfamilien» mit Hilfe varianzanalytischer Methoden weist für das klassische Testmodell gleichfalls einige ergänzende Möglichkeiten auf.

e) Kritische Anmerkungen zur klassischen Testtheorie

In der kritischen Würdigung der Meßtheorie wurden bereits Überlegungen und Folgerungen vorweggenommen, die sich selbstverständlich auch auf die Testtheorie übertragen lassen. Ferner wurden bereits bei der Darstellung des klassischen Ansatzes wesentliche Kritikpunkte aufgezeigt. Es verbleibt deshalb hier nur noch die Aufgabe, diese Kritik nochmals anhand einiger wichtiger Punkte zusammenzufassen und auf einige wesentliche Aussagen zuzuspitzen.

- Die klassische Testtheorie entspricht nicht den Anforderungen, die eine formalisierte Meßtheorie erfüllen müßte: Es bleibt im klassischen Modell unberücksichtigt, wie eine Testanwort zustande kommt, welche empirischen Operationen hierbei vor sich gehen. Diese Unzulänglichkeit findet eine Fortsetzung darin, daß die Axiome der Testtheorie keine empirisch überprüfbaren Aussagen enthalten. Schließlich wird schlicht vorausgesetzt, daß Tests mindestens Intervallskalenniveau besitzen; mit dieser unüberprüften Annahme steht und fällt die Bedeutsamkeit der Maßzahlen der Testtheorie (Reliabilität, Validität).
- Die psychologische, inhaltliche Bedeutung der testtheoretischen Aussagen ist ungeklärt. Welche inhaltliche Interpretation z. B. für das zentrale Konzept des Modells, für den wahren Wert, gilt, ist offen: Handelt es sich hierbei um ein ein- oder mehrdimensionales psychologisches Konzept? Was mißt ein Test, der, weil σ (T) = 0, unreliabel ist? Letztere Frage enthält das Paradoxon, daß die numerische Testleitung einer Person von der jeweiligen Personenstichprobe abhängt, anhand derer der Test standardisiert wurde, während die empirisch beobachtbare Testleistung konstant bleibt.
- Den verschiedenen Charakteristika (einschließlich der paradoxen Eigenschaften) der klassischen Testtheorie läßt sich entnehmen, daß es letztlich nur darum geht, Tests als Instrumente zum Vergleich zwischen Personen einzusetzen. Somit ist diese Testtheorie vornehmlich der Ausdruck eines pragmatischen Interesses. Die angebliche Aufgabe, eine Theorie des Testens (Messens) zu sein, die allgemeine, empirisch überprüfte Aussagen über psychologische Tests enthält, wird von dem klassischen Modell nicht erreicht. Diese Diskrepanz zwischen Anspruch und Wirklichkeit der klassischen Testtheorie offenbart die ideologische Funktion, die dieser Ansatz zu erfüllen hat: den Schein der Wissenschaftlichkeit für eine Form der (psychologischen) Instrumentalisierung der Individuen bereitzustellen.

3.5 Alternative Testmodelle – Fortschritte in der Diagnostik?

Den Unzulänglichkeiten der klassischen Testtheorie versucht man auf verschiedene Weise zu entkommen. Ordnet man diese aktuellen Trends, kann man zwei grundsätzlich verschiedene Ansätze unterscheiden. Der eine versucht im Sinne der Anforderungen der formalen Meßtheorie die meßtheoretische, formale Fundierung des Testens voranzutreiben (z. B. die Arbeiten zum Rasch-Modell), also *deduktiv* über widerspruchsfreiere Testtheorien zu einer besseren Diagnostik zu kommen. Die andere Vorgehensweise betont die «Anforderungen» des jeweiligen Praxisfeldes, formuliert diagnostische Probleme und Ziele, ohne zunächst formale Modelle zur Beschreibung und Erklärung anbieten zu können (z. B. kriterienorientiertes Messen in der pädagogischen Diagnostik, Diagnostik in der Verhaltenstherapie). Wenngleich in der Realität beide Grundtendenzen gemeinsam in einem Ansatz auftreten können (vgl. z. B. Spada, 1976), handelt es sich bei den beiden Trends doch um ziemlich unterschiedliche «testtheoretische» Strömungen mit unterschiedlichen wissenschaftstheoretischen Konsequenzen. Im folgenden sollen beide Tendenzen beispielhaft und in Grundzügen vorgestellt werden.

a) Das Rasch-Modell

Das Rasch-Modell (nach G. Rasch) stellt eigentlich eine ganze Familie von formalen Modellen dar; hier werden nur einige wesentliche Aussagen des einfachen Rasch-Modells wiedergegeben (sich auf Tests mit Richtig/Falsch-Antworten beschränkend). Wie die klassische Testtheorie strebt das Rasch-Modell eine formalisierte Theorie und Begründung von Tests an. Von jener unterscheidet sie sich jedoch in verschiedener, prinzipieller und inhaltlicher Hinsicht.

Prinzipiell besitzt das Rasch-Modell Annahmen, die empirisch überprüfbar sind. Das heißt auch, daß ein Rasch-skalierter Test weit stärker als in der klassischen Testtheorie der formulierten Theorie entspricht. Weiterhin handelt es sich beim Rasch-Modell um ein sogenanntes *probabilistisches Meßmodell,* das von *Wahrscheinlichkeiten* bei der Beantwortung bzw. Lösung von Testaufgaben ausgeht (und nicht von fixen Größen wie «wahrer Wert» und «Meßfehler»).

In inhaltlicher Hinsicht enthält das Rasch-Modell folgende wesentlichen Aussagen (die hier ohne exakte, ausführliche Ableitung und Beweise dargestellt werden):

Logistische Funktion

Aufgrund der Annahme, daß die Summe der gelösten Aufgaben eines Tests sämtliche Informationen enthält, die zur Unterscheidung von Individuen im Test benötigt werden (gelöste Aufgaben als «erschöpfende Statistiken»), und einiger Zusatzannahmen gilt folgende grundlegende Beziehung des Rasch-Modells, die logistische Funktion:

$$P(+/v, i) = \frac{S_v \cdot D_i}{1 + S_v \cdot D_i} \qquad \text{(a)}$$

D. h. die Wahrscheinlichkeit einer richtigen Antwort von Person v bei Aufgabe i hängt ausschließlich von dem Personenparameter S_v und dem Aufgabenparameter D_i ab. Wenn man diesen Parametern eine testpsychologische sinnvolle Bezeichnung gibt, so entspricht S_v der «Leistungsfähigkeit» einer Person, und D_i der «Leichtigkeit» einer Aufgabe: mit zunehmenden S_v und D_i steigt die Wahrscheinlichkeit der richtigen Antwort, wie man leicht der Funktion (a) entnehmen kann. Aus der Logik des Modells ergibt sich, daß Personen- und Aufgabenparameter Verhältnisskalenniveau besitzen; während also die Zahl der gelösten Aufgaben nur Ordinalskalenniveau hat, sind Aufgaben- und Personenparameter, sofern sie die Annahmen des Modells von Rasch erfüllen, auf Verhältnisskalenniveau meßbar. Damit sind prinzipiell Vergleiche möglich, wie: «Person v ist doppelt so intelligent wie Person x»; oder: «Aufgabe i ist 100mal schwerer als Aufgabe j». Ob solchen Vergleichsmöglichkeiten eine psychologische Bedeutung zukommt, ist allerdings eine andere Frage.

Spezifische Objektivität und Stichprobenunabhängigkeit

Die in der Literatur zum Rasch-Modell besonders hervorgehobene Eigenschaft betrifft die sog. Stichprobenunabhängigkeit des Modells. Die Stichprobenunabhängigkeit nach Rasch ergibt sich aus zwei Voraussetzungen:

1. Zwei beliebige Aufgaben eines Rasch-skalierten Tests können hinsichtlich ihrer «Leichtigkeit» D_i und D_j miteinander verglichen werden, unabhängig von der Verteilung der Personenparameter (im klassischen Testmodell sind die mit relativen Häufigkeiten bestimmten Schwierigkeiten von je zwei Aufgaben von der Personenstichprobe abhängig):

$$P(i = +, j = - / \text{genau ein} + \text{bei i und j}) = \frac{D_i}{D_i + D_j} \qquad \text{(b)}$$

   D. h. wenn Aufgabe i richtig und j falsch beantwortet werden (wobei nur eine der beiden Antworten richtig beantwortet werden darf), dann ist die entsprechende Wahrscheinlichkeit nur von den beiden Leichtigkeitsparametern der beiden Aufgaben abhängig.
   Analog gilt, daß der Vergleich zweier Personen prinzipiell unabhängig von den Aufgabenparametern sein muß.
2. Spezifische Objektivität bedeutet, daß ein Vergleich zwischen je zwei beliebigen Personen (bzw. zwischen zwei Aufgaben) eindeutig sein muß,

und zwar unabhängig davon, welche und wie viele Aufgaben (bzw. Personen) für den Vergleich herangezogen wurden.

3. Stichprobenunabhängigkeit besagt nun, daß ein Test in beliebigen Stichproben einer Population (z. B. beim besten und beim schlechtesten Drittel der getesteten Personen), in der der Test gelten soll, zu einer gleichen Verteilung der Verhältnisse der «Aufgabenleichtigkeit» D_i/D_j je zweier Aufgaben führen muß. Mit Hilfe dieser Annahme der Stichprobenunabhängigkeit läßt sich überprüfen, ob ein Test dem Rasch-Modell entspricht, ob er im Sinne des Modells homogene Aufgaben enthält.

Kritik

Das Modell von Rasch entspricht weit eher meßtheoretischen Anforderungen als das klassische Modell. Allerdings wird diese Verbesserung dadurch erkauft, daß damit ein erheblicher Mehraufwand hinsichtlich Verständnis und Aufwand der notwendigen mathematischen Operationen (bei der technischen Anwendung des Modells) entsteht. Dieser Umstand macht die Konstruktion Rasch-skalierter Tests stark abhängig von Institutionen, die über den Zugang zu umfangreichen mathematischen Kenntnissen und Rechenanlagen verfügen; damit wird die Kluft zwischen Testtheorie/Testkonstruktion und Testanwendung in der Praxis vergrößert, was sicherlich Folgen für die Theoriebildung in der Psychologie hat.

Die inhaltlich-psychologische Bedeutung von Aussagen, die aus dem Rasch-Modell abgeleitet werden können, ist äußerst fragwürdig. So scheint z. B. eine aus der Verhältnisskaleneigenschaft herleitbare Testaussage «x ist 100mal intelligenter als y» keine sinnvolle psychologische Interpretation darzustellen. Die Bedeutung von Homogenität nach dem Rasch-Modell scheint selbst für Kenner der Materie (vgl. Fischer, 1974, S. 323) ein Problem zu sein. Offensichtlich haben diese auch keine annähernd befriedigende psychologische Erklärung dafür, warum bestimmte Testaufgaben modellgerecht (homogen), bestimmte Aufgaben nicht modellgerecht sind. Die Frage nach der inhaltlich-psychologischen Bedeutung von Tests, die Frage nach sinnvollen psychologischen Merkmalsabstraktionen, also die Frage der Validität von Tests bleibt auch im Rasch-Modell unbeantwortet.

Einige Schwachstellen des Rasch-Modells (die allerdings anhand der hier gegebenen Darstellung nicht unmittelbar nachvollziehbar sind) zeigen darüber hinaus an, daß die theoretische und praktische Überlegenheit des Rasch-Modells gegenüber der klassischen Testtheorie keineswegs erwiesen ist (das Rasch-Modell stellt an Tests lediglich strengere Anforderungen): Ungeklärte Verteilungsannahmen, Probleme bei der Bestimmung des genauen Skalenniveaus und zulässiger Transformationen Rasch-skalierter Daten sowie Schwierigkeiten bei der Berechnung der Modellparameter lassen auch den rein wissenschaftlich immanenten Erkenntniszuwachs durch diese neue Testtheorie fraglich werden. Hinzu kommt, daß das Postulat der stichprobenunabhängigen Messung von Personen nur in einem sehr eingeschränkten Sinn gilt, keineswegs in dem Sinn, den der bloße Name testtheoretischen Laien nahelegt. Stichprobenunabhängigkeit nach Rasch bedeutet nur, daß Tests nicht auf ausdrücklich normierte Populationen beschränkt sein sollen (dürfen); durch die faktische Abhängigkeit der Modellparameter im Schätzvorgang, durch implizite Verteilungsannahmen und durch die Begrenztheit der Richtigkeit der Modellannahmen auf bestimmte Stichproben/Populationen, gehen jedoch gleichwohl auch ins Rasch-Modell Stichprobeneinflüsse ein. Das Rasch-Modell scheint also trotz gewisser Fortschritte und trotz anders lautender Beteuerungen nicht nur in inhaltlich-psychologischer, sondern auch in technischer Hinsicht ganz ähnliche Fragwürdigkeiten zu reproduzieren wie die klassische Testtheorie.

b) Diagnostik in der Verhaltenstherapie

Die verhaltenstheoretische Diagnostik (vgl. Schulte, 1974), sofern sie nicht auf herkömmliche Tests zurückgreift, zeigt sehr deutlich, welche «testtheoretischen» Konsequenzen sich ergeben können, wenn man von praktisch-psychologischen (hier: verhaltenstherapeutischen) Erfordernissen ausgeht. Was in diesem Diagnostikmodell erscheint, ist durch die Theorie und die Vorgehensweise der Verhaltenstherapie festgelegt. Während die vorgestellten Testtheorien die exakte Meßbarkeit der vorher festgelegten «Persönlichkeitseigenschaften» voraussetzen bzw. als alleiniges Ziel anstreben, ordnet die verhaltenstheoretische Diagnostik die Art der empirischen Erfassung oder Messung ihrer Variablen ihrem therapeutischen Ziel, aber keinem formalen Modell unter. Die verhaltenstheoretische Diagnostik setzt am einzelnen (hilfsbedürftigen) *Individuum* an und versucht nicht, wie testtheoretische Modelle, ihre Entscheidungen auf einem Vergleich zwischen Individuen bezüglich bestimmter Eigenschaften zu gründen. Der verhaltenstheoretischen Diagnostik geht es um *Prognosen* über künftiges («besseres») Verhalten der Personen; die Diagnostik wird damit zum *Prozeß*, der der kontinuierlichen Planung, Überprüfung und Änderung therapeutischer Maßnahmen dient. Mit formalen Testtheorien sind solche Prozesse kaum hinreichend zu erfassen; gegebenenfalls können Regelkreismodelle zur Beschreibung herangezogen werden, wobei deren Erklärungswert hierfür gegenwärtig sehr fragwürdig erscheint. Was in der verhaltenstheoretischen Diagnostik standardisiert ist, insofern vielleicht den Namen «Test» verdient, ist das allgemeine theoretische Modell, das S (Reize, auslösende Bedingungen), R (Reaktionen, Problemverhalten), O (Organismusbedingungen), C (Verhaltenskonsequenzen, Verstärkung), K (Kontingenzen, Verknüpfungsform von R mit C) als Elemente enthält und das mit individuellen, der jeweiligen Situation angemessenen Inhalten gefüllt wird.

Inwieweit die verhaltenstheoretische Diagnostik herkömmliche Tests mit üblichen testtheoretischen Grundlagen anwendet, hängt davon ab, wie diese sich für die praktische Zielsetzung einer individuellen Verhaltenstherapie eignen. Daß sich die verhaltenstheoretische Diagnostik nicht auf herkömmliche test- oder meßtheoretische Grundlagen reduzieren läßt, darf man vermuten; zeigt sich doch schon nach der knappen Skizze, daß die ausdrückliche Berücksichtigung praktischer Fragestellungen nach einer radikalen Umzentrierung der Frage nach den theoretischen Grundprinzipien psychologischen Testens und Diagnostizierens verlangt.

3.6 Zusammenfassung

Die Verhaltenstherapie soll theoretisch wie praktisch hier nicht als Ideal künftigen diagnostischen und testtheoretischen Vorgehens angesehen werden (wegen ihrer Eingeschränktheit und ihres zumindest impliziten instrumentalistischen, pragmatischen Charakters). Sie hat jedoch in allgemeiner Form einige Gesichtspunkte aufgezeigt, die in einer kritischen Bestimmung diagnostischer/testtheoretischer Entwicklungsmöglichkeiten enthalten sind:

- Testtheorien haben bisher in viel zu geringem Umfang inhaltliche Fragen, den praktischen diagnostischen Prozeß berücksichtigt.
- Diagnostik stellt einen Prozeß zwischen Individuen, eine Form der Interaktion dar. In formalisierten Testtheorien erscheint dieser Prozeß zur extrem asymmetrischen Interaktion verkümmert; Individuen erscheinen in objektivierter Form.
- Inwieweit die diagnostische Interaktion der Objektivierung des diagnostizierten Individuums entgegenwirken kann (Tests, statt *über* das Individuum zu informieren, dem getesteten Individuum zu Informationen *über* psychologische Gesetzmäßigkeiten und deren Be-Handlung verhelfen), ist ein politisches und wissenschaftliches Problem zugleich, an dem sich eine «kritische Testtheorie» abzuarbeiten hätte.

Anmerkungen

1 Umkehrbar eindeutige homomorphe Abbildungen werden Isomorphismen genannt. Hier ergibt sich aus der Kenntnis des Urbild-Elements x einer Menge nicht nur das Bild y, sondern es läßt sich auch aus der Kenntnis von y x eindeutig identifizieren. Bei der Messung ist es sinnvoll, nur von der weniger strengen Homomorphieforderung auszugehen, um «gleichen» Objekten gleiche Meßwerte zuordnen zu können. Bei der Längenmessung z. B. würde die Isomorphieforderung unendlich empfindliche Meßapparaturen erfordern, um feinste Unterschiede zu diagnostizieren, würde gleich lange Objekte nicht-meßbar machen und würde erhebliche Erschwerungen für die Formulierung von Meßprinzipien (Axiomen) und Ableitungen mit sich bringen. Bei echten Rangreihen (ohne Mehrfachbesetzung von Rangplätzen) entspricht die Messung einem Isomorphismus.

2 Vgl. zur Verdeutlichung Klaus und Buhr (1970, S. 481f und 541f).

3 Ergänzungen und Präzisierungen zur Herleitung des Meßbegriffs finden sich in Orth (1974, S. 14ff). Dort finden sich auch weiterführende Literaturhinweise.

4 Vgl. ausführlicher bei Ahrens (1974, S. 94ff).

5 ähnliche Darstellungen finden sich bei Gutjahr (1974, S. 28/29) und Orth (1974, S. 27 u. 32).

6 Indizes zur näheren Kennzeichnung dieser Variablen werden hier und im folgenden der Übersichtlichkeit halber weggelassen. X, T, E müssen in dieser Schreibweise als Variablen betrachtet werden, welche durch Ziehen von Zufallsstichproben von Personen entstehen, und dürfen nicht als Parameter (bzw. Statistik) einer einzelnen Person verstanden werden.

7 Die klassische Testkonstruktion wird im Beitrag Grubitzsch, S. 75ff ausführlich behandelt.

8 Eine kurze, übersichtliche Einführung in die Algebra der Erwartungswerte findet sich bei Hays (1973, S. 871ff).

9 Auf die Darstellung der Beweise wurde hier verzichtet. Sie können mit Hilfe der angegebenen Referenzliteratur nachvollzogen werden.

Ein Test …

… ist so etwas wie der Versuch, den gesunden Menschenverstand meßbar zu machen.

Sparen ist so etwas wie der Versuch, nicht Meßbares mit dem gesunden Menschenverstand in den Griff zu bekommen.

Sparen heißt, die Zukunft testen – und diesen Test zu den eigenen Gunsten manipulieren.

4.

Siegfried Grubitzsch

Konstruktion psychologischer Tests

Psychologische Tests sind die instrumentellen Resultate gesellschaftlich hervorgetriebener allgemeiner Prüf- und Entscheidungssituationen, in denen beispielsweise geklärt werden soll, ob ein Schulabgänger A besser zum Schneider oder Gärtner taugt als Schulabgänger B, oder ob ein Arbeiter im Vergleich zu einem anderen besser geeignet ist, einen Webstuhl zu bedienen. Im Test ist die gesellschaftlich zweckbestimmte Prüf- oder Befragungssituation geronnen und aus ihrer bloßen Zufälligkeit in eine gezielt wiederholbare, beliebig aufs neue herstellbare Prüfsituation überführt. Ein Test drückt nach Form und Inhalt in der Sprache der Wissenschaft das aus, was gesellschaftlich längst Selbstverständlichkeit ist. So erübrigten sich Schulreifetests, gäbe es keine Schulreifeuntersuchungen, und so wären Hochschulzugangstests überflüssig, gäbe es keine Hochschulzugangsverfahren. Auf Grund dieser Tatsache ist es allerdings auch falsch zu glauben, Tests einer wirklich radikalen Kritik unterziehen zu können. Radikal, das heißt an die Wurzel gehend, kann diese Kritik nur sein, wenn die Bedingungen der Möglichkeit von Tests einer praktischen Kritik unterzogen werden. D. h., die gesellschaftlichen Bedingungen, die die Tests hervorgetrieben haben, sind es letztendlich, auf die sich unsere *praktische* Kritik zu richten hat.

Wer immer sich mit psychologischen Tests beschäftigt – sei es, um ihre Anwendung zu kritisieren, ihre Zwecke zu unterlaufen oder um sie gänzlich abzulehnen, sollte die Argumente der Testbefürworter kennen. Denn allein die moralische Empörung reicht nicht aus, um längerfristig Verbündete im Kampf gegen die selektions- oder klassifizierungsorientierte Anwendung psychologischer Testverfahren zu gewinnen. Hinzu kommt, daß viele Lehrer, Psychologen oder Pädagogen aus institutionellen Zwängen heraus psychologische und/oder pädagogische Tests entgegen ihrer Überzeugung und in der Regel zum Nachteil der getesteten Personen (z. B. Sonderschulüberweisungsverfahren) anwenden müssen. Wollen diese «Testanwender aus Zwang» sich erfolgreich gegen diese Zwänge wenden, müssen sie die Unzulänglichkeiten und Mängel der Tests auf den Begriff bringen können. Wollen sie die Benachteiligung der getesteten Subjekte nicht selbst einleiten und ausdrücklich zum Tragen kommen lassen, sondern vielmehr solidarisierend Partei nehmen im Interesse der Untersuchten, dann müssen diese «Testanwender aus Zwang» die interpretatorischen Spielräume in der Testanwendung und -auswertung kennen und als wissenschaftlich legitime Spielräume begründen können. Die scheinbare «Objektivität» von Tests in tatsächliche Subjektivität verkehren oder, um die Devise anders zu formulieren: aus der scheinbaren Exaktheit psychologischer Testungen (Messungen) ihre tatsächliche Unexaktheit ablesen.

4.1 Begriffsbestimmung von Tests

Psychologische Tests sind Verfahren, die unter definierten Bedingungen der Entnahme repräsentativer Stichproben aus dem Denken, dem Erlebens- und Verhaltensrepertoire von Personen dienen sollen. Auf der Grundlage dieser Verhaltensstichproben wird schließlich auf dahinterstehende Leistungsfähigkeiten, Bedürfnisse oder Einstellungen geschlossen. Das beobachtete Verhalten ist der Indikator für ein dahinter angenommenes Indikandum (das interessierende psychische Merkmal). Tests ermöglichen unter standardisierten Bedingungen die wiederholbare Informationsbeschaffung beispielweise über die intellektuellen Fähigkeiten, Motivationen, Ängste, Aggressionen oder über die politischen Einstellungen von Menschen. Ziel der Testanwendung ist es, entsprechend der gesellschaftlichen Zwecksetzung *Unterschiede zwischen Personen (interindividuelle Differenzen) und Unterschiede im Verhalten einer Person zu verschiedenen Zeitpunkten festzustellen (intraindividuelle Differenzen)*. Dabei kann es sich um Unterschiede zwischen zwei konkreten Menschen handeln, aber auch um Unterschiede zwischen einer konkreten Person und einer theoretisch definierten Normperson – einem «Durchschnittsmenschen». Um welche Verhaltens- und Denkweisen es sich bei dem Suchen nach Unterschieden im einzelnen handelt, ist nur scheinbar durch den jeweiligen Test bzw. durch die in ihm enthaltenen Testaufgaben festgelegt. Tatsächlich sind es die im Test vergegenständlichten gesellschaftlichen *Zwecke*, aus denen sich die anvisierten psychischen Merkmale herleiten, die schließlich auch den Inhalt der Testaufgaben (Items) bestimmen. So werden dem Schüler, der zur Sonderschulüberweisung ansteht, beispielsweise Aufgaben vorgelegt, welche ihm Lesen, Rechnen, Abstrahieren oder Konzentrieren abverlangen.

Tests, mit denen eine *Messung*, also die *quantitative Erfassung* und Beschreibung psychischer Merkmale angestrebt wird, werden üblicherweise *psychometrische* Tests genannt. In ihnen werden alle Einzeltestleistungen auf eine einheitliche Bewertungsskala bezogen. Anders verhält es sich bei den sogenannten *projektiven Tests*. Sie zielen darauf ab, die qualitative Einmaligkeit psychischer Erlebens-, Vorstellungs- oder Bedürfnisstrukturen bei Menschen zu erfassen. Den Probanden wird weitgehend unstrukturiertes Material (z. B. angefangene Geschichten, Tintenkleckse oder Spielmaterial) vorgegeben, das sie vollenden, deuten oder zum Aufbau einer Szene nach ihrer Wahl benutzen sollen. Bei dieser Aufgabenstellung wird davon ausgegangen, daß die Testpersonen (Kinder, Jugendliche etc.) bei der Strukturierung des Materials ihre ihnen unbewußten Ängste, Einstellungen und Vor-

stellungen in die Geschichte oder die Szene projizieren. Ihre Testantwort ist somit Ausdruck *ihrer jeweiligen* psychischen Situation.

Ein Junge, der unverarbeitete Haßgefühle und Aggressionen gegen seine beiden kleinen Schwestern hat, stellt mit dem ihm vorgegebenen Spielmaterial etwas anderes dar (s. Abbildung 2) als ein Adoptivkind (s. Abbildung 3), das seine Lebenssituation psychisch nicht bewältigt hat.

An Tests wird der Anspruch gestellt, von der Person des Testanwenders unabhängige Resultate zu erbringen, die die «wahren» anvisierten psychischen Eigenschaften des Getesteten widerspiegeln. Weil dies nur wenige projektive Tests tun, werden sie in Theorie und Praxis mehr und mehr als zu spekulativ abgelehnt und durch psychometrische Tests zu ersetzen versucht. Auf Grund dieser Tatsache und dem hier zur Verfügung stehenden Raum werden wir uns im weiteren auf die Darstellung und Analyse der Konstruktionsprinzipien psychometrischer Tests beschränken (vgl. dazu auch die Testkurzanalysen zu einigen ausgewählten projektiven Verfahren, S. 256).

4.2 Allgemeines zur Testkonstruktion

Psychologische Tests sind Verfahren, in denen und durch die *gesellschaftliche Anforderungen* zu *subjektiven Fähigkeiten* verkehrt werden.

«Der objektive Maßstab wird in die subjektive Dimension getragen, dadurch, daß man diese selber dem objektiven Maßstab der Leistungsanforderungen unterwirft: nicht unter die Frage, welches Verhalten äußert das Individuum, sondern äußert das Individuum das *geforderte* Verhalten oder nicht» (Bruder, 1973, S. 123).

Aber das, was eine Person kann oder auch nicht kann, ist Resultat der Lern- und Entfaltungsmöglichkeiten, die ihr im Lauf ihrer Sozialisation geboten wurden. Wird also in einem Intelligenztest herausgefunden, daß ein Schüler «niedrige bis sehr niedrige Intelligenz» ‹hat›, so kommt ihm dies nicht als Individuum zu, das von Natur aus «dumm» oder «klug» ist, sondern die Gesellschaft hat es versäumt, dieses Kind in ausreichender Weise zu fördern. Strenggenommen hat also die Gesellschaft in diesem Test versagt. Sie hat dem Schüler nicht jene Bedingungen gewährt, die ihm die gesellschaftlich mögliche Entfaltung seiner intellektuellen Funktionen erlaubt hätten, um den gesellschaftlichen Anforderungen genügen zu können.

Wie diese Tatsache im Test und durch den Test bis zur Unkenntlichkeit verdeckt wird, soll die folgende Darstellung der *formalen* Konstruktionsprinzipien u. a. erkennbar machen.

4.2.1 Herstellung der Testvorform

Soll ein Test konstruiert werden, muß bekannt sein wozu. Erst aus der genauen Kenntnis und Analyse der Zielsetzung eines Tests lassen sich jene psychischen Merkmale bzw. Merkmalsbereiche festlegen, die er erfassen soll. Ein Hochschuleingangstest, der der Auslese von Studienbewerbern für harte Numerus-clausus-Fächer dienen soll, wird den Bewerbern notwendigerweise andere Verhaltensweisen abverlangen müssen als ein Test, durch den Aufschlüsse über die politische Einstellung von Arbeitern und ihre mögliche Streikbereitschaft in der nächsten Tarifrunde gewonnen werden sollen. Im Test werden jeweils solche Verhaltensweisen oder Bewußtseinsinhalte abgefragt, von denen man annimmt, daß ihr Vorhandensein/Nichtvorhandensein ausschlaggebend für die Bewältigung/Nichtbewältigung situationsspezifischer Anforderungen ist. Der Studienbewerber soll z. B. Abstraktionsvermögen besitzen, um sein Studium erfolgreich abschließen zu können; der Arbeiter soll über seine beruflichen Qualifikationen hinaus keine Einsicht in die tatsächlichen Ursachen seiner sozialen Lage haben etc. Ist der Verhaltensbereich umrissen, für den der zu konstruierende Test einmal gelten soll, und sind die bereichsspezifischen Anforderungen definiert, bedarf es «nur» noch einer Menge von Aufgaben (eines Aufgabenpools), die diese bereichsspezifischen Verhaltensweisen stellvertretend provozieren und aus deren Auftreten/Nichtauftreten die dahinterstehenden Fähigkeiten erschlossen werden. Bei der Zusammenstellung solcher Aufgaben ist man an keine Regeln gebunden. Sie können aus einer bestimmten Theorie über das erfragte Merkmal abgeleitet und formuliert sein (z. B. leiten sich aus einer soziologischen Theorie der Aggression Fragen nach Vorurteilen gegenüber anderen Völkern ab, Einstellungen zu ethnischen Minderheiten wie Zigeunern, Behinderten etc.), aber auch aus Schulbüchern, anderen Tests oder auf Grund von Alltagsbeobachtungen oder Expertenbefragungen ausgewählt sein.[1] Gleichwie, die Testitems beinhalten immer nur das, was sich dem Augenschein oder Denken des Testkonstrukteurs als das gesellschaftlich Übliche aufdrängt. Tests setzen damit an den gesellschaftlich produzierten Formen an – z. B. an der durchschnittlich geforderten bzw. tatsächlich gezeigten Leistungsfähigkeit von Abiturienten oder an den scheinbar geringeren Fähigkeiten von Frauen, technische Probleme zu lösen. Damit reproduzieren die Tests gesellschaftlich vorgefundene Mißstände und soziale Ungerechtigkeiten, anstatt sie in Frage zu stellen. «In einer Klassengesellschaft muß jeder Test, dem alle Kinder unterworfen werden, Merkmale der Klassenspaltung tragen, und da die Leute, die die Testfragen entwerfen, als Gebildete notwendigerweise der Gedankenwelt der oberen Klassen verhaftet sind, werden auch die Ergebnisse naturgemäß die Vorteile einer Erziehung unterstreichen, wie sie Kinder der oberen Schichten zuteil wird . . . Das Ergebnis dieser Form der Anwendung der Gesellschaftswissenschaften ist, daß die Besitzlosen sich nicht über ihr jetziges Niveau erheben können und zugleich ein solches Gefühl der Minderwertigkeit bekommen, daß sie sich nicht einmal berechtigt glauben, darüber empört zu sein» (Bernal, 1961).

Aus dem entworfenen Aufgabenpool wird sodann eine *Testvorform* zusammengestellt und einer *Stichprobe* von Personen vorgegeben, die nach Alter, Geschlecht, sozialer Herkunft etc. jener Personengruppe gleicht, an der der Test später angewendet werden soll.

4.2.1.1 Exkurs: Stichprobenorganisation

Um eine repräsentative Stichprobe aus einer *Grundgesamtheit* (Population) auszuwählen, bedarf es der besonderen Sorgfalt. Immerhin muß ja gewährleistet sein, daß die Stichprobe eine «Miniausgabe» der Population, gleichsam deren «Modell» darstellt. Nur wenn dies gewährleistet ist, kann deren Testverhalten stellvertretend für das Testverhalten der Grundgesamtheit (Population) betrachtet werden. Angenommen, ein Test soll den Wortschatz achtjähriger Kinder erfassen. In die Strichprobe seien aber durch eine Unachtsamkeit mehr Kinder aus sozial höheren Schichten aufgenommen worden, als ihrem tatsächlichen Anteil an der Grundgesamtheit der achtjährigen Kinder entspricht. Die Folge wäre eine Erhöhung des durchschnittlichen Wortschatzes zugunsten der Kinder aus der sozialen Oberschicht und eine Benachteiligung von Kindern aus sozial niedrigeren Schichten. Auf die Prinzipien der Organisierung solcher Stichproben durch den Testkonstrukteur sollte ein Testanwender deshalb stets besonderes Augenmerk legen. Denn die Stichprobenorganisation entscheidet u. a. darüber, ob einem Test überhaupt Aussagekraft in bezug auf eine Einzelperson – von der angenommen wird, sie entstamme der Grundgesamtheit, für die der Test konstruiert wurde – beigemessen werden kann. Über einige damit verbundene Probleme ist weiter unten (S. 89ff und S. 106ff) nachzulesen (vgl. zur Stichprobenorganisation auch Lienert, 1969, S. 74f, 209f, 280f, 315f, Selg und Bauer, 1971, S. 89).

4.2.2 Aufgabenanalyse

Ziel der Vorgabe der Testvorform an eine Stichprobe ist, durch eine *Aufgabenanalyse* jene Items herauszufinden, die für die mit dem Test verfolgten Zwecke am geeignetsten erscheinen. Die Analyse beginnt damit, daß für jede Testperson (i) die Menge der von ihr richtig gelösten Aufgaben – bewertet mit einem Punkt – zum *Testrohwert* (X_i) aufsummiert wird. Im Anschluß daran wird der *Schwierigkeitsgrad* jeder Aufgabe berechnet, dem zu entnehmen ist, wieviel Testpersonen die jeweilige Aufgabe richtig/falsch beantwortet haben. Die Analyse der *Trennschärfe* schließt sich an. Sie soll erbringen, ob ein einzelnes Item stets von jenen Testpersonen *gelöst* wird, die auch in der Testvorform insgesamt «gut» abgeschnitten haben, und von jenen Testpersonen *nicht gelöst* wird, deren Testrohwert (X_i) niedrig ist. D. h. es wird überprüft, ob jede einzelne Testaufgabe – quasi als Minitest – in gleicher Weise wie der Gesamttest «fähige» von «unfähigen» Personen zu trennen bzw. zu unterscheiden geeignet ist. Sodann wird auf der Grundlage dieser (gelegentlich auch zusätzlicher)[3] Aufgabenkennwerte eine empirisch begründete sogenannte *rationale Itemselektion* durchgeführt. Testaufgaben, die beispielsweise zu schwer sind oder aber zu leicht sind, werden eliminiert, andere umformuliert oder an anderer Stelle im Test plaziert.

4.2.2.1 Schwierigkeitsgrad der Testaufgaben

Durch die Analyse der Testitems sollen Anhaltspunkte für eine rationale Entscheidung über die Beibehaltung bzw. Streichung der Aufgaben der Testvorform gewonnen werden. Es liegt auf der Hand, daß nur solche Items beibehalten werden, die dem verfolgten Ziel des Tests nicht zuwiderlaufen. Erfaßt werden sollen stets quantitative Unterschiede zwischen Personen oder Differenzen im Verhalten bzw. in den dahinterstehenden Fähigkeiten einer Person zu verschiedenen Zeitpunkten. Deshalb sind nur solche Testitems brauchbar, die weder von allen Personen noch von niemand gelöst werden. Denn solche Items lassen keinen Rückschluß auf die dem Lösungsverhalten unterstellten unterschiedlichen Fähigkeiten zu, da sich ja alle Individuen scheinbar gleich verhalten haben. Der *Schwierigkeitsgrad* (p_s) von Testaufgaben wird im einfachsten Fall als das Verhältnis der Anzahl der Richtig-Antworten (N_R) zur Gesamtzahl N der befragten Probanden (N = Umfang der Analyse-Stichprobe), die die Aufgabe zu lösen versucht haben, bestimmt:

$$p_s = \frac{N_R}{N} \qquad \text{Formel 1}$$

Die Umkehrung des Wertes p_s in

$$q_s = 1 - \frac{N_R}{N} \qquad \text{Formel 2}$$

gibt über die Wahrscheinlichkeit Auskunft, mit der die Testaufgaben nicht gelöst wurden.

Der p_s-Wert ist um so größer, je einfacher (leichter) das betreffende Item ist; wenn es also von vielen Probanden gelöst wurde. Er ist um so niedriger, je schwieriger die Testaufgabe für die Individuen war.[4]

Angenommen, die befragten Individuen verfügten – wie mit jeder Testkonstruktion unterstellt – tatsächlich über ein unterschiedliches Ausmaß jener Fähigkeiten, die zur Lösung eines bestimmten Items erforderlich wären. Weiter angenommen, niemand löse das Item, oder aber umgekehrt, alle lösen das Item: Dann ermöglicht dieses Item keine Aussage über die unterschiedlichen Fähigkeiten der Probanden, weil es ausnahmslos von allen beantwortet wurde/nicht beantwortet wurde. Es ist nicht *trennscharf*.

4.2.2.2 Trennschärfe der Testaufgaben

Von einem trennscharfen Item muß erwartet werden können, daß leistungsfähigere Personen die Aufgabe lösen, leistungsschwache Personen dagegen nicht. Wird dieser einen Aufgabe eine zweite, dritte usw. zur Seite gestellt, so ist zu erwarten, daß jeweils die Probanden ein bestimmtes Item lösen, die auch im Gesamttest die meisten Aufgaben lösen. Der sogenannte *Trennschärfe-Koeffizient* bringt nun zum Ausdruck, ob die einzelne Testaufgabe wie der Gesamttest in der Lage ist, «leistungsfähigere» von «leistungsunfähigeren» Individuen zu unterscheiden. In der Sprache der Teststatistik ausgedrückt, wird für jedes Item zwischen den richtigen Aufgabenantworten einerseits und den Testrohwerten andererseits ein Korrelationskoeffizient[5] – der sogenannte punktbiseriale Korrelationskoeffizient (p bis r_{it}) = berechnet nach:

$$\text{p bis } r_{it} = \frac{\bar{X}_R - \bar{X}_i}{s_x} \sqrt{\frac{p_s}{q_s}} \qquad \text{Formel 3}$$

In dieser Formel steht

$\bar{X}_i$ für das arithmetische Mittel aller N Testrohwerte X_i

$\bar{X}_R$ für das arithmetische Mittel der Testrohwerte X_i derjenigen Probanden, die die betreffende Aufgabe beantwortet haben;

s_x Standardabweichung[6] der Testrohwerte aller Individuen;

p_s entsprechend Formel 1;

q_s entsprechend Formel 2.

Ein hoher Trennschärfe-Koeffizient besagt, daß das einzelne Item in gleicher Richtung wie der gesamte Test «gute» von «schlechten» Testpersonen trennt. Items mittlerer Schwierigkeitsgrade (sogenannte balancierte Items) besitzen die größte Trennschärfe, Items mit kleinem oder großem Schwierigkeitsgrad sind weniger trennscharf. Die folgende Abbildung 4 macht die *Beziehung zwischen der Trennschärfe und dem Schwierigkeitsgrad* von Testitems deutlich.

Ist diese Beziehung für die konkreten Items einer Testvorform graphisch dargestellt, läßt sich in Verbindung mit den entsprechenden rechnerischen Operationen entscheiden, welche Items im weiteren beibehalten und welche als ungeeignet für die Testendform ausgeschieden werden sollen (Aufgabenselektion).[7]

Items mittleren Schwierigkeitsgrades, deren Trennschärfe am höchsten ist, werden beibehalten. Die Entscheidung über Verbleib oder Streichung einer Testaufgabe wird jedoch nicht nur aus der Aufgabenanalyse, sondern auch aus der Analyse der *Häufigkeitsverteilung der Testrohwerte* (X_i) begründet.

4.2.3 Analyse der Häufigkeitsverteilung der Test(roh)werte

Der Analyse der Häufigkeitsverteilung der Test(roh)werte kommt eine wesentliche Bedeutung im Rahmen der Testkonstruktion zu. Das hat vor allem zwei Gründe. Zum einen basieren alle wesentlichen klassischen Testkenn-

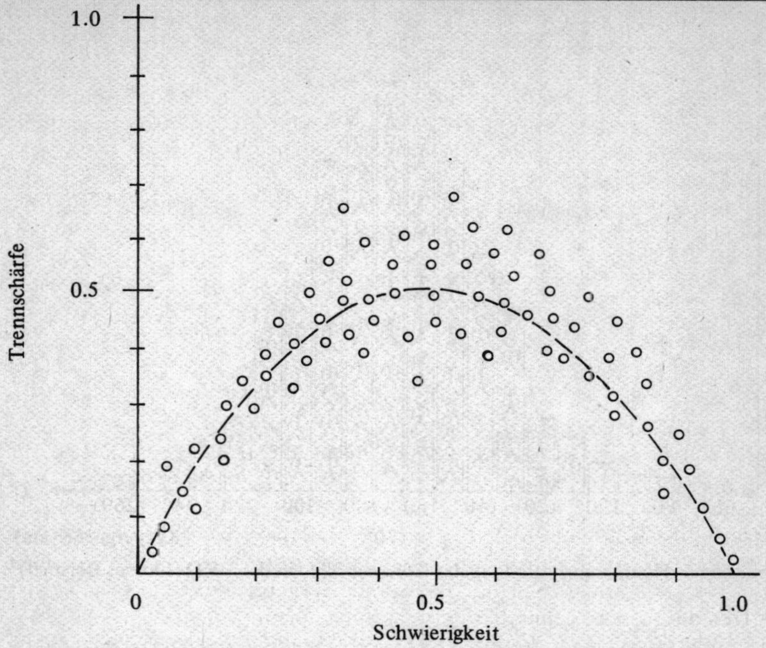

Abbildung 4: Die Beziehung zwischen Trennschärfe und Schwierigkeit von Testitems. Die gestrichelte Linie stellt die parabolische Abhängigkeit in idealer Form dar.

werte wie die noch zu besprechenden Testgütekriterien Gültigkeit, Zuverlässigkeit und interpersonelle Übereinstimmung auf spezifischen Annahmen über die Häufigkeitsverteilung der Test(roh)werte. Zum anderen wird in bezug auf die meisten psychischen Merkmale wie Intelligenz, Konzentration, Gedächtnis, Aggressivität etc. angenommen, sie verteilten sich *normal.* So wundert es nicht, wenn Lienert (1969) schreibt: «Eine ausgezeichnete und *erwünschte* (Hervorhbg. von mir) Verteilungsform unter diesen Möglichkeiten ist die der Normalverteilung» der Test(roh)werte (S. 171).

4.2.3.1 Exkurs: Normalverteilung, Mittelwert, Standardabweichung, Auftretenswahrscheinlichkeit

Die Annahme über die Normalverteilung psychischer Merkmale hat ihren Ursprung in den Untersuchungen, die der englische Biologe Galton, ein Vetter Darwins, gegen Ende des 19. Jahrhunderts durchführte. Galton versuchte die biologischen Evolutionsgesetze auf das Studium menschlicher Individuen und ihren intelektuellen Fähigkeiten, von deren Vererbung er

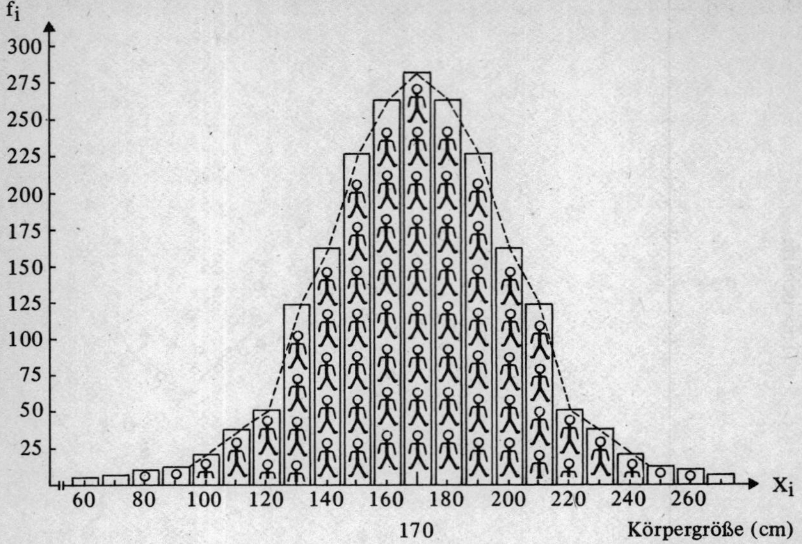

Abbildung 5: Häufigkeitsverteilung der Körpergrößen in der BRD (fiktives Beispiel)

überzeugt war, zu übertragen (vgl. dazu den Beitrag von Schmid in diesem Buch, S. 12).

«Mittelmäßigkeit . . . definiert den Standard der intellektuellen Kapazität . . . Daher rekrutiert sich die zurückgebliebene Bevölkerung aus der Mittelmäßigkeit» . . . Hochbegabte sind «. . . Wesen, die von Natur aus edel und überlegen sind, dazu geboren, Könige unter den Menschen zu sein!» (Galton, 1869, zit. nach Liungman, 1973, S. 17).

Messen wir beispielsweise die Größe aller Menschen in der BRD, so werden wir finden, daß es nur wenige ganz kleine und wenige ganz lange, jedoch zahlreiche mittelgroße Menschen gibt.

Aus dieser Tatsache leiten schließlich Autoren wie Kramer (1965) die Annahme her, daß sich psychische Merkmale ebenso verteilen: «Größe und Intensität aller somatischen *und* psychischen Eigenschaften und Fähigkeiten (!!) des Menschen, des Tieres und der Pflanze unterliegen hypothetisch der sogenannten biologischen Verteilung. Werden zum Beispiel alle Blätter eines Baumes nach ihrer Größe geordnet, so zeigt sich, daß von den kleinsten und größten am wenigsten vorhanden sind, von den mittleren am meisten.» (Kramer, 1965, S. 45)

Stellen wir das graphisch dar, indem wir auf der X-Achse die Körpergröße, auf der Y-Achse die Häufigkeit (f_i) abtragen, mit der die einzelnen Körpergrößen jeweils vorkommen, so ergibt sich eine Häufigkeitsverteilung wie in Abbildung 5.

Denken wir uns über die Häufigkeitssäulen eine Verbindungslinie gezeichnet, so deckt die Fläche unter der so erstellten Kurve 100 % der beobachteten Häufigkeiten ab. Der Mathematiker Gauß (1777–1855) hat die mathematischen Grundlagen dieser glockenförmigen Häufigkeitsverteilung erarbeitet und ihre charakteristischen Beschreibungsmerkmale benannt, weshalb sie auch Gaußsche Kurve, Gaußsche Fehlerkurve[8] oder Normalverteilung genannt wird. Von ihrer Form her weist die Gaußsche Kurve drei wesentliche Charakteristika auf: Sie ist symmetrisch, hat nur einen Gipfel und steigt von beiden Seiten gleichmäßig gegen diesen Gipfel an. Und wieder folgert Kramer (1965), nachdem sie bereits von einem *biologischen Gesetz* spricht, was daraus für den psychischen Bereich herzuleisten ist: nämlich das durchschnittliche Individuum, von dem die anderen abweichen.

«Dieses biologische Verteilungsgesetz und seine Darstellung in der Glockenkurve ermöglicht es, auch im psychischen Bereich zu bestimmen, was als mittlere, als unterdurchschnittliche und was als überdurchschnittliche Leistung zu gelten hat. Die Gaußsche Kurve stellt darum eine der wichtigsten mathematischen Grundlagen für die ganze Testpsychologie, insbesondere für die Eichung (Normierung) der Tests dar.» (Kramer, 1965, S. 47)

Nun sind aber Intelligenz, Depressivität oder Schulleistung keine natürlichen, sondern von Menschen erdachte Sachverhalte, und der nach natürlichem Vorbild konstruierte Durchschnittsmensch ist eine gedankliche Fiktion. Wer wovon um wieviel abweicht, «entscheidet» also nicht der Abweichende selbst, sondern der gesellschaftlich definierte Durchschnitt – der immer ein Durchschnitt der Herrschenden ist, die die gesellschaftliche Verfügungsgewalt über die Mittel haben, die der Definition der Abweichung dienlich und der Rechtfertigung der eigenen Herrschaft nützlich sind.

Eine Gaußsche Glockenkurve kann sich in zweierlei Hinsicht ändern. Sie kann unter Beibehaltung ihrer Form ihre *Lage* verändern, indem sie ihren Gipfelpunkt über einem anderen X_i-Wert errichtet (Abbildung 6b). Sie kann aber auch unter Beibehaltung ihrer Lage ihre *Form* ändern, indem sie breiter oder schmaler wird (Abbildung 6b). Schließlich können sich beide Beschreibungsmerkmale, nämlich Form *und* Lage zugleich ändern. Abbildung 6 macht deutlich, daß zur Beschreibung einer Normalverteilung sowohl der Mittelwert als auch die Standardabweichung erforderlich sind. Denn die Verteilung kann sich im Hinblick auf diese beiden Merkmale verändern.

Der X-Wert, über dem die größten Häufigkeiten liegen, der Gipfelpunkt der Kurve also, kennzeichnet das arithmetische Mittel $\overline{X}_i$ aller X_i-Werte. Es

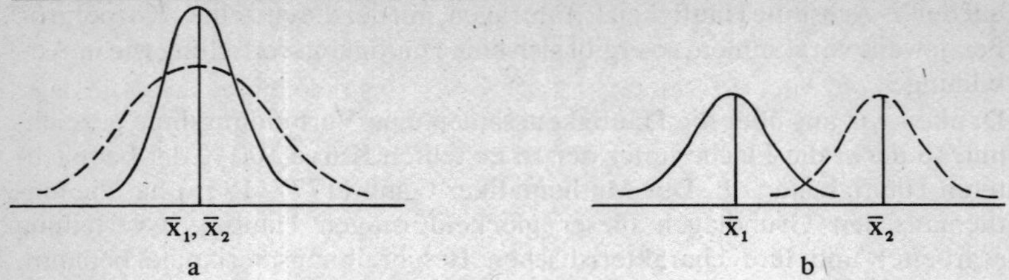

Abbildung 6: Beispiele, die zeigen, daß zur Beschreibung einer Normalverteilung zwei Kennwerte angegeben werden müssen – einer zur Beschreibung ihrer Lage ($\overline{X}_i$) und ein anderer zur Beschreibung ihrer Streuung (s_X); a) gleicher Mittelwert bei unterschiedlicher Streuung; b) gleiche Streuung bei unterschiedlichem Mittelwert.

berechnet sich über die Summe (Σ) aller beobachteten X_i-Werte geteilt durch ihre Anzahl N (Umfang der Stichprobe):

$$\overline{X}_i = \frac{\Sigma X_i}{N}$$ Formel 4

Ist dieser Mittelwert bestimmt, der die Lage der Häufigkeitsverteilung auf der X-Achse festlegt, läßt sich nun der zweite Kennwert berechnen, dem zu entnehmen ist, wie breit die einzelnen X_i-Werte um ihren gemeinsamen Mittelwert streuen. Zu diesem Zweck wird für jeden X_i-Wert der Abstand zum Mittelwert $\overline{X}_i$ errechnet. So werden genausoviel Abstandswerte erhalten, wie X_i-Werte vorhanden sind. Für alle diese Abweichungen gilt es nun, den Durchschnitt zu berechnen, indem sie summiert und anschließend durch $N-1$ dividiert werden. Da die Gaußsche Fehlerkurve symmetrisch ist und folglich genausoviel negative wie positive Abstandswerte zum Mittelwert erhalten werden, würde die Summe aller Abweichungen Null ergeben. Um dies zu verhindern, werden sämtliche Abstandswerte vor ihrer Aufsummierung quadriert und im Anschluß daran durch die um 1 verminderte Anzahl der Abstände («neue Meßwerte») dividiert. Erhalten wird so die *Varianz* (s_X^2) einer Stichprobe (bzw. Häufigkeitsverteilung):

$$s_x^2 = \frac{\Sigma (X_i - \overline{X}_i)^2}{N-1}$$ Formel 5

Die Quadratwurzel aus der Varianz erbringt die *Standardabweichung* (s_X) oder auch die *mittlere quadratische Abweichung* aller Einzelwerte vom gemeinsamen (theoretischen) Mittelwert.

Oben (S. 84) hatten wir festgestellt, daß die Fläche unter der Gaußschen Normalverteilung sämtliche beobachtete Häufigkeiten abdeckt. Setzen wir die Fläche = 100 %, so läßt sich auf Grund der Kenntnis der beiden Kennwerte $\overline{X}_i$ und s_X einer Stichprobe zwischen zwei beliebig angenommenen

X_i-Werten präzise die Größe der eingegrenzten Flächen und damit die Prozentzahl der Häufigkeiten angeben, die theoretisch (oder auch empirisch) durch diesen Flächenabschnitt abgedeckt werden. Drücken wir den Abstand eines beliebig angenommenen X_i-Wertes in Teilen von s_x aus, so schließt der Bereich $\overline{X}_i + 1.5 s_x$ beispielsweise 40,93 % der gesamten Fläche, präziser der beobachteten Häufigkeiten ein (siehe Abbildung 7):

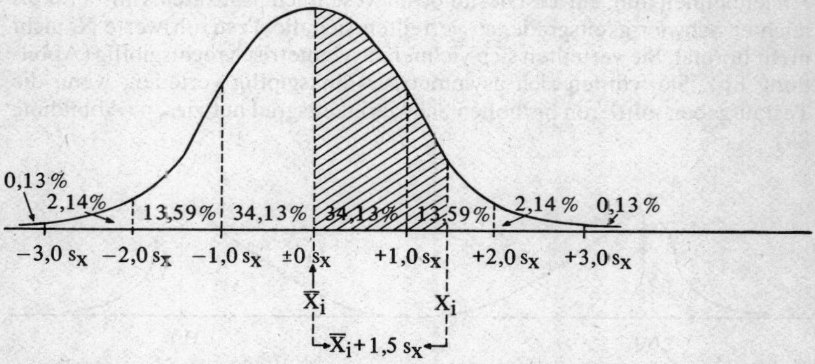

Abbildung 7: Prozentuale Häufigkeiten unter der Normalverteilung in Abhängigkeit von den Einheiten der Standardabweichung s_x

Trägt man vom Mittelwert $\overline{X}_i$ aus nach links und rechts jeweils eine Standardabweichung ab, so schließt die über dem Bereich von $\overline{X}_i \pm 1 s_x$ eingegrenzte Fläche 68,26 % aller beobachteten Häufigkeiten ab. Die Fläche $\overline{X}_i \pm 2 s_x$ umfaßt 95,44 % aller beobachteten Messungen, und schließlich deckt die Fläche $\overline{X}_i \pm 3 s_x$ 99,73 % der gesamten Beobachtungen ab.

Somit läßt sich für jede bekannte Normalverteilung, deren Mittelwert und Standardabweichung also bekannt sind, die prozentuale Häufigkeit bzw. Wahrscheinlichkeit angeben, mit der bestimmte X_i-Werte zu erwarten sind. X_i-Werte, die zwischen $\overline{X}_i \pm 1 s_x$ liegen, sind mit einer Wahrscheinlichkeit von 68,26 % zu erwarten. Ebenso läßt sich die Auftretenswahrscheinlichkeit angeben von X_i-Werten zwischen $\overline{X}_i \pm 2 s_x$ (95,44 %) und $\overline{X}_i \pm 3 s_x$ (99,73 %) aber auch von Werten zwischen $\overline{X}_i$ und Bruchteilen von s_x, wie z. B. für Werte zwischen $\overline{X}_i \pm 1.96 s_x$, die mit 95 %iger Wahrscheinlichkeit auftreten, oder für Messungen, die zwischen $\overline{X}_i \pm 2.58 s_x$ liegen, was einer Auftretenswahrscheinlichkeit von 99 % entspricht.

Nun hatten wir eingangs zu diesem Exkurs betont, daß der Normalverteilung ein besonderer Stellenwert im Rahmen der Teststatistik und Testkonstruktion zukommt. In der Regel werden nämlich die Testgütekriterien wie Reliabilität (Zuverlässigkeit) oder Validität (Gültigkeit) als Produkt-Moment-Korrelationskoeffizienten angegeben, deren Berechnung (s. S. 90) die

Normalverteilung der beobachteten Test(roh)werte *voraussetzt.* Übrigens eine Methode, die weitgehend auf Galton bzw. einen seiner Mitarbeiter, nämlich Pearson, zurückgeht. Da sich die gesamte klassische Testtheorie zu einem erheblichen Teil die Methode der Produkt-Moment-Korrelation zunutze macht und zugleich auf dieser basiert, wird bei der Testkonstruktion zumeist angestrebt, eine Normalverteilung der Test(roh)werte zu erhalten. Die oben (s. S. 83) zitierte Aussage von Lienert (1969, S. 171) bestätigt dies. Angenommen nun, ein Test bestünde im wesentlichen aus Items mittlerer bis leichter Schwierigkeitsgrade, so verteilten sich die Test(roh)werte X_i nicht mehr normal. Sie verteilten sich vielmehr asymmetrisch rechtsgipflig (Abbildung 8b). Sie würden sich asymmetrisch linksgipflig verteilen, wenn die Testaufgaben mittleren bis hohen Schwierigkeitsgrad aufwiesen (Abbildung 8a).

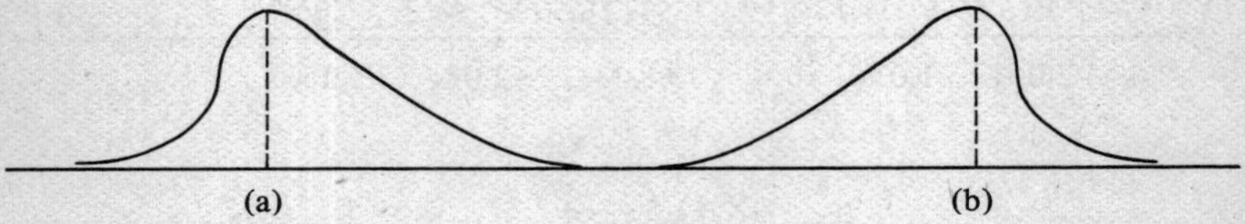

Abbildung 8: Verteilungsformen, die aufgrund zu leichter oder zu schwieriger Testaufgaben zustande kommen; (a) linksgipflig asymmetrisch; (b) rechtsgipflig asymmetrisch

Diese Anormalität der Verteilung läßt sich nun dadurch beseitigen, daß die zu einfachen oder zu schwierigen Items von geringer Trennschärfe eleminiert bzw. ersetzt werden, um so eine Normalverteilung zu erzielen. Genau dadurch aber wird die Mittelmäßigkeit der Probanden künstlich produziert; wird «die nivellierte Mittelstandsgesellschaft» im Test erst reproduziert. Die Normalverteilung der Test(roh)werte ist *nicht eine Folge* «in natura» normalverteilter menschlicher Fähigkeiten, Kenntnisse und Fertigkeiten, die durch die Testanwendung herausgefunden wird, sondern sie ist die *Voraussetzung*, ohne die bestimmte Teststatistiken in der klassischen Testkonstruktion gar nicht möglich wären. Diese selbstproduzierten Voraussetzungen – zustande gekommen durch die Gleichsetzung natürlicher (z. B. Körpergröße) mit psychischen Merkmalen (z. B. Intelligenz) – sind selbst von Psychologen und Testkonstrukteuren schon soweit verinnerlicht worden, daß bereits bestimmte psychische Merkmale von vornherein als unwesentlich angenommen werden, weil sie sich nicht normal verteilen würden. «Die Mehrheit der Persönlichkeitsforscher fordert aber, daß die Meßwerte derjenigen Individuen, die auf einer Variablen ihren Platz erhalten sollen, *normal verteilt* sind. Wollten wir alle Menschen auf einer Interessenskala für Koreanische

Schmetterlinge unterbringen, so würde sich sicherlich keine Normalverteilung ergeben. ... Beim üblichen Intelligenztest dürfte, aufs Ganze gesehen, eine Normalverteilung für (in Annäherung) *alle* Menschen zu erwarten sein.» (Herrmann, 1969, S. 133)[9]

Ist die Aufgabenanalyse abgeschlossen, liegt eine vorläufige Testendform vor, die erneut einer repräsentativen Stichprobe vorgegeben wird, um nunmehr festzustellen, ob der Test das anvisierte psychische Merkmal *wirklich* mißt (Gültigkeit) und ob er es *exakt* (Zuverlässigkeit) mißt und schließlich, ob seine Meßwerte von der Person des Testanwenders unabhängig sind (*interpersonelle Übereinstimmung*). Mit der Benennung der Gültigkeit, der Zuverlässigkeit und der interpersonellen Übereinstimmung sind die wichtigsten Kriterien angesprochen, nach denen herkömmlicherweise *die Güte von Tests* beurteilt wird.

4.2.4 Testgütekriterien

4.2.4.1 Validität (Gültigkeit)

Was besagt die Frage, ob ein Test *wirklich* das psychische Merkmal mißt, das er anvisiert? Sehr einfach: Ein Schulreifetest muß auch tatsächlich Schulreife messen, und ein Test, von dem sein Autor behauptet, er messe «soziale Einstellungen», muß auch tatsächlich diese und nicht etwa «Aufgabenverständnis» erfassen. Immerhin wäre ja denkbar, daß die Aufgabenformulierung derart kompliziert ist, daß die Lösung der einzelnen Aufgaben nicht an dem Mangel sozialer Einstellungen der Probanden scheitert, sondern an der Art der Fragestellungen im Test. Ein Test, der beispielsweise «Schulangst» oder irgendein anderes psychisches Merkmal zu messen vorgibt und dessen Resultate weitgehend mit den Schätzurteilen der Eltern und/oder Lehrer bezüglich der «Schulangst» dieser Kinder übereinstimmen, wird als *gültiger (valider)* Test bezeichnet.

Der Begriff *Gültigkeit* (Validität) ist ein Oberbegriff für eine Reihe verschiedener spezifischer Gültigkeitsformen, deren Unterschied lediglich in der methodischen Vorgehensweise liegt, die zur Bestimmung der Gültigkeit gewählt wurde.

4.2.4.1.1 Übereinstimmungsvalidität

Eine besonders oft benutzte Validierungsmethode zeichnet sich dadurch aus, daß die erhobenen Testresultate einer Stichprobe von N Personen – z. B. von Schülern, Lehrlingen etc. – mit außerhalb des Tests liegenden Vergleichsdaten (Außenkriterium) hinsichtlich des gleichen psychische Merkmal verglichen werden. Im günstigsten Falle müßten dann beide Meßwertreihen in der Weise übereinstimmen, daß die Individuen, die im Test die höchsten/niedrigsten Werte erhalten haben, auch in bezug auf das *Außenkriterium* die höchsten/niedrigsten Meßwerte erhalten haben. Das heißt, die beobachtete Häufigkeitsverteilung der Testwerte müßte (im Idealfall) gleich der Häufigkeitsverteilung der Kriteriumswerte sein. Die so bestimmte Validität wird in der Testtheorie *Übereinstimmungsvalidität* genannt.

Wie wird nun diese Übereinstimmung festgestellt? Man bedient sich der *Korrelationsrechnung.*

4.2.4.1.1.1 Exkurs: Korrelation

Das Grundprinzip dieses statistischen Verfahrens besteht darin, den Grad des Zusammenhangs zwischen zwei (oder mehr) Meßwertreihen zu bestimmen. Im vorgenannten Beispiel enthält eine Meßwertreihe die Testwerte für N Schüler aus dem Schulangst-Test, die andere Meßwertreihe gibt die Angstwerte wieder, die die Lehrer denselben N Schülern per Schätzung zugeschrieben haben. So liegen also für jeden Schüler zwei Meßwerte vor. Das statistische Verfahren der Korrelationsrechnung ermöglicht nun, das Ausmaß des Zusammenhangs zwischen diesen beiden N Meßwertpaaren zu bestimmen. Resultat dieser Rechnung ist der sogenannte Korrelationskoeffizient (r_{XY}). Dieser Korrelationskoeffizient kann stets nur zwischen $r_{XY} = 1.00$ und $r_{XY} = -1.00$ schwanken. Der erste der beiden Werte besagt, daß – um im Beispiel zu bleiben – jene Schüler, die im Test die höchsten Angstwerte erhalten haben, auch laut Lehrerurteil als die schulängstlichsten Schüler gelten. Wer dort also den höchsten Wert bekommen hat, hat ihn hier auch. Wer dort den zweithöchsten Wert hat, hat ihn hier auch etc. Im Schaubild (Abbildung 9) stellt sich dies so dar:

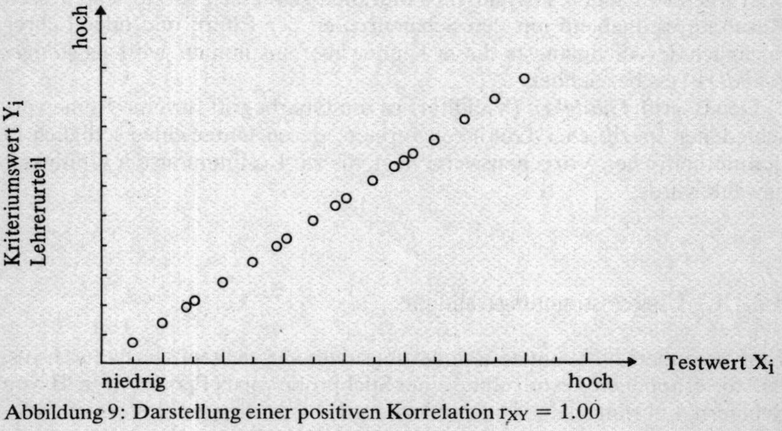

Abbildung 9: Darstellung einer positiven Korrelation $r_{XY} = 1.00$

Nun ist freilich auch das gerade Gegenteil denkbar. Hohe Angstwerte im Test sind jeweils mit niedrigen Schätzwerten gepaart und umgekehrt (Abbildung 10):

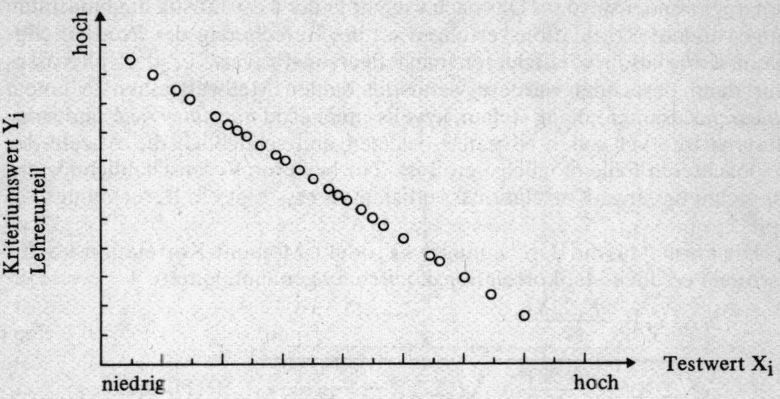

Abbildung 10: Darstellung einer negativen Korrelation $r_{XY} = -1.00$

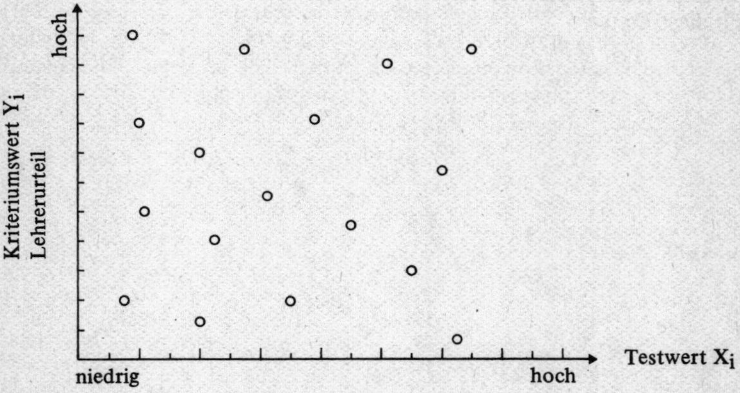

Abbildung 11: Darstellung einer Null-Korrelation (fehlender korrelativer Zusammenhang) $r_{XY} = \pm 0.00$

Tritt einmal ein hoher Testwert mit einem niedrigen Schätzwert auf und ein anderes Mal nicht – läßt sich also keinerlei systematisches Miteinander-Vorkommen von Meßwertpaaren feststellen, sondern herrscht völlige Regellosigkeit –, so stellt sich diese in der Abbildung (Abbildung 11) wie folgt dar:

Je nachdem, welche Meßqualität bzw. welches Meßniveau die beobachteten Meßwerte haben (liegen also lediglich «Kleiner-größer-Relationen» oder präzise metrische Größenangaben über eine Menge Objekte vor), müssen unterschiedliche Methoden für die Berechnung des Korrelationskoeffizienten angewendet werden. Das nach wie vor in der Teststatistik am häufigsten angewendete Korrelationsverfahren ist die Berechnung des Produkt-Moment-Korrelationskoeffizienten nach Pearson-Bravais. Er darf allerdings nur dann berechnet werden, wenn die beiden Meßwertreihen in einem *linearen* Zusammenhang stehen, jeweils annähernd *normal verteilt* sind, mindestens Intervallskalen-Niveau[10] besitzen und schließlich die Anzahl der beobachteten Fälle möglichst groß ist. Zur besseren Veranschaulichung der Berechnung eines Korrelationskoeffizienten r_{XY} folgt ein Berechnungsbeispiel.

Die Formel für die Berechnung des Produkt-Moment-Korrelationskoeffizienten r_{XY}, auch Maßkorrelationskoeffizient genannt, lautet:

$$r_{XY} = \frac{\Sigma X_i Y_i - \frac{\Sigma X_i \Sigma Y_i}{N}}{\sqrt{\Sigma X_i^2 - \frac{(\Sigma X_i)^2}{N}} \sqrt{\Sigma Y_i^2 - \frac{(\Sigma Y_i)^2}{N}}} \qquad \text{Formel 6}$$

Angenommen nun, von N = 30 Schülern lägen die Testwerte X_i aus einem Schulangst-Test vor und zugleich die ermittelten Schätzurteile Y_i von Lehrern bezüglich der Schulangst dieser N = 30 Schüler. Die folgende Tabelle 2 enthält diese Daten.

Schüler	X_i	Y_i	X_i^2	Y_i^2	X_iY_i
A	10	5	100	25	50
B	11	7	121	49	77
C	14	8	196	64	112
D	14	9	196	81	126
E	9	6	81	36	54
F	8	7	64	49	56
G	8	4	64	16	32
H	12	7	144	49	84
I	11	7	121	49	77
J	12	8	144	64	96
K	13	6	169	36	78
L	13	10	169	100	130
M	12	7	144	49	84
N	11	8	121	64	88
O	12	10	144	100	120
P	15	10	225	100	150
Q	15	8	225	64	120
R	10	6	100	36	60
S	11	6	121	36	66
T	10	5	100	25	50
U	13	7	169	49	91
V	14	9	196	81	126
W	12	8	144	64	96
Ei	11	9	121	81	99
Ä	10	8	100	81	80
Ö	12	5	144	25	60
Ü	11	6	121	36	66
Sch	14	8	196	64	112
St	12	7	144	49	84
Au	9	5	81	25	45
Summe	349	216	4165	1647	2569

Tabelle 2: Wiedergabe der Testwerte X_i aus einem Schulangst-Test für N = 30 Schüler und der Kriteriumswerte Y_i (Lehrerurteil). Die Tabelle enthält außerdem bereits die für die Berechnung erforderlichen Ausgangswerte X^2_i, Y^2_i und X_i Y_i

Die graphische Darstellung der Beispieldaten aus Tabelle 2 (Abbildung 12) läßt einen positiven, wenngleich nur mittleren Zusammenhang zwischen beiden Variablen X und Y erkennen.

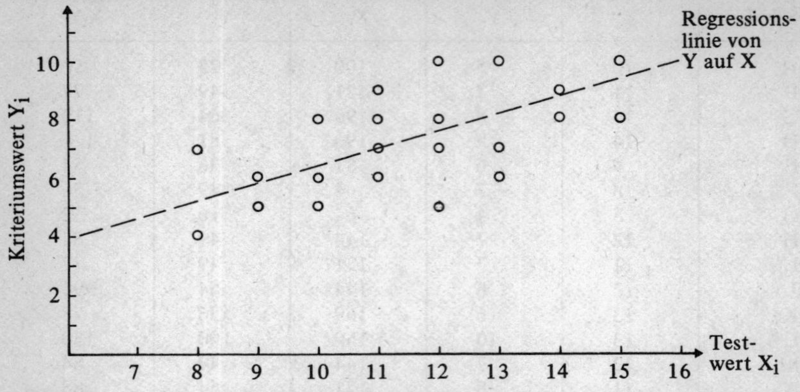

Abbildung 12: Graphische Darstellung der Beispieldaten von N = 30 Schülern in einem Korrelationsdiagramm. Jeder Punkt repräsentiert darin ein Meßwertpaar X_i Y_i.

Will man wissen, wie groß der zu einem X_i-Wert gehörige Y_i-Wert im Durchschnitt ist; will man also die Y_i-Werte aufgrund der Kenntnis um die X_i-Werte schätzen, dann geschieht dies mittels der *Regression.* In Abbildung 12 ist die «Regressonslinie von Y_i auf X_i» (Vorhersage von Y_i-Werten bei bekannten X_i-Werten) als jene Linie eingestrichelt, deren Abstand zu allen Punkten möglichst klein ist. Die Punktwerte auf der «Regressionslinie von Y_i auf X_i» ergeben die bestmögliche Vorhersage der Schätzwerte Y_i auf der Y-Achse aus den entsprechenden Werten auf der X-Achse an.

Nach Einsetzen aller Werte in die Formel 6 ergibt sich

$$r_{XY} = \frac{2569 - \frac{349 \cdot 216}{30}}{\sqrt{4165 - \frac{121\,801}{30}}\sqrt{1647 - \frac{46\,656}{30}}} = \frac{56.2}{98.20} = +.573$$

Was besagt nun der berechnete Korrelationskoeffizient?[11] Er beschreibt die Enge des Zusammenhangs zwischen den beiden beobachteten Variablen[12] Testwert und Schätzurteil der Lehrer. Der Korrelationskoeffizient besagt nicht, das die X_i-Werte die Y_i-Werte verursachen oder umgekehrt. Eine solche Interpretation ist unzulässig und falsch. Bestenfalls erlaubt er eine Aussage über die Häufigkeit des Miteinander-Vorkommens der beobachteten Meßwertpaare. Völlig falsch ist es, r_{XY} als Prozentzahl zu deuten. Der Koeffizient besagt nicht, daß die Werte beider Variablen – entsprechend unserem Beispiel – in 0.573 × 100 = 57,3 % übereinstimmen. Anders ist es mit dem quadrierten Korrelationskoeffizienten (r^2_{xy}), dem Determinationskoeffizienten (D).[13] In eine Prozentzahl umgeformt ermöglicht er eine Aussage darüber, wieviel Prozent der Varianz der Y_i-Wert durch die Varianz der X_i-Werte vorausbestimmt sind und umgekehrt. Für unser Beispiel ergibt sich ein Determinationskoeffizient von $D = (.573)^2 = .328$. Danach sind 32,8 % der Streuung der Y_i=Schätzwerte aus der Veränderung der Schulangst-Testwerte durch lineare Regression bestimmbar. Diese Aussage basiert auf der Überlegung, daß ja im Fall einer nicht-idealen Korrelation zu jedem X_i-Wert mehrere Y_i-Werte vorgefunden werden. Welcher ist aber dann der zu dem X_i-Wert wirklich gehörende? Die Abbildung 13 verdeutlicht dieses Problem. Das heißt aber auch, daß sichere Aussagen über *einen* Schüler (dessen Testwert X_1 ich kenne, und dessen Schulerfolg ich vorhersagen will) nicht möglich sind, wenn keine ideale Korrelation vorliegt.

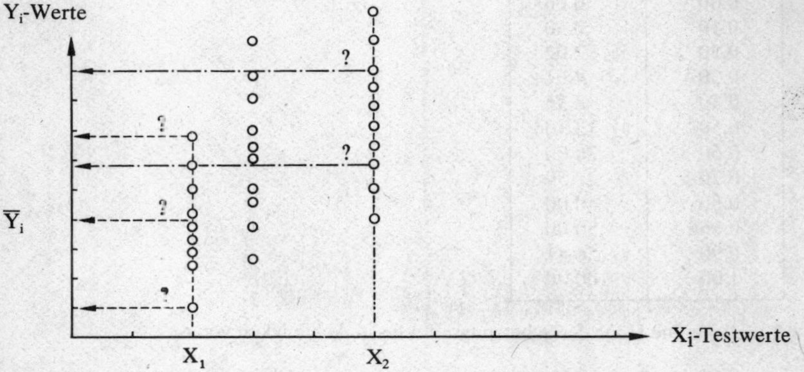

Abbildung 13: Darstellung der Unsicherheit, von einem X_1-Wert einen Y_1-Wert vorherzusagen, wenn die Korrelation kleiner als $r_{xy} =$ 1.00 ist. Das Beispiel ist am Wert X_2 wiederholt.

Der Mittelwert $\overline{Y}_i$ der verschiedenen Y_1-Werte ist der Wert, der am wahrscheinlichsten zum beobachteten X_1-Wert gehört, alle anderen Y_1-Werte (Varianz der Y_i-Werte) variieren mehr oder weniger stark um diesen ihren gemeinsamen Mittelwert. Je kleiner diese Varianz ist, um so präziser läßt sich jeweils der zu einem X_i-Wert gehörige Y_i-Wert voraussagen. Das bedeutet zugleich einen hohen Korrelationskoeffizienten. Ist die Varianz über alle zu einem besonderen X_i-Wert gehörigen Y_i-Werte gleich Null, so liegt eine ideale Korrelation von ($r_{xy} = \pm$ 1.00) vor. Die gleiche Überlegung gilt nun freilich nicht nur für die zu einem X_i-Wert gehörigen Y_i-Werte. Das gilt ebenso für die übrigen Y_i-Werte, die jeweils einem besonderen X_i-Wert zuzuordnen sind.

Eine andere Meßzahl, die aus dem Korrelationskoeffizienten ableitbar ist, ist der Schätzungseffekt.

$$E = 100\,(1 - \sqrt{1 - r^2}) \qquad \text{Formel 7}$$

Er gibt an, um wieviel Prozent weniger Fehler bei der Vorhersage von den Testdaten auf das Lehrerurteil unterlaufen, wenn die Korrelation von Test und Lehrerurteil bekannt sind. Um am Beispiel zu bleiben,

$$E = 100\,(1 - \sqrt{1 - 0.328}) = 18\,\%$$

In unserem obigen Beispiel beträgt der relative Verlust an Unsicherheit aufgrund der Kenntnis um die Korrelation folglich E = 18 %. Einer bei Hofstätter und Wendt (1966, S. 180) abgedruckten Tabelle ist zu entnehmen, wie der Schätzungseffekt E bei zunehmenden Korrelationskoeffizienten steigt.

r_{XY}	E %
0.00	0.00
0.10	0.50
0.20	2.02
0.30	4.61
0.40	8.35
0.50	13.40
0.60	20.00
0.70	28.59
0.80	40.00
0.866	50.00
0.90	56.41
1.00	100.00

Tabelle 3: Die Höhe des Schätzungseffektes in Abhänigkeit von r_{xy}

Gehen wir einmal davon aus, daß Korrelationskoeffizienten in der Testpraxis üblicherweise bestenfalls zwischen $0.50 \leqslant r_{xy} \leqslant 0.70$ liegen, so liegen die dazugehörigen Schätzungseffekte zwischen 13 % und 30 %!! Um diesen Betrag also wird die Auslese von Schülern beispielsweise besser, wenn der Zusammenhang zwischen Test und Kriterium bekannt wäre. Nun raten ja auch Lehrer nicht *blind*, wenn sie zum Beispiel einen Schüler für die höhere Schule oder die Sonderschule empfehlen und ihre Empfehlung auf Grund oft langjähriger Schülerbeobachtung aussprechen. Das heißt, auch bei ihnen ist ein gewisser Schätzungseffekt anzunehmen. Dadurch wird aber die Bedeutung von Tests, deren Validität z. B. $r_{xy} = 0.50$ beträgt, noch weiter herabgesetzt (vgl. Frenz, Krüger und Tröger, 1973, S. 92).

Übereinstimmungsvalidität und Vorhersagevalidität werden an einem Außenkriterium überprüft. Dies setzt voraus, daß die Kriteriumswerte ihrerseits valide sind. Immerhin könnten ja die Urteile eines Lehrers über die

Schulangst seiner Schüler eher größere und geringere Aggressivität der Schüler als ihre tatsächliche Schulangst widerspiegeln. Eine Überprüfung der Validität des Außenkriteriums ist also notwendig. Validieren woran? An einem anderen Kriterium. Und woran dieses? Die Mehrzahl der Testautoren unterstellt in der Regel Genauigkeit und vor allem Gültigkeit des Außenkriteriums. Sie messen beispielsweise die Intelligenz von Kindern und validieren diesen ihren Intelligenztest am Schulerfolg. Woher aber nehmen sie die Gewißheit, daß Schulerfolg wirklich etwas mit Intelligenz und nichts mit «Dem-Lehrer-nach-dem-Munde-reden-und-schön-brav-sitzen» zu tun hat? Möglicherweise mißt ja auch der Intelligenztest nur Anpassungsfähigkeit und korreliert deshalb mit dem Schulerfolg, nicht aber weil beide etwas mit Intelligenz zu tun haben.

4.2.4.1.2 Vorhersagevalidität

Während bei der Übereinstimmungsvalidität Testwerte und Kriteriumswerte etwa gleichzeitig erfaßt werden, wird bei der Bestimmung der Vorhersagevalidität (*prognostische Gültigkeit*) erst im nachhinein überprüft, ob die aufgrund der Testresultate gehegten Erwartungen tatsächlich eingetreten sind. Zum Beispiel wird ein Schulleistungstest dadurch validiert, daß am Ende der Schulzeit festgestellt wird, ob diejenigen Schüler, die im Test am besten abgeschnitten haben, auch die Schule mit dem größten Erfolg durchlaufen haben.

4.2.4.1.3 Inhaltsgültigkeit

Es gibt eine ganze Reihe von Tests, deren Aufgabeninhalt keinen Zweifel darüber läßt, was durch den Test erfaßt wird. Zum Beispiel erübrigt es sich bei einem Test zur Erfassung der Additionsfähigkeit, die Validität zu überprüfen, wenn seine Aufgaben ausschließlich das Zusammenzählen von Zahlen abverlangen. Gleiches gilt für einen Schulleistungstest in Geographie, dessen Aufgaben lediglich jene Inhalte abfragen, die im Geographieunterricht vermittelt wurden. In solchen Fällen stimmt also der Inhalt der Testaufgabe scheinbar mit dem Testzweck selbst überein. Deshalb wird hier von der *Inhaltsgültigkeit* (logische Validität) gesprochen. Ein Koeffizient für diese Form der Validität läßt sich nicht berechnen. Zur groben Orientierung wird bei solchen Tests deshalb der Reliabilitätskoeffizient herangezogen (vgl. Lienert 1969, S. 313). Genausowenig läßt sich eine scharfe Grenzziehung vornehmen, ab wann aus dem Inhalt der Aufgaben des Tests nicht mehr auf seinen Gültigkeitsbereich zu schließen ist.

4.2.4.1.4 Konstruktvalidität

Hier geht es darum, die Gültigkeit eines Tests nicht auf ein Merkmal bzw. ein Kriterium zu beschränken, wie dies etwa der Fall wäre, wenn «Sonderschulerfolg-Haben» vorhergesagt werden soll. Handelt es sich dagegen um die Frage, ob Sonderschul*fähigkeit* erfaßt wird, ist ein ganzer Merkmalskomplex

– ein Konstrukt – angesprochen. Im Unterschied zur Vorhersagevalidität bzw. Übereinstimmungsvalidität soll hier nicht der weitgehend doch oberflächliche und praxisorientierte Vergleich zwischen Testergebnissen und Kriterienwerten erfolgen. Vielmehr geht es um die umfassende inhaltlich-psychologische Erhellung oder Aufhellung dessen, was der Test zu messen vorgibt. Beispielsweise darum, was sich inhaltlich hinter dem Begriff Schulangst verbirgt, die ein Test zu erfassen vorgibt; es geht um die Bestimmung des Bedeutungsumfanges. Welche Aspekte der Angst werden also durch einen Schulangst-Test erfaßt: Angst in ihrer physischen Äußerungsform, Magenschmerzen oder Schweißausbruch zu erzeugen; sich etwas vor Angst nicht merken zu können; soziale Angst; Angst vor Arbeitslosigkeit; Angst vor Schlangen etc.? Hier ist also ein Netz von Zusammenhängen und Beziehungen gemeint, das den Gültigkeitsbereich, den *psychologischen Gültigkeitsbereich* des Tests kennzeichnet. Die Konstruktvalidierung macht die anderen Validitäts- oder Validierungsformen nicht überflüssig. Vielmehr schließt sie diese als Teil-Gültigkeiten ein. Ein Problem der Konstruktvalidierung besteht darin, daß sie nicht in ein exaktes Maß einmündet, anhand dessen über die größere oder geringere Gültigkeit eines Tests entschieden werden kann. Dies erfordert um so mehr die Bestimmung auch der anderen Gültigkeitskoeffizienten.

Eindeutige Kriterien dafür, wann ein Test valide ist und wann nicht, gibt es nicht. «Vom Blickpunkt der statistischen Vorhersagen müssen Validitätskoeffizienten von $r_{test\text{-}kriterium} \geqq 0.7$ verlangt werden; in der Praxis ist man jedoch schon mit Validitätskoeffizienten um 0.6 sehr zufrieden.» (Lienert, 1969, S. 310). Über verschiedene Anforderungen an die Höhe von Validitätskoeffizienten gibt die folgende Tabelle 4 exemplarisch Aufschluß.
Aus der Tabelle 4 wird deutlich, daß die Anforderungen an die Gültigkeit eines Tests dann steigen, wenn individuelle Auslese- und Eignungsentscheidungen getroffen werden. Die Überweisung in die Sonderschule beispielsweise mit ihren weitreichenden Konsequenzen für den einzelnen Schüler (aus der es im Bundesdurchschnitt für nur 2,82 % der überwiesenen Fälle ein Entrinnen gibt) macht begreiflich, welche Anforderungen an entsprechende Tests gestellt werden müßten, um individuelle Laufbahnentscheidungen zu treffen. «In nahezu allen Überlegungen zum Problem der Validität geht man von der stillschweigenden Annahme aus, daß, wenn ein Test überhaupt valide ist, er dann für alle Probanden valide ist» (Hörmann, 1964, S. 28). Nun hat sich aber immer wieder gezeigt, daß Tests oftmals den Voraussetzungen und Möglichkeiten bestimmter Personen oder Personengruppen nicht gerecht werden. Sprachgebundene Intelligenztests z. B. benachteiligen Kinder unterer sozialer Schichten. Das heißt aber noch lange nicht, daß diese Kinder «dümmer» sind als andere, sondern bestenfalls, daß sie beispielsweise über eine andere Art von Intelligenz verfügen. So zeigen Krapp und Mandl (1977) auf, daß der Münchner Schulreifetest (MST) «höhere prognostische Validitäten für Kinder mit höherem Intelligenzquotienten (hat, S. G.) und für

solche Kinder, die aus gehobenen Sozialschichten stammen» (S. 71). Solche und andere Erkenntnisse haben vereinzelt dazu geführt, gruppenspezifische Prognosen zu machen; Vorhersagen also unter Einbeziehung der jeweiligen spezifischen Vorkenntnisse oder Lerngewohnheiten der Testpersonen. Weil dies der Zugrundelegung unterschiedlicher Validitäten für Gruppen gleichstrukturierter Probanden gleichkommt, spricht man hier von *differentieller Validität,* durch deren Berücksichtigung scheinbar die Fairneß von Tests erhöht wird (vgl. dazu z. B. Simons und Möbus, 1976).

Auch wenn die Überlegungen zur Validität mehr und mehr verfeinert werden, können sie nicht über das tatsächliche Dilemma hinwegtäuschen, das hier besteht. Tests sollen gesellschaftlich *allgemein* geforderte Fähigkeiten (Problemlösen; motorische Geschicklichkeit; Intelligenz; soziale Einstellungen etc.) im Hinblick auf ihre *konkrete* Nutzbarmachung (Schule, Betrieb, Studium, etc.) und Entfaltung erfassen. Je allgemeiner ihr Gültigkeitsbereich aber umschrieben ist, um so unsicherer wird die Voraussage auf die konkrete Tätigkeit, und je konkreter der Inhalt auf die spätere Situation bezogen ist, um so eingeengter wird die Aussagemöglichkeit der Testdaten

Autor	Testzweck	Geforderte Validität (r_{tk})
LIENERT (1969)	– Urteil über Probanden hängt *nur* vom Testergebnis ab (individuelle Eignungsbeurteilung)	> 0.7
	– Test plus Zusatzinformationen	$\geqq 0.5$
FRIEDRICH und HENNING (1975)	– hohe Gültigkeit	> 0.6
	– mittlere Gültigkeit	$0.6 > r_{tk} < 0.4$
	– geringe Gültigkeit	> 0.4
	– für Auslesezwecke gelegentlich ausreichend	0.30
BELSER (1974)	– Auslesetest bei Anwendung durch Lehrer	> 0.50
	– Gruppenintelligenztest in Einzelanwendung	$\cong 0.80$
	– Schulleistungstest und Zensuren	$\cong 0.60$
RÜDIGER (1966, S. 39)	– Intelligenztest	> 0.40

Tabelle 4: Übersicht über die Anforderungen verschiedener Autoren an die Höhe von Validitätskoeffizienten

wie auch die Vergleichbarkeit der Leistungsfähigkeit verschiedener Individuen. Daß sich die prognostische Gültigkeit von Tests durch eine Einengung des Gültigkeitsbereiches erhöht und daß sie sinkt, wenn der Gültigkeitsbereich verbreitert wird, ist längst erwiesen. Gleichwohl stellt Lienert (1969) fest: «Selbst bei einem für praktische Verhältnisse extrem hohen Validitätskoeffizienten von 0.80 (vgl. dazu Tabelle 4, S. 99) betrüge» der «Schätzungseffekt nur E = 40 %» (S. 478).[14] Und der Autor fährt fort, «... daß es unrealistisch hoher Validitätskoeffizienten bedarf, um individuelle Kriteriumsvoraussagen mit hoher Sicherheit machen zu wollen» (S. 478)!

4.2.4.2 Reliabilität

Von einem Test zu wissen, *was* er mißt, reicht nicht. Er muß das «Was» *genau* messen. Wie exakt ein Test das anvisierte Merkmal – also beispielsweise soziale Einstellung, Schulleistung oder Intelligenz – erfaßt, ist dem Kriterium der *Zuverlässigkeit* (Reliabilität) zu entnehmen.[15] Von der Reliabilität eines Tests hängt es ab, ob eine Wiederholung desselben Meßvorganges stets die gleichen Resultate erbringt. Die verschiedenen Möglichkeiten, eine solche Meßwiederholung durchzuführen, haben dazu geführt, zwischen mehreren Reliabilitätsformen zu unterscheiden. Die einfachste Methode, eine wiederholte Messung des gleichen Sachverhalts bzw. Merkmals vorzunehmen, ist die erneute Vorgabe des gleichen Tests an die gleiche Personengruppe zu einem späteren Zeitpunkt. Unterstellen wir einmal die völlige Präzision des Meßinstruments und daß sich das gemessene Merkmal in der Zwischenzeit nicht verändert hat, so müßten im günstigsten Fall zwei identische Meßworteinheiten aus der Testwiederholung (Re-Testung) hervorgehen. Ihre Korrelation erbringt den Retest-Reliabilitätskoeffizienten (r_{tt}).[16] Abweichungen beider Meßwerteinheiten voneinander sind Ausdruck mangelnder Exaktheit des Tests, sehen wir einmal von anderen «störenden Einflüssen» (Lärmeffekte, Sitzmöglichkeiten, Farbgebung des Raumes etc.) ab. Der Einfluß von Übungseffekten wird zweifellos geringer, wenn die zweite Messung nicht mit dem gleichen sondern lediglich mit einem vergleichbaren, also äquivalenten Test durchgeführt wird. Tests, die diesem Anspruch genügen, werden Parallel-Tests genannt. Werden die Parallelformen eines Tests an die gleiche Stichprobe gegeben und korrelieren wir die so erhaltenen zwei Meßwertreihen, bekommen wir den *Paralleltest-Koeffizienten* ($r_{tA\ tB}$). Liegen von einem Test keine Parallelformen vor und ist eine Testwiederholung nicht möglich, bietet sich eine andere Methode für die Schätzung der Zuverlässigkeit des Tests an. Der Test wird (in der Regel nach seiner Vorgabe an eine Stichprobe) in zwei Hälften unterteilt, in dem die Gesamtmenge (n) der Testaufgaben halbiert wird. Das kann nach dem Zufallsprinzip geschehen, nach der Aufteilung der Items entsprechend der Reihungsnummer in geradzahlige und ungeradzahlige oder anders. Aus dem korrelationsstatistischen Vergleich der zwei so erhaltenen verkürzten Meßwertreihen geht schließlich der *Testhalbierungskoeffizient* (r_{12}) hervor. Da hier zwei Testhälften, nicht aber vollständige (Parallel-)Tests miteinander verglichen werden, fällt dieser Zuverlässigkeitskoeffizient allgemein niedriger als andere aus, weshalb er üblicherweise einer Korrektur unterzogen wird.[17]

Zum Schluß sei noch eine Form der Reliabilitätsbestimmung genannt, die aus der konsequenten Fortführung des Gedankens der Testhalbierung resultiert. Wird ein Test nicht nur in zwei sondern in soviele «Hälften» unterteilt, wie er Aufgaben hat, ergeben sich statt zwei n Meßwertreihen, die nach einer spezifischen Formel auf ihre Stimmigkeit bzw. *Konsistenz* hin verglichen werden können. Deshalb wird hier von der Analyse der inneren Konsistenz gesprochen, über die der Konsistenzkoeffizient (r_{ik}) Auskunft gibt. «Der Konsistenzkoeffizient ermöglicht ein Urteil darüber, innerhalb welcher Grenzen der Meßfehler eines Testresultates liegt, wenn man annimmt, daß der Test als Meßinstrument einzig und allein für einen möglichen Fehler verantwortlich zu machen ist. Er läßt keine Rückschlüsse auf den Einfluß der Motivation, der äußeren Situation und der inneren konditionellen Bedingungen auf die Testresultate zu. Ebensowenig berücksichtigt er eine eventuelle Funktionsfluktuation oder intraindividuelle Merkmalskonstanz.» (Lienert, 1969, S. 235) Lienert spricht deshalb statt von der «inneren Konsistenz» auch von der «instrumentellen Reliabilität», weil nur sie die tatsächliche Leistungsfähigkeit des Tests als Meßinstrument kennzeichne.

Das Nachdenken über die Exaktheit von Meßdaten erweckt den Anschein, als handele es sich bei Tests um Präzisionsinstrumente. Zugleich wird damit auf seiten der Testbefürworter eine Gewissensentlastung ermöglicht nach dem Motto: Eine Testperson hat nicht deshalb einen erheblich vom Mittelwert abweichenden Testwert, weil der Test ungenau ist, denn das ist ja alles beim Auswerten einer Testleistung mit berücksichtigt. Sie hat vielmehr versagt, weil sie unfähig ist.

Was ist eigentlich ein hoher und was ein niedriger Reliabilitätskoeffizient? Allgemein läßt sich sagen, daß die Zuverlässigkeit eines Tests um so größer ist, je kleiner die Schwankungen der Meßwerte bei Meßwiederholungen sind. Anders formuliert, je geringer die Auftretenswahrscheinlichkeit von Meßfehlern ist. Die Anwendung eines Tests zum Zweck der Entscheidung, ob ein Kind zur Sonderschule soll, verlangt in Anbetracht der Tragweite dieser Entscheidung ein außerordentlich präzises Meßinstrument. Soll «nur» darüber befunden werden, ob Land- oder Stadtkinder koedukativer denken, kann eine geringere Präzision des Meßinstrumentes in Kauf genommen werden, weil die Ergebnisse nicht unmittelbare Auswirkungen auf den schulischen Werdegang der Schüler zur Folge haben. Rationale Entscheidungskriterien dafür, ob die Zuverlässigkeit eines konkreten Tests nun hoch oder nicht hoch ist, sind in der klassischen Testtheorie nicht definiert. So liegt es weitgehend im Belieben des einzelnen Testautors, ab wann er einen Test schon als reliabel und ab wann er ihn nicht mehr als zuverlässig bezeichnet. Die folgende Tabelle 5 gibt eine entsprechende Übersicht:

Autor	Zweck/Reliabilitätsart	Geforderte Reliabilität (r_{tt})
HOFSTÄTTER (1957, S. 292)	– Zuverlässigkeit allgemein	$\geqq 0.85$
MEILI (1961, S. 296)	– genaue individuelle Rangordnung	$\geqq 0.94$
LIENERT (1969, S. 309)	– Konsistenz – Re- oder Paralleltestreliabilität – Erfassung von Gruppenunterschieden	$\geqq 0.9$ $\geqq 0.8$ $\geqq 0.5$

Tabelle 5: Anforderungen verschiedener Autoren an die Höhe von Reliabilitätskoeffizienten

Wenn ein Test nicht exakt mißt, d. h. seine Reliabilität kleiner als $r_{tt} = 1.00$ ist, sind die auf Grund seiner Anwendung erhaltenen *Meßwerte* (Testwerte) *fehlerbehaftet.* Angenommen nun, *ein* standisierter Test würde an unendlich viele Personen vorgegeben, so werden die dadurch erhaltenen Meßwerte nicht alle gleich sein, sondern mehr oder weniger voneinander abweichen. Diese Art der Abweichung geht einerseits auf die der Testkonstruktion unterlegte Annahme wirklicher Fähigkeitsunterschiede zwischen den getesteten Personen zurück. Mißt der Test darüber hinaus noch ungenau, werden die Schwankungen der Testwerte noch größer sein. Dann nämlich kommt zu den «wahren» Unterschieden zwischen den Individuen ein testbedingter Fehleranteil hinzu. Da in der klassischen Testtheorie von einer Normalverteilung (s. S. 84) der Meßwerte ausgegangen wird, spiegelt also die Standardabweichung (s_X) die «wahren» *und* testbedingten Unterschiede zwischen den Personen wider. Jener Anteil an der Standardabweichung, der zu Lasten der Unzuverlässigkeit eines Tests geht, wird *Standardmeßfehler* (s_e) genannt (vgl. Lienert 1969, S. 452). Ein beliebiger beobachteter Testwert X_i kann demnach um die Fehlergröße s_e nach oben oder unten schwanken. Der Meßwert könnte ebenso $X_i + s_e$ betragen wie auch $X_i - s_e$. Genaugenommen erhalten wir also nach vollzogener Testung nicht *einen* Meßwert, sondern einen Meßwert*bereich*, dessen Breite von der Größe des Standardmeßfehlers und damit von der Zuverlässigkeit des Tests abhängt. Wie läßt sich die Größe des Standardmeßfehlers (logisch) bestimmen?[18]

Angenommen, von einem Test lägen 1, 2, 3, . . ., k Paralleltests vor. Weiter unterstellt, deren Gleichheit erlaube den Schluß, daß jeder einzelne von ihnen – würde er einer Gruppe von Personen vorgegeben – eine gleiche Häufigkeitsverteilung der Meßwerte mit gleicher Standardabweichung hervorbrächte. Unterstellen wir weiter, alle diese k Paralleltests würden einer Person A nacheinander vorgegeben. Für diesen Fall würde der beobachtete Meßwert X_i mal größer und mal kleiner als der die «wirklichen» Fähigkeiten dieser Person kennzeichnende («wahre») Wert ausfallen (vgl. Abbildung 14).

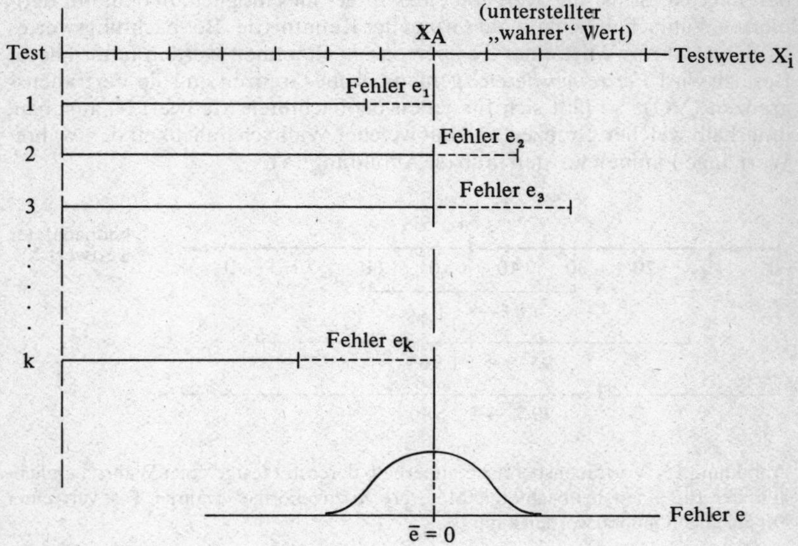

Abbildung 14: Eine Anzahl Paralleltests an das gleiche Individuum gegeben, erbringen durch unsystematische Einflüsse vom «wahren» Wert des Individuums abweichende Werte, die Fehleranteile verschiedener Größe enthalten (vgl. dazu auch Magnusson, 1975, S. 70).

Die bei diesen k Messungen aufgetretenen Fehler $e_1, e_2, \ldots e_k$ verteilen sich normal um ihren Mittelwert $\bar{e} = 0$; ihre Standardabweichung s_e schließlich kennzeichnet das durchschnittliche Abweichen der Fehler von ihrem gemeinsamen 0-Fehler-Wert, der zugleich dem «wahren» Wert der getesteten Person entspricht. Das heißt, der 0-Fehler-Wert der Meßskala repräsentiert den Wert, der hier nicht fehlerbelastet ist und mit dem «wahren» Wert des Individuums zusammenfällt. Und wie bei einer Normalverteilung üblich, läßt sich nun die Wahrscheinlichkeit des Auftretens von Fehlern angeben. Ein Fehler der Größe $0 \pm 1\ s_e$ tritt mit einer Wahrscheinlichkeit von 68 % auf. Fehler der Größe $0 \pm 1.96\ s_e$ sind mit einer Wahrscheinlichkeit von 95 % zu erwarten, und noch größere Fehler wie $0 \pm 2.58\ s_e$ treten mit 99 %iger Wahrscheinlichkeit auf.

Stellen wir uns nun einen konkreten beobachteten Meßwert X_i vor, so gilt für diesen, daß er auf Grund der Unzuverlässigkeit des Tests sowohl kleiner als auch größer sein könnte. Die Kenntnis des Standardmeßfehlers erlaubt dann unter der Aufgabe der Wahrscheinlichkeit, um wieviel der beobachtete Wert größer oder kleiner ausgefallen ist als der «wahre» Wert, der Fehler bereinigt ist. So ist die Aufgabe eines Intervalles möglich, in dem mit definierter Wahrscheinlichkeit auf Grund der Kenntnis des Beobachtungswertes X_i der «wahre» Wert einer Testperson angenommen werden muß. Dieser Bereich wird *Vertrauensbereich* genannt; seine Grenzen sind die Vertrauensgrenzen (VG). So läßt sich für jeden beobachteten Meßwert X_i angeben, innerhalb welcher Grenzen und mit welcher Wahrscheinlichkeit der ‹wahre› Wert angenommen werden muß (s. Abbildung 15).

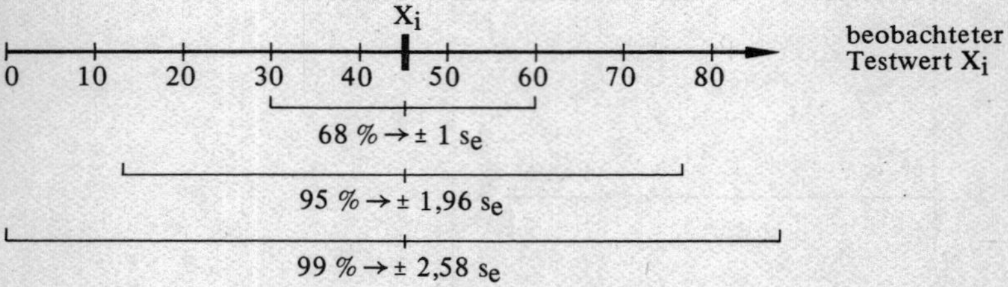

Abbildung 15: Vertrauensbereiche, innerhalb derer mit festgelegter Wahrscheinlichkeit der für einen beobachteten Meßwert X_i zugehörige «wahre» Testwert einer Person angenommen werden kann.

Anders formuliert wird der Vertrauensbereich bei gegebener Irrtumswahrscheinlichkeit wie folgt bestimmt:

$VG_{(32\%)} = X_i \pm 1\, s_e$

$VG_{(5\%)} = X_i \pm 1.96 s_e$

$VG_{(1\%)} = X_i \pm 2.58\, s_e$

Die Formel, nach der der Standardmeßfehler berechnet wird, unter Einbeziehung der Standardabweichung s_X, der Testwerte und des Reliabilitätskoeffizienten r_{tt} lautet:

$$s_e = s_x \sqrt{1 - r_{tt}} \qquad \text{Formel 7}$$

Die Tatsache, daß einem beobachteten Testwert nur innerhalb bestimmter Grenzen zu trauen ist, macht es erforderlich, beim Vergleich der Leistungsfähigkeit zweier Personen darauf zu achten, daß sich die entsprechenden Vertrauensbereiche nicht überschneiden. Angenommen, der Standardmeßfehler eines Tests betrage fünf Punkte, dann liegt der wahre Wert X_A einer Person A in diesem Test mit 99prozentiger Wahrscheinlichkeit zwischen $X_A \pm 5\,(2.58) = 12{,}9$. Die Breite dieses Vertrauensbereiches gilt zumindest theoretisch auch für jeden anderen Beobachtungswert aus dem gleichen Test. Denken wir nun einen zweiten Beobachtungswert X_B. Strenggenommen wird also nur dann ein tatsächlicher Unterschied zwischen diesen beiden Personen A und B angenommen werden können, wenn sich beide Vertrauensbereiche nicht überschneiden.

Ob sich nun zwei Testwerte aus dem gleichen Test tatsächlich unterscheiden und wenn ja, welche Irrtumswahrscheinlichkeit einer solchen Aussage zugrunde liegt, errechnet sich bei einer 32prozentigen Irrtumswahrscheinlichkeit aus folgender Formel:

$$s_{diff.} = s_e \sqrt{2} \qquad \text{Formel 8}$$

Will man geringere Irrtumswahrscheinlichkeiten in Kauf nehmen, muß der Wert s_{diff} entsprechend mit 1.96 (Irrtumswahrscheinlichkeit = 5 %) oder 2,58 (Irrtumswahrscheinlichkeit = 1 %) multipliziert werden. Für unser Beispiel gilt dann also (bei einer Irrtumswahrscheinlichkeit von 1 %)

$$s_{diff.} = 5 \sqrt{2} \cdot 2.58 = 18.24 \text{ Pkt.}$$

Die Punktwerte X_A und X_B für die beiden Personen A und B müssen mindestens 18.24 Pkt. auseinanderliegen, um bei Irrtumswahrscheinlichkeit von 1 % annehmen zu können, daß A und B unterschiedliche Fähigkeiten besitzen.

Bis hierher habe ich die üblicherweise in den Textbüchern zur Testtheorie und damit zusammenhängend in den meisten Tests angewendete Konzeption des Standardmeßfehlers und des Vertrauensbereiches beschrieben. Diese Überlegungen dürfen jedoch nicht unwidersprochen bleiben, denn die Berücksichtigung des Vertrauensbereiches bei der Beurteilung und Interpretation eines einzelnen Testwertes ist unzulässig und falsch. Tests dienen gerade im Ausbildungsbereich dazu, über Einzelkarrieren zu entscheiden. Dabei wird selbstverständlich bedacht, daß jeder beobachtete Testwert lediglich zur *Schätzung des Meßbereiches* herhalten kann, in dem der «wahre» Wert erwartet werden kann. Nun wird aber bei der Schätzung der Vertrauensgrenzen für den *Einzel*wert die Fehlervarianz der Eichstichprobe zugrunde gelegt, ohne zu überprüfen, ob der einzelne Testwert überhaupt repräsentativ für die Stichprobe ist. Das heißt, hier wird von der Gruppe auf den Einzelnen geschlossen, ohne vorher zu prüfen, ob der Einzelne typisch für die Gruppe ist und folglich deren Fehlervarianz auf dessen Fall übertragbar ist (vgl. dazu Krüger u. a., 1977; Nunally, 1970, S. 115). Strenggenommen – und Tests sind, wenn überhaupt, nur streng zu nehmen – dürfen psychometrische Tests nicht für den Einzelfall herangezogen werden. Sie lassen bestenfalls gruppenbezogene Aussagen zu (vgl. auch Lord und Novick, 1974, S. 155, S. 160).

4.2.4.3 Interpersonelle Übereinstimmung

Die Meßgenauigkeit eines Tests ist um so größer, je präziser festgelegt ist, wie das Meßinstrument zu handhaben ist. Regeln, die die Handhabung des Tests festlegen, machen die Testresultate von der Person des Testanwenders weitgehend unabhängig. Sie gewährleisten eine *«interpersonelle Übereinstimmung»* in bezug auf die Handhabung des Tests durch verschiedene Testanwender. Interpersonelle Übereinstimmung meint hier, daß die Testdurchführung, Testauswertung und Interpretation der Testresultate unabhängig von der Person des Testanwenders sind. Gleich also, wer einen Test an eine Person vorgibt, theoretisch müßte immer das gleiche Resultat gewonnen werden.

4.2.5 Eichung des Tests

Die Testkonstruktion endet mit der *Eichung* des Meßinstrumentes. Das heißt, die Testendform wird einer für den vorgesehenen Geltungsbereich (Sonderschüler, Busfahrer, psychiatrische Patienten, etc.) repräsentativen Eichstichprobe zum Zwecke der Normbildung vorgelegt. Erinnern wir uns an die Fragestellung der psychologischen/pädagogischen Diagnostik. Sie zielt allgemein darauf ab, inter- bzw. intraindividuelle Unterschiede im Erleben und Verhalten von Personen auszumachen. Unterscheiden kann sich etwas aber nur von sich selbst zu einem früheren Zeitpunkt oder aber von etwas anderem; die Feststellung eines Unterschiedes setzt also mindestens eine weitere Vergleichsperson bzw. Vergleichsverhalten voraus. Dabei kann es sich um eine konkrete Vergleichsperson handeln, deren Testverhalten zum Vergleichsmaßstab bzw. zur *Norm* für das Verhalten der zweiten Person wird. Es kann sich aber bei dieser Vergleichsperson auch um eine ideelle Person, eine *theoretisch definierte Normperson* handeln. Diese Normperson ist das empirisch ermittelte Durchschnittsindividuum, das stellvertretend für die betreffende Gruppe steht, aus der der interessierende Einzelfall selbst stammt.

In einem Rechtschreibtest für Schüler der dritten Klasse wird dieser theoretische Durchschnittsschüler z. B. dadurch erhalten, daß sämtliche Schüler der dritten Klasse in der Bundesrepublik oder aber eine repräsentative Stichprobe von ausreichender Größe stellvertretend mit dem entsprechenden Test untersucht wird und die Einzelleistungen ermittelt werden. Meist beschränkt man sich bei der Testkonstruktion allerdings auf eine repräsentative Stichprobe – die sogenannte *Eichstichprobe*, deren Leistungen bei der Normierung des entsprechenden Tests stellvertretend für die Gesamtheit aller Individuen herangezogen werden. Angenommen, der Rechtschreibtest wird an 1000 sorgfältig ausgewählte Schüler vorgegeben. Aus diesen beobachteten 1000 Einzelwerten – zusammengefaßt in einer Häufigkeitsverteilung – lassen sich nunmehr die Testnormen bestimmen.

Es wird ein Mittelwert berechnet und werden Einheiten (Intervalle) definiert, die zur Beschreibung des Abstandes der einzelnen konkreten, beobachteten Meßwerte von dem berechneten Normwert dienlich sind. Welche Möglichkeiten neben anderen in der Regel genutzt werden, veranschaulicht die Abbildung 16

Als erstes kann die Standardabweichung dazu dienen, eine Angabe darüber zu machen, wie eine konkrete Person im Vergleich zu anderen Personen

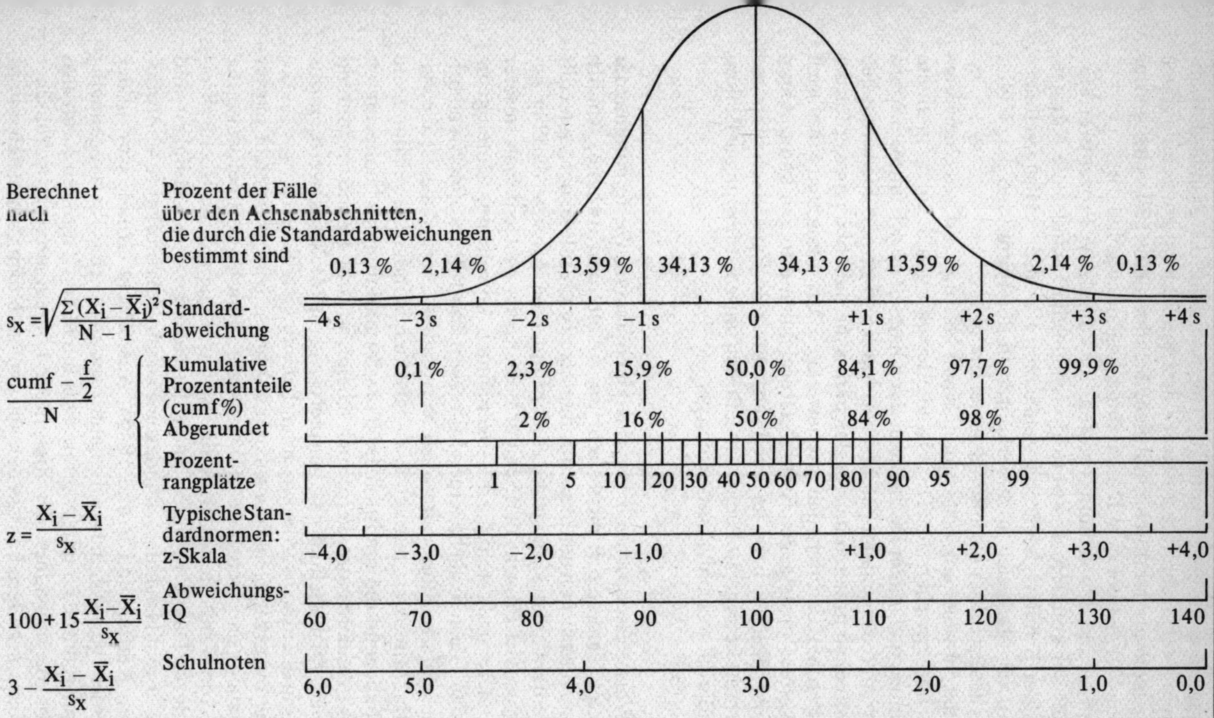

MM Testheorie

Abbildung 16: Vergleich verschiedener Testnormen bzw. Normarten, die in der Testtheorie benutzt werden, um individuelle Leistungen untereinander oder in bezug auf die Gruppe vergleichen zu können (in geringfügig veränderter Form entnommen aus Ingenkamp, 1974, S. 153).

ihrer Bezugsgruppe zu liegen kommt. Angenommen, die Standardabweichung in einem Rechtschreibtest betrage drei Punkte und ein Schüler habe sechs Punkte mehr als der durchschnittliche Schüler. Dann läßt sich sagen, er gehört zu den 47,7 % über dem Durchschnitt liegenden Schülern.

Bilden wir aus den Beobachtungswerten eine kumulative Prozentwertkurve, so erlaubt der konkrete Testwert für den gleichen Schüler die Aussage, daß 97,7 % der Schüler gleich oder schlechter als unser «Musterschüler» sind. Die Aussage läßt sich auch verkehren in der Form, daß 4,1 % aller Schüler gleich oder besser als unser Beispiel sind.

Die Standardabweichung besitzt u. a. einen Nachteil. Gilt es einen Vergleich zu ziehen zwischen der Testleistung des gleichen Schülers in einem Rechtschreibtest und einem Rechentest, dann handelt es sich um zwei Arten von Testwerten, die zueinander stehen wie Äpfel und Birnen. Sie lassen sich in dieser Form nicht miteinander vergleichen. Skalenunabhängig werden die Testwerte allerdings dadurch, daß ihre jeweilige Entfernung zum Mittelwert in Ausdrücken der testeigenen Standardabweichung erfolgen kann. Angenommen, unser Schüler habe im Rechtschreibtest 36 Punkte erhalten und der Durchschnitt betrage 30 Punkte, so läßt sich diese Entfernung in Einheiten der Standardabweichung ausdrücken als

$$z = \frac{X_i - \bar{X}_i}{s_x} = \frac{36 - 30}{3} = +2Z$$

Auf diese Weise lassen sich aus verschiedenen Tests z-Werte miteinander vergleichen, es handelt sich nicht mehr um «Äpfel und Birnen». Ähnlich lassen sich in Ausdrücken der Prozentrangplätze Testresultate unterschiedlicher Tests miteinander vergleichen, indem nur eine Aussage darüber gemacht wird, wieviel Prozent der Schüler besser oder schlechter als unserer sind. Eine andere Skala stellt die des sogenannten Abweichungs-Intelligenzquotienten dar. Diese Skala hat einen Mittelwert von 100 und eine Standardabweichung von 15. Eine weitere oft verwendete Normskala ist die der Zensuren. Ihr Mittelwert beträgt 3,00 bei einer Standardabweichung von 1,00. So naheliegend die unmittelbare Transformation eines beobachteten Testresultats in andere Normwerte auch scheint, so abwegig und irreführend ist sie zugleich. Denn Schulnoten beispielsweise in Intelligenzwerte umzurechnen, ist ein ebenso absurder wie inhaltlich sinnloser Schritt.

Testnormen sind an Eichstichproben gewonnen. Nun ist es nicht schwer sich vorzustellen, daß sich über mehrere Jahre hinweg beispielsweise die Fähigkeiten von Schülern der dritten Klasse in bezug auf die Rechtschreibung verändern. Damit verlieren auch die Normen ihre Gültigkeit und machen eine erneute Eichung – mindestens alle drei bis fünf Jahre – notwendig (vgl. dazu Küffner und Rothe 1975). Aus diesem Grunde wird in der Regel von einem gewissenhaften Testautor verlangt, seine Tests regelmäßig neuen Eichprozeduren zu unterwerfen. Der Inhalt von Testitems kann also veralten oder die Individuen der Zielgruppe können aufgrund schulischer Lehrplanänderung andere Fähigkeiten ausgebildet haben. Nur in den seltensten Fällen wird diesem Umstand allerdings Rechnung getragen.

Tests, hatten wir eingangs festgestellt, sind in die Sprache der Wissenschaft gegossene gesellschaftliche *Prüf*situationen. Situationen also, in denen Macht ausgeübt wird. Die Macht der Wissenden über die Unwissenden. Die einen formulieren die Anforderungen, die anderen müssen sie erfüllen. Kommen Sie diesen Anforderungen nicht nach, erhalten sie keinen Job, weniger Sozialhilfe (vgl. den Beitrag von Blanke und Sterzel in diesem Buch, S. 168) oder keinen Studienplatz. Existentielle Absicherung oder sozialer Aufstieg werden ihnen verwehrt.

Grundlage für solche Entscheidungen scheinen die jeweiligen Testwerte zu sein, die der Einzelne erhalten hat, die aber «nicht ausreichend» sind, «zu wenig» sind oder «zu auffällig» sind, um den Zugang zu «höheren» sozialen Positionen gewährt zu bekommen. Denn «jede soziale Rangordnung (also Herrschaft, S. G.) bedingt ein Auswahlsystem und verlangt Kriterien der Unterscheidung» (Heiss 1964, S. 4). Diese entfallen freilich, wenn jegliche vertikale soziale Mobilität, jedes Aufsteigen unmöglich gemacht werden wie beispielsweise im Kastensystem Indiens (vgl. Hofstätter, 1963, S. 377). Aber solche Auswahlkriterien erübrigen sich freilich auch, wenn alle Menschen ihren Interessen entsprechend Zugang zu allen gesellschaftlichen Bereichen hätten. Solange es aber mehr Interessenten als Bereiche, beispielsweise mehr Studienbewerber als Studienplätze gibt, wird um so strenger ausgelesen. So müssen die Abiturienten bei solchen Studienfächern bessere Noten erbringen, in denen am wenigsten Studienplätze vorhanden sind. Sind deshalb die Abiturienten/Studenten in anderen Fächern «dümmer oder unfähiger» als in den harten Numerus-clausus-Fächern? Denn ein Abiturient, der bei einem Notendurchschnitt von 1,8 keinen Studienplatz in der Psychologie, dafür aber in der Sonderpädagogik erhält, ist ja wohl nicht «dümmer» oder weniger leistungsfähig geworden. Was also jemand im Test leistet oder nicht, ist Ausdruck der im Test vergegenständlichten gesellschaftlichen Anforderungen. Was im Test als *individuelle Leistungsfähigkeit erscheint, ist gesellschaftlich formulierte Anforderung.*

Anmerkungen

1 Überlegungen darüber, welches die beste Aufgabenform ist (z. B. Auswahl einer richtigen aus mehreren falschen Antworten; freie Antwortmöglichkeit etc.), ist zum Verständnis des Gesamtzusammenhangs der Testkonstruktion nicht wichtig, weshalb sie hier vernachlässigt werden.

2 Die mit «Exkurs» überschriebenen Textstellen dienen der Detailerläuterung und können beim ersten Lesen übersprungen werden.

3 Gelegentlich wird auch die Validität jeder einzelnen Testaufgabe als Kriterium bei ihrer Analyse berücksichtigt.

4 Die Höhe des Schwierigkeitsgrades ist von der Population abhängig, für die der Test gelten soll. Ein Intelligenztest für elfjährige Kinder wird daher für Sonderschüler «schwer», für Gymnasiasten «leichter» zu bewältigen sein.

5 Zum Begriff der Korrelation vgl. weiter unten Seite 90.

6 Zum Begriff der Standardabweichung siehe Seite 84.

7 Andere Methoden der rationalen Aufgabenselektion, die auf den Reliabilitäts- und Validitätsindizes der Items basieren, beispielsweise die Gulliksen-Technik, werden hier nicht aufgezeigt (vgl. dazu Lienert, 1969, S. 19ff und S. 155).

8 Fehler ist hier allgemein im Sinne von «Nicht-Durchschnitt», also «Abweichung vom Durchschnitt» zu verstehen.

9 Stern (1920) meint gar, dieses Gesetz empirisch bestätigt zu haben! Er schreibt: «Galton – und im Anschluß an ihn Pearson – hatten den Satz von der symmetrischen Normalverteilung der Intelligenzen als eine Art apriorisches Gesetz aufgestellt und aus ihm eine Einteilung der vorkommenden Begabungen in eine Reihe von Stufen mit bestimmten Häufigkeitsprozenten abgeleitet. Pearson hatte dann diese Gliederung der Begabungsgrade durch eine experimentielle Erhebung zu stützen gesucht ... Nunmehr liegt aber mit Hilfe der IP (Intelligenzprüfung, S. G.) eine empirische Bestätigung des Gesetzes vor ... Der Nachweis dieser massenpsychologischen Gesetzmäßigkeit darf als das gewichtigste theoretische Ergebnis angesehen werden ... (S. 158f).

10 Zur Frage des Meßniveaus bzw. des Skalenniveaus, auf dem gemessen wird, vgl. den Beitrag von P. Walter in diesem Buch, S. 52.

11 Welche Bedeutsamkeit bzw. welcher Stellenwert einem spezifischen Korrelationskoeffizienten zukommt – ob er hoch oder niedrig, erwartet oder unerwartet ist – ergibt die sogenannte *Signifikanzprüfung* von Korrelationskoeffizienten. Auf deren Darstellung müssen wir hier verzichten. Grundsätzlich erbringt sie, ob ein Korrelationskoeffizient «per Zufall», d. h. durch Aufeinandertreffen mehrerer glücklicher Umstände zustande gekommen ist oder in annähernd gleicher Höhe immer wieder erhalten werden würde, wenn eine gleiche Untersuchung an unendlich vielen neuen Stichproben aus der gleichen Grundgesamtheit durchgeführt würde.

12 Eine Variable ist eine Veränderliche, die die Gesamtheit aller möglichen Ausprägungen eines Merkmals (Intelligenz, Streikbereitschaft, Angst etc.) umfaßt.

13 Gelegentlich wird dieses Maß auch Bestimmtheitsmaß genannt (Weber, 1976, S. 360f).

14 Lienert (a. a. O., S. 478) hat in seinem Satz einen anderen Koeffizienten angesprochen, was aber an der Aussage grundlegend nichts ändert.

15 Wie sich die Reliabilität logisch aus der klassischen Testtheorie und ihren Grund-

annahmen herleitet, ist dem Beitrag von P. Walter, S. 52 in diesem Buch zu entnehmen.

16 Der Koeffizient r_{tt} steht für $r_{test\text{-}test}$.

17 Die gebräuchlichste Form der Aufwertung bzw. Korrektur des Testhalbierungskoeffizienten (r_{12}) erfolgt nach einem Verfahren von Spearman-Brown (vgl. dazu Lienert, 1969, S. 221).

18 Diese Herleitung ist ausdrücklich in Verbindung mit der Kritik zu sehen, die in bezug auf die Anwendung des Standardmeßfehlers auf S. 105f in diesem Buch referiert wird.

5.

Günter Rexilius

Grenzen der Testerei

5.1 Das Problem

5.1.1 Warum wird getestet?

> *«Why should a black slum child be interested in the white lady's questions about poets and presidents?»*
> *(P. M. Richard, nach: Simon, 1971, S. 254)*

Was ist ein Test denn eigentlich? «Ein Test ist ein systematisches Kategorisierungs- oder Messungsverfahren, das es möglich macht, über eine oder mehrere empirisch-theoretisch begründete Eigenschaften des Untersuchten oder über ein spezifisches Verhalten außerhalb des Tests eine Aussage zu machen; man geht von einer objektiven Verarbeitung von Reaktionen der Person in einer standardisierten, sorgfältig ausgewählten Reiz-Situation aus und vergleicht sie mit den Reaktionen anderer Personen.» (Drenth, 1969, S. 65) Definitionen haben die Angewohnheit, sehr allgemein und nichtssagend zu sein; einige Begriffe sind aber festzuhalten, die im Zusammenhang mit Tests immer wieder genannt werden: er nimmt eine «Messung» vor von «Eigenschaften» oder «Verhalten», ist «objektiv», «standardisiert» und «vergleicht mit anderen Personen». Das sind seine *Ansprüche;* kann er sie einlösen?

Ob die Ansprüche eingelöst werden, ist für den, der getestet wird, von nicht unerheblicher Wichtigkeit, schließlich muß er sicher sein können, daß ein Ziel, das mit dem Test erreicht werden soll, auch erreicht werden kann. Solche Ziele oder Gründe für die Anwendung psychodiagnostischer Tests können sein:

1. Ein Test soll über die getestete Person Aussagen ermöglichen, er muß «wirklich treffsichere und gültige Daten über das Können und Verhalten einer Person liefern» (Hiltmann, 1977, S. 3). «Der Test gibt einen Hinweis auf eine charakteristische Verhaltensweise, auf eine bestimmte Veranlagung, auf ein bestimmtes Entwicklungsniveau oder auf gewisse Züge im Persönlichkeitsbild.» (Drenth, 1969, S. 41) Der Test soll mit anderen Worten verbindliche Angaben über den *Zustand* einer Person machen.
2. Tests dienen auch dazu, «entweder bestimmte Entscheidungen über die weitere Entwicklung der betreffenden Personen begründen zu helfen oder aber ihnen selbst eine ‹Rückmeldung› über ihre Leistungen und ihr Verhalten zu geben, damit sie Schlußfolgerungen über ihre weitere Entwick-

lung ziehen können, z. B. über die Schullaufbahn, die weitere Ausbildung, den Berufseinsatz.» (Gutjahr, 1974, S. 13) Tests dienen also als *Entscheidungsgrundlage* über die *Zukunft* des Getesteten.

3. Tests sollen, insbesondere in der Schule, der Leistungskontrolle dienen. Dabei sollen sie die Zensuren ersetzen, die «ungenau und unzuverlässig» (Reischmann, 1974, S. 24), über verschiedene Schulklassen, Schulen, Städte, Länder hinweg nicht vergleichbar, nicht «objektiv», «keine gültige Aussage über das, was mit ihnen beurteilt werden soll», sind (Ingenkamp, 1973, S. 30f). Als objektive, zuverlässige, gültige und genaue Verfahren sollen Leistungskontrolltests sie ersetzen. Tests dienen demnach der *Kontrolle* (des Wissens, Könnens) des Getesteten.
4. Tests sollen Begabtenauslese, Übergangsauslese leisten. Ob Schulreife- oder Zulassungstests, ob Schultests vor dem Übergang aus einem Schultyp in den anderen (etwa Grundschule – Gymnasium) oder ob schließlich die künftigen Hochschulzulassungstests – Tests dienen auch der *Selektion* zwischen den Getesteten.
5. Tests sollen auch die Forschung wie psychotherapeutische Maßnahmen verbessern. «Vor allem im Bereich der Psychotherapie und der Forschung wird heute und morgen der Personalaufwand größer . . . Wenn all die Tausende von Stunden, die heute aufgewendet werden zum Zusammenbrauen kunstvoller und kluger Persönlichkeits-Skizzen aus Test-Daten, statt dessen der wissenschaftlichen Untersuchung gewidmet werden könnten, wäre das eine bemerkenswerte Verbesserung unseres Beitrags zur Gesellschaft.» (Meehl 1959, S. 271) Zur Erreichung dieses Zieles fordert Meehl ein «Kochbuch» für den Diagnostiker, in dem Rezepte und Regeln für die diagnostische Prozedur zusammengestellt sind. Tests dienen dann, entsprechend konstituiert und angewendet, der *Ökonomie* der Arbeit des Psychologen wie der Gesellschaft.
6. Tests orientieren sich schließlich an fremdgesetzten Zwecken. «Das letzte Kriterium für den Wert der psychologischen Diagnostik» ist, «wieweit sie den ihr von außen gesetzten Zwecken genügt, ob und wie sicher ihre Wege zu den von der Praxis gesetzten Zielen führen.» (Hörmann 1964, S. 354) Die Zwecke werden nicht vom Getesteten, nicht vom Tester und vom Testkonstrukteur, sondern vom Auftraggeber gesetzt: von Institutionen, von Privatpersonen, von Organisationen. In diesem Sinn dienen Tests auch der *Stabilität «der Gesellschaft»,* die sich mit Hilfe von Tests gegen Fehlentscheidungen und unerwünschte Entwicklungen abzusichern hofft.

Was vom Test erwartet wird, ist aus der Nähe betrachtet nicht wenig: zu Stabilität und Ökonomie beitragen; Selektion und Kontrolle leisten; über Zukunft und Entwicklung des Getesteten mitentscheiden helfen; seinen Zustand, seine Eigenschaften und sein Verhalten registrieren. Und das alles messenderweise – mit all den Ansprüchen, die hinter einem solchen Verfahren stecken – und objektiv, nach verbindlichen und verläßlichen Standards, die einen Vergleich mit anderen Personen und Gruppen nach bestimmten Kriterien gewährleisten sollen.

Der Schluß, der zu einer überwiegend optimistischen Einschätzung und Beurteilung psychologischer Tests führt, hat seine Psycho-Logik: Wenn Tests mit diesem Anspruch konstruiert und angewendet werden, können sie gar nicht schlecht sein, muß auf sie Verlaß sein, darf man ihnen vertrauen und davon ausgehen, daß

- Tests dem Getesteten dienen;
- die theoretischen Grundlagen der Psychodiagnostik hieb- und stichfest sind;
- Tests zur Verbesserung der Lebenschancen des Getesteten gut sind;
- Tests zuverlässige und aussagekräftige Instrumente sind;
- die Persönlichkeit des Getesteten etwas Definierbares und recht Stabiles ist.

Bestätigung findet der Optimist bei Wissenschaftlern und Politikern. «Ziel der Leistungskontrolle (durch Tests, G. R.) ist nicht, Schüler in gute und schlechte Schüler einzuteilen, die einen zu loben und die anderen zu tadeln, sondern herauszufinden, wie weitergelernt werden soll, wo die Stärken und Schwächen des einzelnen liegen, an die angeknüpft werden kann, welche Leistungsphase und Nachholkurse zu empfehlen sind.» (Deutscher Bildungsrat, 1970, S. 186) Die Schulleistungsdiagnostik steht – hier stellvertretend für jede andere Diagnostik, für die gleiche Ziele und Ansprüche formuliert worden sind – «als solche im Dienste unterrichtlicher und erzieherischer Ziele. Sie kann und will nicht Selbstzweck sein . . . Diese Bewertung diagnostischer Funktionen und Möglichkeiten bedeutet keine Technokratisierung des Unterrichts, wie vielfach behauptet wird, sondern auf rationaler Basis begründete Lehr-/Lernprozesse», die der «Verwirklichung von Chancengleichheit im Bildungsgang» dienen (Heller, 1974, S. 34f).

Ich nenne diese und viele ähnliche Auffassungen über Psychodiagnostik «naiv», weil sie unschuldig wie ein Bergquell sich ihren Weg in die Köpfe Betroffener bahnen, unberührt von den unzähligen kritischen Einwänden gegen Testen und Diagnostik, unbeschwert und unbelastet von selbstkritischen Vorbehalten. Glaubt man's nur recht, erscheint der Test bald als Aladins Wunderlampe und der Testanwender als Zauberlehrling oder gar -meister. Aber wie das nun mal mit Märchen so ist: sie entlarven sich bei näherem Hinsehen eben als – Märchen.

5.1.2 Wo nach Grenzen suchen?

Wenn wir nach den Grenzen der Testerei fragen, sollten wir es uns nicht zu einfach machen, uns an diesem oder jenem Detail festbeißen und aus ihm Schlußfolgerungen auf die ganze Testerei ableiten; wir sollten genausowenig in einer Rundumschlag-Idologiekritik zum scheinbar vernichtenden Angriff gegen die Testerei auszuholen versuchen, um den Vorwurf von Pauschalisierungen und «absurden ideologischen Verstrickungen» (Heller, 1968, S. 21) gar nicht erst aufkommen zu lassen.

An beiden Krankheiten leidet die Testkritik bei uns seit Jahren: in vielen Büchern und Zeitschriftenartikeln finden sich viele vereinzelte kritische Anmerkungen, Hinweise auf Unzulänglichkeiten, Äußerungen des Unmuts und der Unzufriedenheit bis hin zu Warnungen vor dem Einsatz von Tests überhaupt bzw. vor bestimmten Verfahren. Andere Autoren verzichten darauf, sich mit Einzelheiten lange herumzuärgern und abzuplagen, sie werfen den Tests gleich vor, zur Herrschaftsstabilisierung, Legitimation von Ausbeutungsverhältnissen usw. zu dienen und auch für diese Zwecke konstruiert worden zu sein. Eine systematische Analyse aller Komponenten des Testens, eine systematische und gründliche Zusammenfassung aller theoretischen und empirischen Ansätze von Testkritik aber fehlt.

Die Testerei ist ein kunstvolles Gebäude, jedenfalls auf den ersten Blick. Es wird von fünf Säulen getragen, die wir abklopfen wollen, um hinter dem äußeren Schein den Wert des Kunstwerks beurteilen zu können. Wir werden sie nacheinander einer gründlichen Prüfung unterziehen und sehen, was übrigbleibt:

1. Was getestet wird – die theoretischen Grundlagen des Testens;
2. Der Testinhalt – was läßt sich über die Testaufgaben oder -probleme sagen?
3. «Mißt» der Test – er soll natürlich, in einem strengen Sinn, messen: anhand bestimmter Kriterien (Meßmodell, Normalverteilung, Standardisierung, Objektivität, Validität) werden wir die Messung an ihren Ansprüchen messen.
4. Die Testsituation, die Situation also, in der ein Test angewendet wird, «Testleiter» und «Testnehmer» aufeinandertreffen: was fällt an ihr auf?
5. Das diagnostische Urteil – das Testergebnis liegt nun vor: Was ist mit ihm machbar? Was geschieht mit ihm mit welchem Ergebnis?

Im Anschluß an diese Diskussion und die Schlußfolgerungen aus ihr werden wir uns kurz mit einigen «Verbesserungsvorschlägen» beschäftigen, die bestimmte Schwächen der Testerei ausmerzen sollen.

Und schließlich werden wir uns fragen müssen: warum wird denn wirklich getestet? In wessen Interesse, mit welchem Ziel, zu welchem Zweck? Erst diese Diskussion wird uns ermöglichen, die Testerei als das zu verstehen, was sie wirklich ist: ein Gesellschafts-Spiel – wortwörtlich gemeint.

5.2 Das Testen, in seine Bestandteile zerlegt

5.2.1 Was getestet wird

Das «Was» unterscheidet sich je nach Art des Tests: ob es sich um einen Fähigkeits-, einen Leistungs-, einen Eignungs-, einen Intelligenz- oder Persönlichkeitstest handelt. Wo eine *Leistung* mit Hilfe eines Tests erfaßt werden soll, kann der Testinhalt relativ eindeutig umschrieben werden: er ist vorgegeben durch den Lehrplan, das Lehr- und Lernziel und wird per Test abgefragt.

Wenn es um *Fähigkeiten* des Getesteten geht, wird die Sache schon problematischer, weil Fähigkeiten (soweit es sich nicht um manuelle oder eindeutig definierbare handelt wie Rechenfertigkeit, Erkennen abstrakter Figuren, Zahlengedächtnis o. ä.), die komplexer sind, durch bestimmte Testaufgaben abgefragt werden müssen. Dazu muß zunächst einmal die Fähigkeit selbst definiert, umschrieben werden, es müssen also Vermutungen darüber angestellt werden, was als in der Person vorhanden betrachtet werden könnte. In einem nächsten Schritt muß präzise angegeben werden, in welchen Verhaltensweisen sich die Fähigkeit äußert; und schließlich müssen Testaufgaben formuliert werden, in denen sich die ausgegrenzten Verhaltensweisen auch wiederfinden lassen. Ähnliches gilt für Eignungstests.

Die Problematik verschärft sich, wenn Intelligenz- und Persönlichkeitstests konstruiert werden sollen. Um Intelligenz zu messen, muß ich wissen, was *Intelligenz* denn eigentlich ist; und *Persönlichkeit* und ihre *Eigenschaften* müssen bekannt sein, bevor ich sie in einem Persönlichkeitstest «objektivieren» kann. «Testen heißt nichts anderes, als ein Individuum oder eine Gruppe von Individuen hinsichtlich eines oder mehrerer Merkmale zu messen» (Langfeldt, 1974, S. 97), aber zur Verwirklichung dieses Vorhabens muß ich über die Merkmale selbst schon genau Bescheid wissen.

Als notwendige Voraussetzung für die Messung stellt sich dabei heraus, daß «die psychische Beschaffenheit der Personen . . . *Stabilität* über die Zeit» besitzt, «. . . daß die interindividuellen Unterschiede im Erleben und Verhalten, so divers und mannigfaltig sie sich darstellen, auf eine begrenzte Zahl von Wesenszügen, Dispositionen oder Persönlichkeitseigenschaften zurückgehen (und daher aus diesen erklärbar sind), die für eine Person über verschiedene Situationen und Zeitpunkte hinweg (jedenfalls in Grenzen) invariant sind» (Pawlik, 1976, S. 18). Diese Annahme gilt für Wesenszüge und Dispositionen, für Eigenschaften, für Fähigkeiten und Eignungen und für die Intelligenz. Wie sollte ich sie auch messen, wenn sie nicht «invariant», «stabil» sind? «Dabei geht natürlich die Annahme ein, daß Einflüsse des räumlich-zeitlich-situativen Kontextes, in dem Verhalten beobachtet wird, vergleichsweise vernachlässigbar sind.» (Pawlik, 1976, S. 19)

Entscheidend ist nicht, ob man von Eigenschaften und Dispositionen oder von «Charakter- und Temperamentszügen» (Gutjahr, 1974, S. 13) spricht; da die jeweiligen Definitionen willkürlich und vorläufig, unverbindlich und austauschbar sind, bleibt als allen Aussagen, die sich auf das beziehen, was der Test erfaßt, Gemeinsames das «Stabile», «Invariante», die in dieser Ausprägung für dieses und kein anderes Individuum typische und charakteristische Eigenschaft, in moderner verhaltenswissenschaftlicher Formulierung der «basic source trait» (Cattell und Warburton, 1967, S. 2).

Besonders die theoretischen Voraussetzungen der Intelligenztests sind hier als dankbares Beispiel für die Annahme einer nicht nur invarianten und stabilen sondern auch angeborenen Fähigkeit, Eigenschaft oder wie immer zu nennen. Intelligenz ist demnach eine «innate reasoning power» (Kline, 1976, S. 13), die sich aus den verschiedensten Bestandteilen zusammensetzen kann, je nach zugrundeliegendem theoretischem Modell. Sie kann aus einem Generalfaktor (g), der in jeder Intelligenzleistung enthalten ist, und dazu aus einer Reihe spezifischer Intelligenzfaktoren bestehen (Spearman und Jones, 1951), oder aus «multiplen Faktoren» zusammengesetzt gedacht werden, etwa Sprachbeherrschung, Wortflüssigkeit, Rechengewandtheit, Raumvorstellung, schlußfolgerndes Denken usw. (Thurstone, 1950). Von jedem dieser Faktoren wird wieder angenommen, daß er eine stabile, invariante, überdauernde «Fähigkeit» darstellt.

Deutlich wird das bei der Darstellung einer «Testentwicklung» (Belser, 1975). Es soll ein Test entwickelt werden, der die «Fähigkeit des schlußfolgernden Denkens» erfaßt, «ein Instrument, mit dessen Hilfe *eine* menschliche Fähigkeit, Eigenschaft oder Begabung . . . erfaßt und gemessen werden soll» (Belser, 1975, S. 19). Vorausgesetzt wird erst einmal, daß es die genannte Fähigkeit überhaupt gibt; da man nicht in das Individuum hineinschauen, die Fähigkeit selbst also beobachten kann, hängt für die Testkonstrukteure, «*was* dabei erfaßt wird, . . . mithin von der Testsituation, vor allem vom Test selbst ab» (Belser, 1975, S. 19). Das heißt konkret, daß Aufgaben konstruiert werden, von denen man *annimmt*, daß zu ihrer Lösung eben jene Fähigkeit notwendig ist.

Diese Annahme ist aber wiederum rein spekulativ. Man behilft sich, indem viele gleichartige Aufgaben nebeneinandergestellt werden, wozu als *neue Annahme* nötig ist, daß in *jeder* Aufgabe jener angenommene Intelligenzfaktor sichtbar wird. Und dann kommt der Paukenschlag: von der Fähigkeit, einen bestimmten Aufgabentyp lösen zu können, gelangt man «durch logische Analyse» – was hier nichts anderes heißt als durch einen Zirkelschluß – zu der *nächsten Annahme*: «daß mit dem Test vorwiegend die Fähigkeit, Gesetze zu erkennen und anzuwenden, und eine gewisse Art von Kombinationsfähigkeit gemessen werden» (Belser, 1975, S. 20).

In der klassischen Testliteratur bilden die Annahme der stabilen und invarianten Eigenschaften und Fähigkeiten und die zirkuläre Begründung des Zusammenhangs von Test und Eigenschaft die zentralen Voraussetzungen der Psychodiagnostik. Sie sind auch die ersten Zähne, die die Verfechter diagnostischer Verfahren sich ziehen lassen müssen. «Intelligenz ist eine Erfindung unserer westlichen Kultur, die darauf achtet, wie schnell jemand völlig unwichtige Probleme lösen kann, ohne irgendeinen Fehler zu machen», sagt Taylor (nach Kemmler, 1959); Simon, ein englischer Kritiker der Testerei, kommt nach eingehender Diskussion dessen, was von verschiedenen Wissenschaftlern unter Intelligenz verstanden wird, zu dem Schluß, daß «‹Intelligenz› nicht definiert werden kann» (Simon, 1971, S. 67). Ebel weist darauf hin, daß die «fixe, angeborene Intelligenz» eine Hypothese ist, eine durch nichts gerechtfertigte und keineswegs notwendige Annahme (Ebel, 1963, S. 21f).

Menschen funktionieren nicht nach «Faktoren», weder sie noch ihr Verhalten, noch ihr Denken und Fühlen sind aus irgendwelchen «Faktoren» zusammengesetzt. All diese Annahmen sind zudem grotesk: in welcher Alltagssituation wird die Anwendung eines einzelnen Faktors verlangt? Und wenn nicht, wozu soll man ihn dann messen, was sagt die Messung aus? Doch nur, daß der Getestete in einer «Laborsituation» bestimmte Aufgaben lösen kann – ein nettes Unterhaltungsspiel vielleicht, mehr nicht. Es gibt weder eine angeborene Intelligenz, noch gibt es nachweisbar Fähigkeiten, die bestimmten Intelligenzfaktoren entsprechen. Es gibt auch keine fixen, invarianten, stabilen, überdauernden Eigenschaften, Charaktere, Temperamente, Kapazitäten – jedenfalls gibt es absolut *keine* überzeugenden Belege für sie. Es gibt bestimmte Interessen, die zu ensprechenden Behauptungen und Annahmen führen – dazu später.

Auch der Zusammenhang zwischen dem jeweiligen Testinhalt und einer zugrundeliegenden Eigenschaft o. ä. ist völlig unbewiesen und nur behauptet; scheinbare Beweise sind zirkulär, indem von der angenommenen Eigenschaft angenommen wird, daß sie in bestimmten Testaufgaben sich wiederfindet, von denen angenommen wird, daß sie alle die gleiche angenommene Eigenschaft repräsentieren. Von diesem Aufgabenkomplex her wird dann geschlossen, daß es die Eigenschaft gibt – dieser Art des schlußfolgernden Denkens wären die griechischen Philosophen mit beißendem Spott und nicht mit wissenschaftlichem Ernst begegnet.

Das ist mehr als 2000 Jahre später anders. Obwohl die absolute Unmöglichkeit und Unsinnigkeit der Beweisführung geradezu schmerzhaft klar ist, will Belser «ein Instrument entwickeln, mit dessen Hilfe *eine* menschliche Fähigkeit, Eigenschaft oder Begabung, nämlich eine Teilfähigkeit der Intelligenz», gemessen werden soll (Belser, 1975, S. 19); behauptet Frau Hiltmann: «Bei den Intelligenzmethoden ist der Zusammenhang zwischen einerseits dem Testverhalten, andererseits den Fähigkeiten, Probleme zu lösen, unmittelbar einsichtig. Die Annahme also, daß ein Intelligenztest jene Fähigkeiten und geistigen Vorgänge erfaßt, die als ‹Intelligenz› definiert werden, läßt sich leicht begründen» (Hiltmann, 1977, S. 4) – wie die Begründung aussieht, teilt sie leider nicht mit. Und die Einlassungen zur Thematik steigern sich zu einem wahren Crescendo, wenn von «psychologischen Verfahren und Prinzipien der Beschreibung, Messung und Ursachenerklärung inter- und intraindividueller Unterschiede im Bereich des menschlichen Leistens, Erlebens und Verhaltens» (Meehl, 1969, S. 506) die Rede ist. Beschreibung mag noch angehen, zur Messung werden wir gleich kommen, und von Ursachenerklärung im Zusammenhang mit Psychodiagnostik zu reden ist entweder dumm oder apologetisch oder ein Zeichen von Unkenntnis.

Wir halten fest: Tests haben keine einsehbare oder überprüfbare theoretische Grundlage; falls sie irgend etwas messen, dann weiß jedenfalls niemand, was eigentlich. Was sie zu messen vorgeben ist rein hypothetisch. Wenn von ihnen behauptet wird, sie messen stabile, invariante, angeborene oder konstitutive Bestandteile oder Seiten der Persönlichkeit, des Menschen o. ä., handelt es sich um falsche Behauptungen.

5.2.2 Der Testinhalt

Was enthält der Test? Wie setzt sich das, was ihm theoretisch vorausgesetzt wurde, in Aufgaben, Probleme, Fragen um? Wie läßt sich nach Auffassung der Testkonstrukteure die stabile, so charakteristische Eigenschaft, Fähigkeit, Intelligenz sprachlich, zeichnerisch, rechnerisch, symbolisch umsetzen?

Beginnen wir mit dem Intelligenzbegriff der Testkonstrukteure. «Die normale Verwendung des Wortes ‹Intelligenz› impliziert eine funktionale Intelligenz, eine, die sich im Handlungsverlauf entfaltet. Es ist allgemein bekannt, daß jemand auf einem speziellen Gebiet sehr intelligent sein kann, ganz unintelligent aber in einem anderen . . . So mag ein Universitätsprofessor eine unbändige Intelligenz in seiner Analyse der Struktur des Atomkernes zeigen, in der Literaturkritik oder auf einem anderen Gebiet, und dennoch lächerliche Äußerungen machen über z. B. Sex, Religion, das Bevölkerungsproblem oder Kommunismus. Und weiter, wenn man an seine Familie oder überhaupt menschliche Beziehungen denkt, verhält er sich vielleicht sehr dumm.» (Simon, 1971, S. 60) Tests beziehen sich auf die ideelle Seite der Wirklichkeit, deren Beurteilung und Interpretation die Kenntnis der realen Seite notwendig voraussetzt – die *praktische* Kenntnis der konkreten Situation, der Tätigkeiten, des Handelns, der Beziehungen der Menschen. Test und Testsituation beziehen sich *nicht* auf die reale Seite des menschlichen Lebens; Tätigkeit und Handeln, in denen sich das Individuum entwikkelt und entfaltet, in denen es lernt, die es verändert, in denen «Intelligenz» und «Persönlichkeit» erst entstehen und getrennt von denen sie ohne Sinn und Bedeutung, ohne Inhalt und Gegenstand sind, werden ausgeklammert. «Die Praxis des Testens klammert unvermeidlich das Tätigwerden dessen aus, was man funktionale Intelligenz nennen könnte, auch wenn Psychologen beanspruchen, in gewissem Ausmaß einige ‹Aspekte› oder ‹Komponenten› dessen zu messen, was man ‹Alltags-Intelligenz› nennen könnte.» (Simon, 1971, S. 60)

Die Testerei tut so, als wäre menschliche Wirklichkeit zu reduzieren auf das stumme Handhaben von Papier und Bleistift, dabei auf einen Stuhl gefesselt und an einen Tisch, fremdartige und ungewöhnliche, von der Alltagserfahrung und -notwendigkeit isolierte Aufgaben lösend. Tests klammern die Totalität der konkreten Erfahrung aus und werden so handlungs- wie wirklichkeitsfremd. «Erstens isolieren Intelligenztests das Individuum von allen sozialen Beziehungen und von allen ‹realen› Situationen. Unter der Kontrolle eines Testleiter-Automaten, beraubt seiner gewöhnlichen Charakteristika, wird der Getestete mit einem Satz von Symbolen konfrontiert, Items einer ‹eingeschränkten und künstlichen Art›. Die Testsituation unterscheidet sich in aller Klarheit in entscheidender Hinsicht von den meisten Situationen, denen das Individuum im Laufe seines Lebens begegnet. Zweitens schließen die gestellten Fragen jede emotionale Reaktion aus, oder sie versuchen es wenigstens, um die reine ‹Intelligenz› zu isolieren, die der Psychologe messen will. Im Leben bilden die Gefühle, die emotionalen Reaktionen, einen entscheidenden Teil aller Reaktionen. Sie gehören auch zu jeder Testsituation, aber keine Mühe wird gescheut, die individuelle menschliche Reaktion zu eliminieren. Um den Test nicht durch Gefühle invalide zu machen, sind lebensfremde Fragen für den Test konstruiert worden.» (Simon, 1971, S. 60) Dieses Vorgehen widerspricht selbst den naivsten Persönlichkeits- und Eigenschaftstheorien, die sehr wohl davon ausgehen, daß Verhalten *immer* auch eine emotionale Komponente hat.

Andererseits wird in Tests die Wirklichkeit so verfremdet, daß sie nicht wiederzuerkennen ist. «Warum ein Kreis plötzlich eine Zeitung heißen soll, ein Strick Brief, ein Kreuz Postkarte, kümmert den Tester nicht.» (Becker, 1975, S. 41; er zitiert hier aus den «Weilburger Testaufgaben für Schulanfänger.) Über diese konstruierte Kunstwelt sollen Intelligenz oder Schulreife, Eigenschaft oder Fähigkeit getestet werden, die sich im täglichen Umgang mit einer Fülle praktischer Probleme zu bewähren haben. Allerdings: für Wissenschaftler bzw. Testkonstrukteure reduziert sich die Wirklichkeit im großen und ganzen auf den Umgang mit Papier – in vielfältiger Form – und Bleistift, ihr Begriff der Wirklichkeit ist Produkt ihres Kopfes und nicht des praktischen Umgangs mit ihr. «Die Tests werden von Psychologen und Lehrern entworfen, befassen sich also mit Informationen, die Psychologen und Lehrer für wichtig halten.» (Jencks, 1973, S. 89) Da ihre eigene Arbeit eine geistig-sitzende ist, da sie fast alles, was sie über sich und die Welt, in der sie leben, im Kopf haben, aus klugen Büchern wissen, ist ihre Welt eine «Papier-und-Bleistift-Exklave». *Ihre* Wirklichkeit begegnet uns im Test wieder.

Tests bevorzugen Kinder, «die in ganz bestimmter Weise intelligent sind (vorwiegend verbal)» (Gaedike, 1974, S. 60), die in einer ähnlichen Weise leben und aufwachsen wie die Testkonstrukteure. Das sind die Kinder der gesellschaftlichen Mittel- und Oberschichten. Die Erfahrung von Unterschichtkindern fällt aus dem Test weitestgehend heraus – wie ihre Sprache, denn gesprochen wird, im Test und vom Testleiter, die Sprache der Mittel- und Oberschicht, wie in allen gesellschaftlichen Bereichen, in denen Entscheidungen über die ökonomische und soziale Entwicklung des einzelnen fallen. «Kinder, die keine Möglichkeit hatten, viel zu lesen oder Wortgewandtheit anzueignen, haben einen gravierenden Nachteil, denn ohne Übertreibung läßt sich sagen, daß der Unterschied zwischen den sozialen Klassen am ehesten durch Unterschiede im Ausdruck, im Vokabular und in der Satzkonstruktion zurückzuführen ist . . . Kaum ein Test differenziert deshalb hinsichtlich der sozialen Umwelt so effektiv wie der herkömmliche verbale Intelligenztest.» (Simon, 1971, S. 63f.) Eine fremde Welt begegnet Unterschichtkindern in den Tests, mit der umzugehen sie nicht gelernt haben, in der sich zu bewegen ihnen schwerfällt. «Die schüler aber, die im elternhaus nicht die mittelschichtnormen und den bürgerlichen bildungsdunst haben ‹genießen› können, sind in zahlreichen untertests von vornherein die dummen.» (Informationsdienst des Sozialistischen Lehrerbüros, Nr. 17, Mai 1974, S. 3.) Die spezifischen Erfahrungen in der Unterschicht und das resultierende spezifische intelligente Verhalten fallen aus dem Test heraus. Eigenschaften, Fähigkeiten, Intelligenz sind aber von den konkreten Erfahrungen, Bedingungen und Möglichkeiten abhängig; Testaufgaben und -probleme, die diesen Sachverhalt ignorieren, beziehen sich de facto nicht auf ein «allgemeines» und zwischen Individuen vergleichbares Verhalten, schon gar nicht auf eine interindividuell vergleichbare Eigenschafts- oder Fähigkeitsdimension. In Intelligenz- und andere Tests gehen die Erfahrungen, die Lebensumstände, die Praxis bestimmter gesellschaftlicher Gruppen ein. Items und Fragen, Aufgaben und Probleme, aus denen ein Test konstruiert ist, repräsentieren die Lebens- und Erfahrungswelt des Teils der «pluralistischen» Gesellschaft, der für Wissenschaft und ihre Anwendung zuständig ist. Wenn auch niemand so genau weiß, was Tests eigentlich messen; nicht nur die ihnen zugrundeliegende Intelligenz- und Eigenschaftsdefinition, auch und vor allem – weil sie sich zu ihm unmittelbar und praktisch verhalten müssen – der Inhalt psychodiagnostischer Tests ist Resultat schicht- und klassenspezifischer Selektionsmechanismen. Erfahrung und Erkenntnis und der Zusammenhang zwischen beiden in einer gesellschaftlichen Gruppe sollen zum Maßstab werden für Eigenschaften und Fähigkeiten, die unvergleichlich sind aufgrund unterschiedlicher Lebensbedingungen und praktischer Tätigkeiten.

Wir halten fest: Testinhalte sind realitätsfern und bevorteilen einseitig bestimmte gesellschaftliche Gruppen oder Schichten; sie lassen sich deshalb mit keiner sinnvollen Eigenschafts-, Fähigkeits- oder Intelligenzauffassung vereinbaren. Sie gestatten Vergleiche zwischen Individuen allein hinsichtlich ihrer sozialen Rangordnung; oder sie diskriminieren bestimmte Gruppen, indem sie die Möglichkeiten anderer Gruppen zum verbindlichen Maßstab erklären.

5.2.3 «Mißt» der Test?

a) Das Meßmodell

Die Ansprüche an psychologische Tests sind hoch und die Versuche ihrer Einlösung zahlreich: Unendlich viel vor allem mathematische Literatur zur Testkonstruktion erscheint alljährlich in Buch- oder Zeitschriftenform, und die berechtigte Annahme, die sich nicht nur an der Menge, sondern auch am wissenschaftlichen Charakter des Inhalts – viele Formeln, schwerverständliche Fachsprache, hochkomplexe Zusammenhänge zwischen Axiomen, Annahmen, Formeln, Schlußfolgerungen – festmacht, ist die, daß es sich hier um hochempfindliche und exakte Meßinstrumente handeln muß, deren Perfektion mehr oder weniger nahe der physikalischer Apparate kommt. Wenn dem so wäre, so ließe sich an den letzten Abschnitt anschließen, dann wäre gar nicht – unter bestimmten Voraussetzungen – so unbedingt notwendig, daß wir wissen, *was* eigentlich gemessen wird; die Exaktheit der Messung würde wenigstens den Vergleich verschiedener Individuen miteinander oder eines Individuums in verschiedenen Tests oder mit einem Test zu verschiedenen Zeiten ermöglichen, und dem *Was* könnte man sich so weit ungefähr nähern, daß intersubjektive Übereinstimmung darüber zu erreichen wäre.

Die Testkonstrukteure verlangen, «daß die Psychologie . . . einen strengen Messungsbegriff verwenden muß, wenn sie ihre Aufgabe . . . optimal erfüllen soll» (Gutjahr, 1974, S. 17). In Anlehnung an physikalische Meßoperationen heißt es: «Das Wesen der Messung ist die Abbildung einer Menge vorgegebener Objekte (oder Meßgegenstände) und der zwischen ihnen empirisch feststellbaren Relationen auf eine Menge von Zahlen und den Relationen zwischen ihnen.» (Fischer, 1968, S. 54) Die vorgegebenen Objekte sind hier die Eigenschaften oder Fähigkeiten oder . . ., die Relationen die konkreten Zusammenhänge zwischen ihnen.

Nun sind weder die psychologischen Objekte, definiert als der Persönlichkeit innewohnende Eigenschaften etc., physikalischen Meßgegenständen hinsichtlich ihrer Zugänglichkeit vergleichbar, noch sind die Relationen zwischen ihnen «empirisch feststellbar» (wie etwa zwischen einem Elektron und bestimmten physikalischen Parametern); sie sind *kein «empirisches Relativ*, das durch eine Menge von Objekten und den beobachtbaren Beziehungen zwischen ihnen definiert ist» (Langfeldt, 1974, S. 97). Wie kann man also etwas messen, von dem man nur vermuten kann, daß es überhaupt existiert, und von dem man zusätzlich nur vage und nicht belegbare Vorstellungen über bestehende Zusammenhänge hat?

Die Testkonstrukteure behelfen sich, indem sie als Objekte das manifeste Verhalten der Individuen definieren und als beobachtbare Relationen den Zusammenhang zwischen Verhaltensmomenten, -elementen, -einheiten usw. Damit aber gerät ein zusätzlicher Unsicherheitsfaktor in den Zusammenhang Eigenschaft – Testinhalt: nicht nur muß jetzt eine Eigenschaft, ein Intelligenzfaktor o. ä. angenommen werden; es muß zusätzlich vermutet werden, daß er sich in ganz bestimmten und nicht in anderen Verhaltensweisen äußert; und dann weiter, daß diese Verhaltensweisen sich in dem zu konstruierenden Test eindeutig wiederfinden, also durch das repräsentiert werden, was den Individuen als Testaufgaben begegnet – ein Komplex von Annahmen, die jede für sich und in ihrem Zusammenhang entweder widerlegt oder unbewiesen sind – und bleiben werden.

Die Kritik am Meßmodell der Testkonstrukteure läßt sich fortsetzen (frei nach Fischer, 1968):

1. Die mathematischen Operationen der Testtheorie setzen voraus, daß die psychischen Meßwerte «Intervallskalenqualität» haben, d. h., sie müssen sich auf einer Skala abbilden lassen mit gleichen Abständen zwischen ihnen, um Subtrahieren und Addieren, also die einfachsten mathematischen Operationen mit ihnen ausführen zu können. Psychologische Meßwerte sind aber (etwa «Schnelligkeit» oder «Genauigkeit» von «Wahrnehmungsleistungen») oft nur in eine Rangreihe nach «größer», «besser» usw. einzuteilen und damit mathematisch *nicht* verwertbar. Die Testkonstrukteure lösen das Problem «frei nach Schnauze»: entweder werden höchst fragwürdige und mathematisch umstrittene Zusatzannahmen formuliert oder Intervallskalenqualität wird stillschweigend vorausgesetzt.
2. In jede Messung geht ein «Meßfehler» ein, der als mathematische Größe ausgewiesen ist, aber als Zufallsgröße behandelt wird. In der Testtheorie wird die Diskussion, daß der «Zufall» auch System haben kann, weitgehend ausgespart. Er kann aber u. a. auf die fehlende Genauigkeit bei der Definition der zu messenden Verhaltensweise; auf Aufgaben, in die noch ganz andere als die zu messenden Determinanten eingehen; auf die mögliche Tatsache, daß die «Eigenschaft», um die es geht, als allen Individuen gemeinsame gar nicht vorhanden ist; oder auf Verhaltensschwankungen von Individuen zurückgeführt werden, die am oberen oder unteren Ende der Meßskala liegen.
3. Die Testtheorie verlangt, daß bei mehrmaliger Messung keine systematischen Fehler auftreten, solche also, die durch die Wiederholung selbst, durch Lerneffekte, Einstellungsänderungen usw. produziert werden. Es gibt aber nachweislich eine solche Fülle «systematischer Fehler» (s. im Abschnitt «Urteilsbildung»), daß sie durch einen angenommenen Meßfehler mit Sicherheit mathematisch nicht mehr erfaßt werden können.
4. Es wird weiter vorausgesetzt, daß der «wahre Wert» eines Individuums im Test über Zeit und Raum konstant ist, weil die Messung sonst sinnlos und die theoretischen Vorannahmen «verraten» wären. Eine solche Voraussetzung, so notwendig mathematisch, verweist das Testen in das Reich der Illusionen. «Die Persönlichkeitstester», sagt Whyte, «versuchen, abstrakte Eigenschaften in konkrete Maße zu verwandeln, die auf einer linearen Skala plaziert werden können, und von der Richtigkeit dieser Vorausset-

zung ist alles, was dann folgt, abhängig.» (Whyte, 1956, S. 184) Und an dieser Skala rennen sie sich ihre Schädel ein.

Wir halten fest: die klassische Meßtheorie geht von Annahmen aus, die theoretisch und mathematisch unhaltbar sind und sich auf psychologische Sachverhalte etwa in der Weise beziehen wie ein Zollstock auf ein Pfund Mehl.

b) Normalverteilung

Eine zweite wichtige Grundlage für die Testkonstruktion und die mit ihr zusammenhängenden mathematischen Operationen ist die *Normalverteilung* der untersuchten Eigenschaften, Fähigkeiten usw. Zugrunde liegt die Annahme, daß psychische Größen in ihrer Ausprägung über alle Individuen hinweg der Gaußschen Normalverteilung folgen (s. in diesem Buch Grubitzsch, S. 83f). Auf die Intelligenz bezogen hieße das etwa: es gibt wenige außerordentlich intelligente Personen (mathematisch exakt: 0,13 % der Bevölkerung), etwas mehr sehr (2,14 %), noch mehr gut (13,59 %), sehr viele durchschnittlich (64,26 %), viel weniger etwa unterdurchschnittlich (13,59 %), noch weniger ziemlich unterdurchschnittlich intelligente (2,14 %) und schließlich ganz wenige ganz dumme Individuen (0,13 %).

Woher aber kommt die Vorstellung, Intelligenz oder Persönlichkeitseigenschaften oder Fähigkeiten seien in der Bevölkerung exakt oder wenigstens annähernd normal verteilt? Simon (1971) stellt einige Gründe zusammen: Einmal wird von physikalischen Meßwerten, etwa der Körpergröße, geschlossen auf psychische Qualitäten; dann werden bestimmte psychophysiologische Leistungen herangezogen als Beleg: die Zahl der Wörter, die Kinder in der Minute schreiben können, die Zahl der klopfenden Bewegungen pro Minute und ähnliche Leistungen, sind in der Regel normalverteilt. Warum also nicht auch die Intelligenz?

Aber: es gibt andererseits physikalische Charakteristika – etwa Gewicht und Haarfarbe –, die nicht normalverteilt sind. Und: «Leistungstests sind keine kognitiven Tests, sondern solche der Muskel-Koordination und -kontrolle. Über die fundamentale Natur kognitiver und psychischer Prozesse durch Analogie mit physikalischen Charakteristika Schlüsse ziehen zu wollen, ist ein sehr gefährliches Unterfangen, weil das Gehirn und das höhere Nervensystem eine qualitativ andere Organisation der Materie sind, über deren Struktur und Funktion wir wenig wissen.» (Simon, 1971, S. 69)

Die Annahme, daß eine undefinierbare Größe wie die Intelligenz auch noch normalverteilt ist, ist deshalb «ein Schuß ins Dunkle. Dennoch werden auf der Grundlage der Normalverteilung die weitreichendsten Schlußfolgerungen gezogen» (Simon, a. a. O.). Denn jedermanns Alltagsverständnis demonstriert, daß es wenige «ganz intelligente», wenige «ganz dumme» und ganz viele «durchschnittlich intelligente» Personen gibt, und auch die Positionen in der Gesellschaft sind entsprechend aufgeteilt – der beste «Beleg» für eine normalverteilte Intelligenz und auch für die Normalverteilung anderer wichtiger Eigenschaften, Fähigkeiten usw. Kann die gesellschaftliche Struktur, kann das Bildungssystem aber, so fragt Simon weiter, was anderes als genau diese Verteilung produzieren?

Die *Ungleichverteilung der Intelligenz* usw. ist ein Produkt der gesellschaftlichen Verhältnisse und ihrer Gesetzmäßigkeiten (s. unter «Funktion der Psychodiagnostik»); die *Normalverteilung* aber ist ein Axiom der Testkonstrukteure, die damit in Wirklichkeit den Fakten Gewalt antun, aber das «Glück» haben, daß auf Grund der gesellschaftlichen Schicht- und Klassenstruktur der Augenschein ihrer willkürlichen mathematischen Voraussetzung recht gibt. Die Tests werden von vornherein so konstruiert, daß eine Normalverteilung entsteht – das ist eine *mathematische Forderung* an die Testkonstruktion –, indem etwa alle Aufgaben, die zu einem nicht normalverteilten Ergebnis führen, bei der Testentwicklung eliminiert werden. «Jeder Test, der eine andere Verteilung der Ergebnisse erbringt, gilt als ‹schlecht konstruiert›; er wird als ‹schlechter Intelligenztest› über Bord geworfen. Die Tatsache, daß akzeptierte Tests annähernd zu einer Normalverteilung der Resultate führen, wird dann als Beleg für die Existenz der ‹Intelligenz› und ihre adäquate Messung betrachtet.» (Simon, 1971, S. 67)

Und noch ein Punkt ist wichtig: wenn Intelligenz, Eigenschaften usw. gar nicht exakt definiert werden können, wenn neben die Unsicherheit der Definition die der Repräsentation im Verhalten tritt, wenn dazu die Unsicherheit der Repräsentation der Repräsentation im Verhalten in den Aufgaben kommt – mit welcher Kühnheit wird dann eigentlich noch die Normalverteilung von Eigenschaften, Fähigkeiten usw. angenommen? Da die Meßobjekte nicht die Eigenschaften selbst, sondern die Verhaltensweisen sind, in denen sie sich äußern, muß deren Normalverteilung angenommen werden – eine Annahme, die stillschweigend vorausgesetzt und fast nie diskutiert wird, die aber geradezu unmöglich ist: Verhalten ist von so vielen und je Individuum derart unterschiedlichen Einflußgrößen (Störvariablen, wie der Testkonstrukteur sagt) situativer, interaktiver, kommunikativer Art mitgeprägt, daß kein angenommener Meßfehler zur Korrektur ausreicht und die Annahme einer Normalverteilung ins Absurde vorstößt.

Wir halten fest: die Normalverteilung von Intelligenz, Eigenschaften usw. ist eine willkürliche Annahme, die durch nichts zu belegen ist, in den Test «hineinkonstruiert» wird und außerdem einen bemerkenswerten Grad wissenschaftlicher Unredlichkeit in sich trägt.

c) Standardisierung

Jeder Test wird einer Standardisierungsprozedur unterzogen (auch Normierung oder Eichung genannt). Diesem Vorgang liegt das Bedürfnis zugrunde, den Testwert eines einzelnen Individuums mit den Testwerten anderer vergleichen zu können. Mit anderen Worten: die Normalverteilung, die vorausgesetzt wurde, trifft im Test selbst bzw. in seinen Ergebnissen nicht mehr voll zu, auf Grund von Meßfehlern, unbekannten Einflußgrößen, nicht ganz «passenden» Aufgaben usw. Darunter leidet die Vergleichbarkeit der Ergebnisse, die nun über mathematische Operationen, bei denen die Testwerte der Bezugsgruppe so umgerechnet werden, daß ihre Verteilung sich «normalisiert», wieder hergestellt wird. Für jeden Punkt der Normalverteilung werden Test-Normwerte errechnet, so daß jedes Individuum etwa als «sehr intelligent», «durchschnittlich intelligent» usw. im Vergleich zur Bezugsgruppe eingestuft werden kann. Bezugsgruppen können die Schulklasse, die Altersklasse, die Berufsgruppe, die ethnische Gruppe usw. sein.

So plausibel dieses Verfahren auf den ersten Blick erscheint, so problematisch ist es bei genauerem Hinsehen. Die Bezugsgruppe ist in der Regel (jedenfalls bei Intelligenz- und Persönlichkeitstests) eine Altersgruppe – die Gruppe aller Achtjährigen, aller Dreißig- bis Vierzigjährigen usw. Diese Gruppe ist aber, neben der Altersgleichheit, differenziert nach ganz anderen wesentlichen Parametern: dem Bildungsgrad, der Schichtzugehörigkeit, der Wohngegend, dem Beruf, der Sprachkompetenz, dem Einkommen und anderen. Der unterschiedliche Intelligenzgrad, wie er im Test festgestellt wird, muß – wenn die Normierungsprozedur Sinn haben soll – gewissermaßen durch angeborene Unterschiede in der Intelligenz hervorgerufen werden – und damit wird der Standardisierungsvorgang zu einer anderen Form der Vererbungstheorie der Intelligenz wie anderer Eigenschaften, Fähigkeiten usw. der Persönlichkeit. Lautete die Annahme nämlich anders – etwa daß «Intelligenz» oder «Eigenschaften» mit der Schichtenzugehörigkeit, mit bestimmten Bildungsmöglichkeiten, mit der Bildungs- und Schulstruktur u. ä. zu tun haben, von ihnen wesentlich bedingt werden –, dann müßten je nach bekannten Zusammenhängen zwischen Testwerten und Bedingungen ihres Entstehens ganz unterschiedliche Normen aufgestellt werden. Geschieht das aber nicht – und es geschieht tatsächlich nicht –, dann ist die Normierung nach Alter schließlich die Reproduktion der gesellschaftlichen Klassen- und Schichtverhältnisse. Wer etwa aus einer niedrigen sozialen Schicht kommt, geringe Bildungs- und Entwicklungsmöglichkeiten hatte, von der Schule vernachlässigt wurde, wird im Intelligenztest schlecht abschneiden, im individuellen Testwert und bezüglich der Norm. Der Test sagt ihm also lediglich, daß seine geringen Chancen im Vergleich zu Gleichaltrigen auch zu einer geringen Test-Intelligenz im Vergleich zu ihnen geführt hat.

Diese Zusammenhänge sind längst bekannt. Sie gehen ganz unmittelbar in den Test ein, der in Sprache, Testinhalt und Testdurchführung voll auf die Wertvorstellungen und Lebensbedingungen der gesellschaftlichen Mittelschicht zugeschnitten ist. Er schließt auf diese Weise von vornherein weitgehend aus, daß Individuen mit anderen Wertvorstellungen und Lebenbedingungen einen Testerfolg, etwa eine hohe Testintelligenz, haben können. Die Standardisierung des Tests ist praktisch das i-Tüpfelchen auf diesem Verfahren: da in die Normen genau die gleichen Schicht-, Bildungs-, Lebensbedingungen eingehen wie in die Testaufgaben, unterliegen sie den gleichen Einschränkungen bzw. Vorurteilen. Die Normen reinigen die Testergebnisse schließlich von den «Ausrutschern» – den Unterschichtsangehörigen, die zu gut, und den Mittelschichtangehörigen, die zu schlecht waren. Sie stellen das gesellschaftliche Gleichgewicht wieder her, den Status quo, von dem der Testkonstrukteur erst einmal ausgegangen ist. «Wenn die Standardisierungsgruppe sorgfältig zusammengestellt worden ist, wird sie feste Anteile von Kindern der verschiedenen sozialen und ökonomischen Klassen einschließen ... ein auf diese Weise standardisierter Test *muß* Standards der ‹Intelligenz› setzen, hinter denen sich großenteils Klassen-Unterschiede verbergen.» (Simon, 1971, S. 78)

Die Normen sind noch in anderer Weise fragwürdig. So können die Stichproben, an denen ein Test normiert wird, nie so sorgfältig ausgewählt werden, daß sie tatsächlich repräsentativ für die ganze «Gruppe» sind (in der Regel die Altersgruppe über die ganze Bevölkerung); es kann begründet behauptet werden, daß die Normen von Intelligenz- und Persönlichkeitstests, aber auch von Schultests, ein ausgesprochen fragwürdiger Maßstab für das individuelle Testergebnis sind.

Die Normen sind in der Regel überaltert; das betrifft so gut wie alle Tests, die sich zum Teil auf 10–15 Jahre alte Normen stützen. Wissen, Kenntnisse, gesellschaftliche Strukturen, Einstellungen, Bildungsinhalte verändern sich in den letzten Jahren so schnell, daß Normen, die ohnehin schon fragwürdig, nach zwei Jahren mit Sicherheit total veraltet sind. Hinzu kommt, daß neu erhobene Normen nur in Neuauflagen der jeweiligen Tests erscheinen und den Testanwender, aus welchen Gründen immer – Informationen, Finanzen, Unkenntnis –, in der Regel nicht erreichen. Die zeitliche Differenz zwischen Testherstellung und Testanwendung – geschätzt zwischen zwei und drei Jahre – führt zu unbrauchbaren Normen schon beim neuesten Test.

Die Normen berücksichtigen auch nicht – aber mehr deshalb, weil solche Überlegungen nicht in die theoretischen Vorarbeiten der Testkonstruktion eingehen – neben sozialen Unterschieden etwa regionale – wird nicht in hoch industrialisierten Gebieten «Intelligenz» etwas anderes bedeuten als in weniger industrialisierten, in der Stadt etwas anderes als auf dem Lande, an der Küste etwas anderes als im Gebirge? Damit wird nicht nur der den Tests zugrundeliegende Intelligenzbegriff, es wird auch die Altersnorm äußerst fragwürdig.

Wir halten fest: Standardisierung (Normierung, Eichung) von Tests führt zwangsläufig zu einer theoretischen Rückkoppelung mit stabilen, vererbten Fähigkeiten, Eigenschaften usw. Sie reproduziert die gesellschaftliche Schicht- und Klassenspaltung und führt zu in vieler Hinsicht fragwürdigen und unzuverlässigen Vergleichsmaßstäben.

d) Objektivität

Es gibt kein Buch über Tests, kein Plädoyer für Tests, kein Testmanual, in dem nicht ausdrücklich die Objektivität des Verfahrens betont und abgesetzt wird entweder gegen sogenannte «projektive» Verfahren (Persönlichkeitstests wie Rorschach, TAT u. ä.) oder gegen das gewöhnliche Vorgehen des Klinikers, der meint, über das Gespräch mit seinen Klienten mehr Information, mehr Einsicht und die Grundlage für ein besseres therapeutisches Vorgehen zu erhalten.

«Objektivität» heißt, daß die Testergebnisse allein vom Testinstrument, also gemäß seinen Absichten und Zielen, hervorgerufen werden und unabhängig vom Testleiter zustande kommen. Der Reiz für die Reaktion «Testantwort» ist dann allein die Testfrage oder -aufgabe.

Man kann die Durchführungs-, Auswertungs- und Interpretationsobjektivität unterscheiden, um so etwas wie eine «Total-Objektivität» des psychologischen Tests zu belegen. Durchführungsobjektivität heißt, daß der Testleiter die Testergebnisse nicht beeinflußt und die Testbedingungen für alle Getesteten gleich sind (s. dazu den Abschnitt «Die Testsituation»). Auswertungsobjektivität wird bei den meisten Tests dadurch gewährleistet, daß die Auswertung der Antworten mit Hilfe vorgefertigter Schablonen erfolgt, der Willkür des Auswerters also enge Grenzen gesetzt sind.

Schwieriger ist es, die Interpretationsobjektivität zu garantieren; die Norm, an der der individuelle Testwert zu messen ist, engt zwar die Spielräume für die Interpretation ein, aber die Möglichkeiten des subjektiven Einflusses sind erheblich. Die Interpretation, so schlagen bestimmte Autoren deshalb vor (Meehl, 1959; Cattell und Warburton, 1967), sollte automatisiert, computerisiert werden, um die Objektivität auch der Interpretation zu gewährleisten. Andere (Bierkens, 1968) betonen dagegen ausdrücklich die Bedeutung der subjektiven Gewichtung und Deutung auch der Testdaten.

An der Interpretationsobjektivität läßt sich die Fragwürdigkeit des Objektivitätsbegriffs der Testtheorie entwickeln:

- Willkürlich und keineswegs objektiv ist schon die Auswahl der für bestimmte Frage- oder Problemstellungen vom Psychologen augewählten Tests; da die Ergebnisse von Intelligenz- und Persönlichkeitstests keineswegs vergleichbar sind, auch wenn sie vorgeblich das gleiche messen, beginnt hier schon die Objektivität zu wanken;
- die Testdurchführung, so werden wir im nächsten Abschnitt sehen, kann – so uneinsichtig das vordergründig erscheint – auch nicht den Hauch von Objektivität beanspruchen;
- und die Interpretation schließlich, die Urteilsbildung, beansprucht in der Praxis schon gar nicht erst, objektiv zu sein – das übernächste Kapitel wird dazu Einzelheiten liefern.

Die Manipulation mit dem Begriff der Objektivität wird offensichtlich, wenn zwar weiterhin von ihr gesprochen wird, aber in einem vorwissenschaftlichen Sinn, in einer Alltagsbedeutung, die unerklärt und wohl auch undurchschaut bleibt. «‹Objektiv› wird dann nicht mehr verstanden im engen testtheoretischen Sinne, sondern als Ausdruck der Zuverlässigkeit, Gültigkeit, Sicherheit der Testaussage mißdeutet – als unerschütterlicher Ausdruck der wirklichen Fähigkeiten, Eigenschaften, der Intelligenz eines Individuums kolportiert; insbesondere den Betroffenen oder den Auftraggebern gegenüber ... kann so als wissenschaftlich gesichertes und durch Laien schon gar nicht bezweifelbares Resultat vorgezeigt werden, was diese Charakterisierung kaum beanspruchen kann.» (Rexilius, 1976, S. 211) Eine Objektivität im Sinn von wissenschaftlicher Exaktheit wird vorgegaukelt, wo von Test-Objektivität im eigentlichen Sinn keine Rede mehr sein kann.

Im testtheoretischen Begriff der «Objektivität» findet sich aber auch eine Annahme wieder, die zum theoretischen Vorlauf des Testens gehört: die der invarianten, konstitutionellen Intelligenz oder Eigenschaft. «Objektivität» der Testdurchführung sagt nämlich auch, daß Testleistungen unabhängig von anderen Individuen von einzelnen, vereinzelten erbracht werden müssen, weil sie zum Grad der Intelligenz oder der Eigenschaftsausprägung dieses und nicht jenes Individuums gehören. Testtheoretische Objektivität ist denkbar nur auf dem Hintergrund eines individualisierten, genetischen Intelligenz- und Eigenschaftsbegriffs; würde Intelligenz als etwas Kollektives verstanden, Eigenschaften als Resultate von Interaktion, Kommunikation und gemeinsamer Praxis, wäre der Anspruch testtheoretischer Objektivität geradezu ein Hindernis des Messens. Objektivität reproduziert – wie der ganze Test, seine Inhalte und Grundlagen, aber an ihr wird das besonders deutlich – so die gesellschaftliche Vereinzelung und Konkurrenz. Kooperation, gegenseitige Unterstützung, gemeinsames Lösen von Testaufgaben wären schwerwiegende «Störvariablen» und ein vernichtender Angriff auf die Objektivität. «Kollektives und solidarisches Verhalten ist in diesem ‹System› störend und damit unerwünscht, Konkurrenzverhalten wird tendenziell gefördert.» (Neander, 1973, S. 46) Hinter der so plausiblen theoretischen Objektivität wird ein gesellschaftliches Prinzip sichtbar, das sich mit «Vereinzelung» und «Konkurrenz» umschreiben läßt.

Wir halten fest: Objektivität psychodiagnostischer Testverfahren im testtheoretischen Sinn gibt es praktisch nicht. Objektivität erscheint statt dessen als scheinbare Exaktheit und Unverrückbarkeit von Testergebnissen; sie ist darüber hinaus Ausdruck gesellschaftlicher Strukturen, die zu Vereinzelung und Konkurrenz führen.

e) Validität

Validität ist die Gültigkeit eines Tests, die Gewähr, daß er auch mißt, was er vorgibt zu messen. Die Gültigkeit war für die Testkonstrukteure von jeher das schwierigste und umstrittenste Problem. Die Fülle der Validitätsarten, also der vorgeblichen Möglichkeiten festzustellen, was der Test wirklich mißt, deutet die Komplexität der Problematik an: so wird unterschieden zwischen Vorhersagevalidität, Inhaltsvalidität, Prima-facie-Validität, Konstruktvalidität, faktorieller Validität, Übereinstimmungsvalidität usw. usf. (s. Einzelheiten im Beitrag von S. Grubitzsch, S. 89f).

Gemeinsam ist allen Wegen zur Gültigkeit zu gelangen ihre Problemstellung: das Problem der Beziehung zwischen den Objekten (Meßgegenständen) und ihren Zusammenhängen (empirischen Relationen) mit der Meßoperation – deren gründliche Kenntnis ja eigentlich dem Meßvorgang selbst vorausgesetzt ist (wenn nicht, gebe ich schließlich zu, daß ich einfach «ins Blaue hinein» messe, ohne zu wissen, was denn nun) – wird in die Nach-Messungs-Phase verlagert. Damit geben die Testkonstrukteure aber nicht nur zu, daß sie tatsächlich keine Ahnung haben, *ob* sie wirklich «gemessen» haben und *was* sie «messen» wollten; sie gestehen auch zugleich ein, daß das Problem des inhaltlichen Zusammenhangs zwischen Objekt und Meßgrößen unlösbar ist. Denn welche Validierungsart man auch immer vorzieht für seinen Test: Der Zusammenhang zwischen den Testergebnissen und dem gewählten Maßstab für die Gültigkeit bleibt immer ein vermuteter, ein willkürlicher, ein nicht belegter.

Die Vorhersagevalidität etwa ist dann gesichert, wenn das Testergebnis mit einer vorhergesagten Leistung möglichst hoch korreliert (d. h. ein hoher mathematisch errechneter Zusammenhang besteht). Abgesehen von der doppelten Unsicherheit, die durch die Verdoppelung der Meß- und Rechenoperationen (für Test und vorhergesagtes Kriterium) in das Verfahren eingeht: da zwischen Testung und «Messung» des Vorhersagekriteriums Zeiträume liegen, kann sich das Individuum entwickelt, verändert haben, kann eine statistische Korrelation Zusammenhänge herstellen, die mit dem vermuteten Zusammenhang – die gleiche zugrundeliegende Eigenschaft, Fähigkeit in Test und Vorhersageleistung – gar nichts zu tun haben; es ist also notwendig, um an die Vorhersagegültigkeit *glauben* zu können, konstitutive genetische, invariante psychische Konstellationen im Individuum anzunehmen.

Der Zusammenhang zwischen Testinhalt und Inhalt des Vorhersagekriteriums ist im übrigen ein angenommener, vermuteter, «logisch» hergestellter, der durch die mathematische Berechnung der Validität *erst belegt* werden soll; nehmen wir ruhig an, daß damit ein Zusammenhang nachgewiesen wäre – über die Art dieses Zusammenhangs lassen sich keine weiteren Aussagen machen. Die (Vorhersage-)Validität eines Tests läßt also allenfalls die (zudem mit großer Vorsicht zu betrachtende) Aussage zu, daß es irgendeinen inhaltlichen Zusammenhang zwischen Test und Vorhersagekriterium gibt; *was* aber in beiden Fällen gemessen wurde, und vor allem: *ob* die Eigenschaft, Fähigkeit, Intelligenz, die der Testkonstrukteur vermutet und die er mit seinem Test «messen» wollte, bleibt nur weiter Gegenstand von Spekulationen.

Diese Probleme mit der Gültigkeit verschärfen sich teilweise noch bei anderen Validitätsarten. Der Versuch, in den Test *nach* seiner Konstruktion die inhaltliche Sicherheit, den eindeutigen Bezug zu einer definierten Eigenschaft, Fähigkeit o. ä. hereinzuholen, an dem *vor* der Herstellung des Tests jeder Konstrukteur scheitert, ist schon von dieser Ebene der reinen Problemverschiebung her ein völlig sinnloses und auch sehr einfältiges Unterfangen. Es läßt sich ein theoretisches Problem (was mißt der Test?) nicht einfach in ein mathematisches (statistische Korrelation zwischen Test- und Kriteriumswerten) verwandeln und so elegant lösen – die Validität ist eine Scheinlösung.

Deutlicher noch wird das durch die Schwierigkeit, Kriterien zu finden, an denen Tests validiert werden können. Schulerfolg, Berufserfolg, Leistung in ähnlichen Tests, in früheren Intelligenztests usw. sind häufig verwendete Validitätskriterien. Egal ob Fähigkeits-, Eigenschafts- oder Intelligenztests validiert werden sollen: die fatale Situation der Testkonstrukteure ist nicht zu übersehen. Der Schulerfolg ist eine unendlich komplexe Größe, in die Sozialisationsbedingungen und -erfahrungen, akute Probleme und Schwierigkeiten, Verhalten und Vorurteile wie didaktische und inhaltliche Fähigkeiten des Lehrers, Klassengröße und viele andere Determinanten eingehen. Vergleichbares gilt für den Berufserfolg; über welche Gültigkeit eines Tests kann sein statistischer Zusammenhang mit solchen Kriterien aussagen? Schulerfolg ist zwar eine numerisch fixierbare (Zensur, Zeugnis) Größe, aber keine inhaltlich sinnvolle, schon gar keine eindeutige; danach aber muß der Testkonstrukteur suchen. Ähnliches gilt, wenn das Urteil von Lehrern über die Intelligenz von Kindern zur Validierung von Intelligenztests herangezogen wird – die Unzuverlässigkeit und vielfaktorelle Abhängigkeit von Lehrerurteilen ist ja schon sprichwörtlich (s. Simon, 1971, S. 73f).

Noch brüchiger ist das Validitätskriterium «anderer Test» (Intelligenz-, Persönlichkeitstest). «Beide Tests werden der gleichen Kindergruppe gegeben; wenn beide die gleiche Verteilung der Testdaten aufweisen, wird der Test als valide betrachtet. Das mag so lange befriedigend erscheinen, bis man fragt, wie denn der andere Test validiert worden ist.» (Simon, 1971, S. 74) Entweder an Kriterien wie Schulerfolg, o. ä. – dann siehe oben; oder an anderen Tests – und das Problem beginnt von vorne.

Das Validitätsmaß unterliegt noch anderen Einschränkungen. Wird ein statistischer Zusammenhang zwischen Test und Validitätskriterium nachgewiesen, kann – wenn man alle genannten Unsicherheiten und Probleme mal ausklammert – genaugenommen der Test nur für diesen spezifischen Zusammenhang, für den er validiert worden ist, Aussagen machen. So dürfte ein entsprechend validierter Intelligenztest lediglich für Aussagen über den Zusammenhang zwischen der vorgeblich mit ihm gemessenen (und genau definierten) Intelligenz und dem (genau definierten) Schulerfolg verwendet werden. Jede weiterreichende Schlußfolgerung, die dem Test etwa bescheinigt, eine allgemeine Intelligenz oder einen bestimmten Intelligenzfaktor zu messen, hat nur und ausschließlich spekulativen Charakter – und in diesem Zustand befinden sich alle unsere Intelligenz- und Persönlichkeitstests.

Validität schreibt – das wurzelt schon in der zwangsläufigen Annahme konstitutioneller, invarianter psychischer Konstellationen – den Getesteten zudem fest: hohe Validität heißt, daß die im Test «Dummen» auch in Zukunft «dumm» sind, die «Klugen» aber «klug» bleiben. Oder wer neurotisch ist, bleibt so, wer ein Springinsfeld ist, auch. Es ist richtig, daß «bei statistischen Prognosen mit hoher statistischer Validität das Eintreffen der vorhergesagten Kriterien (hohe Testwerte bedeuten hohen Lernerfolg, niedrige dagegen fehlenden Lernerfolg und Schulversagen) gewissermaßen zwangsläufig erscheint und jegliches Bemühen des Lehrers illusorisch erscheinen läßt, da der Lernerfolg der Schüler sozusagen von vornherein bereits unabänderlich feststeht.» (Projektgruppe, 1973, S. 85) Was hier zu den Tests gesagt wird, die Schulleistung messen sollen, gilt prinzipiell für Intelligenz-, Persönlichkeits- und Fähigkeitstests in gleicher Weise: die theoretische Festschreibung des Individuums vor der Testkonstruktion durch stabile, überdauernde Eigenschaften und Fähigkeiten hat ihr mathematisches Komplement im Validitätskonzept.

«Die Forderung nach einer Vorhersagevalidität widerspricht daher den pädagogischen Bemühungen, die dahin gehen sollten, alle Schüler so zu fördern, daß sie möglichst alle ein gesetztes Leistungskriterium erreichen. Die konsequente Anwendung der Reliabilitäts- und Validitätskonzepte der klassischen Testtheorie stabilisiert die schulischen Verhältnisse.» (Langfeldt, 1974, S. 133) Validität stabilisiert nicht nur die schulischen sondern die gesellschaftlichen Verhältnisse, indem sie die weitreichende Unveränderlichkeit des Individuums mathematisch umsetzt in *das* entscheidende Gütekriterium eines psychologischen Tests (s. dazu später «Funktion der Psychodiagnostik»).

Wir halten fest: Validität kann die Gültigkeit eines Tests für das, was er messen sollte, nicht gewährleisten. Sie ist die fragwürdige statistische Lösung des inhaltlichen Problems: *was* mißt der Test; sie schreibt die individuelle (und damit die gesellschaftliche) Unveränderlichkeit als Gütekriterium des Tests fest.

f) Zusammenfassende Anmerkungen

Tests «messen» gar nicht; ihre testtheoretischen Grundlagen sind nicht nur fragwürdig, sie sind, über alles gesehen, ein Windei, das publikumswirksam verkauft wird. Jedes einzelne testtheoretische «Axiom» für sich und alle zusammen lassen nur den Schluß zu, daß nicht mehr getestet werden dürfte, weil weder theoretische noch statistische Voraussetzungen die Testerei rechtfertigen.

Psychologen und Testkonstrukteure, die nicht mit Scheuklappen oder der spielerischen Unbekümmertheit Unwissender durch den Urwald der Psychodiagnostik stiefeln, suchen nach Lösungen. Aber sie suchen in aller Regel mit der Wünschelrute und nicht mit selbstkritischer Sorgfalt. So schreibt Gutjahr: «Verglichen mit dem hohen Entwicklungsstand der physikalischen Meßtechnik und Theoriebildung müssen wir einräumen, daß auch das – in bezug auf Objektivierung und Messung – am weitesten ausgebaute Teilgebiet der Psychometrie, die Intelligenz- und Leistungsmessung, eigentlich noch am Anfang steht . . . Das ist sicher zum Teil mit der Sprödigkeit und Komplexität der Materie zu erklären, zum Teil aber auch aus der methodischen und methodologischen Begrenztheit vieler testpsychologischer Ansätze.» (Gutjahr, 1974, S. 262) Müssen wir also, da wir an der «Sprödigkeit und Komplexität der Materie» (was ist das wohl?) doch nichts ändern können, so schnell jedenfalls nicht (aber wir wollen auch nicht so pessimistisch sein, wir gehen schließlich auf 1984 zu), uns mehr Hilfestellung bei der Physik holen?

Der Kurzschluß liegt nahe: in den Naturwissenschaften sind Zahlen Ausdruck mathematischer Analogie zu gesetzmäßigen Abläufen, naturgesetzlichen Prozessen, die sich gerade *wegen* ihres gesetzmäßigen Verlaufs ein- oder mehrdimensional mathematisch abbilden lassen. Menschliches Verhalten und Denken folgen diesem naturgesetzlichen Paradigma nicht. Es befindet sich in ständiger Entwicklung, unterliegt – bedingt durch die permanente Auseinandersetzung mit der Gesellschaft, mit der Natur – ständigen *qualitativen* Veränderungen. Stillstand, der Meßoperationen eine hinreichende Grundlage schaffen würde, ist höchstens dort – relativ – möglich, wo ihn die Lebensbedingungen erzwingen. Auch dann aber gilt keine mathematische Regel. Psychologische «Messung» muß erst nach den psychologischen und gesellschaftlichen Gesetzmäßigkeiten und ihrer besonderen historischen und materiellen Grundlagen fragen – dann erledigt sich im übrigen die andere Frage nach physikalischen und mathematischen Analogien von selbst.

Wie wichtig die Berücksichtigung gesellschaftlicher Strukturen und Prozesse bei der Frage nach den Möglichkeiten psychologischer Messung ist und wie willkürlich und geradezu verdummend die Psychometrie sich zu dieser Problematik verhält, zeigt ein kleines plausibles Beispiel. «Das absolute Leistungsniveau (d. h. das Niveau des nachweisbaren Wissens) im Standard-Intelligenz-Test hat sich seit 1917 ganz enorm erhöht. Der mittlere IQ bleibt aber – weil er so definiert ist – bei einem Wert von 100. (IQ ist, daran sei erinnert, ein normalisiertes Maß; auch wenn wir alle so schlau wie Einstein wären, hätten 50 % von uns einen IQ ‹unter 100›.) Früher waren Lesen und Schreiben Fähigkeiten einer kleinen Minderheit. Wenn damals jemand vermutet hätte, daß eines Tages nahezu jeder würde lesen und schreiben können und daß die Nachkommen der Leibeigenen ein Vokabular von vielen tausend Worten haben würden, hätte man ihn angesehen wie heutzutage jemanden, der vermutet, daß in 20 Jahren in der Grundschule elementare Logik unterrichtet werden könnte oder in 200 Jahren *jeder* (inklusive jener 50 % mit einem ‹IQ unter 100›) die Relativitätstheorie kennen wird.» (Putnam, 1973, S. 144f)

Oder noch pointierter: stellen wir uns vor, wir wären alle gleich schlau, hätten gleiche Fähigkeiten, die gleiche «Intelligenz» (was nicht hieße, daß wir «Einheitsmenschen» wären, sondern daß wir anstehende Probleme in etwa gleich gut lösen könnten), dann wären Tests trotzdem so konstruiert, daß Unterschiede zwischen uns herauskommen würden, daß Intelligenz oder Fähigkeit sich einer Normalverteilung annähern würden. Die «Seele» der Tests ist der Unterschied zwischen den Individuen, und irgendwelche Möglichkeiten, zwischen Menschen zu differenzieren, gibt es immer, jedenfalls dort, wo solche Unterschiede eine zentrale gesellschaftliche Funktion haben! (S. dazu das Kapitel «Die Funktion der Psychodiagnostik, S. 156ff.)

Eine andere Nuance dieses Beispiels deutet Simon an, der auf Untersuchungen amerikanischer Wissenschaftler verweist. «Wenn sie Kinder in neuartigen ‹real-life›-Situationen testeten, etwa ein Seifenkisten-Auto zu konstruieren aus alten Kinderwagenrädern und den Abfällen des Kaufmanns, zeigten Kinder aus der Unterschicht einen Einfallsreichtum, den man nur selten bei jenen glücklichen Kindern feststellen kann, die gewöhnt sind, ihre Spielzeuge als Geschenke zu erhalten.» (Simon, 1971, S. 79) Es wäre leicht, fährt er fort, einen Intelligenztest aus solchen und ähnlichen Aufgaben zu konstruieren, von dem plötzlich alle Norm-Tabellen auf den Kopf gestellt würden – *diese* Intelligenzdefinition würde Unterschichtkinder bevorteilen, während die gegenwärtigen verbalen Intelligenztests sie eindeutig benachteiligen. Sie wären plötzlich die Besseren, die Klügeren, die Intelligenteren. Was an diesem Beispiel deutlich wird: die ganze Testerei ist ein nach bestimmten Vorurteilen, Wertvorstellungen und Interessen willkürlich entwikkeltes und angewandtes Verfahren, dessen fragwürdige, sinnlose und diskriminierende Voraussetzungen bis in die letzte scheinbar wertfreie mathematische Operation reichen.

Und noch etwas: «Nur gute Ausbildung und Vertrautheit mit den Besonderheiten sozialwissenschaftlicher Messungen, ihrer Meßfehler, ihrem Charakter von Wahrscheinlichkeitsaussagen können Lehrer vor Fehlinterpretationen bewahren.» (Ingenkamp, 1974, S. 33) Und weiter: «Die Bedeutung der ggf. vom Autor mitgeteilten Werte kann nur der Fachmann angemessen beurteilen.» (Belser, 1974, S. 141) Weder Lehrer noch ein großer Teil von Psychologen, Sozialpädagogen, Erziehern usw. werden entsprechend ausgebildet. «In diesem Zusammenhang weist Ingenkamp in einem Gespräch darauf hin, daß es in der Bundesrepublik vielleicht acht oder neun Leute gäbe, die die neuesten Entwicklungen der Testmethodik noch verstünden.» (Scholz, 1975, S. 30) Die übrigen folgen ihrer Intuition oder ihren Vorurteilen. Das Ergebnis sind jene naiven Auffassungen von Psychodiagnostik, auf die ich eingangs hinwies, ist die unreflektierte, unkritische bis fahrlässige Anwendung und Handhabung von «Instrumenten», die bei Licht betrachtet zu verbieten wären.

5.2.4 Die Testsituation

Die nächste Frage in unseren Überlegungen lautet: wenn schon die theoretischen Voraussetzungen der Testkonstruktion und die meßtheoretischen Grundlagen von Tests keine Rechtfertigung psychologischen «Messens» liefern – kann dann wenigstens die Objektivität der Testdurchführung unbeeinflußte und unmittelbare Reaktionen auf den Test gewährleisten, so daß als Minimalforderung wenigstens eine Vergleichbarkeit der Testergebnisse in bezug auf diese einzelne, begrenzte Situation einlösbar wird? Zu dieser Frage gibt es eine schier unübersehbare Fülle empirischer Arbeiten, die im Überblick referiert werden sollen.

a) Äußere Bedingungen der Testsituation

«Objektivität» der Testsituation heißt zuallererst einmal, daß die Durchführungsbedingungen für alle Getesteten gleich, standardisiert sind; würden mit einem Intelligenztest etwa 10000 Menschen getestet werden, sind ihre Ergebnisse nur dann vergleichbar, wenn die Bedingungen der Testdurchführung dieselben sind, weitestgehend einander und den Bedingungen der Gruppen vergleichbar, an denen der Test entwickelt und normiert worden ist.

Standardbedingungen beziehen sich (s. dazu Anastasi, 1976, S. 33f) auf die Testinstruktionen, den zeitlichen Ablauf, das Testmaterial (Testbogen, Schreibwerkzeug) – in diesen Aspekten ist Vergleichbarkeit relativ problemlos herzustellen, obwohl in der Praxis der Regelfall sie gerade nicht gewährleistet. Dann der passende Raum: frei von störendem Lärm und Ablenkung, angenehme Beleuchtung, Belüftung, Sitzgelegenheiten und Arbeitsplätze für die zu Testenden. An der Tür sollte ein Hinweis auf die Testsituation hängen, und beim Testen großer Gruppen sollte «ein Mitarbeiter außerhalb jeder Tür postiert werden, um Zuspätkommenden den Eintritt zu verwehren.» (Anastasi, a. a. O.) Und all das, bitte sehr, standardisiert!

Es hat sich nämlich herausgestellt, daß schon der Unterschied zwischen Schreibpulten und Stühlen mit angebrachten Pulten zu unterschiedlichen Testergebnissen führt (Kelley, 1943; Traxler und Hilkert, 1942). Ebenso beeinflußt die Art des Antwortbogens die Testleistung (Bell, Hoff und Hoyt, 1964).

Wie löst man die resultierenden Probleme, wie verhindert oder korrigiert man «Zufälligkeiten», etwa «daß ein Bleistift abbricht, daß jemand in den Prüfungsraum hereinkommt und dgl.», denn das «sind Faktoren, welche die Standardisierung der Testsituation angehen» (Drenth, 1969, S. 54)? Man kann etwa, wie für einen amerikanischen Fähigkeitstest geschehen, «für drei der fünf verschiedenen Antwortbogen getrennte Normen erheben, weil sich herausstellte, daß jeder zu fundamental unterschiedlichen Ergebnissen führte, verglichen mit denen der Standardisierungsgruppe» (Anastasi, 1976, S. 34).

Man kann auf solche grotesken Spielchen aber auch verzichten, weil das konsequent hieße, für jede mögliche Störvariable der Testsituation und für jede ihrer möglichen Ausprägungen getrennte, für einen Test also vielleicht 200, 300 Normtabellen zu erstellen. Folgerichtiger und praktischer ist es, nicht allein an der Objektivität des Tests, sondern am Sinn des Testens überhaupt zu zweifeln, wenn schon die äußeren Bedingungen derart schwerwiegende Einflüsse auf das Testergebnis haben.

Wie viele solcher Störgrößen mit welcher Wirksamkeit gibt es? Da kein

Testkonstrukteur und kein Testanwender diese Frage beantworten kann, verzichten sie praktischerweise gleich darauf, sie zu stellen.

Wir halten fest: Bedingungen der Testsituation beeinflussen – in weitgehend unbekanntem Ausmaß aber nachweislich – die Testergebnisse mehr oder weniger erheblich.

b) Der Testleiter

In der Regel wird ein Test in Gegenwart eines «Testleiters» durchgeführt, der die Instruktionen vorliest oder auswendig spricht, die Testdurchführung beaufsichtigt, Störungen verhindert, die Zeit nimmt und die Antwortbogen dann einsammelt. So unschuldig, wie diese seine Aufgaben sich anhören, bleibt er aber – wenn auch überwiegend ungewollt – nicht. So hat sich herausgestellt, daß bestimmte Charakteristika des Testleiters die Testergebnisse stark beeinflussen können. Geschlecht, Alter, Rasse, Hautfarbe, Körperbau; beruflicher oder sozioökonomischer Status, Erfahrung und Übung, Persönlichkeitseigenschaften und die «Erscheinung» bewirken Verbesserung oder Verschlechterung der Testergebnisse (s. Anastasi, 1976, S. 39).

Männliche Probanden geben z. B. weiblichen Testleitern im Rorschach-Test weniger Sexualdeutungen (Rabin u. a., 1954), männliche Probanden weiblichen Testleitern mehr «typisch weibliche» Antworten und umgekehrt (Hyman, 1955). In anderen Untersuchungen stellte sich heraus, daß die Rasse (jüdisch/nicht-jüdisch aussehen oder heißen) (Robinson und Rohde, 1946), die Hautfarbe (Cantrill u. a., 1944) und der berufliche Status der Testleiter (Campbell und Fiddleman, 1959) Interview- oder Rorschach-Antworten veränderten.

Die Ergebnisse sind zum Teil widersprüchlich, zum Teil uneindeutig. Außerdem sind überwiegend «projektive Tests» (Rorschach vor allem) in diesen Untersuchungen eingesetzt worden. Daraus kann man schließen, daß «in der Mehrzahl sorgfältig durchgeführter Testprogramme der Einfluß dieser Faktoren praktisch zu vernachlässigen ist. Dennoch ist der fähige Tester ständig wachsam, um die mögliche Wirkung solcher Faktoren zu minimalisieren» (Anastasi, 1976, S. 41). Man kann aber auch – und die Erfahrung verleitet dazu – dem «fähigen Tester» ob seiner Wachsamkeit mißtrauen und folgern, daß Tests, die von Testleiter-Störgrößen – in welcher Richtung auch immer – beeinflußt werden, unzuverlässig und unanwendbar sind, wenigstens solange Art und Richtung der Verfälschung der Ergebnisse unbekannt sind. Zumindest würden auf diesem Wege falsche und für den Betreffenden folgenschwere Schlüsse aus Testergebnissen verhindert.

c) Das Verhalten des Testleiters

Der Testleiter ist kein Automat; die Instruktion und das Material mögen sich standardisieren lassen, das Verhalten des Menschen, der den Test appliziert, gewiß nicht. Schon in seiner bloßen Existenz und der Unmöglichkeit, ihn zu «standardisieren», liegt ein Störfaktor mit Folgen für die Testergebnisse, wie zahlreiche Untersuchungen zeigen.

So stellt sich heraus, daß autoritäre Testleiter die Größe von Testzeichnungen beeinflußten: sie verringerte sich bei ihrer Anwesenheit (Cassel u. a., 1958). Bei einer Rorschach-Untersuchung stellten sich Unterschiede in der Häufigkeit und Qualität der Antworten ein, je nachdem ob der Testleiter später von den Getesteten als aggressiv oder ängstlich eingestuft wurde (Sanders und Cleveland, 1953). Das «warme» oder «kalte» Verhalten des Testleiters führte zu signifikanten Unterschieden in der Intelligenzleistung, ähnlich die strenge und distanzierte Haltung im Vergleich zu einer «natürlichen» (Exner, 1966, Masling, 1959). Vor allem bei Rorschach-Tests wurde der signifikante Einfluß der Haltung und der Persönlichkeit des Testleiters auf die Testergebnisse immer wieder bestätigt (Baughman, 1951; Lord, 1950; Gibby u. a., 1953; Luft, 1953).

Schließlich spielen die Erwartungen des Testleiters eine wesentliche Rolle; in einer vielzitierten Untersuchung mit dem Rorschach-Test wurde 7 Testleitern (Studenten) mitgeteilt, daß erfahrene Testleiter mehr Menschen- als Tierantworten auslösen, den 7 anderen das Gegenteil. Das Ergebnis war ein signifikanter Unterschied in Menschen- und Tierantworten zwischen beiden Testleitergruppen in Richtung der Instruktion, obwohl kein einziger Testleiter sich später an einen gezielten oder bewußten Einfluß auf die Getesteten erinnern konnte. Zusätzliche Tonbandaufzeichnungen der Test-Sitzungen bestätigten diese Selbstwahrnehmungen (Masling, 1965). Offensichtlich wirkten die Testleiter allein durch Haltung, Mimik und Gestik in der entsprechenden Richtung – ein Sonderfall der «self-fulfilling prophecey» (Rosenthal, 1966; Rosenthal und Rosnow, 1969; s. auch Anastasi, 1976, S. 39f), ohne daß deutlich ist, auf welchem Wege und mit welchen Mitteln sie sich erfüllt hat.

«Der Diagnostikereffekt ist weder inhaltlich noch in seiner Funktionsweise bisher klar umschrieben. Der Diagnostiker stellt für den Probanden einen vielseitigen, verschieden und selektiv interpretierbaren Stimulus dar.» (Hartmann, 1970, S. 63) Das sind aber hinreichende Gründe, einen weiteren jeder Objektivität und Standardisierung des Tests zuwiderlaufenden Faktor zu registrieren, der jede vergleichende wie isolierte Betrachtung und Interpretation von Testergebnissen vereiteln müßte.

d) Interaktion Testleiter – Proband

Selbst wenn der Testleiter sich bemüht, sich «standardisiert» zu verhalten, kann er bestimmte Interaktionsprozesse zwischen sich und dem oder den Getesteten nicht unterbinden. So kann allein schon die Bekanntschaft mit dem Testleiter zu signifikant höheren Testergebnissen führen (Sacks, 1952; Tsudzuki, Hata und Kuze, 1957). Durch Kopfnicken oder andere – vielleicht unbewußte – Formen der Zuwendung werden Probanden belohnt – der eine mehr, der andere weniger (Wickes, 1956; Gross, 1959), was zu unterschiedlichen Ergebnissen im Rorschach-Test führt. Allein daß der Testleiter gelegentlich «gut» sagt, führt zu signifikanter Verbesserung von Testergebnissen (Simkins, 1960). Ermunterung, Ermutigung der verschiedensten Form kann leistungssteigernd wirken (Costello, 1964; Nicholson, 1958). Andererseits kann die Unterbrechung der Interaktion, etwa wenn der Testleiter den Raum verläßt, die Leistung erheblich verbessern (Bernstein, 1956; Kirchner 1966).

Auch die Interaktion zwischen Testleiter und Getestetem erweist sich als eine unkontrollierbare und das Testergebnis mehr oder weniger entscheidend störende Einflußgröße.

e) Einstellungen und Erwartungen des Getesteten

Der Getestete selbst stellt einen zusätzlichen Unsicherheitsfaktor dar. Zwar wird von ihm – als eine testtheoretische Voraussetzung der Meßoperation – erwartet, daß er auf die Frage oder Aufgabe des Tests (Reiz) mit der erwarteten Antwort als Ausdruck der tangierten Eigenschaft, Fähigkeit usw. reagiert. Eine Fülle von subjektiven Einflußgrößen («Störvariablen» auch hier genannt, weil sie die Absicht des Testkonstrukteurs stören, wenn sie auch zur getesteten Person unverrückbar dazu gehören) ist auf dieser Ebene überprüft worden.

Beispielsweise wurde durch eine Instruktion («Die Testergebnisse werden in Ihre Personalakte eingetragen») die Motivation («Ich-Beteiligung») der Probanden erhöht bzw. durch eine andere Instruktion verringert; die «motivierten» Getesteten waren in vieler Hinsicht signifikant besser als die «gleichgültigen» (Calden und Cohen, 1953, s. auch Hartmann, 1970, S. 42). Wurde Probanden vor dem Test mitgeteilt, daß es sich um wissenschaftliche Untersuchungen handele, verschlechterten sich ihre Leistungen signifikant (Flanagan, 1955; Calden und Cohen, 1953).

Die emotionale Betroffenheit durch den Test ist eine andere einflußreiche Größe; wird Probanden mitgeteilt, daß der Rorschach-Test schwerwiegende emotionale Störungen erfaßt, verringern und verändern sich die Antworten signifikant (Henry und Rotter, 1956); ähnlich im TAT (Summerwell u. a., 1958). Schließlich erweisen sich die dem Test mehr oder weniger unmittelbar vorausgehenden Erfahrungen als ein Risikofaktor für vergleichbare Testergebnisse (Klatskin, 1952; McCarthy, 1944; Reichenberg-Hackett 1953; Davis, 1969a, 1969b).

Der letzte Faktor mag die Schlußfolgerung unterstreichen: die subjektive «Beschaffenheit» des Getesteten – sein Engagement, seine Einstellung hier und heute, seine Erlebnisse und Erfahrungen gestern und vorgestern, sein Interesse am Test, wie gut er in der Nacht geschlafen hat, ob er Angst vor dem Test hat, ob er sich gestreßt und angespannt fühlt, was er in den nächsten Tagen vor sich hat, das und noch vieles andere mehr hat fatalen Einfluß auf das individuelle Testergebnis. Was helfen da noch irgendwelche Normen? Was hilft der Versuch, irgendein Detail aus dieser unübersehbaren Fülle «störender» Variablen standardisieren zu wollen?

f) Testangst

Die am häufigsten und gründlichsten untersuchte «Störvariable» ist die Testangst; die Erfahrung der Psychodiagnostiker hat frühzeitig zu der Einsicht geführt, daß ängstliche Probanden vom Test benachteiligt werden; allerdings stellte sich heraus, daß der Zusammenhang zwischen Leistungsvermögen und Angst etwas komplizierter ist.

Im wesentlichen wurde ein negativer Zusammenhang zwischen Schulleistung bzw. Intelligenztestleistung und Testangst registriert, der sehr signifikant war (Sarason, 1961) und der auch in Längsschnittuntersuchungen nachgewiesen werden konnte (Hill und Sarason, 1966; Sarason, Hill und Zimbardo, 1964). Andererseits konnte gezeigt werden, «daß die Beziehung zwischen Angst und Testleistung nicht linear ist; ein geringer Grad von Angst wirkt sich positiv, ein hoher Grad negativ aus» (Anastasi, 1976, S. 38).

Insgesamt ist zu unterscheiden zwischen dem Grad der Angst, den die Person schon in die Testsituation mitbringt und der für sie charakteristisch ist, und der durch den Test selbst induzierten Angst. Durch die Testbedingungen induzierte Angst führt bei prinzipiell niedriger Angst zur Erhöhung, bei prinzipiell hoher Angst zur Erniedrigung der Testleistungen (Anastasi, 1976). Was läßt sich aus diesen Ergebnissen schlußfolgern?

- Einmal, daß Angst die Testergebnisse sehr wohl beeinflußt bei Benachteiligung ängstlicher Personen;
- zweitens, daß jede Testsituation, die keinen Spiel- oder Versuchscharakter hat, Angst produziert, mit der einige Personen besser fertig werden als andere, die auf den einen anders wirkt als auf den anderen;
- drittens, daß die normale Testsituation, da sie unter Zeitbegrenzung abläuft, wodurch zusätzlicher Zeitdruck entsteht, eher angsterhöhend wirkt;
- viertens und zusammenfassend schließlich, daß Angst und Testangst Störvariablen sind, die – mehr noch als die anderen, weil sie deutlich machen, in welchem Ausmaß jedes Individuum seine eigene Geschichte und seine jeweilige Besonderheit, die von der getesteten Eigenschaft oder Fähigkeit *untrennbar ist*, in die Testsituation mitbringt – den Anspruch von Objektivität und Vergleichbarkeit von Testergebnissen zu einer Farce werden lassen.

g) Die Situation des Getesteten

Und der Proband selbst, über «Faktoren» und «Störvariablen» hinweg? Was passiert mit ihm in der Testsituation, was hält der Tester von ihm, wie wird er behandelt?

Er wird zunächst einmal seiner möglichen Erfahrungen beraubt. Sollte er bestimmte Tests schon einmal durchlaufen haben, dann könnte er davon profitieren, und das muß verhindert werden. Es hat sich nämlich in Untersuchungen zu diesem Problem herausgestellt, daß man von Tests profitieren kann und bei ihrer zweiten Beantwortung besser ist als bei der ersten (Quereshi, 1968; Dearborn und Rothney, 1941). Das würde (und *alles andere nicht* oder nur am Rande, so ist es bei Anastasi nachzulesen!) die exakte Messung empfindlich stören (Anastasi, 1976, S. 43)! Selbst andere Tests können zur «Test-Weisheit» (test sophistication) führen – eine wahre Zeitbombe unter dem Hintern der Testkonstrukteure, denn es werden nun mal immer mehr Tests angewendet (s. Anastasi, 1976, S. 44)!

Der Getestete wird moralisch eingewickelt. In Persönlichkeitstests soll er «freimütige und aufrichtige Antworten geben auf Fragen über sein persönliches Verhalten»; in projektiven Tests soll er «seine von der Reizvorlage hervorgerufenen Assoziationen vollständig wiedergeben, ohne den Inhalt irgendwie zu beschränken . . . In jedem Fall soll der Testleiter bemüht sein, den Getesteten zu motivieren, damit er den Instruktionen so vollständig und gewissenhaft wie möglich folgt» (Anastasi, 1976, S. 35). Der stille Zwang moralischer Sprüche sollte nicht übersehen werden: «Tust du es nicht, mußt du die Folgen schon selbst tragen; die Szene beherrsche ich, der Psychologe!»

Er wird ausgetrickst und belogen. Damit Testergebnisse nicht verfälscht (!) werden, schlägt Ebel vor:

– «mehr falsche als richtige Aussagen im Test zu verwenden,
– die Aufgaben so zu formulieren, daß eine ‹oberflächliche Logik› die Wahl einer falschen Antwort nahelegt,
– die Distraktoren (etwa: Ablenkungsaufgaben, G. R.) in Übereinstimmung mit allgemein vertretenen Fehlauffassungen oder irrelevanten Meinungen zu formulieren und
– die Antwortmöglichkeiten so zu gestalten, daß Testerfahrene, die die geforderte Kenntnis nicht besitzen, in die Irre geführt werden» (Ebel, 1971, S. 423).

Er wird mißtrauisch beäugt und verängstigt. Um ihm jede «Täuschung» zu verleiden, wird folgende Instruktion vorgeschlagen: «Man kann nicht erraten, welche Antwort von uns günstiger beurteilt wird. Man könnte z. B. daran denken, auf die Frage: ‹Versenken Sie sich gern in Träumereien› ‹nein› zu antworten, weil man dokumentieren soll, daß man kein ‹Träumer› ist. Unter Umständen zeigt man sich durch eine solche Antwort aber als phantasielos und stumpf . . .» Wie man's auch anstellt – der Dumme ist immer der Getestete; ist er kein Träumer, dann eben phantasielos und dumm. «Man kann bei manchen Fragen des Fragebogens den Eindruck haben, leicht durchschauen zu können, welche Antwort den ‹besseren Eindruck› macht. Glauben Sie mir, das ist eine Fehlannahme!» (Hoeth und Koebler, 1967, S. 119, 121.)

Er wird schließlich getäuscht. Die Prima-facie-Gültigkeit (face-validity) «ist die durch den Augenschein angedeutete Gültigkeit, die aber nicht immer der tatsächlichen Gültigkeit entsprechen muß. Aus psychologischen Gründen empfiehlt es sich manchmal, die tatsächliche Gültigkeit eines Tests – insbesondere eines charakterologischen Tests – zu verschleiern, so daß der Proband vom Inhalt der gestellten Aufgaben nicht auf die Absicht schließen kann. In diesem Falle wäre also die Prima-facie-Gültigkeit irreführend» (Belser, 1975, S. 117).

Die Folgen für das Testverhalten des Probanden sind weitreichend (Rexilius, 1976, S. 206f). Was hier passiert, ist die Realisation eines Herrschaftsverhältnisses, Ausübung von Macht. Gibt es etwas anderes als Widerstand dagegen? Machen all diese Maßnahmen den Test glaubwürdiger? Verläßlicher? Wird er durch sie objektiver oder valider?

h) Zusammenfassende Bemerkungen

Die äußeren Bedingungen der Testsituation sind nicht zu standardisieren, so wenig wie die äußeren Charakteristika des Testleiters und sein Verhalten. Die Interaktion Testleiter–Getesteter unterwirft sich keiner noch so strengen Regelung, die Einstellungen und Erwartungen des Getesteten lassen sich durch keine Instruktion und keine Drohung disziplinieren. Gelernte Angst wie Testangst entgehen jeder Kontrolle, und kein Getesteter dürfte sich eigentlich einer derart erniedrigenden Prozedur freiwillig überlassen, wie sie im letzten Abschnitt geschildert worden ist.

Andersherum: Eine unüberschaubare Fülle möglicher «Störvariablen» wirkt unkontrolliert, undurchschaut, unerkannt in das Testergebnis hinein. Sie werden in der Testpraxis weitgehend ignoriert oder sind nicht einmal bekannt. Kein Testresultat kann ihnen aber entgehen, und keines dürfte interpretiert werden ohne ihre Kenntnis, die ihren Anteil am Zustandekommen des Ergebnisses mathematisch oder gedanklich-intuitiv oder wie immer faßbar zu machen versuchte.

Wir halten fest: Die Fülle unbekannter, unkontrollierter und zum Teil nachweislich bedeutend einflußreicher «Störvariablen» – also neben der geplanten (Testitem) außerdem vorhandene Determinanten des Testergebnisses – macht *jede* Testinterpretation zu einem waghalsigen Drahtseilakt oder zu einem Akt vorsätzlicher Täuschung des Getesteten.

5.3 Das Diagnostische Urteil

5.3.1 Welche Informationen liefern Tests?

Tests werden angewandt, und zwar in steigendem Maße; der eigene Zweifel macht aus der Wirklichkeit keinen Traum. Einige der wichtigsten Gründe sind eingangs aufgelistet worden. Ob in der Klinik oder in der Schule, auf dem Arbeitsamt oder in der Erziehungsberatungsstelle – um Entscheidungen fällen, Vorhersagen machen, Urteile aussprechen oder Ratschläge geben zu können, sollen bestimmte Fähigkeiten, Eigenschaften, Intelligenzbestandteile usw. «gemessen», d. h. Informationen über sie und damit über die jeweilige Person eingeholt werden. Damit ist vorausgesetzt, daß wesentliche, hilfreiche, gehaltvolle, sinnvolle, brauchbare Informationen durch Tests geliefert werden. Obwohl das Gegenteil der Testziele längst unbestreitbar ist, soll der Frage weiter nachgegangen werden.

Vier verschiedene Verfahren setzte ein amerikanischer Forscher ein, um die jeweils gelieferte Information vergleichen zu können: den MMPI (ein vielgebräuchlicher Persönlichkeitstest), den Rorschach-Test, den Satz-Vervollständigungs-Test (Sentence completion, ein «projektives» Verfahren), die Fallgeschichte des Klienten; zusätzlich wurde das Bild des Klienten gezeigt zuzüglich einiger Informationen über Alter, Beruf und Erziehung der Klienten. Die letzte – sehr spärliche – Information gestattete die besten absoluten Vorhersagen über die Entwicklung des Klienten, übertroffen nur von einer Kombination Fallgeschichte-Rorschach (Kostlan, 1954). In einer ähnlichen Untersuchung stellte sich heraus, daß über vier Eigenschaften (Anpassung, Ich-Stärke, Intelligenz, Abhängigkeit – was immer damit gemeint sein mag) die besten Informationen dann eingeholt werden konnten, wenn eine einzige Methode (MMPI, Rorschach, Wechsler-Intelligenz-Test oder Information über die berufliche Vergangenheit) angewendet wurde zur Informationsgewinnung; mit der Zunahme der Methoden verringerte sich der Informationsgehalt (Goldberg und Werts, 1966). Sines (1959) stellte fest, daß Anamnesedaten und Interview zuverlässigere Aussagen erlaubten als zusätzlich MMPI und Rorschach als Informationsquellen. Ähnliche Ergebnisse fanden auch andere Autoren (Barendregt, 1961; Soskin, 1954, 1959; Golden, 1964).

Noch fataler wird die Situation, wenn der Informationsgewinn durch «projektive» Verfahren überprüft wird, deren Schwierigkeit im wesentlichen darin besteht, daß

– erst einmal die getestete Person einen ambivalenten Reiz
– und dann noch der Kliniker den ambivalenten Reaktionsset des Klienten interpretiert.

Eschenbach und Borgatta (1955) resümieren, daß die Korrelationen projektiver Daten mit externen Kriterien oft bei Null oder wenig darüber liegen, also praktisch zwischen Testergebnis und anderen Maßen oder Urteilen oder Verhaltensweisen keinerlei Zusammenhang besteht – außer bei der Intelligenz; aber Intelligenztestdaten sind mit weniger Aufwand, so die Autoren, leichter zu erhalten.

Die Zuwachsvalidität (incremental validity [Mischel, 1968]), d. h. der Informationsgewinn durch Hinzuziehung einer neuen Methode (bei näherem Hinsehen das einzig akzeptable Validitätsmaß) der meisten diagnostischen Verfahren ist gering, zu vernachlässigen, unbedeutend. Die gegenwärtigen Standard-Diagnose-Verfahren sind so gesehen ein «extravagant waste of time» (eine zügellose Zeitverschwendung) (Marks, 1961).

Wir halten fest: Diagnostische Tests sind ein nutzloser und unproduktiver Aufwand. Was nach allen bisherigen Überlegungen zu erwarten war: sie sind Bluff, der dem Anwender auch keinen Millimeter auf dem Weg zu seinem angestrebten Ziel vorwärts hilft.

Ein zusätzlicher Hinweis zu diesem Sachverhalt ist einer gründlichen empirischen Studie über die bei uns gebräuchlichsten Schulreifetests zu verdanken. In der Zusammenfassung der Ergebnisse heißt es dort unter anderem: «Schulreifetests weisen mit dem Schulerfolg bei unterschiedlichen Bedingungen unterschiedliche Zusammenhänge auf. Die Höhe der signifikanten Zusammenhänge zeigt, daß mit einem Schulreifetest nur eine Art von Lernvoraussetzungen gemessen wird und nicht die Summe der Lernvoraussetzungen, die für einen Erfolg in der Schule nötig sind.» Außerdem wird auf den geringen Zusammenhang zwischen Schulreifetest und Intelligenztest und ihre, bei gemeinsamer Anwendung, geringe Vorhersagesicherheit hingewiesen (Löschenkohl, 1975, S. 97).

Wir halten fest: Obwohl mit sehr verschiedenen Testverfahren an verschiedenen Personengruppen und mit unterschiedlichem Ziel durchgeführt, lassen diese und andere Ergebnisse nur den Schluß zu, daß psychologische Tests, ob «objektive» oder «projektive», im Verhältnis zum Aufwand so gut wie keine Informationen über die getestete Person liefern.

5.3.2 Der Prozeß der Urteilsbildung

Schließlich und endlich gehen die Testdaten in ein Gutachten, ein klinisches Urteil, eine Empfehlung ein. Die Interpretationsobjektivität, von der weiter oben die Rede war, läßt sich durch Standardisierungsprozesse nicht mehr erreichen – wenn auch Vorschläge der Automatisierung, Computerisierung der Urteilserstellung, wie sie vor allem aus den USA immer häufiger zu hören sind, diese testtheoretische Axiome immer noch anzubeten scheinen; die Idealvorstellung auf dieser Basis wäre die, eine Diagnosemaschine zu entwickeln, in die der zu Testende hineingesteckt wird, die automatisch und bis ins Detail standardisiert funktioniert, schließlich auch noch die Testergebnisse nach programmierten Regeln interpretiert und den Getesteten mit dem Urteil oder Gutachten, schwarz auf weiß, in Zahlen oder Worten, verschlüsselt oder auch ihm verständlich, entläßt. Ich bin sicher, der Traum wird sich erfüllen.

a) Die Fähigkeiten und Eigenschaften des Urteilens

Bis dahin aber werden weiterhin Individuen andere Individuen begutachten und beurteilen müssen. Damit sie nicht völlig willkürlich und ungeregelt handeln und schlußfolgern, werden hohe und höhere Ansprüche an sie gestellt.

Verlangt wird «eine optimale geistige Beweglichkeit . . . Diese Flexibilität muß optimal sein, d. h. sie muß die Mitte halten zwischen Starrheit und undisziplinierter Flüchtigkeit»; sie muß zur «treffsicheren Einsicht» gelangen, es geht insgesamt bei der Frage nach dem psychologischen Urteiler um «die Qualität des menschlichen Geistes» (Bierkens, 1968, S. 157). Die Begründung für diese Anforderungen an den Urteiler folgt auf dem Fuße: «Bei der individuellen psychologischen Untersuchung gibt es keine einzige Formel, keinen Testbefund und keine Verhaltensform, die imstande ist, die Treffsicherheit des psychodiagnostischen Denkens, Reagierens, Handelns und Folgerns vollständig zu fundieren. In den konkreten Umständen dieser Art ist der Psychologe, soviel Rückhalt ihm seine Wissenschaft auch gibt, letztlich auf sich selbst angewiesen, auf die eigene Findigkeit und Gewandtheit, den richtigen Weg zu einem adäquaten Urteil oder zu einer adäquaten Beratung zu finden. Genau hier liegt der Tätigkeitsbereich seiner ‹ars›», die umschrieben wird mit «wissenschaftliche Kenntnis, Erfahrung, Besonnenheit, Phantasiebegabung, Mut zur Entscheidung, mitmenschliche Anteilnahme» (Bierkens, 1968, S. 173).

Abgesehen einmal davon, wieviel Vertrauen dieser «ars» (Kunst) zu schenken ist und wie wenig griffig sie ist; daß keiner der vielen schönen und moralisch wertvollen Begriffe auch nur annähernd verbindlich und vermittelbar definiert ist und vom Klienten verlangt wird, daß er mit einer gehörigen Portion Gottvertrauen und noch mehr blinder Zuversicht davon ausgeht, sein Urteiler besitze alle diese lobenswerten Eigenschaften; und daß hier jeglicher Anspruch auf Kontrolle und Überprüfbarkeit eines Urteils aufgegeben wird: Da keine Ausbildung eines Psychologen sich mit derartigen Inhalten belastet, muß die «klinische Erfahrung» dann wohl zur Entwicklung jener «Qualität des menschliches Geistes» führen!

Auf die klinische Erfahrung als Garanten verläßlicher und richtiger Urteile berufen sich denn auch alle Praktiker. Dazu stellte Crow (1957) fest, daß geübte Urteiler bei der Vorhersage der Reaktionen von Klienten nicht besser waren als ungeübte Personen; Goldberg (1959, 1965) ließ den Bender-Gestalt-Test (ein Verfahren zur Feststellung geistiger Behinderung bzw. Hirnschädigung) von erfahrenen Klinikern und einfachen Mitarbeitern auswerten und stellte keinen Unterschied fest; zusätzlich stellten sich die Urteile beider Gruppen als schlechter heraus als ihre Urteile auf Grund einer Basisinformation – Prozentzahl Hirngeschädigter in der Gesamtbevölkerung. «Die klinische Erfahrung, auf welche zahlreiche Praktiker und Dozenten psychologischer Diagnostik so gerne pochen» (Cohen, 1965, S. 151), erweist sich als unsichere Basis für richtige Urteile, wie auch eine Fülle anderer Untersuchungen zeigte (Hammond, 1955; Silvermann, 1959; Hunt und Blomberg, 1961; Oskamp, 1962).

Ein anderer «Punch» gegen die Verläßlichkeit des klinischen Urteils ist die «Zuwachsschnelligkeit» (incremental speed) (Mischel, 1968), d. h. die Schnelligkeit, mit der ein endgültiges Urteil gefällt wird. Hamlin (1954) stellte fest, daß neben zuwenig auch zuviel Information die Urteilsgenauigkeit beeinflußt. Dabei ist die Fülle der Informationen nicht einmal entscheidend; es stellte sich nämlich heraus, daß schon nach den ersten Sitzungen das Urteil über den Klienten feststeht und sich dann so gut wie nicht mehr ändert, welche Informationen immer hinzukommen (Meehl, 1960); weitere Informationen werden unter dem Gesichtspunkt der einmal entwickelten Vorstellungen selegiert (Soskin, 1954).

Eine interessante Pointe dieser Untersuchungen ist, daß die Genauigkeit des Urteils negativ korreliert mit der Selbstsicherheit des Urteilers (Goldberg, 1965); diese Selbstsicherheit steigert sich mit der klinischen Erfahrung (Oskamp, 1962).

Und noch ein Ergebnis ist für diesen Zusammenhang wichtig: es stellte sich in einigen Untersuchungen ein sog. «Drall ins Pathologische» heraus (Cohen, 1965, S. 146): klinische Experten, also «gute Urteiler» nach ihrem Selbstverständnis und den eingangs formulierten Ansprüchen, interpretierten Testdaten (TAT, Rorschach) eher pathologisch als andere Urteiler bzw. als sie selbst auf Grund anderer Informationen (biographische Daten) (Soskin, 1954, 1959; Little und Shneidman, 1959); ganz ähnliche Erfahrungen berichtet Dörner (1975, S. 143). Cohen (1965, S. 146f) führt diese Verzerrungstendenzen des Urteils auf die «implizite Persönlichkeitstheorie» zurück; er weist damit auf Determinanten des klinischen Urteils hin, die noch schwerer zu untersuchen, aber auch zu kontrollieren sind als die bislang erwähnten. So wird in der sozial-psychologischen Literatur immer wieder auf den «Halo-Effekt» (etwa «Hof-Effekt») hingewiesen: die positive oder negative, sympathische oder unsympathische Einstellung einem Menschen gegenüber (etwa durch einen «ersten Eindruck», dem auch der «erfahrene Urteiler» unterliegt), führt zu einer positiven oder negativen Färbung aller folgenden Eindrücke und Informationen. Dann läßt sich ein «logischer Fehler» nachweisen: Verhaltensweisen, Eindrücke, Informationen werden ähnlich bewertet und zusammenhängend interpretiert, die einem – auf Grund bestimmter Vorstellungen über Persönlichkeit, Verhalten, psychische Gesetzmäßigkeiten – logisch erscheinen. Außerdem die «implizite Persönlichkeitstheorie»: schon ganz wenige Informationen über eine Person führen zu einem fixen, vollständigen und unverrückbaren Bild von der Person.

Daneben treten andere nachgewiesene aber weniger gründlich untersuchte Urteilsfehler auf: Mildefehler, Kontrastfehler, Ähnlichkeitsfehler, Projektionsfehler (s. im einzelnen dazu: Cranach und Frenz, 1969). Und schließlich, last but not least, weil von einer besonders differenzierten und schwer zu durchschauenden und kontrollierenden Wirkungsweise, die «Erwartungshaltung des Urteilers, die zu einer self-fulfilling prophecy» führen kann: sie «verändert das Verhalten des Diagnostizierten (und das Verhalten des Diagnostikers) in der einmal – aus welchen Gründen auch immer – vermuteten, befürchteten oder gewünschten Richtung» (Dörner, 1975, S. 145); und das gilt sicher nicht nur für die psychiatrische Diagnose, das gilt in gleichem Maß für das psychologische Urteil, die Empfehlung des Psychologen.

Selbst die bestgeschulten Psychologen, die erfahrensten Urteiler mit der perfekten Selbstkontrolle dürften nicht in der Lage sein, all die genannten Fehlermöglichkeiten, von der Diskrepanz zwischen Selbstsicherheit und Urteilsgenauigkeit bis hin zu Milde- und Projektionsfehlern, auch nur annähernd zu kontrollieren. Es klingt geradezu wie Hohn, auf dem Hintergrund dieser Sachverhalte über den Urteiler zu sagen: «Er muß die Befunde kategorisieren, kombinieren, interpretieren und sie gegeneinander abwägen ... in vielen Fällen kann er gar nicht verhindern, daß dabei allmählich ein Persönlichkeitsbild entsteht, aber er muß bis zum Schluß bereit bleiben, aus dem Gesamtbereich der Befunde neue Gesichtspunkte aufzunehmen.» (Bierkens, 1968, S. 173) Als wäre auch nur ein einziger potentieller Fehler durch den moralischen Appell an irgendeine «Bereitschaft» zu vermeiden!

Auch mit dem «hohen Verantwortungsbewußtsein» und den «gründlichen psychologischen Fachkenntnissen» (Gutjahr, 1974, S. 16) dürfte es kaum getan sein, und nicht mit «einer langen Periode intensiven Trainings und supervisierter Erfahrung» (Anastasi, 1976, S. 45). Wir wissen inzwischen, daß nicht nur auf die Instrumente, sondern auch auf die erfahrenen Experten absolut kein Verlaß ist – wer soll dann die «supervisierte Erfahrung» vermitteln? Und dann: die meisten Psychologen haben von Urteilsfehlern und empirischen Resultaten zur Verläßlichkeit von Urteilen vielleicht während ihres Studiums mal was gehört, aber dann schleunigst wieder vergessen. «Psychometriker haben sich mehr und mehr auf die technischen Verbesserungen der Testkonstruktion konzentriert und dabei den Kontakt mit Entwicklungen in Bereichen des Lernens, der kindlichen Entwicklung, der individuellen Unterschiede verloren ... Testergebnisse können aber nur adäquat interpretiert werden auf dem Hintergrund allen Wissens über das Verhalten, das die Tests messen sollen.» (Anastasi, 1976, S. 46) Offensichtlich fehlt ihnen jedes gründliche Wissen über Voraussetzungen, Verfahren und Folgen des Testens, das wir bislang angesammelt haben – sonst hätten sie ihre Tests wohl längst zur nächsten Müllkippe getragen.

b) Psychometriker, Kasuistiker und die Quintessenz

Auf dem Hintergrund der Materialien über den Informationsgehalt psychologischer Tests und den Urteilsprozeß mutet der heftig geführte Streit zwischen «Psychometrikern» und «Kasuistikern» an wie der Kampf zweier blinder Hühner um das Korn, das längst Wurzel geschlagen hat. So schimpft der Kasuistiker Bierkens: Die «Menschen mit psychischen Schwierigkeiten» fühlen sich oft «menschlich vernachlässigt, wenn sie direkt mit seltsamen und für sie undurchschaubaren Prüfungsaufgaben konfrontiert werden, die zwar ein Maximum an meßtechnischer Exaktheit darstellen, aber auch ein Maximum an Unpersönlichkeit ... In dieser Situation kann und muß man von dem Gedanken ausgehen, daß ein metrischer Test nur ganz bestimmte – wenn auch wichtige – Aspekte des ganzen menschlichen Verhaltens aktivieren kann. Was mit Hilfe von Tests zum Vorschein kommt, ist ... zu einem guten Teil das Ergebnis einer subjektiven Auswahl des Testkonstrukteurs mit allen deren Einschränkungen» (Bierkens, 1968, S. 167).

Diesem Gemisch aus moralischer Anklage und richtiger Kritik hält der Psychometriker entgegen: Es ist darauf zu verweisen, «daß kasuistisch begründete Aussagen noch viel größere Unsicherheiten enthalten, die oft nicht einmal quantitativ zu fassen seien, da sie keine Möglichkeit zur Bestimmung des Meßfehlers bieten» (Gutjahr, 1974, S. 264). Und einer der Ahnherren der modernen Testerei, R. B. Cattell, meint: «Was die Kliniker aus jahrelanger Erfahrung in Form wahrgenommener dynamischer Einheiten extrahierten, abhängig vom menschlichen Gedächtnis mit all seinen Fehlermöglichkeiten, kann viel objektiver und präziser erreicht werden durch die Hypothesenbildung, wie sie in der multivarianten statistischen Analyse enthalten ist.» (Cattell und Warburton, 1967, S. 3)

Ich weiß nicht, ob R. B. Cattell als Zyniker in Kollegenkreisen bekannt ist; mit diesem Satz hat er sich aber als solcher qualifiziert. Die ganze bisherige Diskussion hat gezeigt, daß im Zusammenhang mit psychometrischen Tests weder von Präzision noch von Objektivität gesprochen werden kann. Und daß Tests kaum weniger Fehlermöglichkeiten enthalten als das menschliche Gedächtnis. Konkret auf den Prozeß der Urteilsbildung bezogen: psychologische Tests liefern so gut wie keine Informationen; die wenigen, die sie liefern, sind uneindeutig, praktisch nicht zu interpretieren. Tests haben keine «incremental validity», d. h. sie vermitteln über Basisinformationen hinaus (Anamnese, Sozialdaten) keine weiteren Kenntnisse über die getestete Person.

Wir halten fest: Ob Kasuistiker – mehr am Rande – oder «objektive» Psychologen – vor allem – Tests verwenden – ihre Urteile sind von einer derartigen Fülle von Urteils- und Interpretationsfehlern mitgeprägt und nachweislich derart ungenau, daß – beide Faktoren, den fehlenden Informationsgehalt psychologischer Tests und die fehlende Urteilsgenauigkeit zusammengenommen – Urteile, Gutachten, Empfehlungen *sachlich gesehen* keinerlei Berechtigung haben. Sie sind, sieht man genau hin, ein zu mächtiger, irritierender Größe aufgeblasener Schwindel – man muß einfach hineinpieken!

5.3.3 Die Folgen

«Psychodiagnostische Aussagen sind oft die Grundlage für weitreichende, in das Leben der betreffenden Persönlichkeit (Probanden) tief eingreifende Entscheidungen.» (Gutjahr, 1974, S. 16) Dem ist nichts hinzuzufügen, die Aussage entspricht der Alltagserfahrung, wir sind alle mehr oder weniger direkt betroffen. Die Entscheidungen, die über uns gefällt werden (oder die wir selbst fällen), haben die unangenehme Tendenz, uns irgendwo auf der gesellschaftlichen Landkarte zu fixieren: das kann geschehen durch schulische, durch berufliche Entscheidungen, durch Einfluß auf persönliche Entwicklungen und Eingriffe in sie. Zur Fixierung tragen die psychodiagnostischen Tests ein Gutteil bei: ob sie zu dem Schluß führen, Hauptschule sei «günstiger» als Gymnasium; Elektriker besser als technischer Angestellter; der andere Bewerber sei für diesen Job geeigneter; ich sei neurotisch oder labil oder psychisch gefährdet, meine Intelligenz sei nur durchschnittlich – in jedem Falle wird über mich nicht nur eine Aussage gemacht, es wird ein Urteil gefällt, das in der Regel einem «lebenslänglich» gleichkommt.

Daten und Urteile des Testers oder Diagnostikers führen zu Entscheidungen, die existentiell sind. «Die Testdiagnostik enthält die Gefahr einer endgültigen Beurteilung von Schülern. Aufgrund der Verwendung von Tests als Prognoseinstrumente werden nur Frühentwickler weitergefördert, während andere Kinder schon frühzeitig als ‹unbegabt› oder dergl. abqualifiziert werden.» (Projektgruppe, 1973, S. 90) Dieses Beispiel ist beliebig zu verallgemeinern.

Psychologische Tests, so hat sich bis hierher herausgestellt,

- haben eine nur spekulative, unbegründete und unbelegte theoretische Basis;
- gehen von meßtheoretischen Voraussetzungen aus, die auf psychologische Sachverhalte nicht anwendbar sind;
- werden durch Gütekriterien «abgesichert» (Objektivität, Validität usw.), die ihren Ansprüchen nicht im entferntesten gerecht werden können;
- werden von einer unermeßlichen Fülle situativer Störvariablen beeinflußt;
- liefern keine sinnvollen oder interpretierbaren Informationen;
- fundieren einen willkürlichen und versubjektivierten Urteilsprozeß.

Es gibt weder für Testerei selbst noch für Urteile, Entscheidungen, Empfehlungen, die sich ihrer bedienen, eine sichere, hinreichende, auch nur in dieser oder jener Hinsicht verläßliche Grundlage – und doch wird auf dieser Grundlage getestet, geurteilt, verurteilt. Warum? Für wen?

5.4 «Immanente» Verbesserungsvorschläge

Kritik an der Testerei, an Meß- und Testtheorie, an der Psychodiagnostik mündete immer wieder innerhalb der Psychologie in eine Fülle von Versuchen, Alternativen zur Intelligenz- und Persönlichkeits-«Messung» in Theorie und Methodik zu entwickeln bzw. die Testerei selbst zu verbessern. Die wichtigsten sollen kurz andiskutiert und eingeschätzt werden.

5.4.1 Forderungen an die «Testanwender»

Die simpelste und deshalb oft ausgesprochene Forderung geht an die Testanwender (ob Psychologen oder Lehrer, Sozialpädagogen oder Erzieher): mit ausgeprägter Sorgfalt, persönlichem Bemühen und gut vorbereitet Tests abzunehmen. So sollen sie die Instruktionen auswendig lernen, sich «natürlich» und nicht «förmlich» in der Testsituation verhalten, das Material gut vorbereiten, die Tische richtig hinstellen, für Bleistifte sorgen usw. (Anastasi, 1974, S. 32).

Der Schüler (wie jeder Getestete) muß sich auch «darauf verlassen können, daß diese Tests valide sind und unparteiisch durchgeführt werden» (Ingenkamp und Marsolek, 1973, S. 24). Das setzt andererseits auf der Seite der Lehrer (wie jedes anderen Testleiters) voraus, daß sie sich «weit mehr als bisher bewußt machen, in welchem Maße Schülerverhalten veränderbar ist, und wie sehr sie selbst dieses Verhalten beeinflussen» (Projektgruppe, 1973, S. 19). Nach Möglichkeit soll der Testleiter also einen vollständigen Überblick über den Test, seine Voraussetzungen, seine Möglichkeiten, seine Grenzen und die möglichen «Störvariablen» haben.

Wie kann die Perfektionierung des Testanwenders errreicht werden und wie sieht sie aus? «Nur gute Ausbildung und Vertrautheit mit den Besonderheiten sozialwissenschaftlicher Messungen, ihrer Meßfehler, ihrem Charakter von Wahrscheinlichkeitsaussagen können den Lehrer vor Fehlinterpretationen bewahren. Auch ein Meßinstrument ist gegen seinen Mißbrauch nicht gefeit.» (Ingenkamp, 1973, S. 33) Der Lehrer (und der Psychologe) muß also, um alle notwendigen Kenntnisse zu haben und die Situation des Testens objektivieren und kontrollieren zu können, eine besonders gute und gründliche Ausbildung erhalten; zusätzlich muß er noch, «um pädagogisch sinnvolle Entscheidungen treffen zu können, die individuelle Situation des Schülers beachten» (Langfeld, 1974, S. 132). Wenn man alle Forderungen, die an Lehrer (und das gilt, entsprechend abgewandelt, auch für Psychologen) im Zusammenhang mit der zunehmenden Verwendung von Tests gestellt werden, zusammennimmt, dann bleiben folgende Möglichkeiten: Tests werden aus der Schule (und dann wohl auch anderswo) verschwinden; sie werden weiter in sinnloser oder für den einzelnen schädlicher Weise angewendet; oder es wird eine stupide Technokratengeneration ausgebildet werden, die statt mit dem Rohrstock mit dem Test in der Hand den Unterricht leitet. Lehrer (und Psychologen) sollen funktionieren wie Roboter, um alles möglichst «objektiv» zu halten, keine negativen Einflüsse auszuüben, um perfekt zu handeln im Sinne standardisierter Testanwendung. Ziel ist die «Professionalisierung des Lehrerberufs», sind «zusätzliche Beobachtungstechniken, Schätzskalen und Auswertungsmodi» (Ingenkamp, 1973, S. 42), die der Lehrer natürlich beherrschen muß, in Theorie, Empirie und Praxis.

Die Utopie rückt gefährlich nahe. Gutjahr berichtet über «objektive Leistungsanalysen» in DDR-Schulen. «‹Stille› Lehrer . . . gelangten plötzlich zu hohem Ansehen ..., weil die von ihren Klassen erzielten Leistungen Spitzenergebnisse darstellten ... ‹beste› Lehrer ... mußten um ihren Ruf bangen ... Diese ‹Umbewertung› war typische Begleiterscheinung des Übergangs von allgemeinen Einschätzungen zur Analyse der Bildungs- und Erziehungsergebnisse nach zunehmend wissenschaftlichen Methoden.» (Gutjahr, 1974, S. 265) Alles, was die vorher «besten» Lehrer ihren Schülern vielleicht sonst noch mitteilten, vermittelten, lehrten, wird irrelevant, Beiwerk, überflüssig; «der Beste» ist der perfekte Technokrat, der mit den Schülern nur noch vermittelt über das Medium «Test» verkehrt. Zur Standardisierung aller Bedingungen als Voraussetzung optimalen Einsatzes «wissenschaftlicher Methoden», also psychologischer oder pädagogischer Tests, sollte man vielleicht den Unterricht – konsequent in Anlehnung an «programmiertes Lernen» – automatisieren, um die «störende» Interaktion Lehrer–Schüler möglichst weit zu reduzieren.

Nicht nur, so folgt aus diesen Überlegungen, ist die Testanwendung selbst eben wegen des Tests fragwürdig; die Forderungen an den Testanwender sind zudem zum einen geeignet, ihn zum Anhängsel eines «Instruments» zu machen, das gar keines ist; zweitens ist die verlangte Ausbildung der Testanwender Utopie ohne jeden Realitätsgehalt; und drittens schließlich wird keine noch so gründliche Ausbildung eine auch nur annähernd den Durchführungsnotwendigkeiten von Tests entsprechende «Standardisierung» der Bedingungen erreichen.

Für Psychologen hat die Amerikanische Psychologengesellschaft (APA) «Ethische Grundregeln» erlassen, die von ihnen Verantwortlichkeit, Fähigkeit, moralische und ethische Standards usw. verlangen. Man darf getrost davon ausgehen: was Tests nicht als sogenannte «Instrumente» mitbringen, was aufgrund der Tatsache, daß Lebensbedingungen (zu denen Testbedingungen gehören) und Menschen sich nicht standardisieren lassen, unerreichbar ist, wird sich auch durch unverbindliche und völlig folgenlose moralische Gebote nicht herstellen lassen.

5.4.2 Theoretische Korrektur durch die «Verhaltenswissenschaftler»*

Daß Tests zur Benachteiligung von Unterschichtkindern führen, wird vielfach zugegeben: wegen ihrer Betonung sprachlicher Faktoren, wegen ihrer Orientierung an Mittelschichtennormen, wegen der Standardisierungsprozeduren, die soziale Schichtung reproduzieren, und wegen der theoretischen Grundlagen, die eine schicht- bzw. klassenspezifische Vorstellung von Intel-

* «Verhaltenswissenschaftler» sind die Psychologen und Pädagogen, für die Wissenschaft vom Menschen solche von ihrem Verhalten ist, erfaßt mit objektiven und exakten Methoden.

ligenz, Persönlichkeit usw. beinhalten. Deshalb sollte «kein neu entwickelter Intelligenztest mehr denkbar sein, der nicht auf seine Schichtenneutralität hin überprüft ist oder wenigstens eine schichtenspezifische prognostische Validität zu bestimmen erlaubt. Die Lehrer müssen über die Einseitigkeiten statischer und vorwiegend auf verbale Faktoren zurückgreifender Intelligenzmodelle orientiert sein» (Ingenkamp, 1973, S. 34). Diese Sätze sind zu Beginn der siebziger Jahre, mitten in der Reformeuphorie im Bildungsbereich formuliert worden; die Zeiten haben sich geändert. Weder Lehrer noch Psychologen werden speziell und erschöpfend über diese Sachverhalte aufgeklärt, im Gegenteil: die fortschrittlichen Inhalte verschwinden immer mehr aus dem Unterricht von Schulen und Hochschulen (vgl. Rexilius, 1976, S. 182; Ottomeyer und Rexilius, 1976, S. 11–19) und ein theoretisches «Roll back» ist zu beobachten. Darüber hinaus steckt in den Sätzen von Ingenkamp eine raffinierte Apologetik: sowohl die theoretischen Grundlagen als auch die meß- und testtheoretischen Voraussetzungen kennen nicht nur den Begriff der «Schichtenneutralität» nicht; Theorie, Meßmodell, Normalverteilung, Validität usw. setzen die Schichtabhängigkeit gerade voraus, leben von ihr! Ich sage *Apologetik*, weil einer der Protagonisten pädagogischer Diagnostik in der BRD das wissen muß!

Aus anderer Richtung kommt eine Korrektur vor allem der theoretischen Grundlagen der Intelligenz-«Messung». «Einer populären Annahme gemäß ist der IQ ein Indikator eines angeborenen intellektuellen Potentials und repräsentiert eine feste Eigenschaft des Organismus ... Diese Betrachtungsweise ist weder theoretisch haltbar noch durch empirische Daten zu stützen.» (Anastasi, 1976, S. 61) *Das* ist Intelligenz nicht, und was ist sie? Eine «Kombination von Fähigkeiten, die notwendig sind, um in einer bestimmten Kultur überleben zu können ... in verschiedenen Kulturen und in verschiedenen historischen Perioden einer Kultur werden die Fähigkeiten für erfolgreiche Leistung sich unterscheiden» (Anastasi, 1976, S. 350).

So weit, so gut, aber doch zu geschickt formuliert. Die Veränderung von Eigenschaften ist zwar eingeschlossen, wird aber mit der historischen Elle gemessen, so daß Stabilität und Invarianz, die der «Messung» von «Intelligenz», «Persönlichkeit» usw. vorausgesetzt sind, gewährleistet bleiben. Bleiben müssen, denn kurz vorher heißt es: «Ein IQ ist der Ausdruck des individuellen Fähigkeits-Niveaus zu einem bestimmten Zeitpunkt, in Beziehung zu seiner Altersnorm ... Intelligenz-Tests sollten, wie jeder andere Test, nicht dazu dienen, ein Individuum abzustempeln, sondern es zu verstehen.» (Anastasi, 1976, S. 349) Das ist noch geschickter formuliert. Verstehen und helfen, und dazu testen; helfen mit welchem Ziel? Der Altersnorm näher zu kommen; die Altersnorm? Ausdruck bestimmter sozialer Strukturen, Wertvorstellungen, Interessen, Fähigkeiten – und wenn sie nicht die des Getesteten sind, muß ihm dazu verholfen werden. Und der Zeit-Punkt ist in Wirklichkeit ein Zeit-Raum: der, für den die Normen gelten; der, für den der Getestete mit diesem IQ, mit jenem Neurotizismus-Index versehen ist; der, für den eben jene Sozialstrukturen und Wertvorstellungen ihre Gültigkeit haben – ein, zwei, drei Menschenalter?

Die theoretischen Korrekturen der Verhaltenswissenschaftler sind vordergründig und durchschaubar, sie wählen geschicktere und weniger angreifbare Formulierungen, aber «besser» wird nur der Mechanismus der Rechtfertigung der Testerei. «In einer freien Gesellschaft, die den Anspruch hat, die Würde und den Wert jedes Individuums zu achten, ist es besser, die Möglichkeit des eigenen Bemühens zu betonen als die genetische Determination von Status und Erfolg.» (Ebel, 1963, S. 22) Es ist besser, weil die gesellschaftliche Wirklichkeit – auch in Form des Testens – sonst zu offensichtlich in Widerspruch zu ihren Ansprüchen geraten könnte.

Das haben auch Psychologen erkannt, und diese Erkenntnis verändert allein ihre apologetische Argumentation, nicht ihre Praxis.

5.4.3 Inhaltliche Alternativen

«Messen» die vorhandenen Tests eigentlich das, was wirklich wichtig ist? Oder müssen wir – Psychologen, Lehrer, Erzieher, Eltern – unser Augenmerk bei der Beurteilung von Personen, bei Empfehlungen an sie oder Entscheidungen über sie vielleicht auf ganz andere Eigenschaften, Fähigkeiten lenken? «In der bisherigen Diskussion haben Verfahren zur Messung kognitiver Variablen eindeutig im Vordergrund gestanden. Das ist eine bedenkliche Einseitigkeit ... wenn nicht auch nichtkognitive Variablen, wie z. B. Interesse, Motivation, soziale Einstellungen usw., gemessen werden. Auch hierfür sind Instrumente zu entwickeln.» (Ingenkamp, 1973, S. 41) Und damit auch möglichst viele Instrumente für möglichst viele Fähigkeiten und Eigenschaften, Verhaltensweisen und andere psychische Ereignisse entwickelt werden können, brauchen wir ein «Institut für Pädagogische Diagnostik». So richtig der Hinweis auf das «Nicht-kognitive» ist – noch mehr Tests sind eine geradezu widersinnige Forderung, weil sie Motivationen und Interesse verschütten, «objektivieren», statt sie zu entwickeln und zu entfalten.

Etwas deutlicher ist die Aussage, daß es «in unseren Schulen an der Anerkennung, bzw. Unterstützung von ‹kreativen› Leistungen» mangelt (Gaedike, 1974, S. 58). Die Kreativitätsforschung hatte Ende der sechziger Jahre einen gewaltigen Aufschwung genommen, heute kann sie als eher flügellahm gelten. Ihre Kritik am herkömmlichen Leistungsbegriff bleibt gültig: «Erwerb von Faktenwissen (Geschichtszahlen) und Auswendiglernen von Gedichten oder das Finden vorprogrammierter Lösungen für praxisferne Mathematikaufgaben» (Gaedike, 1974, S. 58) kennzeichnen die Lehrpläne der Schulen wie die Intelligenz-, Leistungs- und Persönlichkeitsmessung, und zwar in zunehmendem Maße. Wo «‹kreative› Schüler in den Schulen immer wieder zugunsten der intelligenten übersehen werden», weil «sich schöpferische Kinder weniger angepaßt verhalten und daher weniger Förderung erfahren», setzt sich diese Vereinseitigung in Testkonstruktion und Testzielen fort. «Hohe Originalität macht sich . . . in der Schulroutine eher als mangelnde Anpassung an die gewohnten Denkschemata denn als Bereicherung der Schulleistung bemerkbar.» (Gaedike, 1974, S. 59) Und die «gewohnten Denkschemata» sind es, die der Test per Definition und de facto «mißt»; mangelnde Anpassung ist mit standardisiertem Test und standardisierten Testbedingungen unvereinbar. Die angedeutete mögliche Veränderung von Test- und Unterrichtsinhalten, die in solchen Diskussionen keimende Hoffnung, Tests könnten sich als unnötig, überflüssig, gar hemmend für die wichtigen Bildungs- und Entwicklungsziele erweisen, wird endgültig erstickt, wenn «Kreativität» erfaßt werden soll: «Die Aufgabe ‹Produktverbessern› verlangt, auf gescheite, interessante und ungewöhnliche Weise ein Spielzeugstofftier (zum Beispiel einen Spielzeughund, -affen, -elefanten oder -kängeruh) so zu verändern, daß das Spielen damit für Kinder interessanter wird.» (Torrance, 1973, S. 69) Ist schon rätselhaft, was an einer Aufgabe «kreativ» sein soll, bei der es darum geht, ein (Stoff-)Tier «gescheit» und «interessant» zu verändern, also dem natürlichsten menschlichen Verhältnis, dem zur Natur, «kreativ» Gewalt anzutun, so wird der Weg zurück zur klassischen Test-, Meß- und Eigenschaftstheorie spätestens dann deutlich, wenn «Kreativität» «gemessen» wird: «Die meisten Aufgaben werden ausgewertet nach Flüssigkeit (*Zahl* verschiedener relevanter Einfälle), Flexibilität (*Zahl* der Änderungen im Denken oder der verschiedenen Antwortkategorien), Originalität (*Zahl* statistisch seltener Antworten, die kreativ-intellektuelle Fähigkeiten erkennen lassen) und Sorgfalt in der Ausarbeitung (*Zahl* verschiedener Einfälle bei der Ausarbeitung der Einzelheiten eines Einfalls).» (Torrance, 1973, S. 71)

Die «Kreativität» wird quantifiziert – man müßte Tränen lachen! Die «Tiere» sind standardisiert, die Auswertungskategorien, die Gesten und Worte des Testleiters, es wird gezählt, gerechnet, normiert, wahrscheinlich ist die Kreativität auch noch normal verteilt und läßt sich am Schulerfolg validieren! Kreativität wird zu einem «gesellschaftlich sanktionierten Begriff . . . Wer mit dem Ziegelstein auf den Testleiter losgeht, ist auf besondere Weise originell: er ist kriminell, pathologisch, abartig» (Flossdorf, 1978, S. 90), er ist auf eine unerwünschte Weise kreativ. Will er nicht als verrückt, sondern als kreativ gelten, muß er sich den «kreativen Regeln» unterwerfen: «Sei kreativ, aber in angemessener Weise»; «sei originell, und zwar gefälligst innerhalb der nächsten zehn Minuten»; «sei spontan, aber bitte nur nach Aufforderung» (Flossdorf, 1978, S. 94). Das Dilemma der Kreativitäts-«Messung» ist, daß sie kognitive Potentiale entfesseln will, sie aber zugleich domestizieren muß (Flossdorf, a. a. O.). Gegenüber der herkömmlichen Intelligenz-, Eigenschafts- und Fähigkeitsmessung hat sie nur einen Vorteil: sie ist in angemessener Zeit wieder von der Bildfläche verschwunden.

5.4.4 Meßtheoretische Alternativen

Die Unzufriedenheit mit der klassischen Testtheorie führte zur Entwicklung eines neuen Meßmodells, das auf Rasch zurückgeht (s. dazu den Beitrag von Walter in diesem Buch). Hier sollen nur die grundsätzlichen theoretischen Annahmen dieses Modells diskutiert werden, die psychologischen Voraussetzungen für die Meßoperation. «Es wird die Existenz einer latenten, nicht direkt beobachtbaren Dimension postuliert, welche nicht mit beobachtbaren ‹manifesten› Variablen gleichzusetzen ist. Was wir beobachten, sind die Symptome der latenten Eigenschaften, auf welche man nur indirekt zurückschließen kann.» (Fischer, 1974, S. 148) Während die klassische Testtheorie die beobachtbaren Verhaltensweisen als direkten Ausdruck latenter Dimensionen (Eigenschaften, Fähigkeiten) betrachtet, d. h. «durch mathematische Gleichheitszeichen» verbindet, geht das «stochastische Modell» von einer «Trennung von latenten Dimensionen und beobachteten Variablen (aus); diese werden nur als Indikatoren oder Symptome der ersteren aufgefaßt» (Fischer, 1974, S. 149). Um die «latente Variable zu erschließen, werden ihre Symptome oder Indikatoren wiederholt beobachtet, wobei der Indikator wechseln kann. Angenommen wird also, daß das aktuelle Verhalten von drei Faktoren abhängig ist: vom «Zufall» – der auch bei den «Stochastikern» als mathematische Größe auftritt –, von der aktuellen Reizsituation und von der «latenten Eigenschaft». Statistische Zusammenhänge zwischen Symptomen oder Indikatoren lassen schließlich auf eine gemeinsame «latente Eigenschaft» zurückschließen. In einem Beispiel bei Fischer etwa (1974, S. 150–153) wird von vielen Fahrfehlern auf die «latente Eigenschaft» «schlechter Kraftfahrer», von überwiegend richtigem Fahrverhalten in vielen Situationen auf «guter Kraftfahrer» geschlossen. Von der statistischen Größe wird also theoretisch auf eine latente Eigenschaft logisch oder psychologisch geschlossen.

Drei theoretische Annahmen dieses Modells sind bemerkenswert: *einmal* der Verzicht auf die Vorstellung einer deterministischen (also eindeutigen) Beziehung zwischen «Eigenschaft» und Verhalten; *zweitens* das Zugeständnis, daß nur das Verhalten selbst, nicht aber die Eigenschaft «gemessen» werden kann; und *drittens* der Verzicht auf die Annahme normalverteilter psychischer Eigenschaften und Fähigkeiten. Andererseits stecken gleiche Probleme wie im klassischen Meßmodell auch im stochastischen.

Erstens wird – wie im klassischen Modell – angenommen, psychische «Objekte» (hier: Verhaltensweisen) hätten Intervallskalenniveau, wären also auf einer linearen Skala mit Gleichabständigkeit und Additivität (für mathematische Operationen geeignet) numerisch abbildbar.*

Zweitens wird von einem rein statistischen Zusammenhang auf eine psychische Qualität geschlossen; selbst wenn nicht ausdrücklich betont, wird

* Zur Kritik dieser Annahme s. oben Punkt 2.3.

doch der Schein eines kausalen Zusammenhangs erweckt zwischen «Indikatoren» und «Eigenschaft», obwohl gerade dieser Schluß keine theoretische Berechtigung hat. Der «Zufall» und situative Bedingungen lassen sich wie das Verhalten selbst nicht in numerische Relationen umsetzen. Sie werden also entweder ausgespart – womit der theoretische Schluß auf die latente «Eigenschaft» zerbricht, weil sie, entgegen den Annahmen, der einzige Erklärungsfaktor für den Zusammenhang zwischen den Indikatoren wird –, oder sie werden auch mathematisch berücksichtigt – dann aber wird die Rechenoperation derart aufwendig, daß das Modell (wegen vieler zu berücksichtigender Variablen) nicht mehr handhabbar ist –, oder aber über den «Zufall» müssen theoretische Zusatzannahmen formuliert werden, etwa derart, daß noch andere «latente Eigenschaften» systematisch an der Produktion bestimmter Verhaltensweisen beteiligt sind; das ist aber gleichbedeutend mit theoretischen Reflexionen über den Zusammenhang zwischen «latenten Eigenschaften» und ihrem jeweiligen Anteil am Entstehen der Verhaltensweisen – und schon sind wir ganz zwangsläufig in ein «deterministisches Denkmodell» geraten, das gerade vermieden werden sollte.

Drittens schließlich ist die Annahme einer «latenten Dimension» an sich schon unpsychologisch bzw. von einem Menschenbild geprägt, das dem der klassischen Testtheorie entspricht: das Individuum wird festgeschrieben, auf fixe, invariante, stabile Eigenschaften festgelegt – und damit gilt im Prinzip die gleiche Argumentation wie zu den theoretischen Grundlagen der klassischen Testtheorie.

Und weil das «neue Modell» im Prinzip von gleichen theoretischen Grundlagen ausgeht, bietet es für die Festschreibung des Individuums noch weitreichendere und günstigere Ausgangsbedingungen: Im Gegensatz zur klassischen Testtheorie, die, wie vage immer, sich doch vorher auf die Definitionen und theoretischen Begründungen von «Latenzen» und «Invarianten» festlegt, sind die *Zahl*, die *Etikettierung* der «latenten Eigenschaften», die aus statistischen Zusammenhängen zwischen Verhaltensweisen abgeleitet werden, so wie die *Beziehung zwischen Verhalten und Eigenschaft* beliebig – es wäre leicht, eine Zusammenstellung von Fragen und Aufgaben zu konstruieren und statistisch auf Zusammenhänge zu kontrollieren, aus der auf die «latente Eigenschaft» «politische Radikalität» zu schließen wäre. Das stochastische Modell erscheint als die wissenschaftlich exakte Methode, die bislang immer nur mal angedeutete Pathologie oder auch nur «besondere Eigenschaft» – die es dann nur noch richtig zu benennen gilt – des politisch Abweichenden, des potentiellen wie des manifesten Terroristen, exakt zu messen. Es müssen nur erst die richtigen Leute darauf kommen!

Als Resümee bleibt: Die Alternativen zur klassischen Maß- und Testtheorie sind keine!

5.5 Die Funktion der Psychodiagnostik

Wenn Tests von ihren Voraussetzungen und Zielen wie von ihrem Inhalt und ihrer Anwendung her derart «vorsätzlicher Mißbrauch» sind wie auf den vorhergehenden Seiten dargestellt – warum wird dann getestet? Es muß doch plausible, einsichtige, vernünftige Gründe geben für den zunehmenden Einsatz psychodiagnostischer und pädagogischer Tests. Ihnen soll abschließend nachgegangen werden.

5.5.1 Der diagnostische Prozeß

Der erste Schritt auf dem Wege zu einer grundsätzlichen Beantwortung der Frage nach den Gründen für die Anwendung psychologischer Tests führt zum diagnostischen Prozeß; ob pädagogische oder klinische, ob Persönlichkeits- oder Einstellungsdiagnostik: der Test selbst ist immer in den Gesamtablauf des Diagnoseprozesses eingebettet. Ein Ziel ist vorgegeben, das der Auftraggeber formuliert hat, und zur Erreichung dieses Zieles (Urteil, Empfehlung, Entscheidung) soll das Testergebnis beitragen.

Der diagnostische Prozeß läßt sich verstehen als etwas Dunkles, Undurchschaubares, wie sich weiter oben bei der Diskussion der Urteilsbildung angedeutet hat. Dann allerdings «drängt sich ein Vergleich mit den Ritualen zweifelhafter Wahrsager und Propheten auf. Nicht nur dem kritischen Betrachter, auch dem Psychologen selber erscheinen die Vorgänge der diagnostischen Urteilsbildung nicht selten als geheimnisvolle und erregende Offenbarungen, vor deren wissenschaftlicher Erforschung sich . . . ein Wall von Tabus türmt und von denen zumeist nur in mystischer Weise als freier Phantasie gesprochen wird» (Cohen, 1965, S. 137).

So stellt sich der diagnostische Prozeß selbst dar und so seine Träger, heißen sie Psychologen, Psychiater, Pädagogen. «Die Befunde kategorisieren, kombinieren, interpretieren und gegeneinander abwägen» (Bierkens, 1968, S. 173) vollzieht sich dann nicht nur «geheimnisvoll und erregend», «in mystischer Weise», sondern auch undurchsichtig. Und die Geschichte der Wissenschaft ist eine Geschichte der Undurchsichtigkeiten: Wo immer Zustände, Verhältnisse, Ereignisse und ihre Hintergründe, Prozesse – ihre Wahrheit – nicht für jedermann durchschaubar sein sollten, verstand es die Wissenschaft, durch Vokabular, Methoden und Habitus einen «Wall von Tabus» aufzutürmen.

Das ist bei der Psychodiagnostik nicht anders. Noch psychologisierend ist die Auffassung, nach der «Diagnostizieren also zunächst dem *Ordnungsbedürfnis* der Menschen, dem Bedürfnis, in einem bisher undurchschaubaren, chaotischen, freien, vielleicht auch sozial gefährlichen und angstauslösenden Bereich Ordnung zu schaffen durch Einordnen, Klassifizieren, Systematisieren» (Dörner, 1974, S. 139).

«Sozial gefährlich» – für wen? «Angstauslösend» – bei wem? Diese Fragen führen einen Schritt weiter. «Der *andere* Anspruch des Diagnostizierens besteht darin, Handlungsanweisungen zu schaffen . . . für Therapie und Heilung . . . Diagnosen sind somit die Basis für Administration, Planung, sonstige Statistik, jede Forschung und Therapie in der Medizin.» (Dörner, 1974, S. 139) Wer sozial gefährlich ist, wer Angst auslöst, der muß diagnostiziert werden, um therapiert und schließlich geheilt werden zu können; zwischen der Diagnose und der Heilung stehen außer der Therapie Verwaltung und Planung, Statistik und Forschung. Das «Ordnungsbedürfnis» läßt sich so präzisieren: Wer den Anschein erweckt, sozial gefährlich zu sein oder Angst auszulösen, der wird diagnostiziert; bestätigt die Diagnose den Schein, wird geforscht (welche Gründe für seine Gefährlichkeit, wie zu beheben?), Statistik getrieben (gibt es noch mehr ähnlich Gefährliche?), verwaltet (wo können wir mit ihm hin, damit seine Gefährlichkeit nicht manifest wird?), geplant (was müssen wir unternehmen?) und therapiert (seine Gefährlichkeit wird beseitigt). Er wird als geheilt entlassen.

Was auf den ersten Blick eine unzulässige Spielerei mit Worten zu sein scheint, wird von Dörner bei der Analyse des diagnostischen Prozesses bestätigt: Die Gesellschaft, ihre Kultur bzw. ihre herrschende Klasse definiert, was abweichendes (gefährliches) Verhalten ist und macht es durch Gesetz und Normen erkennbar, diagnostizierbar und greifbar. Wird die Normverletzung für «die Gesellschaft» zu gefährlich (ist etwa der Arbeits-, der soziale, der Familien- oder Betriebsfrieden gestört), setzt sie Institutionen mit diagnostischer Valenz in Bewegung (Ärzte, Psychologen, Polizei, Jugendamt usw.), es «setzt der Prozeß der sozialen Etikettierung ein, mit dem Ziel der Ausgrenzung und dem Zweck der Stabilisierung einer vermeintlich bedrohten Sozialstruktur . . . Die Diagnose verstärkt die Grundregelverletzung weiter, definiert und stabilisiert sie und ontologisiert sie schließlich zur Krankheit» (Dörner, 1974, S. 143). Krankheit und gar ihre «Verwaltung» (Krankenhaus) komplettieren ein Stigma, das tödlich sein kann (Dörner, 1974, S. 137, berichtet über einen solchen Fall); «in der Nazi-Zeit war die Diagnose Schizophrenie ein Todesurteil» (Dörner, 1974, S. 144).

Die Schlußfolgerungen für den diagnostischen Prozeß lauten so: «Die Diagnose erfüllt demnach eine Ordnungsfunktion für die Gesellschaft und für das jeweilige konkrete soziale System eines Individuums. Die Diagnose ist ein Instrument, mit dem die Gesellschaft Störungen, Gefährdungen in ihrem empfindlichsten Bereich, den Grundregeln, gerade nicht durchschaut, sondern abdeckt, abwiegelt, administrativ in den Griff bekommt und unschädlich macht, indem die soziale Etikettierung medizinisch-wissenschaftlich vervollständigt wird.» (Dörner, 1974, S. 144) Der Diagnostiker hat «gesellschaftliche Kontrollfunktion und Macht» (Dörner, 1974, S. 145); sie wird ihm über seine Ausbildung und seine berufliche Funktion von der Gesellschaft zugesprochen; er handelt im Auftrag der Gesellschaft. «Die

Diagnose der Abnormität ist ein sozialer Akt, der in einer gegebenen Situation aufgrund des Verhaltens einer Person mittels einer verfügbaren Diagnoseeinheit und eines Diagnostikers zustande kommt.» (Ullman und Krasner, 1969, S. 22)

Ist der zu Diagnostizierende wirklich für «die Gesellschaft» gefährlich? Jagt er «der Gesellschaft» Angst ein? Verwaltet «die Gesellschaft» seine Abweichung, plant sie die Therapie? Grenzt «die Gesellschaft» aus? Wird der Diagnostiker (wie der Therapeut) im Auftrag «der Gesellschaft» tätig? Und schließlich: ist der Test, der innerhalb des diagnostischen Prozesses eingesetzt wird, Instrument «der Gesellschaft»? Festzuhalten bleibt, daß die Diagnose den von Normen, Regeln, Gesetzen Abweichenden (den gefährlichen, angstauslösenden Menschen) ausgrenzen, stigmatisieren, ihn einem «Heilungsprozeß» zuführen soll; «die Gesellschaft» als Initiator und Auftraggeber gerinnt aber zu einem «geheimnisvollen», «mystischen» Rest.

5.5.2 «Das Kapital» als Urheber der Testerei

In der Diskussion insbesondere in der BRD spielte in den letzten 10 Jahren die politökonomische Analyse eine wichtige Rolle; die «Studentenbewegung» weckte das Interesse und benutzte die Begriffe der Politischen Ökonomie als Instrumente der Gesellschaftsanalyse. Dieser Mechanismus machte auch vor der Psychologie nicht halt und nicht vor der Kritik der Testerei und der Diagnostik. Um die Arbeitskräfte optimal ausbeuten zu können, so der rote Faden dieser Argumentation, mußte das Kapital «die geistige Leistungsfähigkeit von Individuen mit Hilfe objektiver Verfahren festzustellen versuchen», entwickelte sich die «Notwendigkeit, Menschen nach ihrer Fähigkeit zu unterscheiden, Lohnarbeit in Manufaktur und Industrie leisten zu können» (Schmid, 1977, S. 159). Aus der geheimnisvollen «Gesellschaft» löste sich das «Kapital» heraus, Ausgrenzung mit Hilfe psychodiagnostischer Verfahren schien die aus der Produktion in erster Linie zu bedeuten, «gefährlich» hieß Gefahr für den Produktionsprozeß, «Angst» hatten die Kapitalisten um ihre teuren Maschinen.

Richtig daran ist, daß «anfänglich die generelle Trennung von Arbeitsfähigen und Nicht-Arbeitsfähigen (psychisch Kranke) eine ausschlaggebende Rolle» spielte (Schmid, 1977, S. 159). Das war zu Beginn der industriellen Revolution Mitte des letzten Jahrhunderts und war einer der Anstöße für die Entwicklung von Intelligenz- und Leistungstests (s. ausführlich dazu Schmid, 1977, und den Beitrag von Schmid in diesem Buch). Mit der technischen und wissenschaftlichen Entwicklung des Produktionsprozesses orientierte sich «die Vorstellungen von Leistung, Intelligenz und Arbeit an den Kriterien der bürgerlichen Gesellschaftsstruktur: So wurde der Leistungsbegriff eingeengt bzw. interpretiert als Fähigkeit, abstrakt-menschliche Arbeit im Produktionsprozeß zu leisten, und die Feststellung der Leistungsfähigkeit orientierte sich an den durch die maschinelle Produktion gegebenen Anforderungen an die menschliche Arbeitskraft.» (Schmid, 1977, S. 159f)

Falsch ist es aber, daraus direkte Schlußfolgerungen für die Entwicklung der Testerei abzuleiten. Aus der Arbeitsplatzstruktur wurden *keine* «ideellen Anforderungsmodelle für die Qualifikationsstruktur von Individuen abgeleitet», als deren «materielle Form . . . Testverfahren angesehen werden, die die Zuordnung vermitteln» (Schmid, 1977, S. 160). Die differenziertere Betrachtung des Qualifikationsbegriffs macht deutlich, wie sich der Zusammenhang zwischen Arbeitsprozeß und Testerei tatsächlich entwickelte. Zu unterscheiden sind «prozeßgebundene» und «prozeßunabhängige» Fähigkeiten. «Prozeßgebunden» ist die qualifizierte, fachliche Ausbildung der Arbeitskraft, ihre differenzierten Fertigkeiten für die Ausübung präzise definierter Tätigkeiten (Kern und Schumann, 1973, S. 68). Es gibt keine überzeugenden Belege dafür, daß die Psychologie bei der Entwicklung oder Ausbildung prozeßgebundener Qualifikationen eine Rolle gespielt hätte, noch dafür, daß je ihre Zuweisungsfunktion differenzierter Qualifikationen zu differenzierten Arbeitsplätzen eine mehr als randständige Bedeutung gehabt hätte. Im Gegenteil: die technologische Entwicklung führte zu einer zunehmenden Dequalifizierung der Arbeitskraft; ihre Qualifikation ging auf die Maschine über, sie mußte sich vor allem auf die Maschine einüben, sich ihrem Rhythmus anpassen (nur ein Beispiel: Mandel, 1970, S. 348, zeigt, daß in der amerikanischen Automobilindustrie 75 bis 80 % in weniger als zwei Wochen angelernte [«eingeübte»] Arbeiter beschäftigt sind). Die mittleren und höheren Qualifikationen innerhalb des Arbeitsprozesses bildeten sich die Kapitalisten überwiegend selbst aus – einmal wurden die teilweise sehr speziellen Qualifikationen auf dem Arbeitsmarkt nicht angeboten, zum anderen war die Gewähr einer guten Ausbildung und einer für den Einzelkapitalisten sinnvollen Spezialisierung gegeben. Tests waren jedenfalls als Mittler zwischen Qualifikationsangebot und Qualifikationsforderung nicht gefragt.

«Prozeßunabhängige» Qualifikationen beziehen sich auf allgemeine Verhaltenselemente, die für den störungsfreien Ablauf des Produktionsprozesses wichtig sind. Zu ihnen gehören die Bestimmungsgrößen intellektueller Leistungsfähigkeit, wie sie von den Vätern der Intelligenztests definiert wurden (s. Schmid, 1977): «Geistige Leistungsfähigkeit», «Übungsfähigkeit», «Ermüdbarkeit», «Ablenkbarkeit», «Gewöhnungsfähigkeit». Sie waren von der maschinellen Produktion vorgegeben, sie mußte der Arbeiter mitbringen, um fehlerfrei zu funktionieren, um «Kapital Maschine» und «Kapital Arbeitskraft» nicht zu gefährden. Der optimale Einsatz der Arbeitskraft war gewährleistet, wenn sie wenig oder nicht ermüdete, auf den Rhythmus der Maschine leicht einzuüben war, sich an die vom Arbeitsplatz vorgegebenen Bedingungen rasch gewöhnte und nicht von der Konzentration auf die Tätigkeit abzulenken war.

Psychologische Tests gerieten *nicht* «zum Mittel der Zuordnung von verschiedenen Individuen zu verschiedenen Arbeitsplätzen» (Schmid, 1975, S.

169). In Fähigkeits-, Leistungs- und Intelligenztests vermengen sich «oft Prüfungen des Vorhandenseins bestimmter produktiver geistiger Fähigkeiten mit Prüfungen des sozialen Verhaltens wie Pünktlichkeit, Sauberkeit, Anpassung und mit Fragen nach Konzentrationsfähigkeit, Ausdauer, Leistungswille etc.» (Schmid, a. a. O.), aber diese Vermischung ist nicht zufällig: «produktive geistige Fähigkeiten», die im Test erfaßt werden, sind nicht weniger prozeßunabhängig als Pünktlichkeit und Konzentrationsfähigkeit, Ausdauer und Leistungswille. Testerei dient *nicht* der Erfassung individueller Unterschiede zum Zwecke der optimalen Zuweisung von passenden Arbeitsplätzen. «Die Gesellschaft» kann in der Analyse von Zielen und Zwecken des diagnostischen Prozesses nicht durch «der Kapital ist» ersetzt werden.

5.5.3 Die Stabilisierung sozialer und ökonomischer Verhältnisse

Näher kommen wir dem zu lösenden Problem, wenn wir danach fragen, wer eigentlich «gefährlich» und «angsterregend» ist, wer folglich ausgegrenzt und geheilt werden soll, für wen Normen und Gesetze Grenzen des Verhaltens darstellen. «In Wirklichkeit werden Personen ausgewählt, die in den Rahmen einer Institution nicht hineinzupassen scheinen. Dadurch, daß die der Institution dienenden Tests den Probanden auf seine Brauchbarkeit in bestehenden Institutionen hin überprüfen, üben sie eine *systemstabilisierende Wirkung* aus.» (Zeuch, 1973, S. 341) Sie stabilisieren nicht irgendein System, sondern eines, das sich durch «Konzentration der Einkünfte in relativ wenigen Händen» auszeichnet. «Je ungleicher die Einkommensverteilung innerhalb einer Gesellschaft, desto intensiver die psychodiagnostische Praxis, Forschung und Lehre» (Autorenkollektiv II, o. J., S. 9), ein Zusammenhang, der sich durch den Pareto-Koeffizienten (Hofstätter, 1963) ausdrücken läßt. Die Konzentration der Einkünfte wiederum steht in engem Zusammenhang mit der Konzentration des produktiven Eigentums. Am produktiven Eigentum wäre demnach mit einer Analyse des Zusammenhangs «der Gesellschaft» mit dem diagnostischen Prozeß bzw. der Testerei anzusetzen. Die gesellschaftlichen Gruppen, Schichten, Klassen, die am produktiven Eigentum bzw. an seinen Resultaten, dem gesellschaftlichen Reichtum, vorwiegend beteiligt sind, sind interessiert am Testen. Ist das belegbar? Und wie genau ist dieses Interesse begründet?

Es gibt «eine enge Verbindung zwischen Testergebnissen und sozialer Schichtzugehörigkeit . . . Tests klassifizieren, sortieren und arrangieren die Menschen hinsichtlich bestimmter Kriterien . . . Testen ist nicht mehr als eine praktikable Methode der Klassifikation, einer Klassifikation hinsichtlich eines ‹Intelligenz›-Begriffs, der der sozialen Wirklichkeit entspringt» (Simon, 1971, S. 64f, S. 101). Der Intelligenzbegriff ist an gesellschaftlichen Wert- und Lebensvorstellungen orientiert, die von bestimmten gesellschaftlichen Gruppen geprägt sind. «Durch die einseitige Auswahl ihrer Testinhalte formt die Testdiagnostik ein Menschenbild im gesellschaftlichen Bewußtsein, in dem ein (dabei noch reduzierter) Leistungs- und Wissensbegriff die stärksten Akzente setzt.» (Projektgruppe, 1973, S. 90) Dieser Leistungs- und Wissensbegriff steht in unmittelbarem Zusammenhang mit jenen Normen und Regeln, an denen sich entscheidet, ob jemand auffällig ist, abweicht und einem diagnostischen Ausgrenzungs- und Heilungsprozeß unterworfen werden muß. Stört er das herrschende Leistungs- und Wissenssystem, wird er für dieses «gefährlich» und «angsterregend», weil er es durch sein Herausfallen wie durch sein Beispiel bedroht (Parsons, 1969, S. 72), und er muß stabilisiert werden, damit das System stabil bleibt – das System, dessen «geistige» Grundlage an bestimmten Formen von Leistung und Wissen orientierte Normen und Regeln, dessen materielle Grundlage das produktive Eigentum ist. Deren Besitzer stört, bedroht, gefährdet und ängstigt der Abweichende, und in ihrem Interesse muß er hinwegdiagnostiziert werden. Deshalb lautet die richtige vorläufige Schlußfolgerung, «daß die bisher angewandte psychologische Diagnostik den Nutzen derjenigen, die die soziale Macht weitgehend innehaben, einseitig begünstigt» (Friedenberg, 1969, S. 28).

Am ehesten läßt sich dieser Zusammenhang im Bildungsbereich nachweisen, in dem die Lebenschancen am augenfälligsten verteilt werden: «In der Klassengesellschaft des Hochkapitalismus sind zwei Selektionsmechanismen wirksam, über die einem sehr geringen Teil der heranwachsenden Generation privilegierte Sozialchancen zuteil werden: die Schranken von Besitz und Bildung. Die Chance für die Kinder der Unterprivilegierten, in die wirtschaftliche Führungsschicht einzudringen, ist äußerst minimal.» (Titze, 1973, S. 202) Bildung und Besitz, produktives Eigentum und Bildungsmöglichkeiten sind ein Januskopf. Die Verteilung der Chancen beginnt längst vor dem ersten Schultag, aber dann wird sie erstmals als institutionalisierter Mechanismus wirksam: Löschenkohl hat eine Fülle von Zusammenhängen zwischen Schulreife und Sozialisations- und Entwicklungsbedingungen untersucht und festgestellt, daß vor allem die Lebensumstände sozial benachteiligter (Unterschicht-)Kinder zu verspäteter Schulreife führen (1975, S. 163ff). Oft genug wird «Lernbehinderung» bei Unterschichtkindern festgestellt mit dem Resultat der Sonderschuleinweisung, obwohl die Kinder wohl «verhaltensauffällig», aber normal intelligent sind (Ferdinand und Uhr, 1973, S. 31).

In der Schule selbst setzt diese Entwicklung sich fort. «Die Testdiagnostik enthält die Gefahr einer endgültigen Beurteilung von Schülern. Aufgrund der Verwendung von Tests als Prognoseinstrumente werden nur Frühentwickler weiter gefördert, während andere Kinder schon frühzeitig als ‹unbegabt› oder dergleichen abqualifiziert werden. Dies . . . begünstigt die Entwicklung sozialer Diskriminierungen.» (Projektgruppe, 1973, S. 90) Da Diagnostik in der Schule überwiegend als Erfolgskontrolle eingesetzt wird, bleiben in der Regel auch die Umstände unberücksichtigt, unter denen die Leistung zustande kam – ökonomische, familiäre, Sozialisationsbedingungen usw. Nach einer gründlichen Analyse des Testeinsatzes schließt Neander: «Das ‹System der objektivierten Lernerfolgsmessung› ist nicht nur ein Mittel, um in den Händen der Vertreter der Kapitalinteressen diesen die Durchsetzung ihnen genehmer Inhalte im Unterricht zu garantieren. Es zeigt seinen bürgerlichen Klassencharakter vor allem darin, daß es – auch bei Vorgabe einer reformistischen Zielsetzung – objektiv *gegen* die Interessen der Lohnabhängigen, und hier besonders der Arbeiter, und damit zwangsläufig *für* die Interessen des Kapitals wirkt.» (Neander, 1973, S. 47) Die soziale Ausgrenzung hat auch in der Schule ihren Platz; sie sorgt dafür, daß für den einzelnen die Bäume nicht in den Himmel wachsen und daß die Stabilität des Systems dadurch gewährleistet wird, daß diagnostisch die Schichtenstruktur der Gesellschaft immer neu hergestellt und gestützt wird. Das haben die Zensuren der Lehrer auch gekonnt, aber sie waren zu «subjektiv». Der Test ist entpersonalisiert: keine persönliche Willkür, sondern das objektive und integre Instrument stabilisiert. «Es ist anzunehmen, daß der Nutzen der Psychodiagnostik zu einem Teil ein ideologischer ist; ein Nutzen, der darin besteht, daß das gesellschaftliche Leben reibungslos, damit stabiler abläuft – stabil im Sinne ungestörter Kapitalverwertung.» (Lorenz, 1974, S. 164)

5.5.4 Legitimation gesellschaftlicher Verhältnisse

Deutlicher noch wird, was mit der letzten Formulierung gemeint ist, wenn wir uns vergegenwärtigen, was «soziale Schichtung» genau heißt. Die schichtenspezifische Hierarchisierung der Gesellschaft, ihr sozialer «Pluralismus», beschreibt die gesellschaftliche Oberfläche, auf der sich, je nach Klassifikationsmodi, verschiedenste gesellschaftliche Schichten ausmachen lassen. Innerhalb dieser Hierarchie besteht eine gewisse Mobilität, die sich zwar auf den mittleren und unteren Bereich der gesellschaftlichen Schichtung beschränkt, dennoch aber den hartnäckigen Eindruck der prinzipiell mobilen Gesellschaft erzeugt, in der jeder jede Position erreichen kann. Erst der Begriff der gesellschaftlichen Klassen macht durchsichtig, was der Schichtbegriff verschleiert: Daß die entscheidenden gesellschaftlichen Verhältnisse, die Produktionsverhältnisse, sich nicht verändern, daß die «Mobilität» den Klassencharakter der Gesellschaft nicht beseitigt.

Die *Klasse* der Besitzer des produktiven Eigentums, des «Kapitals», definiert – nicht an der Schreibmaschine, sondern auf komplexen Umwegen gesellschaftlicher Zusammenhänge und Abläufe – die herrschenden Normen und Regeln, was *gefährlich und angsterregend* ist, was wie und mit welchem Ziel diagnostiziert und geheilt werden muß. Sie betreibt ihn nicht, aber sie verantwortet den diagnostischen Prozeß, er ist Mittel für sie zur Stabilisierung ihrer Interessen und Bedürfnisse.

Das aber wieder nicht so direkt, wie die Formulierung klingt. Tests haben vielmehr die Aufgabe, beim Verschütten der «Klassenwahrheit» mitzuhelfen, die bestehenden Gesellschaftsstrukturen, ihren «Pluralismus», die prinzipielle Mobilität und die praktische Unveränderlichkeit zu legitimieren, den Zustand, in dem sich die Gesellschaft befindet, zu rechtfertigen. Sie sollen uns glauben machen, «jeder habe die gleiche Chance, alles hänge von seiner individuellen Tüchtigkeit ab» (Voigt, 1973, S. 170). «Pluralistische Gesellschaft» ist geradezu ein Synonym für individuelle Leistung + Ausdauer = sozialer Aufstieg. Die Arbeiter-Aufsteiger – die «Arbeiteraristokratie» –, die ein Stückchen weit nach oben gelangen, sind Ansporn für die Masse der Bevölkerung – Aufforderung, sich anzustrengen, um durch die eigenen Bemühungen nach oben katapultiert zu werden.

Der Test soll, scheinbar objektiv, verläßlich und unbeirrbar, die selegieren, die aufstiegs«wert» und -«fähig» sind, die den Aufstieg «verdient» haben. Innerhalb der «pluralistischen» Hierarchie wird die Psychodiagnostik tätig. Sie stabilisiert die Klassengegensätze, indem sie die «kleinen Ungerechtigkeiten im System der auf Ungleichheit basierenden Rangordnung» beseitigt; die Rangordnung selbst aber «wird niemals in Frage gestellt» (Autorenkollektiv II, o. J., S. 27). Der psychologische Test liefert mit seinen quantifizierten und oft in einer einzigen Zahl handlich verpackten Ergebnissen eine scheinbar objektive und unangreifbare Methode der Rangplatzzuweisung. Psychodiagnostik ist die methodisch und statistisch abgeschirmte Formalisierung dieser imaginären Zuweisung, die das falsche Bewußtsein von der echten Mobilität, also der Klassenlosigkeit der Gesellschaft, in die «persönliche» Zahl (IQ) kleidet. Die Zuweisung gesellschaftlicher Rangplätze bewirkt natürlich nicht der Test; die Zahl mittlerer und höherer Rangplätze in der Gesellschaft ist begrenzt, und die Selektionsnotwendigkeit liegt gewissermaßen in der «Natur der Sache». Die faktische Rangplatzzuweisung wird durch den Test nur noch legitimiert, mit Hilfe der Wissenschaft gerechtfertigt; «so dienen Tests auch dazu, bestehende Verhältnisse und die ihnen immanenten Selektions- und Klassifikationsmechanismen bloß fortzuschreiben und zu legitimieren» (Schmid, 1977, S. 162).

Das betrifft grundsätzlich alle Tests wie den ganzen psychodiagnostischen Prozeß. Besonders auffällig wird die Legitimation dort, wo am meisten von Veränderung der Bildungs- und Lebenschancen, von Veränderung und Reform die Rede ist: im Ausbildungsbereich: «Wenn der Test an Reformen geknüpft wird, pädagogische Diagnostik und objektive Leistungsmessung Mittel zum Erfolg demokratischer und emanzipatorischer Ziele sein sollen . . ., dann muß die Frage erlaubt sein, welche Funktion dem Test und der Leistungsmessung zukommen, wenn sich die Reformen kaum verwirklichen können und sich die Emanzipation als Illusion herausstellt?» Was bleibt außer der «legitimatorischen Funktion von Tests»? (Schmid, 1977, S. 178) Die Antwort kommt unverhohlen: die offene Legitimation. In einem Buch über Aufnahmetests für Gymnasien und Realschulen steht: «Das *Gymna-*

sium dient der Entfaltung theoretisch-wissenschaftlicher Begabungen ... die Realschule ist auf Begabungen hin orientiert, die ihren Schwerpunkt im geistigen Nachvollzug haben ... der Schwerpunkt der Hauptschule liegt im Bereich der praktischen Begabung» (Nikol und Lindauer, 1972, S. 6), und entsprechende Berufsbereiche werden den unterschiedlichen Begabungen zugeteilt. Zweck der Tests ist dann – natürlich –, den Eltern schwarz auf weiß die Begabung, damit den notwendigen Schultyp ihrer Kinder und damit ihren Platz in der Gesellschaft zu demonstrieren. «So liegt in der Eignungs- und Leistungsbeurteilung durch Tests wiederum nur die schon im ‹Aufstieg der Begabten› vorhandene Absicht der *Auslese* einiger ‹Tüchtiger›, ‹Leistungswilliger›, ‹Fähiger›, ‹Begabter›.» (Schmid, 1977, S. 178)

5.5.5 Die Testung der Loyalität

Schließlich werden Normen und Regeln nicht gesichert, werden Gefahr und Angst nicht behoben durch eine Stabilisierung der herrschenden Verhältnisse im ökonomischen und sozialen Bereich, auch nicht durch die Legitimation des gesellschaftlichen Status quo. Die letzte Gewähr für die Aufrechterhaltung bestehender Zustände ist der loyale Staatsbürger, der nicht nur stillhält, sondern sich aktiv für das Jetzt und Hier einsetzt. Zu dieser Loyalität haben Psychologen frühzeitig ihr Scherflein beigetragen, ihnen war das «Wohl des Staatsganzen» und nicht zufällig im Zusammenhang mit ihm das «Wunderwerk des Wirtschaftsgefüges» (Münsterberg) ein echtes Anliegen. «In der historisch weiteren Entwicklung der Arbeitsteilung wurden feinere Unterscheidungsmerkmale und -verfahren im Bereich des Normalen bzw. Pathologischen relevant.» (Schmid, 1977, S. 159) Es waren die Merkmale und Verfahren, die die Abweichung des individuellen Interesses und Bedürfnisses von der herrschenden Norm bzw., auf die richtige Dimension gebracht, vom treuen Staatsbürger, vom guten Untertanen, vom Patrioten festhielten und behandelten.

Abweichungen, die den diagnostischen Prozeß herausforderten, waren immer und in erster Linie solche von der Loyalität gegenüber dem Staat und der Gesellschaft. Loyalität ist die zentrale «prozeßunabhängige Fähigkeit» des gesellschaftlichen Individuums, die sich hinter den Forderungen nach geringer Ermüdbarkeit, Konzentrationsfähigkeit usw. nur verbirgt; dahinter stehen Produktion *und* Staat, Kapital *und* Gesetz. Abweichung bedroht, gefährdet, verängstigt immer beide; deshalb die Forderung, an der eigenen Heilung mitzuwirken, um nicht von der Gesellschaft ausgestoßen zu werden, den Anspruch auf Hilfe zu verwirken (Parsons, 1969, S. 58, S. 71 ff) – das ist die unverschleierte Forderung einer loyalen Haltung noch in der unverschuldeten Krankheits-Abweichung.

Die Testung der Abweichung von der loyalen Normalperson hat für den Produktionsprozeß, der sich ohnehin mit Hilfe seiner Rhythmen und Zwänge gegen den einzelnen immer durchsetzt oder ihn aus der Produktion und damit aus der Gesellschaft ausspuckt, keine direkte Bedeutung. Über Justiz und Medizin, Pädagogik und Psychiatrie, Klinische Psychologie – den angewandten Wissenschaften der Loyalitätssicherung –, sichert er seine Funktionstüchtigkeit und die Kapitalverwertung ab. Psychologie wird zum wissenschaftlichen Hilfsinstrument für die Aufrechterhaltung der bestehenden Ordnung. Der diagnostische Prozeß übernimmt die Aufgabe der Loyalitätsprüfung und -wiederherstellung, wo «gefährliche» Abweichung sich zeigt. «Ein Test ist eine Prüfung» (Autorenkollektiv I, S. 120); er prüft Dinge, «an denen die Gesellschaft interessiert ist» (Ingenkamp, 1975, S. 37): Anpassung an die gesellschaftlichen Normen und Regeln; Einsicht in die Angemessenheit des gesellschaftlichen Status quo. Der Prüfling ist potentieller Gegner, vielleicht illoyal, vielleicht gefährlich. «Die jetzigen Prüfungsmethoden sind Methoden gegenüber dem Feind, überfallartige Angriffe. Es werden ausgefallene, wunderliche Fragen gestellt.» (Mao Tse-tung) Tests prüfen mehr oder weniger deutlich, ob der Prüfling die legalen und «gesellschaftlich» sanktionierten Normen und Regeln sich zu eigen gemacht hat. Sie gehen entweder in den Testinhalt ein (z. B. Hawik, s. Rexilius, 1976, S. 194); oder in die Testkonstruktion als Konkurrenz und individuelles Leistungsprinzip, womit die scheinbare Selbstverständlichkeit des Kampfes um Arbeitsplätze sich als strukturelles Prinzip darstellt. «Die Tests sind im wesentlichen *Loyalitätsuntersuchungen* oder vielmehr Untersuchungen der möglichen Loyalität.» (Zeuch, 1973, S. 346) Und deshalb wird – trotz allem – getestet. Tests «messen» die «perfekte Anpassung ... Wer den Rahmen akzeptiert, ist für Bildung geeignet ... Intelligenz mißt sich nach der Logik des Reifetests am zu entwickelnden Gespür für das Passende, für das sogenannte Normale ... Alles muß im Rahmen bleiben ... Indem das sogenannte ‹Angemessene› triumphiert, kommt unangemessene Kritik zum Erliegen» (Becker, 1975, S. 41).

Nicht «die Gesellschaft» ist ängstlich und gefährdet; nicht sie verursacht und trägt letztendlich den diagnostischen Prozeß; keine anonyme «Gesellschaft» hat Interesse an der Testerei. Die Frage, warum trotz der nachweisbaren Unsinnigkeit und groben Fahrlässigkeit des Umgangs mit Tests getestet wird, ist beantwortet, und nicht kurzschlüssig und «ideologisch», sondern bis in die letzte mathematische Operation hinein nachvollziehbar: diejenigen, die an der Stabilisierung der herrschenden Verhältnisse, an der Legitimation der bestehenden gesellschaftlichen Strukturen, an der Loyalität der «Untertanen» Interesse haben. Ob wir sie Kapital oder Staat, die Herrschenden oder ihre Subalternen nennen, das Etikett spielt eine untergeordnete Rolle. Tests dienen aber nur und ausschließlich ihnen, und deshalb werden sie angewandt. Das mag den meisten Testkonstrukteuren wie den Testanwendern nicht bewußt sein, sie mögen es abstreiten oder überrascht sein – daß vielleicht auch nur einige anfangen nachzudenken, wäre ein unschätzbarer Erfolg dieses Buches und seiner Beiträge.

5.6 Schlußfolgerungen und Fragmente zum Weiterdenken

1. Die Pfeiler, die dem «Kunstwerk Testerei» seine Stabilität gaben, haben wir nacheinander fein säuberlich und vielleicht manchmal etwas grob abgetragen. Wenn nicht zu Staub, so ist das ganze Gebäude doch zu einem Trümmerhaufen zusammengefallen – mir scheint das kein allzu vermessenes Resümee.

2. Die eingangs aufgezählten Gründe für das Testen haben wir etwas besser im Griff:

- Der «gemessene» *Zustand* ist die gesellschaftliche Schicht-, besser noch Klassenposition des Getesteten;
- die *Zukunft*, über die entschieden werden soll, ist zwar nicht genetisch, aber durch Lebens- und Arbeitsbedingungen vorgegeben; der Test reproduziert diese Vorgabe;
- Tests üben *Kontrolle* über den Status quo der Gesellschaft aus, der einen Status quo der meisten Individuen voraussetzt;
- mit Hilfe von Tests wird zwar faktisch, aber nicht wirklich selegiert; die *Selektion* ist kein psychologisches und kein psychometrisches, sie ist ein ökonomisches und ein politisches Problem;
- der Zusammenhang der Testerei mit der *Ökonomie* stellt sich vor allem über die «Messung» von Anpassung und Loyalität, über die Kontrolle der eingeübten prozeßunabhängigen «Qualifikationen» her;
- die *Stabilität der Gesellschaft* wird durch Tests nicht hergestellt, aber durch Legitimation scheinbarer ökonomischer, sozialer, politischer Chancengleichheit mit ihrer Hilfe abgesichert.

Wem diese Statements zu pauschal klingen, der sollte mit der Lektüre noch einmal von vorne anfangen.

3. Kollektive Leistungen zählen in diesem Rahmen nicht, es sei denn als additive Leistungen von «Teams» – die aber von Leistungsdruck und Konkurrenz und nicht vom Erlebnis kollektiver Erfahrungen in Schwung gehalten werden. Warum sie nicht zählen, macht das folgende Zitat deutlich: «Die schwarzen und latein-amerikanischen Gefängnisinsassen im Gefängnis von Attika sind vermutlich ein Teil jenes ‹Niedrig-IQ-Bodensatzes›. Aber sie haben brillant organisiert: Jeder Volksaufstand in der Geschichte deutet dasselbe an – daß ganz gewöhnliche Menschen in einer Revolution die unglaublichsten Kunststücke in Organisation, Planung, Strategie usw. vollbringen können.» (Putnam, 1973, S. 143) Kollektivität hat immer revolutionären Sprengstoff in sich; wer hätte Interesse an ihrer Entwicklung – und «Messung»?

4. Nicht zu vergessen: Tests werden von *kapitalistischen Verlagen* vertrieben; das *erste* Interesse an ihnen ist immer, daß sie verkauft werden, sie unterliegen den «Marktgesetzen» wie jede andere Ware!

5. Was bleibt? Tests abschaffen – wenn möglich, ja. Und dann?

In den im Kapitel über Urteilsbildung zitierten Arbeiten über den Informationsgehalt psychologischer Tests stellte sich heraus, daß die entscheidenden Informationen über ein Individuum Angaben über Beruf und Lebensbedingungen, über Vergangenheit und Erziehung sind. Diese «Basisinformationen» sind unmittelbare Indikatoren der entscheidenden Determinanten des individuellen «Falles»: Verhalten und Denken, Bewußtsein und Fühlen werden von ihnen geprägt und sind auch nur auf ihrem Hintergrund interpretierbar, sind in individuelle «Parameter» umgesetzter «ideeller» Ausdruck jener Bedingungen und Möglichkeiten. Deshalb überrascht es auch nicht, wenn «Klienten» über sich selbst die besten Vorhersagen machen können (Marks u. a., 1963; Mischel, 1965; Peterson, 1965). Sie haben Erfahrungen mit sich und den Bedingungen ihres Lebens gesammelt und können sicherlich am besten einschätzen, wo noch Bewegung möglich und wo Stagnation die Perspektive ist.

Daraus und aus allen vorhergehenden Überlegungen sind folgende Hinweise ableitbar:

- Erste Entscheidungs-, Urteils-, Empfehlungsgrundlage sollte die genaue Kenntnis des ökonomischen, sozialen, psychischen Hintergrunds jeder Person sein; zweite ihre Bedürfnisse, Wünsche, Hoffnungen; dritte die gemeinsam herausgearbeiteten Entwicklungsmöglichkeiten; und viertens der Test – wenn er zwingend vorgeschrieben ist.
- Es gibt Tests oder andere psychodiagnostische Verfahren, deren Einsatz *unbedingt notwendig ist*, etwa «um die körperlichen Bedingungen psychischen Leidens (z. B. Hirntumor, Karmpleiden, Residualschaden, hirnorganische Abbauprozesse) zu erkennen» (Dörner, 1974, S. 147).
- Schließlich können Tests, richtig eingesetzt, wo ihr Einsatz ohnehin vorgeschrieben ist, auch zum Vorteil des Getesteten eingebracht werden, wenn etwa mit seiner Hilfe gegen ein Lehrervorurteil bessere Bildungsmöglichkeiten durchgesetzt werden können für einen Schüler.
- Wo immer möglich, sollte auf Tests verzichtet werden. Wo sie aufgrund äußerer Zwänge eingesetzt werden müssen, sollten sie unterlaufen werden. Wo auch das nicht möglich *erscheint*, haben Worte zu wenig Sprengkraft.

Es wäre sicherlich politische Don Quichotterie, für die Abschaffung von Tests zu kämpfen. Es ist aber notwendig, über sie Bescheid zu wissen.

6.

Thomas Blanke, Dieter Sterzel

Die Innenwelt der Außenwelt der Innenwelt als Rechtsproblem oder: Selektion durch Tests und Menschenwürde

6.1 Verrechtlichung psychodiagnostischer Verfahren

Die vielfältigen Anwendungsfälle psychologischer Tests in immer mehr Lebensbereichen mit schätzungsweise mehreren Millionen Testeinheiten jährlich in der Bundesrepublik kontrastieren auffallend mit der Tatsache, daß die Diskussion der hiermit zusammenhängenden Rechtsfragen in der rechtswissenschaftlichen Literatur und Rechtsprechung nur sporadisch stattfindet. Dabei hat die Anzahl gesetzlicher Regelungen, die als Ermächtigungsgrundlage für den Einsatz psychodiagnostischer Verfahren in Betracht kommen, in ungewöhnlich starkem Maß zugenommen.

Außerhalb des Strafverfahrens, wo psychologische Beobachtungen im Rahmen der Überprüfung der Zurechnungsfähigkeit des Straftäters schon immer eine besondere Rolle gespielt haben, finden heute Tests auf der Basis psychologischer Wissenschaftserkenntnisse juristisch abgesichert in folgenden Bereichen Anwendung:

- In der *Schule* zur Entscheidungsfindung und Begründung sehr unterschiedlicher pädagogischer Maßnahmen. Tests im Rahmen der sogenannten pädagogischen Diagnostik können sich beziehen auf die Feststellung der Schulreife, der Sonderschulbedürftigkeit, auf Versetzungsentscheidungen in besonderen Fällen, auf Schullaufbahnentscheidungen, auf pädagogische Hilfen bei Lern-, Leistungs- und Verhaltensstörungen (z. B. Legasthenie), auf die Behandlung von Schulkonflikten und auf die Ahndung von Verstößen gegen die Schulordnung. Sie sind auch ganz allgemein im Rahmen der Tätigkeit schulpsychologischer Beratungsdienste möglich. Die konkrete rechtliche Ausgestaltung dieser Materie, die Bestimmung, wann und unter welchen Voraussetzungen psychologische Tests eingesetzt werden dürfen[1a], ist auf Grund der den Ländern verfassungsrechtlich zugewiesenen Gesetzgebungs- und Verwaltungskompetenz (Art. 30, 70 GG) von Land zu Land sehr verschieden.[1b]
- Im *Betrieb* und in der *öffentlichen Verwaltung* als Mittel der Eignungsauslese, wobei der Inhalt von Personalfragebögen und Tests über die persönlichen Verhältnisse, Kenntnisse und Fähigkeiten der Mitbestimmung des Betriebsrates (vgl. §§ 94, 95, 99 Betriebsverfassungsgesetz) bzw. der Personalvertretung (vgl. §§ 75 Abs. 3 Nrn. 8 und 9 Bundespersonalvertretungsgesetz) unterliegen.[2]

- In der *Arbeitsvermittlung* und *Arbeitsberatung* können, um die berufliche Eignung von Arbeitsuchenden festzustellen, mit deren Einwilligung psychologische Untersuchungen und Begutachtungen vorgenommen werden (§ 14 Abs. 1 und § 27 Abs. 2 Arbeitsförderungsgesetz).
- In der *Sozialhilfe* sind gemäß § 62 Sozialgesetzbuch psychologische Untersuchungen vorgesehen, um Art und Umfang von Sozialleistungen näher zu bestimmen. Gleichzeitig besteht die Möglichkeit, bestimmte Sozialleistungen zu versagen, wenn der Betroffene sich der Mitwirkung an Testverfahren entzieht (§ 66 Sozialgesetzbuch).[3]
- Aufgrund der *Wehrpflicht* im Rahmen von Eignungsuntersuchungen gemäß § 3 Abs. 1 S. 2 Wehrpflichtgesetz.
- Im *Jugendarbeitsschutz* bei ärztlichen Untersuchungen in bezug auf den Entwicklungsstand eines in den Produktionsprozeß eintretenden Jugendlichen nach §§ 32, 37 und 38 Jugendarbeitsschutzgesetz.
- Bei Untersuchungen über die *Dienstunfähigkeit eines Beamten* infolge einer Schwächung seiner geistigen Kräfte auf Anordnung des Amtsarztes gemäß § 42 Abs. 1 S. 3 Bundesbeamtengesetz.
- In Verkehrssachen bei *Eignungsprüfungen eines Kraftzeugführers* im Hinblick auf die Erteilung, Versagung und Entziehung eines Führerscheins gemäß §§ 2, 3 Abs. 2 Nr. 2 Straßenverkehrszulassungsordnung in Verbindung mit §§ 2, 4 Straßenverkehrsgesetz.

Versucht man, die den einzelnen Anwendungsfällen von psychologischen Testverfahren zugrunde liegenden Bestimmungsmomente zu erfassen, so läßt sich folgende Gemeinsamkeit feststellen: Für alle genannten Fälle ist kennzeichnend, daß es im Rahmen und in bezug auf Qualifikationsprozesse nicht mehr auf bloße Fertigkeiten und Leistungen ankommt, sondern psychische Dispositionen und soziale Fähigkeiten eine essentielle Bedeutung bekommen. Damit wird der Qualifikationsbegriff im herkömmlichen Sinn als Eignungsfeststellung für bestimmte Tätigkeiten – sei es beim Autofahren, sei es im Produktionsprozeß – grundlegend revidiert; Qualifikation erhält die neue Dimension einer von den Produktivkräften und der Gesellschaft geforderten Tauglichkeitsprüfung psychosozialer Tugenden wie Leistungsfähigkeit, Anpassungsfähigkeit, Belastbarkeit, Reaktionsfähigkeit u. ä. Das erkennbare Ziel ist eine Feinsteuerung des Qualifikationsprozesses, wie sie im Schulsystem mit der Ausdifferenzierung kognitiver Persönlichkeitselemente in A-, B- und C-Kursen immer weiter vorangetrieben worden ist und nunmehr in die emotionale und psychosoziale Ebene verlängert wird. Dahinter steht unverkennbar eine generelle Optimierungsstrategie von gesellschaftlich relevanten Lernprozessen, die nunmehr unverhüllt die Sozialisations- bzw. Resozialisationsfähigkeit oder Arbeitsfähigkeit schlechthin zum Qualifikationskriterium macht.

Wie sehr sich durch die Einführung psychodiagnostischer Verfahren die herkömmlichen Bewertungsmaßstäbe für Qualifikationsfeststellungen, die vorrangig Intelligenz und Fertigkeit erfassen, verändern, läßt sich an den neuerlichen Planungen zur Feststellung der Hochschulreife belegen.

Auf der Grundlage des § 33 Abs. 3 Hochschulrahmengesetz sollen durch einen neuen Staatsvertrag der Länder ab Wintersemester 1979/80 30 % der Studienplätze durch Tests vergeben werden. Bildete bislang und ungeachtet des Numerus-clausus-Verfahrens das Abitur immer noch den ausschließlichen Qualifikationsnachweis für prinzipiell jedes Hochschulstudium, werden künftig bei dem freiwilligen Testverfahren Abitur- und Testergebnisse im Verhältnis 55:45 gewichtet. Auch wenn Testergebnisse nur berücksichtigt werden sollen, wenn sie chancenbessernd wirken, erhält das Testergebnis die Funktion einer subjektiven Zulassungsvoraussetzung, d. h., der Test wird damit ein zusätzliches Qualifikationskriterium.

Es ist evident, daß Testverfahren im oben beschriebenen Sinn darauf angelegt sind, Persönlichkeitsmerkmale auszuforschen, die sich aus der Beobachtung herkömmlicher Art im Rahmen des Qualifikationsprozesses nicht ermitteln lassen. Die gesamtgesellschaftliche Funktion dieser Persönlichkeitserforschung ist – wie die einzelnen Regelungstatbestände zeigen – darin zu sehen, den Menschen im Rahmen der bestehenden Herrschaftsverhältnisse im Staat und im Produktionsprozeß einer präziseren Herrschaftsdisposition zu unterwerfen. Daß Herrschaftsausübung mit Mitteln der Persönlichkeitserforschung in elementare Menschenrechte eingreift, die Menschenwürde und die Freiheit der Persönlichkeit gleichermaßen verletzt, war für die Menschenrechtskommission der Vereinten Nationen bereits im Jahr 1973 so brisant, daß sie sich veranlaßt sah, zum Thema «Schutz der Privatsphäre im Lichte moderner psychologischer und physikalischer Methoden zum Herauslocken von Informationen» eine Reihe von Empfehlungen auszusprechen, deren wesentliche Punkte sind[4]:

«1. Die Staaten werden aufgefordert, den Einsatz psychologischer Testverfahren außerhalb von Beratung und Therapie gesetzlich zu regeln.

2. Der Einsatz psychologischer Tests soll sich primär am Schutzanspruch des einzelnen orientieren und nur von sach- und fachkundigen Personen durchgeführt werden.

3. Besondere Bestimmungen sollen die Möglichkeit regeln, Testuntersuchungen ohne nachteilige Folgen zu verweigern und gegen die aus Testbefunden abgeleiteten Konsequenzen Einspruch zu erheben.

4. Im Ausbildungs- und Arbeitsbereich sollen nur solche Testverfahren zur Anwendung kommen, die nachweisbar einen direkten Bezug zu den sachlichen Anforderungen erkennen lassen.

5. Gebrauch, Vertraulichkeit und Verbreitung der Testergebnisse bedürfen einer gesetzlichen Regelung.

6. Der Einsatz von Persönlichkeitstests, die Rückschlüsse auf unbewußte und innerpsychische Prozesse erlauben, soll besonders strengen Regelungen unterliegen, die den Schutz der Menschenwürde gewährleisten.»

6.2 Grenzen der Zulässigkeit psychologischer Testverfahren oder: Die Demontage des Persönlichkeitsrechts

In der Anwendung psychologischer Testverfahren liegt eine neue Qualität des Zugriffs staatlicher und gesellschaftlicher Herrschaftsinstanzen auf die individuelle Persönlichkeit der einzelnen Bürger: Im Gegensatz zu den herkömmlichen Eignungsprüfungen geht es nämlich gerade um die Erforschung ihrer eben nicht offen zutage liegenden, sondern verborgenen Motive, Interessen, Phantasien, Fähigkeiten, Ängste und Blockierungen zu dem Zwecke, die getesteten Individuen je spezifisch zu «fördern», zu qualifizieren, zu behandeln und zu verwenden.

In der rechtlichen Beurteilung der Zulässigkeit solcher Maßnahmen stellt sich damit – wie bereits aus der zitierten Erklärung der Menschenrechtskommission erkennbar – das Problem, ob diese neue Qualität des Zugriffs auf die «innere Natur» des Menschen nicht als offensichtliche Verletzung der verfassungsrechtlichen Fundamentalnormen der Menschenwürde und des Rechts zur freien Entfaltung der Persönlichkeit anzusehen ist, wie sie im Grundgesetz für die BRD in Artikel 1 («Die Würde des Menschen ist unantastbar. Sie zu achten und zu schützen ist Verpflichtung aller staatlicher Gewalt») und Artikel 2 («Jeder hat das Recht auf die freie Entfaltung seiner Persönlichkeit, soweit er nicht die Rechte anderer verletzt und nicht gegen die verfassungsmäßige Ordnung oder das Sittengesetz verstößt . . . Die Freiheit der Person ist unverletzlich») geschützt sind. Die historische Funktion dieser für «unverletzlich» bzw. «unantastbar» erklärten Grund- und Menschenrechte bestand darin, gegenüber dem umfassenden Zugriff der Gewalt des absolutistischen Herrschers auf alle Bereiche des sozialen Lebens und die Persönlichkeit der Untertanen den Bereich der *Privatsphäre* auszugrenzen, in dem sich die ökonomische und politische Emanzipation des Bürgertums vollziehen konnte. Privateigentum und Freiheit werden zu den für die bürgerliche Gesellschaft konstitutiven Zwillingsgrundrechten, die staatliche Gewalt wird zurückgeworfen auf die Aufgabe, diese Markt-, Öffentlichkeits- und Persönlichkeitsfreiheiten zu schützen und zu erhalten und dies in einer alle in gleicher Weise betreffenden, daher allgemeingültigen, gesetzlichen Form. Indem die psychologischen Testverfahren in diesen privaten Bereich der autonomen, selbstverantworteten Entfaltung der Persönlichkeit eindringen und dies in der Absicht gerade nicht allgemeiner und gleicher, sondern hoch selektiver Behandlung und Verwendung der Individuen als potentielle Arbeitskräfte, wird der einst gegenüber dem absoluten Despoten erkämpfte private Autonomiespielraum in bislang kaum vorstellbarer Weise erfaßt und eingeengt. Im folgenden wollen wir eingehender untersuchen, wie die Rechtsprechung in der BRD auf diesen Angriff auf die Fundamentalkategorien des bürgerlichen Rechtssystems geantwortet hat.

So groß die Anzahl der rechtlichen Regelungen inzwischen auch ist, in denen die Einholung psychologischer Tests und Gutachten – sei es fakultativ, sei es zwingend – vorgeschrieben ist, so wenig kann andererseits angesichts der Neuheit dieser Vorschriften und der Geschwindigkeit ihrer Ausbreitung schon auf eine eingefahrene und weitgehend feststehende Rechtsprechung zu den Bedingungen und Grenzen der Zulässigkeit solcher Verfahren auf ihren unterschiedlichen Anwendungsgebieten verwiesen werden. Gleichwohl läßt sich aus Einzelentscheidungen des Bundesverwaltungsgerichts und des Bundesarbeitsgerichts sowie der Rechtsprechung des Bundesverfassungsgerichts zu Art. 1 und 2 GG durchaus perspektivisch entfalten, welche Position die bundesdeutsche Rechtsprechung gegenüber diesem Problem einnehmen wird. Dabei lassen sich zwei Strategien unterscheiden, eine «inhaltliche», d. h. auf die Bestimmung der Grenzen des durch Art. 1 und 2 GG geschützten Persönlichkeitsbereichs bezogene, und eine «formale», die auf die institutionelle Zuständigkeit zum Erlaß solcher testanordnender Regelungen gerichtet ist.

6.2.1 Die unfaßbare Menschenwürde

Die Frage der Zulässigkeit von psychologischen Testverfahren ist – nachdem der Bundesgerichtshof in einer spektakulären Entscheidung 1954 den Einsatz von sog. «Lügendetektoren» (Polygraphen) in Strafprozessen als menschenrechtsverletzend verboten hatte[5] – zunächst an dem Problem wieder aufgeworfen worden, ob die Erteilung von Kfz-Führerscheinen von der Einholung und Auswertung medizinisch-psychologischer Gutachten abhängig gemacht werden darf. Während das Oberverwaltungsgericht Bremen anfänglich in zwei Entscheidungen in den Jahren 1962[6] und 1963[7] noch wie selbstverständlich davon ausging, daß in Art. 1 Abs. 1 GG mit der Menschenwürde ein Anspruch auf Schutz der «ureigensten Intimsphäre» jedes Menschen begründet sei, der «staatliche Inquisitionen, Registrierungen und Tests» verbietet, hat das Bundesverwaltungsgericht diese Rechtsprechung bereits 1963 wieder aufgehoben und den entgegengesetzten Standpunkt vertreten[8], der sich inzwischen weitgehend durchgesetzt hat. Es braucht nicht besonders hervorgehoben zu werden, welche rechtlichen Konsequenzen sich für alle übrigen Anwendungsfälle psychodiagnostischer Verfahren ergeben hätten, wenn sich das Bundesverwaltungsgericht die Rechtsansicht des OVG Bremen zu eigen gemacht hätte. Da andererseits eine Entscheidung des Bundesverfassungsgerichts zur Frage der Testanwendung noch aussteht[9], verdient die verfassungsrechtlich ausführlich begründete und den Aussagewert psychologischer Testverfahren sorgfältig abwägende Entscheidung des OVG Bremen nach wie vor unser Interesse.

Oberverwaltungsgericht Bremen: Tests verstoßen gegen die Menschenwürde
Unter Bezugnahme auf die Lügendetektor-Entscheidung des Bundesgerichtshofes in Strafsachen beschreibt der Senat den auf der Grundlage der Wertvorstellung des Art. 1 Abs. 1 GG zu bestimmenden Schutzbereich des Art. 2 Abs. 1 GG zur Erhaltung und Entwicklung der menschlichen Persönlichkeit als «lebensnotwendigen, unverzichtbaren seelischen Eigenraum, in den nicht eingegriffen werden darf», in den der Staat aber einbricht, «wenn er den Charakter von Fahrerlaubnisbewerbern mittels psychologischer Analysen oder charakterologischer Tests durchleuchten läßt und Ergebnisse solcher Durchleuchtungen bei der Beurteilung der charakterlichen Eignung berücksichtigt. Die charakterlichen Eigenschaften des Menschen gehören zu seiner Intimsphäre, solange und soweit sie sich nicht nach außen hin erkennbar in dem Verhalten des Menschen in der Gemeinschaft, insbesondere in rechtlich oder sittlich zu mißbilligenden Handlungen oder Unterlassungen, ausgewirkt haben.»[10] Der Staat hat sich dementsprechend darauf zu beschränken, «Charakterzüge festzustellen und zu würdigen, die der Mensch durch sein Verhalten in der Gemeinschaft selbst offenbart hat. Er darf nicht danach trachten, durch charakterologische Tests verborgene seelische Regungen oder Charakterzüge aufzudecken und zu messen, die aus dem äußeren Verhalten des Menschen in der Gemeinschaft nicht erkennbar sind.» Arbeitsweise und Methode medizinisch-psychologischer Institute zielten gerade auf die Aufdeckung und das Messen solcher Regungen und Charakterzüge. Die Frage aber, ob das äußere Verhalten des Menschen in der Gemeinschaft die Annahme einer charakterlichen Ungeeignetheit zum Führen von Kraftfahrzeugen rechtfertige, könnten die Verwaltungsbehörden und Gerichte regelmäßig ohne Mitwirkung dieser Institute beantworten. Für verfassungsrechtlich relevant hält das Gericht darüber hinaus, daß die medizinisch-psychologischen Institute die für die Erstellung angeforderter charakterologischer Gutachten erforderlichen Einblicke sich zu einem erheblichen Teil «durch unverfänglich erscheinende Tests, (z. B. Auswahltests, Büchertests, Zeichentests)» verschaffen, «bei denen dem Probanden nicht bewußt ist und nicht bewußt sein muß, daß er verborgene Charakterzüge offenlegt». Der Senat zieht daraus die Konsequenz, daß ein solcher Einbruch in die Intimsphäre des Menschen verfassungsrechtlich nicht zulässig sei, zumal die Durchleuchtung mit derartigen Mitteln in extremen Fällen sogar dazu führen könne, daß ein charakterlich ungünstig veranlagter Mensch als ungeeignet oder unzuverlässig gebrandmarkt werde, obgleich er sich keine oder keine wesentlichen Verstöße hat zuschulden kommen lassen.

Diese Entscheidung stellt den Versuch dar, einen juristischen Damm gegenüber dem Ansinnen staatlicher Behörden zu errichten, für den einzelnen durchaus bedeutsame Rechtsfolgen, wie die Erteilung oder Verweigerung der Fahrerlaubnis an Sachverhalte zu knüpfen, «die aus dem äußeren Verhalten des Menschen in der Gemeinschaft nicht erkennbar sind».

Bundesverwaltungsgericht: Tests als rechtsneutrale Tatsachenfeststellung

Das Bundesverwaltungsgericht hat dagegen bereits 1963 in der Revisionsinstanz dieses Urteil aufgehoben und dem wachsenden administrativen Zugriff auf die «verborgene» Subjektivität Bahn gebrochen.[11] In der Allgemeinheit – wie vom OVG Bremen angenommen – schließe nämlich das Grundgesetz, so argumentiert das Gericht, die Verwendung psychologischer Tests keineswegs aus. Zwar sei es richtig, daß im Strafprozeß die Anwendung chemischer oder psychotechnischer Mittel, die auf den Beschuldigten einwirken sollten, um Geständnisse zu ermitteln oder herbeizuführen, als Verstoß gegen die Menschenwürde anzusehen sei; indes könne die Anwendung psychologischer Tests nicht mit dieser verfassungsrechtlich bedenklichen Form der Wahrheitsermittlung verglichen werden. Denn auch in strafgerichtlichen Verfahren würde es unbestritten als zulässig erachtet, daß auf Grund von Beobachtungen detaillierte charakterologische Gutachten erstellt werden. Dementsprechend könne es nicht als Eingriff in die Würde des Menschen angesehen werden, «wenn anstelle solcher Beobachtungen, die häufig mit einer eingehenden, oftmals sogar wiederholten Befragung verbunden sind, psychologische Testverfahren verwendet» würden. Es gehe dabei nämlich nicht um Geständnisermittlung oder -erzwingung, sondern um die Aufhellung charakterlicher Anlagen des Menschen. So gesehen könne nicht die Rede von einer generellen Unvereinbarkeit der Anwendung psychologischer Beweismittel und Vernehmungstechniken mit Art. 1 Abs. 1 GG sein.

In dem zu entscheidenden Fall der Führerscheinerteilung hat das Gericht keine Bedenken gegen die Einholung von psychologischen Sachverständigengutachten, um das Vorhandensein «körperlicher, geistiger oder *charakterlicher* Mängel» festzustellen, die die Eignung zum Führen von Kraftfahrzeugen nach §§ 3, 9, 11 Abs. 3 und 12 Straßenverkehrszulassungsordnung ausschließen könnten. Allerdings macht das Gericht in dem Bewußtsein, mit diesem «weithin in der Rechtsprechung noch nicht erschlossenen Gebiet» wissenschaftliches Neuland zu betreten, eine Reihe von (freilich bloß verbalen und in sich widersprüchlichen) Vorbehalten und Einschränkungen, durch die die uferlose Anwendung und Verwertung der Tests begrenzt werden soll. So seien die mit Hilfe der Tests gewonnenen Aussagen über «geistig-seelische Wesenszüge des Betroffenen» – «soweit diese Gutachten aufgrund der wissenschaftlichen Erkenntnis zu gesicherten Erkenntnissen führen können» – einerseits Tatsachen im Sinn des § 2 Straßenverkehrsgesetz, die der Richter bei seiner Entscheidung berücksichtigen müsse. Andererseits dürfe das Gericht bei der erforderlichen Gesamtbeurteilung der Persönlichkeit (was auch immer das heißen mag) nicht «allein psychologische Untersuchungsergebnisse ungeprüft zugrunde» legen, wobei allerdings offenbleibt, woher das Gericht seine Sachkompetenz zur Beurteilung dieser Frage nehmen soll. Hat das Gericht freilich Zweifel an der wissenschaftlichen Objektivität der psychologischen «Erkenntnisse» über die Charaktereigenschaften der Testunterworfenen, so findet sich auch ein Weg: der Obergutachter. Doch auch dieser kann dem Gericht nicht die Aufgabe abnehmen, «in eigener Verantwortung zu entscheiden» und selbst zu «prüfen, welche einzelnen Eigenschaften der Sachverständige festgestellt hat und ob nach dem Stand der wissenschaftlichen Erkenntnis diese Feststellung gegebenenfalls in Verbindung mit anderen Beweismitteln zugrunde gelegt werden (kann).»

Diese Entscheidung kompensiert nicht nur rechtliche Hilflosigkeit mit Vermessenheit, indem die höchst subjektive Kategorie der menschlichen Charaktereigenschaften zum Erkenntnisgegenstand einer mit scheinbar naturwissenschaftlicher Objektivität verfahrenden Wissenschaft verdinglicht wird und dem bundesdeutschen Richter – aber auch den zuständigen und entscheidenden Verwaltungsbehörden! – definitiv bescheinigt wird, daß sie sich auf dem jeweils aktuellen Stand der methodischen wie inhaltlichen Forschung dieser neuen Naturwissenschaft vom «geistig-seelischen Wesen» des Menschen befinden. Sie kaschiert darüber hinaus ihren durchaus revolutionären Charakter, der darin liegt, daß nunmehr an die verborgenen Phänomene der menschlichen Psyche durchaus einschneidende und für die Persönlichkeitsentwicklung der Betroffenen unter Umständen entscheidende Rechtsfolgen geknüpft werden, durch den in die Irre gehenden Verweis auf die kriminalpsychiatrische Gutachtenpraxis in Strafprozessen: Solange nicht wieder in diesen Verfahren die rechtsstaatlichen Maximen zu Gunsten bloßer Gesinnungsjustiz preisgegeben sind, knüpft der Tat- und Schuldvorwurf notwendig an die Verwirklichung eines mit Strafe bedrohten Tatbestandes durch das äußere Verhalten des Täters an. Die Gutachtenpraxis verfolgt hier allein den Zweck der Entlastung vom Schuldvorwurf der wissentlichen bzw. willentlichen, also kognitiv wie emotional «zurechenbaren» Tatbegehung: Die Ausforschung der inneren Natur dient hier – wie skeptisch auch immer man die forensische Praxis der Kriminalpsychiater sehen mag – allein der Entlastung des Individuums von Tat- und Rechtsfolgenzurechnung und steht insofern in vollständigem Gegensatz zur Funktion der einleitend beschriebenen charakterlichen Eignungstests.

Bundesverwaltungsgericht: Kein Rechtsschutz gegen Tests

Das Bundesverwaltungsgericht hat in einer späteren Entscheidung[12] seine Auffassung in der Weise bekräftigt, daß die Anordnung der Verwaltungsbehörde, die dem Inhaber einer Fahrerlaubnis aufgibt, das Gutachten einer medizinisch-psychologischen Untersuchungsstelle über seine Eignung zum Führen von Kraftfahrzeugen beizubringen, nicht einmal ein selbständig anfechtbarer Verwaltungsakt sein soll. Das Gericht sieht in einer solchen Anordnung *keinen Eingriff in Rechtspositionen des Betroffenen*, da sie nicht zwangsweise durchgesetzt werden könnten. Die Aufforderung, sich einem derartigen Verfahren zu unterziehen, wird demnach als gleichsam alltägliche, rechtlich irrelevante Verwaltungshandlung betrachtet.[13] Gleichwohl kann die Behörde aus ihrer Nichtbefolgung den rechtlich durchaus bedeutsamen Schluß ziehen, daß der Betroffene geistige oder körperliche Mängel verbergen will, die seine Eignung zum Führen von Kraftfahrzeugen ausschließen. Der auf Grund bestimmter Bedenken bestehende Verdacht auf Ungeeignetheit könne sich dann bei der Verwaltungsbehörde zu der *Gewißheit* verdichten, daß der Betroffene zum Führen von Kraftfahrzeugen ungeeignet und ihm deshalb die Fahrerlaubnis zu entziehen sei. Somit stelle also erst die infolge der Nichtbefolgung vorgenommene Anordnung der Entziehung der Fahrerlaubnis eine in den Rechtsstatus des Betroffenen eingreifende Maßnahme dar.[14]

Der immanente Widerspruch der Entscheidung liegt auf der Hand: Die Aufforderung, sich einem psychologischen Testverfahren zu unterziehen, soll rechtlich irrelevant sein, aus ihrer Nichtbefolgung werden aber gegebenenfalls höchst relevante rechtliche Folgerungen gezogen. Indes, dieser Widerspruch hat Methode: Weil das Recht in den hier in Rede stehenden Selektionsverfahren sozial verwertbarer, nützlicher oder schädlicher Sozialisationsmerkmale (im Sinn von charakterlichen Verhaltenseigenschaften) nur scheinbar als das regulierende Selektionsinstrument funktioniert und in Wirklichkeit nur die von der psychologischen Theorie und Praxis gesteuerten Entscheidungen zu ratifizieren hat, gibt es gegen die Anordnung derartiger Maßnahmen auch keinen selbständigen Rechtsschutz. Die ungerechtfertigte Verweigerung der Fahrerlaubnis erscheint nicht länger als Verwaltungs- oder Justizirrtum, sondern als Element der sozialen Kosten im Entwicklungsprozeß der psychologischen Wissenschaft, als Problem von Obergutachten und ihrer angeblich gesicherten wissenschaftlichen Objektivität.

Verwaltungsgerichtshof Mannheim: Menschenwürde als bloße Innerlichkeit

Wenngleich das Bundesverfassungsgericht zur Frage der Zulässigkeit psychologischer Testverfahren noch keine Entscheidung getroffen hat, so ist doch aus der gesamten verfassungsgerichtlichen Entscheidungstradition zum Schutzbereich der Menschenwürde und der Persönlichkeitsentfaltung deutlich ablesbar, daß die Erwartung, dieses Gericht werde der Demontage der Freiheit der Persönlichkeit (im Sinn des Art. 1 und 2 GG – wo sie nicht bloß *sachliche* Freiheit, *Eigentums*freiheit ist) einen Riegel vorschieben, verfehlt wäre. Im Gegenteil, die vom Bundesverwaltungsgericht zugelassene Erschließung der ganz persönlich-individuellen Dimension der Persönlichkeit für administrative Zwecke ist die konsequente Fortführung der verfassungsgerichtlichen Rechtsprechung zum Schutz der persönlichen Privatsphäre, auch wenn das Gericht diesen Zusammenhang nicht ausdrücklich reflektiert. Instruktiv ist unter diesem Aspekt vor allem die Entscheidung des *Verwaltungsgerichtshofs Mannheim* vom 6. 5. 1963[15], in der dieses Gericht explizit auf die Grundgesetzinterpretation des Bundesverfassungsgerichts Bezug nimmt und von ihr her die verfassungsrechtliche Unbedenklichkeit der Aufforderung, sich psychologischen Testverfahren zu unterziehen, begründet. Nach Auffassung des Gerichts schützt das Grundgesetz in Art. 1 Abs. 1 und 2 Abs. 1 zwar «eine ureigene Intimsphäre, die der Einwirkung *jeglicher öffent-*

licher Gewalt entzogen ist», und dementsprechend sei «zur Erhaltung und Entwicklung der Persönlichkeit . . . ein lebensnotwendiger, unverzichtbarer und unantastbarer seelischer Eigenraum» zu respektieren. Gleichwohl werde durch eine psychologische Untersuchung, auch wenn sie sich auf den seelischen Bereich des Menschen erstreckt, nicht verfassungswidrig in die Persönlichkeitssphäre des Getesteten eingegriffen. Denn das Grundgesetz schütze den seelischen Bereich eines Menschen *nicht schrankenlos*, sondern nur in bestimmten Grenzen. Der Verwaltungsgerichtshof beruft sich hierbei auf die Entscheidung des Bundesverfassungsgerichts aus dem Jahre 1957 zur Verfassungsmäßigkeit des § 175 StGB alter Fassung, nach der der unantastbare seelische Intimbereich eines Menschen verlassen werde, «sobald seine seelischen Eigenschaften durch ein von ihnen bestimmtes äußeres Verhalten in Beziehung zu anderen Menschen treten», ein Mensch sich also «sozialbezogen» verhalte.[16] Bei der Teilnahme am Straßenverkehr wirke sich dieser Sozialbezug des seelisch und charakterlich beeinflußten Verhaltens eines Kraftfahrers besonders stark aus, weil «Leib und Leben» anderer Verkehrsteilnehmer davon abhängen. Die Forderung des § 3 Abs. 2 Straßenverkehrszulassungsordnung, bei begründeten Bedenken gegen seine Eignung zum Führen von Kraftfahrzeugen seine seelischen und charakterlichen Eigenschaften zu offenbaren, sei deshalb gerechtfertigt und stelle keinen verfassungswidrigen Eingriff in den unantastbaren engsten seelischen Eigenraum des Betreffenden dar.[17]

Die psychologische Untersuchung durch dafür geeignete Sachverständige nach anerkannt wissenschaftlichen Methoden sei gerechtfertigt, weil man im Interesse der Sicherheit des öffentlichen Verkehrs es nicht darauf ankommen lassen könne, daß erst durch ein oder mehrere schwere Unfälle die geistigen und seelischen Mängel des Kraftfahrers offenbart würden, so daß sie dann auch von nicht sachkundigen Personen erkannt würden. So gesehen könne nicht die Rede davon sein, *verborgene* seelische Regungen oder Charakterzüge, die durch kein äußeres Verhalten eröffnet würden, *aufzudecken*, vielmehr sollten die geistigen und seelischen Eigenschaften eines Menschen aufgedeckt werden, die ein äußeres Verhalten beim Führen von Kraftfahrzeugen beeinflussen und dadurch aus seinem Intimbereich hervortreten und offenbart werden.[18]

Sosehr die Entscheidung auf den ersten Blick im Ergebnis plausibel zu sein scheint, so gespenstische Assoziationen an George Orwells Roman «1984» oder den «Archipel Gulag» von Solschenizyn eröffnet jedoch ihre konsequent zu Ende gedachte Begründung. Danach reduziert sich der «unantastbare» Bereich der Menschenwürde und die «Unverletzlichkeit» der Freiheit der Person in der Tat auf jenen Bereich bloßer Innerlichkeit, der selbst dem ausgeklügeltsten psychologischen Test verborgen bleibt, der als psychischer Sachverhalt, der möglicherweise irgendwann in irgendeiner Form sich auch im sozialen Verhalten des Untersuchten offenbaren – und darin potentiell andere in ihren Rechten beeinträchtigen könnte – überhaupt nicht erfaßbar ist, sich dem wissenschaftlichen Zugriff nach den bisher bekannten Methoden entzieht. Wenn es entsprechend der Begründung dieser Entscheidung tatsächlich richtig ist, daß der Schutzbereich der Art. 1 und 2 GG immer dann nach Maßgabe dominanter öffentlicher Interessen eingeengt werden kann (und d. h. versagt), wenn die «seelischen Eigenschaften (des Menschen) durch ein von ihnen bestimmtes äußeres Verhalten in Beziehung zu anderen Menschen treten»[19], der Mensch sich also «sozialbezogen» verhält, dann bedeutet der für unantastbar erklärte Schutz der Menschenwürde realiter keinen geringeren Unsinn als wenn eine noch unbekannte Insel unter Naturschutz gestellt würde: Denn erst in der Beziehung auf andere Menschen kann überhaupt sinnvoll von sozialem, menschlich wie gesellschaftlich relevantem Verhalten gesprochen werden, von einem Verhalten, das überhaupt rechtlichen Schutzes bedarf. Das bloße Verhältnis eines Menschen zu sich selbst – welches zudem noch in keiner Form je von Bedeutung für Interaktionsbeziehungen sein darf – ist unter keinen denkbaren Umständen ein schutzbedürftiges und schützenswertes Rechtsgut, sondern immer nur die konkrete menschliche Person mit all ihren Fähigkeiten und Eigenschaften, die für ihre menschlichen Sozialbeziehungen und lebensgeschichtlichen Realisationsmöglichkeiten von Bedeutung sein können. Und genau um die Erfassung, Kategorisierung, Speicherung und Lenkung dieser subjektiven Elemente der Persönlichkeit geht es in der Auseinandersetzung mit den Grenzen der Zulässigkeit psychologischer Testverfahren. In der Sache bedeutet daher die Entscheidung des Verwaltungsgerichshofes Mannheim nichts anderes als die Reduktion des Privateigentums an der eigenen Persönlichkeit auf Null: Die persönliche Privatheit, soweit sie für ebenso unveräußerlich wie unantastbar und unverzichtbar erklärt ist, wird zerlegt in eine irreale «ureigene Intimsphäre» – die absoluten Schutz genießt – und eine nach Maßgabe öffentlicher Interessen beschränkbare, offenbar «urgesellschaftliche» Persönlichkeitsrechtssphäre.

Bundesverfassungsgericht: Zugriff auf die Innenwelt der Außenwelt der Innenwelt

Nun könnte man geneigt sein, die negativ utopischen Perspektiven, die sich aus der Begründung dieser Entscheidung herauslesen lassen, auf sprachliche Laxheit und gedankliche Borniertheit dieses speziellen Urteils zurückzuführen, zumal die Entscheidung im Ergebnis doch so abwegig und inhuman nicht zu sein scheint – wenn derartige Beispiele nur nicht Schule machten und bald jedermann gleichzeitig mit der Fahrprüfung sich psychologischen Tests unterziehen müßte. Und in der Tat wird die höchstrichterliche Rechtsprechung in der BRD – allen voran das speziell dazu berufene *Bundesverfassungsgericht* – nicht müde zu betonen, daß die Würde des Menschen unantastbar und von aller staatlicher Gewalt zu achten und zu schützen sei und die Freiheit der Person in ihrem Wesensgehalt durch keinerlei Maßnahme, auch nicht durch ein Gesetz, angestastet werden dürfe.[20] Doch auch hier verflüchtigt sich der mit so viel Pathos immer wieder beschworene Schutzbereich der Persönlichkeit bei näherer Betrachtung zusehends, wie sich sowohl aus den sprachlichen Konkretisierungsversuchen dieses Intimbereichs in der Rechtsprechung des Bundesverfassungsgerichts als auch aus den politisch-praktischen Konsequenzen dieser Entscheidungen ergibt. Beide Aspekte sollen kurz präzisiert werden:

«Dem einzelnen Bürger (ist) eine Sphäre privater Lebensgestaltung verfassungskräftig vorbehalten . . ., also ein letzter unantastbarer Bereich menschlicher Freiheit»[21], in dem der einzelne «seine Individualität entwikkeln und wahren kann», d. h. wo er das Recht (!!) hat, «für sich zu sein», «sich selber zu gehören», «ein Eindringen oder einen Einblick durch andere auszuschließen»[22], kurzum, es muß «dem Einzelnen um der freien und selbstverantwortlichen Entfaltung seiner Persönlichkeit ein Innenraum verbleiben . . ., in dem man sich selbst besitzt und in den er sich zurückziehen kann, zu dem die Umwelt keinen Zutritt hat, in dem er in Ruhe gelassen wird und ein *Recht auf Einsamkeit* genießt»[23]. Der vor allem staatlichen Zugriff absolut geschützte Bereich der Intimsphäre reduziert sich, wie diese Formulierungen immer wieder deutlich hervorheben, tatsächlich auf die bloß selbstreflexive Beziehung des einzelnen zu sich selbst, auf sein – man höre – «Recht auf Einsamkeit», sein Recht, sich selbst zu gehören. Diese letzte Wendung ist in der sozialen Realität bürgerlicher Gesellschaften mehr als eine schlichte Metapher für die sorgsam gehegte Innerlichkeit des Bürgertums: Es ist das Privateigentum des Lohnabhängigen an seiner Revenuequelle, an seiner Arbeitskraft. Deshalb gehört sich jeder in der bürgerlichen Gesellschaft selbst, auch derjenige, der beständig seine Arbeitskraft verkaufen muß, um zu leben und zu überleben – im Gegensatz zum Sklaven. Und genau dies ist auch der Kernbereich der Menschenwürde, in den der Staat der bürgerlichen Gesellschaft nicht eingreifen darf, den er – um den Preis des Rückfalls auf die historische Stufe des Feudalismus – um der Erhaltung seiner Identität als bürgerlicher Staat nicht aufgeben darf: Das Eigentum jedes Menschen an sich selbst[24], nicht mehr und nicht weniger, ist das aufgelöste Rätsel der Menschenwürde, vom Bundesverfassungsgericht gewiß unfreiwillig, aber zutreffend angesprochen.

Der als «Intimsphäre» apostrophierte und vor jeglichem staatlichem Eingriff «absolut» geschützte Bereich der menschenwürdigen Persönlichkeitsentfaltung reduziert sich in Konsequenz dieser Rechtsprechung auf das abstrakte Recht des Menschen an seiner abstrakten Persönlichkeit.

Jenseits, oder präziser: im sozialen Diesseits dieser Intimsphäre liegt nach der Rechtsprechung des Bundesverfassungsgerichts die zwar ebenfalls grundrechtlich in Art. 2 in Verbindung mit Art. 1 GG geschützte Privatsphäre, in die jedoch nach Maßgabe «überwiegender *Interessen der Allgemeinheit* unter strikter Wahrung des Verhältnismäßigkeitsgebots» eingegriffen werden darf.[25] Damit ist prinzipiell kein Aspekt der Privatsphäre mehr sicher vor administrativer Erfassung und Verwertung, wenn es der öffentlichen Gewalt nur gelingt, ihre Maßnahmen aus überwiegenden Interessen der Allgemeinheit abzuleiten – was in der Regel schon deshalb wenig Probleme aufwerfen wird, weil der Staat in der bürgerlichen Gesellschaft schon per definitionem die gesellschaftliche Allgemeinheit selbst darstellt und seine Zwecke nicht aus besonderen, sondern allgemeinen Interessen (dem «Gemeinwohl») begründet. So gesehen bleibt als einzige, nicht minder vage und schemenhafte Schranke zulässiger Persönlichkeitsverletzungen die «Wahrung des *Verhältnismäßigkeitsgebotes*», was nichts anderes beinhaltet als die klassische Maxime des Polizeirechts, bei der Aufrechterhaltung der öffentlichen Sicherheit und Ordnung nur die hierfür auch geeigneten Mittel zu ergreifen. Übertragen auf die Beeinträchtigung der persönlichen Privatsphäre bedeutet dies, daß entsprechend der Bedeutung der ohnehin an dem Standard der Allgemeininteressen legitimierten Verwaltungszwecke der Schutz des Individuums zurückzutreten hat.

Konkret folgt daraus, daß nach Ansicht des Bundesverfassungsgerichts beispielsweise die Übersendung der Akten eines – noch nach dem früheren Scheidungsrecht, d. h. unter Schuldaspekten geführten – Ehescheidungsverfahrens an den Untersuchungsführer in einem Disziplinarverfahren gegebenenfalls rechtmäßig sein kann[26], ebenso wie die Beschlagnahme einer Patientenkartei[27] oder der Klientenakten einer Suchtberatungsstelle[28]; konsequent erachtete das Gericht auch eine gesetzlich angeordnete Befragung über Urlaubs- und Erholungsreisegewohnheiten für verfassungsrechtlich unbedenklich[29]: Nicht jede «statistische Erhebung über Persönlichkeits- und Lebensdaten (verletze) die menschliche Persönlichkeit in ihrer Würde oder berührt ihr Selbstbestimmungsrecht im innersten Lebensbereich. Als gemeinschaftsbezogener und gemeinschaftsgebundener Bürger muß jedermann die Notwendigkeit statistischer Erhebungen über seine Person in gewissem Umfang, wie z. B. bei einer Volkszählung, als Vorbedingung für die Planmäßigkeit staatlichen Handelns hinnehmen. Eine statistische Befragung zur Person kann deshalb dort als entwürdigend und als Bedrohung des Selbstbestimmungsrechtes empfunden werden, wo sie den Bereich menschlichen Eigenlebens erfaßt, der von Natur aus Geheimnischarakter hat, und damit auch diesen inneren Bezug zu statistisch erschließbarem und erschließungsbedürftigem Material erklärt.» Insoweit gibt es auch für den «Staat der modernen Industriegesellschaft» Sperren vor der verwaltungstechnischen «Entpersönlichung». Wo dagegen die statistische Erhebung nur an das Verhalten des Menschen in der Außenwelt anknüpft, wird die menschliche Persönlichkeit von ihr in aller Regel noch nicht in ihrem unantastbaren Bereich privater Lebensgestaltung «erfaßt».

Da sich sämtliche geforderten Angaben über Ziel und Dauer der Reisen, Unterkunftsart und die benutzten Verkehrsmittel, wenn auch unter erheblich größeren Schwierigkeiten, auch ohne eine Befragung ermitteln ließen, «gehörten (sie) damit nicht jenem innersten (Intim-)Bereich an, in den der Staat auch nicht durch eine Befragung zu statistischen Zwecken ohne Verletzung der Menschenwürde und des Selbstbestimmungsrechts des einzelnen eingreifen könnte»[30].

Das Argumentationsschema ist bereits aus der oben dargestellten Entscheidung des Verwaltungsgerichtshofs Mannheim bekannt: Sobald das Individuum den Bereich, der «von Natur aus Geheimnischarakter»[31] besitzt, verläßt und beginnt, sich sozial, also äußerlich wahrnehmbar zu verhalten, wird es potentiell zum Objekt staatlicher Zwecke, der «Planmäßigkeit (!) staatlichen Handels»[32] unterworfen.

Die für zulässig erklärte und zunehmend gesetzlich vorgesehene Anordnung von psychologischen Tests bedeutete eine neue Stufe im Prozeß der systematischen und umfassenden Persönlichkeitserfassung. Wie sich die entsprechend den gesamtgesellschaftlichen Reproduktionserfordernissen zu bestimmenden «überwiegenden Allgemeininteressen» an der Durchführung dieser Maßnahmen in den letzten Jahren entwickelt und verändert haben, wie diese Eingriffe in die Persönlichkeit also legitimiert werden, dies bleibt im folgenden zu untersuchen. Abschließend wollen wir einige kritische Überlegungen zur «Verhältnismäßigkeit» dieser – längst nicht mehr allein staatlichen – Praxis vortragen.

6.2.2 Gesetzesvorbehalt ohne Grenzen

Wie wir gesehen haben, liegt der Rechtsprechung des Bundesverfassungsgerichts eine Konstruktion des Persönlichkeitsrechtsschutzes zugrunde, durch die einerseits der Bereich der absolut geschützten Intimsphäre auf eine nicht mehr wahrnehmbare und schutzbedürftige bzw. -fähige Größe reduziert wird und durch die andererseits die persönliche Privatsphäre prinzipiell dem Zugriff des Staates geöffnet wird. Nun bedarf staatliches Handeln in dem Maß, in dem derartige Eingriffe in die Persönlichkeit zum Alltagsgeschäft der Verwaltung werden und zusehends *jeden* Bürger betreffen, eines gesteigerten Legitimationsbedarfes: Der staatliche Zugriff auf die «innere Natur», die in Sozialisationsprozessen erworbenen bzw. zu erwerbenden subjektiven «Charakter»-Eigenschaften, sozialen Verhaltensweisen und Dispositionen, wird gesellschaftlich allgemein, trifft zunehmend den «Durchschnittsschüler» und die «Durchschnittsarbeitskraft»; damit wird auf abermals erweiterter Stufenleiter das Erziehungsprivileg der Familie entleert, öffentliche Sozialisation tritt als mindestens gleichberechtigt neben die private, bleibt nicht länger auf gesellschaftlich isolierte und in besonderen Anstalten zwangsweise eingewiesene Randgruppen beschränkt. Auf den dadurch notwendig gewordenen gesteigerten Legitimationsbedarf hat die Rechtsprechung des Bundesverfassungsgerichts wie folgt reagiert[33]:

Sozialisationsinstanzen – Schulen, Gefängnisse und psychiatrische Anstalten bilden hierbei ein gemeinsames Ganzes – wurden bis vor kurzer Zeit auch in der Rechtslehre und Rechtsprechung als *totale Institutionen* begriffen, die mit Hilfe der Rechtskonstruktion *des besonderen Gewaltverhältnisses* den jeweiligen Anstaltsbenutzer bedingungslos dem Anstaltszweck unterwarfen. Es entsprach der Konstruktionslogik des besonderen Gewaltverhältnisses, daß weder der gewaltunterworfene Bürger (Schüler, Strafgefangene, Irre) grundrechtlich geschützte Rechte oder überhaupt irgendwelchen Rechtsschutz für sich in Anpruch nehmen konnte, weil das Institut des besonderen Gewaltverhältnisses es zuließ, die Grundrechte des einzelnen «in einer unerträglichen Unbestimmtheit zu relativieren»[34], noch das Parlament als Repräsentant der Gesamtheit der Bürger Aufsichtsfunktionen durch gesetzliche Regulative wahrzunehmen hatte, weil die Anstaltsgewalt im Freiraum des sogenannten «Organisationsvorbehalts» der Exekutive lag. Im Ergebnis bedeutete also die Konstruktion des besonderen Gewaltverhältnisses für Sozialisationsinstanzen die juristische Abschottung von Sozialisation aus dem gesellschaftlichen Bereich und deren Freistellung von gesellschaftlicher Verantwortung im Sinn öffentlicher Kontrolle.

Das Bundesverfassungsgericht hat in nunmehr ständiger Rechtsprechung seit seiner grundlegenden Entscheidung zur Einschränkung von Grundrechten der Strafgefangenen vom 14. 3. 1972[35] mit dieser Rechtstradition gebrochen und auch totale Institutionen unter die *Kontrolle des Gesetzgebers* gestellt, weil es der «umfassenden Bindung der staatlichen Gewalt widerspräche . . ., wenn im Strafvollzug die Grundrechte beliebig oder nach Ermessen eingeschränkt werden könnten». Gleichzeitig stellt das Bundesverfassungsgericht dabei fest, daß eine Einschränkung nur dann in Betracht kommen könne, «wenn sie zur Erreichung eines von der Wertordnung des Grundgesetzes gedeckten gemeinschaftsbezogenen Zwecks unerläßlich ist und in den dafür verfassungsrechtlich vorgesehenen Formen geschieht». In Konsequenz dieses Verfassungsverständnisses hat das Bundesverfassungsgericht auch für die staatliche Anstalt Schule die juristische Konstruktion des «besonderen Gewaltverhältnisses» fallengelassen, weil durch die Gestaltung des Schulwesens in erheblicher Weise in Grundrechtspositionen eingegriffen werde, wobei das Bundesverfassungsgericht nicht zufällig nur das in Art. 6 Abs. 2 GG geschützte Elternrecht für schutzwürdig hält.[36] In dem für das Schulwesen grundlegenden Förderstufenurteil vom 6. 12. 1972 hat es den Gesetzgeber verpflichtet, die für die Regelung des Schulwesens «wesentlichen Merkmale» selbst festzulegen, weil der im Demokratie- und Rechtsstaatsprinzip des Grundgesetzes begründete Verfassungsgrundsatz der Gesetzmäßigkeit der Verwaltung gebietet, «im Bereich der Grundrechtsausübung die der staatlichen Gestaltung offenliegende Rechtssphäre selbst abzugrenzen und nicht dem Ermessen der Verwaltungsbehörde zu überlassen.»[37]

Sosehr diese Rechtsprechung des Bundesverfassungsgerichts scheinbar Selbstverständliches ausspricht, so stellt sie doch erstmals den rechtlichen Zugriff der Gesellschaft auf den ihr bisher weitgehend verschlossenen Bereich der Erziehung her. Die geforderte Verrechtlichung des Sozialisationsbereichs erweist sich bei genauerer Sicht nicht nur als verfassungsrechtlich zwingend gebotene Aufforstung von – gemessen an rechtsstaatlichen und demokratischen Standards – unterentwickelt gebliebenen gesellschaftlichen Teilbereichen, sondern stellt einen Strukturumbruch dar, der auf einen Funktionswandel von Erziehung im gesamtgesellschaftlichen Reproduktionsprozeß verweist.

Die Rückkoppelung von Erziehung in die politische Verantwortung der Gesellschaft hat für die beiden Erziehungsinstanzen Familie und Schule unterschiedliche Konsequenzen. Sie führt zum einen zu einer Reduktion des elterlichen Erziehungsmonopols im Sinn eines ausschließlichen, der Stellung des Eigentümers vergleichbaren Bestimmungsrechts der Eltern über den vom Kind einzuschlagenden Bildungsweg und wird von daher nicht zufällig von den Eltern als enteignungsgleicher Eingriff begriffen. Zum anderen läßt sich das gesamtgesellschaftliche, vom Entwicklungsstand der Produktivkräfte geforderte Interesse, die Begabungsreserven der Bevölkerung auf breitester Ebene zu mobilisieren und optimal zu selektieren, einheitlich nach wissenschaftlichen Standards organisieren und verbindlich durchsetzen. In diesem Zusammenhang erhält das Parlament, in dem «das Volk die Staatsgewalt am unmittelbarsten ausübt», die Funktion, als «Hüter des Gemeinwohls gegenüber Gruppeninteressen», im öffentlichen Willensbildungsprozeß unter Abwägung der verschiedenen, unter Umständen widerstreitenden Interessen über die von der Verfassung offen gelassenen Fragen des Zusammenlebens zu entscheiden.[38]

Die Verlagerung des Bestimmungsrechts über den Sozialisationsbereich von der Exekutive – im institutionellen Rahmen des obrigkeitsstaatlich begründeten besonderen Gewaltverhältnisses – auf das Parlament – im institutionellen Rahmen des rechtsstaatlich-demokratisch geforderten Gesetzesvorbehalts – erweist sich freilich damit keineswegs als Gewinn für die Geltendmachung des emanzipatorischen Anspruchs des Grundrechts auf Menschenwürde und freie Entfaltung der Persönlichkeit, wie es z. B. die einschlägigen Bestimmungen über den Auftrag der Schule in Landesverfassungen und Schulgesetzen versprechen.[39] Das Ergebnis ist vielmehr eine bloße Kompetenzverlagerung im staatlichen Herrschaftsgefüge, bei der die Auflösung des besonderen Gewaltverhältnisses zu seiner Verallgemeinerung führt.[40]

Bei der Begründung dieses neuen verallgemeinerten besonderen Gewaltverhältnisses erhält die «Anwendung von *zuverlässigen* und *gültigen* psychodiagnostischen Verfahren zur *Erfassung der Persönlichkeit* der Lernenden einschließlich ihrer Lerndispositionen»[41] eine über gezielte Bildungsberatung hinausgehende fundamentale Bedeutung, weil sie zur Totalinstrumentalisierung des Individuums und damit zu seiner Entindividualisierung und Zerstörung führen kann.

6.3 Vergesellschaftung der inneren Natur – Konsequenzen und Widersprüche

Die Rechtsprechung reagiert auf die mittels psychologischer Testverfahren vorangetriebene «Vergesellschaftung der inneren Natur» des Menschen, wie dargestellt, mit einer fast vollständigen Preisgabe des persönlich-privaten Schutzbereichs des Individuums bei gleichzeitiger Legitimationsverstärkung der formalen – jetzt gesetzlichen – Eingriffsvoraussetzungen. Eingehendere Auseinandersetzungen mit den politisch-sozialen Ursachen und Auswirkungen dieses erst im letzten Jahrzehnt so bedeutsam gewordenen gesellschaftlichen Zugriffs auf die subjektiven, dem unmittelbaren Augenschein regelmäßig verborgenen Elemente der menschlichen Persönlichkeit finden sich in der Rechtsprechung so gut wie gar nicht: Vergeblich sucht man nach ernstzunehmenden Reflexionen über Bedingungen, Chancen wie Gefahren dieses in der Tat historischen Entwicklungsprozesses der bürgerlichen Gesellschaft, der in ihren ursprünglichen Begriffen, Kategorien und Lenkungsmechanismen, wie sie im Rechtssystem ausgearbeitet vorliegen, nicht zu begreifen und zu organisieren ist. Statt dessen arbeitet die Rechtsprechung mit blinden Rationalisierungen und Neudefinitionen althergebrachter Grundrechte, die den rechtssystematischen Sprengsatz dieser Entwicklung ebensoweginterpretieren wie den offensichtlichen Bruch mit der Tradition althergebrachter und feststehender Rechtsprechung. Eine eingehendere Analyse der politisch-sozialen Ursachen wie eigentümlichen politischen Qualität dieses neuen «Vergesellschaftungsschubes» würde den Rahmen dieser Abhandlung sprengen (und wohl auch unsere wissenschaftlichen Kompetenzen überschreiten). Gleichwohl wollen wir abschließend einige Überlegungen hierzu skizzieren – nicht zuletzt, um den kulturkritisch-resignativen Eindruck, den die juristische Feststellung einer mehr und mehr demontierten Menschenwürde hinterlassen muß, zu relativieren.

Der Vergesellschaftungsprozeß der inneren Natur teilt zwangsläufig alle Widersprüche, die Vergesellschaftungsprozesse in der bürgerlichen Gesellschaft charakterisieren. So gewiß es ein Fortschritt in Richtung auf humanere soziale Beziehungen sein kann, wenn – wie am 24. 2. 1978 die Presse berichtete – ein Mordversuch am Ehemann anstelle von jahrelanger Freiheitsstrafe mit ehetherapeutischer Behandlung geahndet wird oder wenn beispielsweise legasthenische Kinder speziell gefördert und nicht dem Leistungszwang der Schulklasse rigide ausgesetzt und dadurch stigmatisiert werden, so sehr sind derartige Maßnahmen ebenfalls unter dem Aspekt von Kompensationsversuchen bzw. -notwendigkeiten der Überrepressivität sozialer Institutionen zu begreifen.

Zum anderen beziehen derartige Vergesellschaftungsprozesse im Kapitalismus ihre soziale Funktion regelmäßig aus dem System der gesellschaftlichen Arbeit, der privat organisierten Produktionsphäre, deren veränderte Anforderungen an qualifizierte Arbeitskräfte in die vom Staat verantworteten Qualifikationsprozesse eingehen.

Die mit Hilfe psychodiagnostischer Verfahren angestrebte Feinsteuerung des Qualifikationsprozesses, die auf der Kontrolle des psychischen Apparates der Getesteten basiert und die konsequenterweise nahezu alle Bereiche der Sozialisation erfaßt, wie die vorgesehenen Anwendungsmöglichkeiten zeigen, wirkt aber auch ihrerseits über Arbeitsvermittlung und Arbeitsberatung in den Produktionsbereich zurück. Im Produktions- und Dienstleistungsbereich haben hochtechnologisierte Großkonzerne und Spezialindustrien eine Praxis entwickelt, durch die zunehmend die gesamte Personalrekrutierung (Einstellungen, Arbeitsplatzwechsel, Entlassungen) von den Ergebnissen psychodiagnostischer Verfahren abhängig gemacht wird. Wenn solche Testverfahren in der Regel mit dem vorgeblichen Sachzwang begründet werden, mit Hilfe von Leistungs- und Intelligenztests festzustellen, ob bei den betreffenden Lohnarbeitern die vom Arbeitsplatz geforderten Eignungsmerkmale vorliegen, und wenn die Freiwilligkeit der Anwendung von Tests im Betrieb betont wird, weil ihre Durchführung nicht erzwungen werden darf[42], so bedeutet diese Testpraxis gleichwohl, daß die Arbeitsmoral in Fabrik und Büro durch qualitativ neue Erfassungsmethoden registriert werden kann und damit innerbetriebliche Konflikte in ganz anderer Weise als bisher schon im Vorfeld durch entsprechende Personalmaßnahmen entschärft werden können.

Es ist gewiß symptomatisch, daß der Durchbruch zur Legalisierung der psychologischen Testverfahren an der im Rahmen der Führerscheinerteilung vorgenommenen Prüfung der individuellen «Verkehrstauglichkeit» erfolgte. Hier erscheint nämlich die Notwendigkeit, sowohl den Anwärter wie die Allgemeinheit vor den tödlichen Gefahren zu schützen, die gegebenenfalls von dem «unkontrollierten Verhalten» des psychisch «ungeeigneten» Autofahrers ausgehen, zunächst als ganz selbstverständlich und unproblematisch. Oder würde man etwa ruhigen Gemüts mit einem Flugzeug fliegen können, wenn zu befürchten stünde, daß der Pilot unter Umständen aus fahrlässiger Weise nicht erkannten psychischen «Defiziten» ausfällt?

Die Plausibilität derartiger Überlegungen, die psychologische Tests gleichsam als eine selbstverständliche Qualifikationsvoraussetzung für bestimmte Berufe bzw. Tätigkeiten erscheinen lassen, ist indes vordergründig und nicht ohne beängstigende Perspektiven: Auf dem Altar eines zum Selbstzweck gewordenen technologischen Entwicklungsprozesses, der zu einer gigantischen Entfesselung der im Maschinensystem eingefangenen Naturkräfte geführt hat, wird die Autonomie der Persönlichkeit, zu der auch ihre Marotten und Krankheiten, ihre spezifische Besonderheit, kurz ihre Privatheit gehören, geopfert. Die Natur des Menschen ist seinen Werkzeugen, die ihm doch dienen sollten, nicht mehr gewachsen, das Flugzeug und Auto machen ihre Bearbeitung, Kontrolle und Verstetigung von Aufmerksamkeit und Leistungsfähigkeit erforderlich: Der Mensch wird seinen Produkten assimiliert – und dies längst nicht mehr nur in Ausnahmeberufen wie dem des Piloten oder Weltraumfahrers, sondern als Voraussetzung des alltäglichen Lebens, der Teilnahme am Straßenverkehr. Der Widersinn, der in dem Versuch liegt, die in dieser Art Massenverkehr liegende, sich Jahr für Jahr in der Statistik der Verkehrsopfer manifestierende Gemeingefahr durch individualisierende Therapie- und Selektionsversuche zu mindern oder gar zu bändigen, nicht aber durch rigide Geschwindigkeitsbeschränkungen oder alternative Transportmöglichkeiten – sei nur am Rande vermerkt. Ins Gigantische gesteigert erscheint die Perspektive einer psychokratisch stabilisierten Entfesselung der Produktivkräfte in der Vision des totalen Atomstaates, die jüngst am Beispiel des «Fall Traube» heraufblitzte: Als unwiderlegbare Notwendigkeit, den gesamten Personenkreis, der mit solchem Teufelszeug zu tun hat und es zu entsprechenden Werken mißbrauchen könnte, permanent und restlos unter öffentlicher Dauerkontrolle zu halten; diese Notwendigkeit hat mit der geschichtlich einmaligen Rechtskonstruktion eines im Strafrecht verankerten Notstandsrechts des bürgerlichen Staates gegen seine Bürger zur Entlassung der öffentlichen Gewalt aus ihrer gesetzlichen Beschränkung geführt. Die faustische Form der totalen Naturbeherrschung, mit der – als Anspruch – bürgerliche Subjektivität historisch auf den Plan trat, fordert im Spätkapitalismus ihren Tribut: die Seele des Menschen.

Anmerkungen

1a Beispielhaft für Aufbau und Struktur einer solchen Tatbestandsnorm ist § 40 Niedersächsisches Schulgesetz in der Fassung vom 18. 8. 1975, der folgenden Wortlaut hat:
«Untersuchungen und Gutachten
(1) Bei der Entscheidung über die Aufnahme in die Schule zu Beginn der Schulpflicht (§ 47) können zur Feststellung der Schulreife anerkannte Testverfahren angewandt und Gutachten von Sachverständigen eingeholt werden. Entsprechendes gilt, wenn zu entscheiden ist, ob der Schüler der Förderung durch eine Sonderschule oder durch Sonderunterricht bedarf (§ 49 Abs. 1) oder ob er auch dadurch nicht gefördert werden kann (§ 52 Abs. 1).
(2) Die Schüler haben in diesen Fällen an den Testverfahren mitzuwirken. Sie sind verpflichtet, sich den Untersuchungen zu unterziehen, die für ein Sachverständigengutachten erforderlich sind.
(3) Die Schüler und ihre Erziehungsberechtigten haben ferner die für die Testverfahren und für die Sachverständigengutachten erforderlichen Informationen zu geben. Die Schüler dürfen dabei über die persönlichen Verhältnisse ihrer Erziehungsberechtigten nur mit deren Einwilligung und nur dann befragt werden, wenn Leistung und Verhalten der Schüler in der Schule dies nahelegen.
(4) Den Erziehungsberechtigten ist auf Antrag Einsicht in die Entscheidungsunterlagen zu gewähren. Vor einer Entscheidung gemäß Absatz 1, durch die das Recht der Erziehungsberechtigten auf Bestimmung des Bildungsganges einge-

schränkt wird, ist ihnen Gelegenheit zur Besprechung der Testergebnisse und Gutachten zu geben.

(5) Im Rahmen der schulpsychologischen Beratung dürfen Tests nur mit Einwilligung der Erziehungsberechtigten angewandt werden. Den Erziehungsberechtigten ist Gelegenheit zur Besprechung der Ergebnisse von Tests und Untersuchungen zu geben. Die bei der Beratung entstandenen Akten über einzelne Schüler dürfen nur von dem schulpsychologischen Beratungsdienst benutzt werden.»

1b Die in jeder Beziehung unübersichtliche Rechtslage hinsichtlich der Anwendungsmöglichkeiten psycho-/pädagogisch-diagnostischer Verfahren im Schulbereich in den einzelnen Ländern versucht U. Fehnemann in ihrer umfassenden Untersuchung der «Rechtsfragen des Persönlichkeitsschutzes bei der Anwendung psychodiagnostischer Verfahren in der Schule», 1976, durchsichtig zu machen und auf der Basis einer immanenten Rechtskritik zu analysieren.

2 Vgl. hierzu M. Müller, R. Schmid, A. Wacker, J. Walter: Arbeitshilfe zum Problemkreis Testverfahren, psychologische Testverfahren in der betrieblichen Eignungsauslese, hg. v. d. Industriegewerkschaft Chemie, Papier, Keramik, Hannover 1976.

3 W. Burdenski, in: W. Burdenski, B. von Maydell, W. Schellhorn: Kommentar zum Sozialgesetzbuch, 1976, zu § 62. Der Verfasser – Richter am Bundessozialgericht – hält die Regelung verfassungsrechtlich für unbedenklich.

4 United Nations Economic and Social Council, Commission of Human Rights, Dokument E / CN 4/ 1116 v. 23. 1. 1973, S. 71ff zum Tagesordnungspunkt: «Protection of privacy in the light of modern psychological and physical methods of eliciting information.»

Die Übersetzung und Auswahl der Punkte ist der Broschüre von Müller, Schmid, Wacker, Walter, a. a. O., S. 44 (Anm. 2) entnommen.

5 Entscheidungen des Bundesgerichtshofes in Strafsachen, Bd. 5, S. 332f. Zentral sind in dieser Entscheidung folgende Sätze:

«Zur Erhaltung und Entwicklung der Persönlichkeit gehört ein lebensnotwendiger und unverzichtbarer seelischer Eigenraum, der auch im Strafverfahren unangetastet bleiben muß. Das Gericht darf hiernach bewußte und unbewußte Ausdrucksvorgänge, die in der Hauptverhandlung in üblicher Weise hervortreten, bei der Beweiswürdigung mit Vorsicht, Zurückhaltung und Menschenkenntnis berücksichtigen. Diesen recht groben Sinneseindrücken des täglichen Lebens stehen solche, die durch Messung unbewußter und verborgener Körpervorgänge gewonnen und dann zur seelenkundlichen Deutung benutzt werden, nicht gleich. Die *Erforschung* des Unbewußten des Beschuldigten – im Gegensatz zu offen hervortretenden Ausdrucksbewegungen – ist unzulässig.» (S. 336)

6 Urteil vom 23. 10. 1962 in: Deutsches Verwaltungsblatt 1963, S. 69ff.

7 Urteil vom 2. 7. 1963 in: Deutsches Verwaltungsblatt 1963, S. 736ff.

8 Entscheidungen des Bundesverwaltungsgerichts (BVerwGE) Bd. 17, S. 342f.

9 Die Entscheidung des Bundesverfassungsgerichts vom 18. 11. 1966 (BVerfGE 20, S. 365ff), in der es um die Eignungsfeststellung zum Führen eines Kraftfahrzeuges ging, klammert die Frage der verfassungsrechtlichen Bewertung von psychologischen Gutachten bewußt aus.

10 Zitiert wird hier und im folgenden die 1. Bremer Entscheidung, DVBl 1963, S. 71.

11 BVerwGE 17, S. 342ff.

12 BVerwGE 34, S. 248ff.

13 Ebenso gehört es zur alltäglichen Aufgabenerfüllung des in einem öffentlichen

oder privaten Dienstverhältnis arbeitenden Psychologen, psychologische Tests durchzuführen und entsprechende Anordnungen seiner Vorgesetzten zu befolgen, ohne daß er die Möglichkeit hätte, hiergegen Rechtsmittel einzulegen. Eine Ablehnung Tests durchzuführen, käme einer Arbeitsverweigerung gleich, die zur Entlassung führen kann.

14 Es gehört zu den bezeichnenden Paradoxien bundesrepublikanischer Rechtsprechung, daß das Bundesverwaltungsgericht noch im Jahre 1955 in bezug auf Fragebögen befand, daß eine «schrankenlose Durchleuchtung persönlicher Verhältnisse» «. . . *offensichtlich* gegen rechtsstaatliche Grundsätze» verstößt, weil die Menschenwürde angetastet wird. Das Spezifikum des damaligen Falles lag freilich darin – und das erklärt im nachhinein alles –, daß die Fragebogenpraxis der DDR im Rahmen von Loyalitätsüberprüfungen ihrer Bürger zur Entscheidung anstand (BVwG in Neue Juristische Wochenschrift 1956, S. 393). In seiner Entscheidung zur rechtlichen Zulässigkeit psychodiagnostischer Verfahren in Verkehrssachen (BVwGE 17, S. 342 ff) hat das Bundesverwaltungsgericht diese Passage uminterpretiert: es habe sich «um die *rechtliche Bewertung des psychologischen Drucks*, der durch die Fragebogen hervorgerufen worden war, die alle Vierteljahre von neuem ausgefüllt werden mußten», gehandelt (BVwGE 17, S. 347).

15 Deutsches Verwaltungsblatt 1963, S. 733 ff.

16 BVerfGE 6, S. 389 ff (S. 433).

17 VGH Mannheim, a. a. O.

18 VGH Mannheim, a. a. O.

19 BVerfGE 6, 433.

20 BVerfGE 6, 32; diese als Elfes-Urteil bekannte Entscheidung vom 16. 1. 1957 ist grundlegend für die Inhaltsbestimmung des Art. 2 Abs. 1 gg.

21 BVerfGE 6, 32 (41).

22 Alle Zitate BVerfGE 35, 220 (Tonband).

23 BVerfGE 27, S. 1 ff (S. 6) (Mikrozensus), Beschluß vom 16. 7. 1969

24 Dieser Begriff der Menschenwürde findet sich ganz identisch bereits in der bürgerlichen Aufklärungsphilosophie – wobei ihm freilich zur damaligen Zeit eine höchst progressive, polemisch gegen feudale Leibeigenschaft und Sklaverei gerichtete Stoßrichtung zukam; vgl. aus dem Ende des 17. Jahrhunderts: J. Locke: Zwei Abhandlungen über die Regierung, 2. Abhandlung, 5. Kapitel, § 27 «Obwohl die Erde und alle niederen Lebewesen allen Menschen gemeinsam gehören, so hat doch jeder Mensch ein *Eigentum* an seiner eigenen *Person*. Auf diese hat niemand ein Recht als nur er allein.» (Frankfurt 1967, S. 218) sowie aus dem späten 18. Jahrhundert I. Kant: Über den Gemeinspruch: Das mag in der Theorie richtig sein, taugt aber nicht für die Praxis, in: I. Kant, Schriften zur Geschichtsphilosophie, 1974, S. 141: «Aus dieser Gleichheit kann auch kein Mensch, der in einem rechtlichen Zustande eines gemeinen Wesens lebt, . . . fallen; denn er kann durch keine rechtliche Tat . . . aufhören Eigner seiner selbst zu sein, und in die Klasse des Hausviehes eintreten, das man zu allen Diensten braucht, wie man will . . .»

25 BVerfGE 27, S. 344 ff (S. 351), Beschluß vom 15. 1. 1970.

26 BVerfGE 27, S. 352.

27 BVerfGE 32, S. 373 ff, Beschluß vom 8. 3. 1972.

28 BVerfGE in: NJW 1977, S. 1489 ff, Beschluß vom 24. 5. 1977.

29 BVerfGE 27, S. 1 f, besonders S. 7 f.

30 BVerfGE 27, S. 8.

31 BVerfGE 27, S. 7.

32 BVerfGE 27, S. 7.
33 BVerfGE 27, S. 7.
34 BVerfGE 33, S. 1ff (S. 10).
35 BVerfGE 33, S. 1ff (S. 10f).
36 BVerfGE 34, S. 165ff (S. 182), Urteil vom 6. 12. 1972.
37 BVerfGE 34, S. 165ff (S. 192f); bestätigt durch den Sexualkunde-Beschluß des Bundesverfassungsgerichts vom 25. 2. 1978.
38 BVerfGE 33, S. 125ff (S. 159).
39 Vgl. z. B. § 2 Abs. 2 Niedersächsisches Schulgesetz in der Fassung vom 18. 8. 1975:
«(1) Die Schule soll im Anschluß an die vorschulische Erziehung die Persönlichkeit der Schüler auf der Grundlage des Christentums, des europäischen Humanismus und der Ideen der liberalen, demokratischen und sozialen Freiheitsbewegungen weiterentwickeln. Erziehung und Unterricht müssen dem Grundgesetz für die Bundesrepublik Deutschland und der Vorläufigen Niedersächsischen Verfassung entsprechen; die Schule hat die Wertvorstellungen zu vermitteln, die diesen Verfassungen zugrunde liegen. Die Schüler sollen fähig werden,
die Grundrechte für sich und jeden anderen wirksam werden zu lassen, die sich daraus ergebende staatsbürgerliche Verantwortung zu verstehen und zur demokratischen Gestaltung der Gesellschaft beizutragen,
nach ethischen Grundsätzen zu handeln sowie religiöse und kulturelle Werte zu erkennen und zu achten,
ihre Beziehungen zu anderen Menschen nach den Grundsätzen der Gerechtigkeit, der Solidarität und der Toleranz zu gestalten,
den Gedanken der Völkerverständigung zu erfassen und zu unterstützen,
Konflikte vernunftgemäß zu lösen, aber auch Konflikte zu ertragen,
sich Informationen zu verschaffen und sich ihrer kritisch zu bedienen,
ihre Wahrnehmungs-, Empfindungs- und Ausdrucksmöglichkeiten zu entfalten und
sich im Berufsleben zu behaupten.»
40 Hierzu F. Hase, K. M. Ladeur: Verfassungsfragen der Curriculum-Revision. Zur juristischen Sanktionierung einer harmonisierenden Pädagogik, in: Kritische Justiz 1976, S. 19f.
41 So die Bund-Länder-Kommission für Bildungsplanung im Bildungsgesamtplan, Bd. I, 1973, S. 75.
42 In diesem Sinn hat das Bundesarbeitsgericht die Zulässigkeit einer vom Arbeitgeber veranlaßten und mit Einwilligung des angestellten Kraftfahrers durchgeführten Untersuchung bejaht, da der Arbeitgeber ein begründetes Interesse daran habe, das «Charakterbild» eines Omnibusfahrers «aufzuhellen» – ein solcher Arbeitnehmer müsse sich «zweifellos derartige Befragungen und Untersuchungen gefallen lassen». Bundesarbeitsgericht – Urteil vom 13. 2. 1964 in: Arbeitsrechtliche Praxis Nr. 1 zu Art. 1 Grundgesetz.

III. Testpraxis

Kurzanalyse einzelner Testverfahren

1. Ergebnisse einer Umfrage unter Psychologen zur «Anwendung und Beurteilung psychologischer Testverfahren»

a) Gegenstand der Umfrage

Im zweiten Teil dieses Buches werden einige der in der Bundesrepublik von Psychologen vermutlich am meisten verwendeten Tests in einer Kurzdarstellung dem Interessierten «enträtselt». Bei unseren Überlegungen, welche Tests wir exemplarisch darstellen und einer kritischen Betrachtung unterziehen sollten, erkannten wir, daß die Auswahl sehr willkürlich zu geraten drohte. Uns wurde schnell klar, daß nur Praktiker Maßstäbe über Wichtigkeit, Umfang des praktischen Einsatzes und mögliche Mängel von Tests liefern können. Deshalb starteten wir eine Umfrage unter Psychologen und sandten ihnen folgenden Fragebogen mit der Bitte um Bearbeitung und Rücksendung zu:

Fragebogen zur Anwendung von Tests

Liebe Kollegin, lieber Kollege,
wir beabsichtigen ein Testhandbuch zu veröffentlichen. Es soll unter anderem einen Überblick über die am häufigsten in Anwendung kommenden Tests und die Art ihres Gebrauchs in der Bundesrepublik geben. Diesbezüglich liegen bislang keine verbindlichen Daten vor. Es ist lediglich bekannt, daß der Vielfalt erhältlicher Tests eine nur beschränkte Anzahl regelmäßig benutzter Testverfahren aller Art gegenübersteht. Das ist einerseits durch die unterschiedliche methodische Qualität der Testverfahren bedingt, andererseits durch die Zweck- und Zielsetzung ihrer Anwendung.

Um einen möglichst repräsentativen Querschnitt zu bekommen, bitten wir diejenigen unter Ihnen, die in der praktischen Anwendung von Testverfahren hinreichende Erfahrungen gesammelt haben, um freundliche Mitarbeit. Dabei reicht es, wenn Sie nur kurz und in Stichworten auf die Fragen antworten. Vielen Dank im voraus!

Fragen:

1. Welches ist Ihr Aufgabengebiet, in dem Sie auch Tests anwenden?

2. Zu welchem Zweck und mit welchem Ziel wenden Sie in der Regel Testverfahren an?

3. Um welche Tests bzw. Testverfahren handelt es sich? (*Alle* Arten von Tests sind hier gemeint. Vollständige Mehrfachnennung!)

4. Gibt es Tests, auf die Sie bewußt verzichten? Wenn ja, warum? (Mehrfachnennung)

5. Setzen Sie die Tests stets so ein, wie vom Testautor vorgesehen? Wenn nicht, in welcher Weise setzen Sie den Test ein? (Mehrfachnennung)

6. Beschränken Sie sich gelegentlich auch auf bestimmte Testteile? Für welche Tests trifft dies zu? Warum setzen Sie nur bestimmte Teile ein? (Mehrfachnennung)

7. Mit welchem Test haben Sie besonders gute, mit welchem besonders schlechte Erfahrungen gemacht?

8. Worauf sollte aufgrund Ihrer Erfahrungen in Ihrem Aufgaben- und Anwendungsgebiet von Tests bei der Testanwendung und -interpretation besonders geachtet werden?

9. In Ermangelung besserer Testverfahren ist es in der Praxis oft notwendig, auf vorhandene unzulängliche Tests zurückzugreifen. Welcher Art sind im Zusammenhang mit Ihren üblichen Fragestellungen solche Unzulänglichkeiten und Probleme?

Diesen Fragenkatalog haben wir dem Informationsorgan des Berufsverbandes Deutscher Psychologen «Report Psychologie» beilegen lassen (N = 4032). Abzüglich einiger nicht vom Verlag abgesendeter Probeexemplare konnten wir schließlich eine Anzahl von 4000 an einzelne Psychologen und Institutionen verschickte Fragebögen zugrunde legen. Davon haben wir 117 Fragebögen zurückerhalten, was einer Rücklaufquote von 2,925 % entspricht.

Welche Gründe diese geringe Zahl an Rückantworten hat, ist schwer zu beurteilen. Es kann am fehlenden Rücksendeumschlag, an der Thematik des Fragebogens oder an der mangelnden Zeit vor allem der in der Praxis arbeitenden Kollegen gelegen haben. Immerhin hatten wir ja eine Reihe offener Fragen vorgegeben, deren Beantwortung zeitaufwendig war. Tatsächlich haben uns das auch einige Kollegen signalisiert, als sie da und dort in ihrem Fragebogen andeuteten, aus Zeitgründen nicht ausführlicher werden zu können. Freilich mag für die geringe Rücklaufquote auch eine Rolle spielen, daß nicht alle Kollegen den «Report Psychologie» auch wirklich lesen oder daß sie eingelegten Loseblättern mit der üblichen Schüttelaktion über dem Papierkorb begegnen. Gleichwie – wir möchten den Kollegen, die sich der Mühe der Fragebogenbeantwortung unterzogen haben, an dieser Stelle herzlich danken.

b) Darstellung der Ergebnisse

Tabelle 6 gibt die Tätigkeitsfelder/Aufgabengebiete der Kollegen wieder, die uns geantwortet haben (Frage 1; N = 117):

Aufgabenbereich	Relative Häufigkeit
Schulpsychologischer Dienst/Bildungsberatung	10,26 %
Freie Praxis/Beratungspraxis/Mitarbeiter in therapeutischer Arztpraxis	9,40 %
Erziehungsheime/Sprachheilheime/Kinderheime	7,69 %
Klinische Psychologen/Krankenanstalten	20,51 %
Behindertendiagnostik	0,855%
Betriebspsychologe/Personalauslese/Berufsbildung	4,27 %
Therapeutische Tätigkeit/Therapiekontrolle	10,26 %
Hochschule/Ausbildungsbereich	4,27 %
Beratungsstellen (Suchtkranke, Erziehungsberatung unterschiedlicher Trägerschaft)	22,222%
Forensischer Bereich	1,71 %
Technischer Überwachungsverein	1,71 %
Strafanstalten	0,855%
Landeswohlfahrtsverband	0,855%
Bundeswehr/Luftwaffe	1,71 %
ohne Angabe	3,42 %
	Summe 99,997%

Tabelle 6: Tätigkeitsfelder/Praxisbereiche der Rückantworter

Aus den Besetzungshäufigkeiten der Tätigkeitsfelder läßt sich keine besondere Schwerpunktbildung ersehen. Sie entsprechen den bekannten Daten über die Beschäftigungsstruktur von Psychologen (vgl. dazu Amelang und Tiedemann, 1971, S. 164).

Gleiches läßt sich wohl im Hinblick auf *Frage 2* nach den Zwecken und Zielen der Testanwendung sagen. Auf der Grundlage der Mehrfachnennungen erstellten wir folgende Rangreihe:

1 Diagnose allgemein
2 Leistungsmessung
3 Persönlichkeitsdiagnose/Erfassung sozialer Einstellungen
4 Therapiekontrolle
5 Gutachtenerstellung
6 Intelligenzmessung
7 Entwicklungsdiagnose
8 Erstellung Therapieplan
9 Schullaufbahnberatung
10 Neurosen-Psychosen-Diagnose/Klinische Diagnostik
11 Erziehungsplanerstellung
12 Berufliche Beratung

Das ist im wesentlichen die Palette der Aufgaben von Psychologen in freier und institutioneller Praxis.

Von den Befragten wurden über 200 Tests genannt, die sie regelmäßig im Rahmen ihrer praktischen Tätigkeit anwenden. Die 25 häufigsten sind in Tabelle 7 genannt:

Tabelle 7: Übersicht über die am häufigsten benutzten Tests

Testname (Abkürzung)	Häufigkeit
1 Hamburg-Wechsler-Intelligenz-Test für Erwachsene (HAWIE)	66
2 Hamburg-Wechsler-Intelligenz-Test für Kinder (HAWIK)	63
3 Freiburger Persönlichkeitsinventar (FPI)	59
4 Raven (Standard Progressive Matrices) (SPM)	55
5 Intelligenz-Struktur-Test (IST 70)	55
6 Thematic Apperception Test (TAT)	52
7 Rorschach-Test	51
8 Durchstreichetest (Test d2)	51
9 Benton-Test	48
10 Picture-Frustration-Test (PFT)	42
11 Leistungsprüfsystem von HORN (LPS)	35
12 Cattell Grundintelligenztest (CFT) 1, 2, 3	33
13 Diagnostischer Rechtschreibtest (DRT) 2, 3, 4, 5	33
14 Scenotest	31
15 Prüfsystem für Schul- und Bildungsberatung (PSB)	30
16 HANES-KJ	28
17 Minnesota Multiphasic Personality Inventory (MMPI)	27
18 Baum-Test	25

Testname (Abkürzung)	Häufigkeit
19 Children Apperception Test (CAT)	23
20 Giessen-Test	22
21 Problemfragebogen für Jugendliche	20
22 Konzentrations-Leistungs-Test (KLT)	17
23 Göttinger-Form-Reproduktionstest (GFT)	17
24 Konzentrations-Verlaufs-Test (KVT)	16
25 Hamburg-Wechsler-Intelligenztest für das Vorschulalter	16
26 Wartegg-Zeichentest (WZT)	15
27 Familie in Tieren	15
28 Kinder-Angst-Test (KAT)	15
29 Angstfragebogen für Schüler (AFS)	14
30 Berufs-Interessen-Test (BIT)	14
31 Zürcher Lesetest	14

Aus der Tatsache, daß wir Psychologen, nicht aber (Sonderschul-)Lehrer befragt haben, ist wohl zu erklären, weshalb in der oben aufgeführten Liste nur wenige unmittelbar schulbezogene Tests enthalten sind. Unsere Vermutung, daß in der Testkonstruktion und Testpublikation der Trend in den letzten Jahren einerseits zunehmend in Richtung auf standardisierte/psychometrische Tests gegangen sei, andererseits mehr und mehr eine Ausdifferenzierung in spezifischere – also auf enge Merkmalsbereiche beschränkte – Testformen stattgefunden habe, erwies sich als unzutreffend.

Die Vermutung machte sich an zweierlei Orientierungspunkten fest. Zum einen an den Testverlagsprogrammen (Beltz, Hogrefe, Huber, Klett u. a.), zum anderen an den Testhandbüchern, die in den letzten Jahren erschienen sind (Brickenkamp, 1975; Weise, 1975; Schmidtchen, 1975). In einem Handbuch heißt es:

«Heute gewinnt eine neue Anschauung von psychologischer Diagnostik mehr und mehr an Boden, die sich zwischen den genannten Extrempositionen etabliert. Wegen der Unmöglichkeit, hochkomplexe Persönlichkeitsstrukturen diagnostisch zu erfassen, begnügt sie sich mit der Ermittlung von Verhaltensaspekten und der Klärung von menschlichen Problemen. Die moderne Diagnostik hat somit die Funktion einer Entscheidungshilfe bei spezifischen persönlichen Problemen. Erfüllbar ist diese Aufgabe mittels problemorientierter, ökonomischer Strategien, über die an anderer Stelle ausführlicher zu berichten wäre. Solche Strategien erfordern u. a. eine adäquate Selektion und Anwendung geeigneter Tests und Untersuchungsmethoden zur Beantwortung spezifischer Fragestellungen.» (Brickenkamp, 1975, S. 9)

Diese Auffassung scheint sich noch nicht bis in die Praxis durchgesetzt zu haben, wie die Ergebnisse zu unserer *Frage 3* deutlich machen. Es scheint zu einem guten Teil immer noch jene Kritik berechtigt, die Wewetzer schon 1964 übte, als er es für wissenschaftlich nicht mehr vertretbar hielt, «immer nur an Hand eines einzigen Verfahrens alle Fragen, die sich in der Praxis stellen, beantworten zu wollen – und sei es des fortwährend gleichen Bezugsrahmens wegen noch so bequem» (S. 357). Die Kritik kann zweifellos inzwischen als überzogen gelten und ist in dieser pointierten Form sicher nicht mehr zutreffend. Aber die Testliste (Tab. 7) läßt doch immer noch die klassische Tendenz erkennen, nach der viele Psychodiagnostiker an den altbewährten «komplexen» psychodiagnostischen Verfahren festhalten.

Zugegebenermaßen nicht ohne Verwunderung nahmen wir zur Kenntnis, daß nach dieser Auflistung in Tabelle 7 unsere eigene Ausbildung in Psychodiagnostik noch längst nicht an Aktualität verloren hat. Das kann für die Qualität der Ausbildung sprechen, die wir genossen haben, aber auch – und das ist wahrscheinlicher – zu ungunsten der gegenwärtigen psychodiagnostischen Praxis. Es scheint, als bevorzugten Psychologen in ihrem Praxisbereich Verfahren (z. B. HAWIE, Rorschach, MMPI, TAT, Wartegg etc.), die eher der universellen Aussagengewinnung dienen und folglich auch zeitsparender sind.

Diese Vermutung bestätigte sich, als wir *Frage 3* in Verbindung mit Frage 2 und in Beziehung zu Frage 1 auswerteten. Es zeigte sich nämlich, daß die häufigsten Tests relativ zu ihrer Gesamthäufigkeit gleichmäßig über alle genannten Praxisbereiche streuen. Das heißt, der Rorschach-Test wird ebenso in der Verhaltenstherapie wie in der Erziehungsberatung oder der Heerespsychologie benutzt. Die für ein Praxisfeld spezifische Zweck- und Zielsetzung der Testanwendung hat nur sehr bedingt eine Auswirkung auf die Art der benutzten Tests.

Die Tests, die am häufigsten genannt wurden, sind es zumeist auch, die am stärksten abgelehnt werden (siehe Tabelle 8). Das liegt sicherlich daran, daß mit ihnen die meisten Erfahrungen gesammelt wurden. Welche Gründe es im einzelnen sind, die im Hinblick auf die einzelnen Verfahren genannt wurden, ist der Tabelle 8 zu entnehmen:

Tabelle 8: Gründe für den Verzicht auf Tests (Mehrfachnennungen); (N = 21 Rückantworten verzichten nicht auf Tests)

Testname	Grund 1	Grund 2	Grund 3
Rorschach	zuverlässige Interpretation bei Kindern fragwürdig	zu unklar in der Auswertung	zu spekulativ, zu indiskret, nicht valide, zu zeitaufwendig
Projektive Verfahren allg.	nicht standardisiert, keine objektive Auswertung	unökonomisch, Problem der erfaßten Persönlichkeitsvariablen	Interpretationsunsicherheit, fehlende Erfahrung
HAWIE/ HAWIK	völlig veraltet (Normen, Inhalt der Items)	geringe Gültigkeit, unzureichende Faktorenstruktur	schlechte Differenzierung im unteren Intelligenzbereich
TAT	diagnostisch wertlos, zu aufwendig	zu fragwürdig in bezug auf Validitätsanspruch	Tafeln veraltet, keine Funktion
Wartegg-Zeichentest	nicht valide	Auswertung nicht objektiv, Konstruktionsschwächen	Interpretationsschwierigkeiten, mangelnde Erfahrung
Sceno-Test	Unsinn	nicht objektiv, nicht zuverlässig und nicht valide	
Szondi-Test	Unsinn	Validität fragwürdig	
Baum-Test	zu schwammig, nicht aussagekräftig	eklektisch	abstruse Auswertungsrichtlinien
MMPI	gibt keine Hilfe für Therapie	zu aufwendig, zu lang, eklektisch	fragwürdige Profilauswertung, unzureichende Gütekriterien
KLT/KVT	zu unökonomisch, völlig beknackt	wegen häufiger «Rechentraumata» angstbesetztes Umgehen mit Zahlen	unergiebig, veraltet
CAT	aus Zeitgründen nicht	Tafeln veraltet	Auswertung spekulativ

Es fällt auf, daß von den genannten Verfahren zunächst nur projektive Tests unter die Verzichtserklärung fallen, was darauf schließen läßt, daß in zunehmendem Maße psychometrische Tests zum Einsatz kommen, gegen die weniger Vorbehalte bestehen.

Wenn Tests anders eingesetzt werden, als von ihrem Gültigkeitsbereich her geboten ist (so etwa Intelligenztests zur Erfassung der Loyalität; der Rorschach bei Kindern, um das Verhalten der anwesenden Mutter zu beobachten etc.), verlieren sie ihre Aussagekraft. Das gilt allerdings eher für psychometrisch auf enge Persönlichkeits- oder Leistungsbereiche zugeschnittene Tests als für solche, die von vornherein eine komplexe Verhaltensprovokation ermöglichen und geringe oder keine im engeren Sinne teststatistisch abgesicherten Gültigkeitsansprüche besitzen. Solche Tests sind es auch, die verstärkt entgegen ihren ursprünglichen Anwendungszwekken von den Psychologen im Rahmen ihrer Tätigkeiten benutzt werden (*Frage 5*). 53 Praktiker setzen die Tests so ein, wie vom Testautor verlangt, 19 weichen von dem vorgegebenen Einsatzmodus ab. Tabelle 9 gibt eine Übersicht über die am häufigsten genannten Verfahren:

Testname	Abweichende Verwendung		
	1	2	3
Sceno	zum therapeutischen Freispielen der Kinder	Explorationshilfe	Mutter-Kind-Therapie (Durchspielen von Situationen)
TAT/CAT	Explorationshilfe	sprachliche Ausdrucksfähigkeit	individuelle Auswahl von Tafeln (auch weniger als 10)
Rorschach	Explorationshilfe, Auflockerung	vereinfachte Durchführung	Verhalten der Mutter; Interaktion von Ehepaaren
HAWIE/ HAWIK	Fortlassen des Verbalteils bei klinischen Untersuchungen von Restaphasien	Zeitverlängerungen, um zu sehen, ob Lösungen schließlich erkannt werden	

Tabelle 9: Die am häufigsten genannten Verfahren, die entgegen ihrer üblichen Verwendung zum Einsatz kommen (Häufigkeiten größer N = 5).

Sowohl aus der Beantwortung von Frage 5 als auch der von Frage 6 geht hervor, daß in der Praxis oft die elementare Grundregel unbeachtet bleibt, daß Tests stets nur so verwendet und in dem Bereich eingesetzt werden dürfen, für den sie auch konstruiert sind. Tabelle 10 enthält die Daten zu Frage 6, aus denen hervorgeht, bei welchen Tests Praktiker gelegentlich auf die Anwendung bestimmter Testteile ausweichen. 28 Antworter tun dies nie, die restlichen bei folgenden Tests (Häufigkeit größer N = 5):

Testname	Gründe 1	2	3
HAWIE/ HAWIK	gezielte diagnostische und prognostische Fragestellung	Untersuchungs-ökonomie, BO mit Befragen, RD, GF, MT, AV[1]	nur Handlungsteil, da Verbalteil kulturell überholt
TAT	manche Tafeln für spezielle Fragestellung irrelevant	zu lang, Zumutung für den Probanden	nur eine Tafel nach Wahl des Probanden
LPS	für gezielte diagnostische und prognostische Fragestellung	nur die technischen Aufgaben	
IST	s. o.	liefert Ergänzung	ME und RA*
FPI	Zeitersparnis	Halbform zur Kontrolle des Therapieverlaufs	
CAT	s. o.		
PSB 1–4	gezielte diagnostische und prognostische Fragestellung	Zeitersparnis	Abschätzung der Denkfähigkeit

Tabelle 10: Bei welchen Tests verzichten Praktiker gelegentlich auf die Anwendung bestimmter Testteile.

Aus den Ergebnissen in Tabelle 10 wird einmal mehr deutlich, wie wenig Einfluß Testautoren auf die Anwendungszwecke und Formen der von ihnen konstruierten Testverfahren haben. Danach scheinen Appelle in den Handanweisungen eher folgenlos zu bleiben, «. . . soll hier auch ausdrücklich vor möglichen Überschätzungen des Anwendungsbereiches und der Aussagekraft von Intelligenztests gewarnt werden, denn für eine Aufklärung der Ursachen eines Schulversagens stellen sie nur *einen* Ansatz unter vielen dar» (Handanweisung zum CMM-LB, 1971, S. 4). In wenigen Handanweisungen stehen ähnliche Mahnungen, und wenn doch, scheinen sie wenig Beachtung zu finden.

Durch *Frage 7* erhielten wir Hinweise darauf, mit welchen Tests in der Praxis gute und mit welchen Tests schlechte Erfahrungen gemacht worden sind (siehe Tabelle 11). Insgesamt wurden 81 Tests genannt, mit denen gute, aber nur 45 Tests, mit denen schlechte Erfahrungen gemacht wurden. Von diesen Nennungen (Mehrfachnennungen waren möglich), haben wir nur die häufigsten aufgeführt:

Tabelle 11

positive Erfahrungen	negative Erfahrungen
HAWIE/HAWIK	HAWIE/HAWIK
FPI	MMPI
Rorschach	Picture Frustration Test
IST (70)	Raven
LPS	Benton
PSB	FPI
CFT 2, 3	HANES
CAT/TAT	MPI
Raven	KAT
Sceno	CAT/TAT
Familie in Tieren	
d2	

Die Tabelle enthält keine besonderen Auffälligkeiten. Tests, die mit großer Häufigkeit immer wieder Anwendung finden, werden von einem Teil ihrer Benutzer als positiv, von anderen oder auch von den gleichen Benutzern zugleich als negativ eingeschätzt.

Die Hinweise, worauf beim Testen geachtet werden sollte – *Frage 8* –, reichen von Anmerkungen zu den Testkonstruktionsmerkmalen bis hin zur Forderung nach besserem Testmaterial. Die folgende Übersicht ist absichtlich so umfassend gehalten, um die Erfahrungen und Forderungen der Praktiker in ihrem ganzen Umfang nachvollziehbar zu machen.

Tabelle 12: Ergebnisse auf die Frage, worauf bei der Testanwendung im jeweiligen Anwendungsgebiet des Antworters geachtet werden sollte (Rangreihe entsprechend der Häufigkeit der Nennungen)

Testkonstruktionsprinzipien (Validität, Reliabilität, Normen und ihre Aktualität, Instruktion, Auswertungsprinzipien, Interpretationsregeln)

Gefahr der Überinterpretation der Daten, Verhinderung von Stigmatisierung durch Weitergabe der Daten, Vorsicht vor Klassifikationsdenken (Krankheit – Normalität)

Testanwendung nur durch geschulte Leute, die Anwender sollten die Testtheorie gut beherrschen, Durchführungsbestimmungen exakt beachten, als Testanwender streßfrei sein

Ergänzung der Testdaten durch Zusatzinformationen, Benutzung von Testbatterien, Ergänzung durch Exploration und Anamnese

Tests sind stets nur Hilfsmittel, ihre Aussagen relativ

Bei der Testung selbst keine Examenssituation entstehen lassen, auf eine entspannte Durchführung achten, gegebenenfalls vorweg autogenes Training oder andere Entspannungstechniken (!!!), Sinn und Zweck des Tests der Testperson erläutern

Testdaten stets nur im Hinblick auf den Gesamtzustand der Testperson interpretieren

Anwendung der Tests sollte individuell erfolgen

Testdaten sind milieuabhängig, die Schichtzugehörigkeit der Individuen beeinflußt ihr Testergebnis

Testfremde Störungen sollten beachtet und berücksichtigt werden, u. a. die in der Testsituation auftretenden Besonderheiten (Licht, Sitzhaltung etc.)

Diagnostik sollte stets prozessual sein, ein hypothesengeleitetes Vorgehen stattfinden

Klienten zur Mitarbeit motivieren

Testgläubigkeit und Zahlenfetischismus abbauen bei Testperson und Auftraggeber, aber auch beim Testanwender selbst

Was nutzt ein Test im Rahmen der Behandlung/Therapie?

Wie lange dauert der Test, Testdauer für Klienten und erst recht für Testleiter wichtig (wenig Zeit in Praxis)?

Möglichst wenig Tests benutzen, nicht auf Biegen und Brechen Tests einsetzen, Übungseffekte möglichst gering halten

Sind die gewonnenen Testdaten für eine Förderdiagnose benutzbar?

Testdaten sollten auch eine qualitative Auswertung zulassen

Testleitereinflüsse so gering wie möglich halten

Welche Theorie steht hinter einem Test, hilft sie bei der Interpretation der Testdaten?

Abklären, ob anstelle eines Tests nicht besser Verhaltensbeobachtungen möglich sind, und bessere Daten erbringen

Tests messen nur den Istzustand (Vorsicht bei Prognose!)

Im Anschluß an einen Test sollte ein Nachgespräch durchgeführt werden, vorab eine individuelle Einführung stattgefunden haben.

Für einzelne Tests sollten in der Literatur ganz konkrete Testanalysen und Kritiken mit allen Konsequenzen gegeben werden

Alles in allem laufen diese Angaben bis auf wenige Ausnahmen darauf hinaus, gute Tests durch kompetente Testleiter unter den bestmöglichen Bedingungen (angstfrei u. a.) bei größtmöglicher Beachtung subjektiver Voraussetzungen der Testperson und unter Beachtung der relativen Aussagemöglichkeit von Tests zur Orientierungsdaten für eine individuelle Beratung und als Entscheidungshilfe anwenden zu lassen. Immerhin scheint allerdings die Testgläubigkeit unter Fachleuten nicht mehr in dem Maß gegeben zu sein wie noch vor wenigen Jahren. Die Handhabung erfolgt inzwischen reflektierter und mit mehr Bedacht. Aber die Anwendung von Tests wird nicht grundsätzlich in Frage gestellt. Vielmehr scheint man der Meinung zu sein, daß eine «verantwortungsvolle Handhabung» von Tests dem allgemeinen Interesse entgegenkommt. Tests sind grundsätzlich «gut», sie gehören nur in die richtigen Hände!

Zum Schluß die Unzulänglichkeiten, die Tests zugeschrieben werden, bei gleichzeitiger Anwendung dieser oder vergleichbarer unzulänglicher Tests (*Frage 9*).

Die Liste der Mängel von Tests (und dennoch wird getestet mit eben diesen Instrumenten!!) umfaßt die ganze Palette bekannter Kritikpunkte (Tabelle 13):

Aus der Umfrage, so läßt sich abschließend feststellen, geht hervor, daß jene Psychologen in der Praxis, die unseren Fragebogen beantwortet haben, aufs Ganze gesehen mehr und mehr Vorbehalte und Kritik gegenüber der Testanwendung äußern. Aber diese Kritik mündet nicht in die praktische Ablehnung der Testverfahren ein, sondern in den Ruf nach neuen und besseren oder zusätzlichen Verfahren. Es besteht die Meinung, daß die Unzulänglichkeiten, Fragwürdigkeiten und Mängel der Testverfahren durch eine verantwortliche und gewissenhafte Testanwendung unter Kontrolle zu bringen sind. So wenden viele Kollegen eher «verantwortungsvoll» schlechte als gar keine Testverfahren an.

Der Mangel vieler spezieller Testverfahren in Verbindung mit den alltäglichen, unter Zeitdruck anfallenden Aufgaben bewirkt in Verbindung mit der Ansicht, eher verantwortungsvoll schlechte als keine Tests anwenden, dazu, daß eine Vielzahl komplexer Tests (HAWIE, MMPI etc.) in Anwendung kommen, gerade weil sie Spielraum für individuelle Entscheidungen und subjektive Interpretationsmöglichkeiten durch den Testanwender lassen.

Anmerkung

1 Für die Auswertung dieser Umfrage danken wir stud. päd. Jutta Gonsior und stud. päd. Enno Küttner, Universität Oldenburg.

Tabelle 13: Mängelliste zur Testanwendung

Mängel zur Testkonstruktion:
- Validierung oft sehr schlecht
- Normen veraltet/Standardisierung fehlt
- Reliabilität unzureichend, es fehlt Standardmeßfehler
- Inhalt der Testitems unzulänglich/veraltet
- inhaltliche Gültigkeit schlecht
- Durchschaubarkeit der Items in Fragebögen zu groß
- Objektivität schlecht
- Theorien der Merkmalsbereiche fehlen
- Auswertungskriterien fehlen
- Motivierung zur Mitarbeit der Probanden schlecht
- Hochbegabung schlecht zu differenzieren
- Instruktionen schlecht / oft nicht für andere Probanden als «normale» benutzbar (z. B. Instruktionen für Behinderte oft mangelhaft)
- Zeitaufwand zu groß

Bereiche/ Merkmalskomplexe, für die es keine Tests gibt:
- Objektive Erfassung des Schulsystems
- Erziehungsverhalten der Eltern/Lehrer
- Differentialdiagnosen von Psychosen/Schizophrenie
- Für Verhaltenstherapie Tests auf Habit-Ebene
- Soziale Beziehungen, soziale Intelligenz
- Emotionale Entwicklung und ihre Erfassung
- Hirnschädigungen der verschiedensten Art
- Spezielle Funktionsprüfungen (optische, akustische Funktionen)
- Entwicklungsdiagnostik für Alter 0–4 Jahre / für Alter 3–8 Jahre
- Kreativitätserfassung / Erfassung der Loyalität
- Erfassung von Motivation, sozialer Anpassung, sprachlichen Schwächen Konzentration (für 7–8 Jahre)

2. Kurzanalysen – Einführung

Wir haben uns ganz bewußt in der Anzahl der dargestellten Tests beschränkt, nachdem sich in unserer Umfrage herausgestellt hatte, daß eine relativ geringe Zahl von Tests ungewöhnlich häufig verwendet wird.

Das ist um so erstaunlicher, als die Testpublikationen wie die Testanwendungen in den letzten Jahren einen Umfang angenommen haben (van Krevelen schätzt ihre Zahl für 1966 auf über 10000!), der eher vermuten ließe, daß sehr viele verschiedene Tests für sehr viele unterschiedliche Frage- und Problemstellungen eingesetzt werden. Es ist nicht zu übersehen, daß Tests mittlerweile zu einem lukrativen Geschäft geworden sind; Gross spricht schon 1962 für die USA von einem «50-Millionen-Dollar-Geschäft» (Gross, 1962), und ähnlich, in der entsprechenden Größenordnung, sieht die Situation in der Bundesrepublik aus.

Vor allem Fachleute, insbesondere Psychologen, werden die meisten auf den folgenden Seiten dargestellten Tests kennen, bis in die Einzelheiten. Das machte eine doppelte Aufgabenstellung für die Kurzanalysen notwendig: einerseits mußte über den Test selbst – Inhalt, Aufbau, Ziel, Anwendungsgebiet, statistische Daten usw. – informiert werden, um den Lesern einen Eindruck von Art und Verwendung des Tests zu vermitteln; andererseits wollten wir einen *kritischen* Überblick vermitteln, also auch auf die Schwächen und Grenzen der einzelnen Verfahren hinweisen, um Entscheidungshilfen zu geben und wo nötig vor der Anwendung eines Tests zu warnen.

An diesem Punkt unterscheiden sich unsere Testberichte auch von anderen Handbüchern über psychodiagnostische und pädagogische Tests. Wir wollen mit dem Test nicht nur «wertfrei» bekannt machen, wir wollen ihm auf den Grund gehen und dem Anwender oder potentiellen Interessenten Argumente an die Hand geben, die für oder gegen diesen oder jenen Test sprechen. Diese Notwendigkeit ergibt sich auch aus unserer Umfrage: Zwar werden von vielen Praktikern Unzulänglichkeiten von Tests zugestanden, aber in der praktischen Arbeit werden sie dann doch eingesetzt – sie werden als unvollkommene Verwirklichung einer im Prinzip richtigen Vorgehensweise betrachtet, ihre Verbesserung scheint möglich. Dieser Kompromiß findet in weitverbreiteten Publikationen entschiedene Unterstützung. So schreibt Brickenkamp (1975): «Auch als mitbetroffener Testautor muß ich zugeben, daß die wissenschaftlichen Anforderungen, die man an psychologische Tests idealiter stellen müßte, gegenwärtig nicht immer hinreichend realisiert sind. Ein Seitenblick auf weniger selbstkritische, dafür aber allgemein hochgelobte Naturwissenschaften lehrt uns aber, daß dies kein Grund für Pessimismus oder Resignation sein muß oder sein darf. Auch unzulängliche psychologische Tests stellen meist noch einen Fortschritt im Vergleich zu dem dar, was ohne Tests tagtäglich bei der Personalauslese, in Schul-, Ehe- und Erziehungsberatungsstellen, bei forensischen Begutachtungen, im Rahmen von Verkehrstauglichkeitsbegutachtungen und anderswo praktiziert würde. Die noch bestehende Entfernung vom Ziel sollte uns vielmehr Ansporn sein, den mühseligen Weg der Verbesserung unserer Verfahren unentwegt und unbeirrt voranzuschreiten.» (S. 7)

Für ihn und andere Testautoren sind Tests nützliche Verfahren. Dieser Auffassung ist zuzustimmen, wo Tests zur *qualitativen Analyse* von Verhaltensweisen herangezogen werden, beispielsweise um bei Klienten herauszufinden, ob hirnorganische Störungen nach einem Arbeitsunfall vorliegen. Den Getesteten werden in solchen Verfahren Tätigkeitsproben abverlangt: So muß die Testperson etwa Gegenstände unterschiedlicher Größe in «größer»- und «kleiner»-Kategorien sortieren, oder Kinder werden gebeten, sich mittels einer Landkarte einen Weg zu einem vorgegebenen Ziel zu suchen. Untersucht wird die Fähigkeit der Probanden, sich *praktisch* auf ihre Umwelt zu beziehen; das Ziel des «Testleiters» ist das *Erkennen, nicht* das *Klassifizieren* des Verhaltens und Bewußtseins dieser Individuen.

Die meisten Tests dienen aber tatsächlich der Klassifizierung eines Individuums hinsichtlich einer Bezugsgruppe; der Selektion; der Kontrolle. Die schwerwiegenden Eingriffe in das Leben des einzelnen, die durch Tests abgestützt werden, müssen sich auf absolut zuverlässige und «wertungsfreie» Instrumente stützen können, in dem Sinn, daß nicht in ihre Konstruktion und ihren Inhalt schon bestimmte Vorurteile und gruppenspezifische Wertvorstellungen eingehen. Nicht nur Studenten und Leute, die sich mehr theoretisch mit Tests befassen, auch immer mehr Praktiker erkennen gerade im Umgang mit Tests, wie unsicher ihre Aussage, wie mangelhaft und unzuverlässig ihr Instrument, wie fahrlässig im Grunde seine Applikation ist; die Ergebnisse unserer Umfrage bestätigen diese Erfahrung nur zu deutlich.

Die folgenden Kurzanalysen sollen für Praktiker eine Hilfe sein bei der Einschätzung der von ihnen beliebten und vorgezogenen Instrumente, eine Unterstützung, wenn sie bestimmte Testverfahren aus Prinzip oder der Erfahrung mit ihnen heraus ablehnen. Sie sollen erstmals eine systematische Darstellung auch der kritischen und problematischen Seiten einer begrenzten (im Vergleich zur Zahl der überhaupt vorhandenen sogar sehr begrenzten) Anzahl von psychologischen und pädagogischen Tests in die Hand bekommen, die ihnen auch deutlich machen soll, daß sie mit ihren Vorbehalten und Bedenken nicht alleine stehen – die Umfrageergebnisse sind ein zusätzlicher auch moralischer Anstoß.

Die Tests werden nach folgenden Kriterien vorgestellt und kritisch betrachtet:

1. Testart
2. Allgemeines Grundkonzept
3. Gültigkeit
4. Zuverlässigkeit, Interpretation und Aussagewert
5. Normen
6. Allgemeine Kritik

3. Liste der besprochenen Tests

1. Intelligenztests
Grundintelligenztest CFT 2 Skala 2
Grundintelligenztest CFT 3 Skala 3
Hamburg-Wechsler-Intelligenztest für Erwachsene (HAWIE)
Hamburg-Wechsler-Intelligenztest für Kinder (HAWIK)
I-S-T
I-S-T 70
Leistungsprüfsystem (LPS)
Standard Progressive Matrices (SPM, Raven)

2. «Objektive» Persönlichkeitstests
Freiburger Persönlichkeitsinventar (FPI)
Hamburger Neurotizismus- und Extraversionsskala für Kinder und Jugendliche (HANES, KJ)
MMPI-Saarbrücken
Gießen-Test (GT)
Problemfragebogen für Jugendliche

3. Projektive Persönlichkeitstests
Rorschach-Test
Picture Frustration Test (PFT)
Baum-Test
Worte-Zeichen-Test (WZT)
Familie in Tieren
Sceno-Test

4. Interessentests
Berufs-Interessen-Test (BIT)

5. Konzentrations-Leistungs-Tests
Konzentrations-Leistungs-Test (KLT)
Konzentrations-Verlaufs-Test (KVT)
d2 Aufmerksamkeits-Belastungs-Test

6. Schulreifetests
Duisburger Vorschul- und Einschulungstest (DVET)
Frankfurter Schulreifetest (FST)
Weilburger Testaufgaben für Schulanfänger (WTA)
Testbatterie für entwicklungsrückständige Schulanfänger (TES)

7. Schulleistungstests
Allgemeiner Schulleistungstest für 2. Klassen (AST2)

Allgemeiner Schulleistungstest für 3. Klassen (AST3)
Allgemeiner Schulleistungstest für 4. Klassen (AST4)

8. Test für Lernbehinderte
Schulleistungstestbatterie für Lernbehinderte und für schulleistungsschwache Grundschüler (SBL I/SBL II)
Schulleistungstest lernbehinderter Schüler (SLS)
Testbatterie für geistig behinderte Kinder (TBGB)

9. Klinische Tests
Benton-Test

4. Kurzanalysen – Darstellung

1. Intelligenztests

Testname: Grundintelligenztest CFT 2 Skala 2
Grundintelligenztest CFT 3 Skala 3
Autor: R. Weiss
Braunschweig 1971, [4]1976, Westermann

---

1. Testart: Intelligenztest

2. Allgemeines Grundkonzept
Die Autoren beanspruchen, mit diesem Test einen «Faktor der allgemeinen Fähigkeit, der in allen intelligenzfordernden Handlungen auftritt» (CFT 3, Handanweisung S. 6), zu erfassen. Im Gegensatz zu den meisten Intelligenztests, die wie z. B. I-S-T, PSB oder HAWIE eine möglichst breit gefächerte Intelligenz messen wollen, weshalb bei ihnen eine Profilinterpretation gegenüber dem Gesamt-IQ aufschlußreichere und dem Probanden angemessenere Ergebnisse bringt, werden im CFT Aufgaben verwendet, die nur einen kleinen Ausschnitt aus der Palette der in Intelligenztests verwendeten Aufgabenarten darstellen. Die ursprüngliche Konzeption eines kulturfairen oder kulturfreien Tests mußte im Lauf der Zeit immer mehr relativiert werden, so daß eigentlich nur noch der Name davon übriggeblieben ist. Einige empirische Untersuchungen haben aber gezeigt, daß die Unterschiede zwischen Gruppen mit verschiedener Schulbildung und zwischen Stadt und Land im CFT geringer sind als in anderen Intelligenztests.

Der Gesamttest (Form A und B) besteht aus zwei gleichartigen Testteilen mit jeweils 4 Subtests, die sich in Anlehnung an das Intelligenzstruktur-Modell von Guilford folgendermaßen charakterisieren lassen:

- beim CFT wird konvergentes Denken verlangt, also mehr passives Verhalten innerhalb stark vorstrukturierter Aufgabenstellungen.
- Das dargebotene Material besteht aus geometrischen Figuren.
- Es sind gemeinsame Eigenschaften von mehreren Figuren oder die Beziehung zwischen Figuren auf Grund einer oder mehrerer Variablen zu erkennen.

3. Gültigkeit
Validitätsuntersuchungen müßten vor allem zeigen, daß beim CFT wirklich die allgemeine Intelligenz gemessen wird und daß außerdem eine Vorhersage der Lernkapazität in der Zukunft möglich ist.

Durch die Methode der internen Validierung, d. h. die Korrelation mit Tests, die gleiches oder ähnliches messen (MMQ, Pauli-Test), und der faktoriellen Validierung (Interpretation der Faktoren des CFT, IST, des Lehrerurteils und eines Persönlichkeitstests bei einer gemeinsamen

Faktorenanalyse) konnte gezeigt werden, daß der CFT 3

- eine wesentlich größere Ähnlichkeit aufweist mit anderen Intelligenztests als mit Persönlichkeitstests,
- nur zu einem gewissen Teil das repräsentiert, was Lehrer unter Intelligenz verstehen,
- viel mit den Rechenaufgaben und den Figurenauswahlaufgaben im IST gemeinsam hat, weniger mit sprachlichen Aufgaben,
- daß etwa zwei Drittel der Gesamtvarianz durch drei Faktoren erklärt werden können, von denen zwei etwa 75 % ausmachen.

Gerade das letzte Ergebnis läßt die Annahme, der CFT würde einen allgemeinen Intelligenzfaktor erfassen, fragwürdig erscheinen, da ohnehin nur eine sehr kleine Stichprobe aus allen möglichen Intelligenzaufgaben gewählt wurde und 75 % der aufgeklärten Varianz nur von zwei Faktoren bestimmt sind. Durch Faktorenrotation kann hier einfach eine Lösung mit *einem* gemeinsamen Faktor gefunden werden, der einen hohen Anteil an der Gesamtvarianz hat, ohne daß dadurch in irgendeiner stichhaltigen Weise die Annahme eines allgemeinen Intelligenzfaktors bewiesen wäre.

Die Behauptung einer Vorhersage der zukünftigen Lernfähigkeit ist nicht nachgewiesen. Es konnte ein sehr bedeutsamer Zusammenhang zur Schulleistung bei Berufsschülern festgestellt werden, der etwas niedriger liegt als beim IST. Bei Realschülern und Gymnasiasten korrelierte die Mathematiknote am höchsten mit dem CFT 3. Man kann daher mit gutem Gewissen sagen, daß ein Zusammenhang zur Mathematiknote besteht, der auch eine Voraussage der künftigen Leistung innerhalb eines gewissen Bereiches erlaubt. Andere Zusammenhänge sind aber nur ungenügend oder gar nicht bewiesen. Ähnliche Ergebnisse wurden auch über den CFT 2 berichtet. Der Standardschätzfehler für die Vorhersage der Mathematikleistung durch den CFT 3 in der Realschule beträgt s = 2 15 1 − 0.58 = 24 IQ-Punkte.

Zur Interpretation dieses Wertes sei der Testautor zitiert: «Das Konfidenzintervall für die IQ-Skala des Kriteriumwertes liegt im Bereich von IQ = 76 − IQ = 124. Für die Notenskala mit sechs Stufen im Bereich von 1,9 – 5,1. Man sieht also, daß bei dem für Schulnoten relativ hohen Validitätskoeffizienten von r_{tc} = 0,58 die Fehlervarianz bei der Kriteriumsvorhersage noch recht hoch ist.

Bei einem Schüler mit einem mittleren IQ-Wert im CFT 3 von 100 kann aber immerhin mit 96 %iger Sicherheit ausgeschlossen werden, daß er in Mathematik in der Realschule die Note 6 oder die Note 1 bekommt. Bei einem IQ von 115 ist mit großer Wahrscheinlichkeit zu erwarten, daß er weder die Note 5 noch die Note 6 erzielt, jedoch die Noten 1–4 erreichen kann.» (Handweisung S. 36, CFT 3)

Man bedenke, daß es sich in diesem Fall um die höchste Korrelation mit einem Außenkriterium handelt. Die Korrelation des CFT 2 mit anderen Schulnoten liegt meist bei .3 (entspricht 10 % [!] aufgeklärter Varianz).

4. Zuverlässigkeit, Interpretation und Aussagewert

Für den Abhängigkeitskoeffizienten (Testwiederholung ohne Zeitverschiebung) erhielten die Autoren Werte zwischen .8 und .94, für die interne Konsistenz des Gesamttests einen mittleren Wert von 0.91 bzw. 0.93. Der Standardmeßfehler des Gesamttests bezogen auf Berufsschüler beträgt 3.18 Rohwertpunkte. Das Vertrauensintervall, in dem der wahre Rohwert mit 68 %iger Wahrscheinlichkeit liegt, beträgt dann: Gemessener Rohwert ± 4,96, dies entspricht einem Bereich von ± 6 IQ-Punkten.

Da Intelligenztests u. a. auch als Kriterium für die Sonderschulbedürftigkeit verwendet werden, soll hier noch ein Wert, der im Grenzbereich liegt, ein IQ von 85, interpretiert werden: Der wahre Wert würde dann mit einer Wahrscheinlichkeit von 68 % zwischen 79 und 91 liegen. Wenn man die Sicherheit auf 95 % erhöht, erhält man die Vertrauensgrenzen 77 und 93. Die Intelligenz kann also durchaus noch im Durchschnittsbereich liegen.

5. Normen

Für folgende Gruppen liegen Normen vor:

CFT 3 Berufsschüler 16–19 Jahre
Schüler mit mittlerem Schulabschluß
12. Gymnasialklassen
Erfolgreiche Studierende
16- bis 19jährige Gesamtpopulation

CFT 2 Altersnormen für 9–15jährige
4., 5. und 9. Schuljahr

Die Normen beziehen sich in den meisten Fällen auf die Testdurchführung mit Zeitbegrenzung.

Die Anwendung des CFT ist damit auf den schulischen Bereich beschränkt. Wenn auch die Altersabhängigkeit bei 14- bis 18jährigen nicht sehr groß ist, so kann daraus nicht unbedingt geschlossen werden, daß die Normen auch auf ältere Gruppen übertragen werden können.

6. Allgemeine Kritik

Insgesamt gesehen muß man sagen, daß der CFT nicht den Ansprüchen genügt, die von den Testautoren aufgestellt werden. Auf keinen Fall ist er für die Anwendungsbereiche erprobt, die in der Handanweisung aufgeführt sind. Bei der Verwendung im schulischen Bereich und in der Forschung sollten die beschriebenen Einschränkungen der Aussagekraft der Testergebnisse beachtet werden. Hinsichtlich der praktischen Testdurchführung ist zu kritisieren, daß es, wenn man sich an die vorgeschriebene Testinstruktion hält, bei knapp durchschnittlich intelligenten Schülern, die in der Bearbeitung von Tests keine Erfahrung haben, zu Schwierigkeiten im Verständnis vor allem zu Beginn und bei Subtest 4 kommen kann. Besonders bei Gruppentestdurchführungen sollte man darauf achten, daß alle die Instruktion verstehen. Für Schüler, die langsam arbeiten, erscheint die Anwendung der Power-Form günstiger. Leider ist sie nicht für alle Gruppen normiert.

Anton Rosner

Testname: Hamburg-Wechsler-Intelligenztest für Erwachsene (HAWIE)
Autor: D. Wechsler; Deutsche Bearbeitung A. Hardesty und H. Lauber
Herausgeber: Curt Bondy
Bern/Stuttgart 1956, Huber

1. Testart: Intelligenztest

2. Allgemeines Grundkonzept
Bei dem HAWIE handelt es sich um einen Intelligenztest für 10- bis 75jährige Pbn, der vor allem im klinischen Bereich und im Beratungsbereich für Einzeldiagnosen der Intelligenz Anwendung findet. Obwohl er sowohl im Hinblick auf die ihm zugrundeliegende theoretische Konzeption und auch im Hinblick auf den Aufgabeninhalt weitgehend veraltet ist, erfreut er sich in der Praxis einer erstaunlichen Beliebtheit. Das mag darin begründet sein, daß er neben der Messung der Intelligenz zugleich einen breiten Raum für persönlichkeitsbezogene, qualitative Interpretationen gibt. So glaubte Wechsler noch, nicht nur hinreichend gut zwischen «normalen» und «psychiatrisch kranken Personen» differenzieren zu können, sondern innerhalb der klinischen Gruppe zwischen spezifischen Zustandsbildern (Neurotikern, Schizophrenen, Hirnkranken etc.) trennen zu können. Inzwischen ist die Fragwürdigkeit dieses Vorgehens zwar mehrfach aufgewiesen worden (DAHL, 1968), aber nur mangelhaft in der Praxis berücksichtigt worden. Wie bei anderen Testautoren auch, unterstellt Wechsler seiner Testkonstruktion eine «gültige» Theorie der Intelligenz, obwohl er ihr *Wesen* eigentlich *erst entdecken* will (vgl. dazu Grubitzsch 1977). Für Wechsler ist die Intelligenz «... die zusammengesetzte und globale Fähigkeit des Individuums, zweckvoll zu handeln, vernünftig zu denken und sich mit seiner Umgebung wirkungsvoll auseinanderzusetzen» (1956, S. 13). Entsprechend dieser Theorie konzipierte Wechsler eine Reihe von Testaufgaben, die jeweils in verschiedenen Untertests zusammengefaßt sind. Der Test besteht aus zwei Hälften; einem Verbalteil (VT), der fünf Untertests und einen Zusatztest (Wortschatztest) enthält (Allgemeines Wissen (AW), Allgemeines Verständnis (AV), Zahlennachsprechen (ZN), Rechnerisches Denken (RD), Gemeinsamkeitenfinden (GF), Wortschatztest (WT)); sowie einen Handlungsteil (HT) mit ebenfalls fünf Untertests (Zahlen-Symbol-Test (ZS), Bilder ordnen (BO), Bilder ergänzen (BE), Mosaik-Test (MT), Figurenlegen (FL)). So erfragt der Untertest AW beispielsweise «Was ist Mimikry?» oder der Untertest GF «Was ist das Gemeinsame von Baum und Fliege».

Der Test gibt vor, Intelligenz zu messen. Aber Wechsler selbst hat für seinen Test keine Gültigkeitsuntersuchungen durchgeführt. Die Auswahl und Zusammenstellung seiner Untertests basiert weitgehend auf Vermutungen. Die Tatsache, daß sich Kontrastgruppen (Sonderschüler: Volksschüler: Oberschüler) überzufällig in ihren Testleistungen voneinander im HAWIE unterscheiden, sagt bestenfalls etwas über die Korrespondenz der HAWIE-Resultate mit dem Schulwissen aus – nicht mehr. Hinzu kommt, daß das Alter der Schüler in der Untersuchung von Priester und Kerekjarto (1960) zwischen 10 und 16 Jahren lag, der HAWIE aber von 10–75 (!) Jahre angewendet wird. In bezug auf seine klinische Anwendung hat sich lediglich der Mosaik-Test bei der Diagnose von Hirnorganikern ab und an als brauchbar erwiesen. Allein der (scheinbare) Nutzen des HAWIE im Klinik-Bereich, nämlich zugleich psychiatrisches Klassifizierungsinstrument *und* Intelligenztest zu sein, macht die Hartnäckigkeit begreifbar, mit der er immer wieder zur Intelligenzdiagnostik eingesetzt wird.

4. Zuverlässigkeit, Interpretation und Aussagewert

Die Zulässigkeitskoeffizienten der zwei Testhälften mit dem Gesamttest liegen bei $r_{VT/GES} = 0.81$ und $r_{HT/GES} = 0.91$. Und die Testhalbierungs-Koeffizienten nach Priester und Kerekjarto (1960) lauten:

Gesamt-Punkte (ohne WT, ZS, FL) = 0.90 – 0.94;

Verbal-Punkte (ohne WT) = 0.92 – 0.95;

Handlungs-Punkte (ohne ZS, FL) = 0.80 – 0.86.

Die hohen Zuverlässigkeitskoeffizienten, die hier auf den ersten Blick den Eindruck von hoher Genauigkeit erwecken, verlieren an Überzeugungskraft, wenn der Standardmeßfehler (s_e) in die Betrachtung mit einbezogen wird. Er ist unterschiedlich groß für den Gesamttest (7 IQ-Punkte), für den Verbalteil (3 IQ-Punkte) und für den Handlungsteil (5 IQ-Punkte).

Lassen wir die Altersabhängigkeit des Standardmeßfehlers einmal außer acht, ergibt sich aus seiner Kenntnis im Hinblick auf einen Testwert eines 20- bis 34jährigen Pbn. folgendes: Ist man gewillt, nicht mehr als 5 % Irrtumswahrscheinlichkeit bei der Schätzung der «wahren Fähigkeiten» dieser Person in Kauf zu nehmen, so liegen diese zwischen $X_i \pm 13.72$ IQ-Punkten. Will man nicht mehr als 1 % Irrtumswahrscheinlichkeit hinnehmen, schwankt der Testwert dieser gewählten Person nach oben und unten um 18.06 Punkte! Beträgt z. B. der konkrete Testwert einer Person 105 IQ-Punkte, so kann der «wahre» Wert zwischen 123 und 87 Punkten liegen (die Intelligenz ist also als «sehr hoch» bis «niedrig» zu klassifizieren!).

Wollte man bei der Höhe dieses Standardmeßfehlers für den Gesamttest eine Entscheidung darüber treffen, ob sich die wahren Werte zweier Personen voneinander unterscheiden, so müßten deren IQ-Werte mindestens um 25 Punkte im HAWIE auseinander liegen! Und wo die Differenz zwischen Verbal- und Handlungsteil interpretiert werden soll, müßte bei einer Irrtumswahrscheinlichkeit von 1 % mindestens eine Differenz von 15 Punkten gegeben sein.

5. Normen

Der HAWIE ist an 1831 Personen

zwischen 10 und 59 Jahren standardisiert. Die Auswahl der Eichstichprobe orientierte sich an Daten des statistischen Bundesamtes von 1950! Als Merkmale dienten Alter, Schulbildung, soziales Milieu und wirtschaftlicher Status, Geschlecht. Mittlerweile sind diese Daten veraltet.

Inaktuell sind inzwischen auch die Aufgabeninhalte des HAWIE. Denn wieviel jemand beim Kauf von Zwei-Pfennig-Briefmarken zurückbekommt, trifft ebensowenig jedermanns Erfahrungen wie die Frage nach der fehlenden Krawatte, die auf einem Bild im Bilderergänzen herausgefunden werden muß. Im übrigen weist der HAWIE alle inzwischen als klassisch zu bezeichnenden sozialen Benachteiligungsfaktoren auf, die bezüglich der Intelligenzmessung zu Buche schlagen: soziale Herkunft, Sprachgebundenheit etc. So wundert es nicht, wenn er selbst von Testbefürwortern angezweifelt wird.

Literatur

Dahl, G.: Übereinstimmungsvalidität des HAWIE und Entwicklung einer reduzierten Testform, Meisenheim/Glan 1968

Grubitzsch, S.: Zur Kritik der Wechslerschen Intelligenztheorie und des HAWIK, in: Psychologie und Gesellschaft, 1 (1977), S. 14–25

Priester, H. J., und Kerekjarto, M. v.: Weitere Forschungsergebnisse zum Hamburg-Wechsler-Intelligenztest für Kinder (HAWIK) und BINET-BOBERTAG und zum HAWIK und dem Hamburg-Wechsler-Intelligenztest für Erwachsene (HAWIE) in bezug auf die Intelligenzquotienten und die Benutzung dieser Tests als Paralleltests, in: Diagnostica, 4 (1958), S. 6–16

Siegfried Grubitzsch

Testname: Hamburg-Wechsler-Intelligenztest für Kinder (HAWIK)
Autoren: Francis P. Hardesty, Hans J. Priester
Herausgeber: Curt Bondy
Bern [3]1966, Huber

1. Testart: Intelligenztest

2. Allgemeines Grundkonzept

Der Hamburg-Wechsler-Intelligenztest für Kinder (HAWIK) ist eine deutsche Bearbeitung der Wechsler Intelligence Scale for Children (WISC) aus dem Jahre 1949 und dient der Intelligenzmessung von Kindern im Alter von 6 bis 15 Jahren.

Zugrunde liegt dem HAWIK die gleiche (!) Intelligenztheorie wie der Erwachsenenform des Tests (HAWIE). Bei der Konstruktion seiner Tests ging Wechsler wesentlich vom Spearmanschen Zwei-Faktoren-Modell der Intelligenz aus, wonach es einen allgemeinen (g) und einen speziellen (s) Faktor der Intelligenz gibt. Entsprechend dem Zwei-Faktoren-Modell hat Wechsler seine Tests so konstruiert, daß alle Untertests ein gewisses Maß an gemeinsamer Varianz aufweisen, die er dem g-Faktor zuspricht. Außerdem hat er den Gesamttest noch halbiert und die eine Hälfte als Verbal-, die andere als Handlungsteil bezeichnet (entsprechend dem Gruppen-Faktoren-Konzept).

Beide Teile bestehen aus fünf Untertests, wozu im Verbalteil noch der Untertest Zahlennachsprechen (ZN) hinzukommt, der für den klinischen Bereich empfohlen wird. Im einzelnen handelt es sich um die Untertests Allgemeines Wissen (AW), Allgemeines Verständnis (AV), Rechnerisches Denken (RD), Gemeinsamkeitenempfinden (GF), Wortschatztest (WT) (Verbalteil); Zahlen-Symbol-Test (ZS), Bilderergänzen (BE), Bilderordnen (BO), Mosaik-Test (MT), Figurenlegen (FG) (Handlungsteil).

Im Verbalteil werden alle Aufgaben mündlich beantwortet. Der Untertest AW soll einen Einblick in die Wissensbreite eines Individuums gewähren von Frage 1: «Wieviel Ohren hast Du?» bis Frage 30: «Was ist ein Pfandrecht?» Die Aufgaben zum AV sollen Aufschluß geben über den Umfang praktischen Wissens und die Fähigkeit, frühere Erfahrungen auszuwerten. Beim RD werden Rechenprobleme aus Alltagssituationen vorgelegt. Der Untertest GF enthält für Kinder unter 8 Jahren und ältere, geistig zurückgebliebene Kinder über 8 Jahre 12 Begriffspaare, für die das Gemeinsame gefunden werden soll, wobei die Art der Antworten einen Einblick in die Eigenarten des Denkprozesses gewähren sollen. Der WT gilt als Maßstab für Lernfähigkeit und allgemeines Vorstellungsvermögen und besteht aus 40 Begriffen, die erklärt werden sollen. Der Zusatztest ZN gibt Aufschluß über Gedächtnisleistung und Konzentrationsfähigkeit.

Der erste Test des Handlungsteils, der ZS, fordert die Assoziation von Symbolen mit bestimmten anderen Symbolen nach vorgegebenem Muster. Geschwindigkeit und Genauigkeit der Assoziationen gelten als Maß für intellektuelle Fähigkeit. Da die Zuordnung der Symbole handschriftlich erfolgt, kann mangelnde Übung schreibmotorischer Fertigkeiten das Ergebnis beeinflussen. Die Aufgaben für jüngere (unter 8 Jahren) und ältere Kinder unterscheiden sich im Schwierigkeitsgrad. Beim BE soll der fehlende Teil eines unvollständig gezeichneten Bildes gefunden werden, was Aufschluß über die Fähigkeit, zwischen wesentlichen und unwesentlichen Details zu unterscheiden, geben soll. Die Fähigkeit, Gesamtsituationen zu erfassen und zu verstehen, wird mit dem Untertest BO untersucht. Bilderserien werden in falscher Reihenfolge vorgelegt und müssen so geordnet werden, daß sie eine sinnvolle Geschichte ergeben. Auch hier wird getrennt zwischen jüngeren, bzw. geistig zurückgebliebenen und älteren Kindern. Ebenso beim MT, der die Fähigkeit mißt, Formen wahrzunehmen und zu analysieren. Mit einer vorgegebenen Anzahl von bunten Holzklötzchen müssen bestimmte Muster nach Vorlage zusammengesetzt werden. Beim letzten Untertest FG spielt die Fähigkeit, das Verhältnis der Teile zu ihrem Ganzen zu erkennen, eine entscheidende Rolle. Zerschnittene Figuren in der Art eines Puzzles müssen innerhalb einer festgelegten Zeit zusammengesetzt werden.

3. Gültigkeit

Untersuchungen zur Internen Validität des HAWIK liegen von verschiedenen Autoren mit unterschiedlichen Kriterien vor.

Priester und Kukulka (1958) geben in ihrer vergleichenden Untersuchung – HAWIK, HAWIE, Binet-Bobertag – für eine Stichprobe von 50 Berufsschülern und 55 Oberschülern folgende Korrelationskoeffizienten an: HAWIK/HAWIE $r_{tc} = 0.91$ (Berufsschüler) und $r_{tc} = 0.72$ (Oberschüler). Abgesehen von der Frage, ob der HAWIE ein geeignetes Validierungskriterium darstellt, können diese Maße nur für die Altersklassen der Stichproben von Bedeutung sein und somit nichts über die Validität des HAWIK insgesamt aussagen. Die Korrelation des HAWIK mit dem Binetarium hinsichtlich des Gesamt-IQ beträgt nach dieser Untersuchung für eine Stichprobe von 50 Volksschülern $r_{tc} = 0.81$.

Eine neuere Untersuchung zur Validität des HAWIK ergibt eine Korrelation zwischen HAWIK-Gesamt-IQ und PSB-Gesamtleistung (Prüfsystem für die Schul- und Bildungsberatung) von $r_{tc} = 0.68$ (Pfeiffer und Zielinski, 1976).

Näher zu betrachten ist der Vergleich zwischen HAWIK und der Lehrerbeurteilung als Außenkriterium. Hier beträgt die Korrelation bei einer Stichprobe von $N = 1500$ $r_{tc} = 0.83$. Der Determinationskoeffizient $r_{tc}^2 = 0.69$ besagt, daß 69 % der Varianz der Lehrerbeurteilung durch die Varianz des HAWIK determiniert ist, was als recht hoch angesehen werden kann, wobei allerdings der Schätzungseffekt lediglich $E = 0.44$ beträgt. In Frage zu stellen ist die Güte des Außenkriteriums Lehrerbeurteilung für die Validierung eines Intelligenztests, vor allem bei einer so «umfassenden» Intelligenzdefinition, wie sie Wechsler zugrunde legt. Die vorliegenden Daten ließen auch eine Interpretaion in der Richtung zu, daß der HAWIK sehr stark an Schulwissen orientiert ist und somit nur für diesen Bereich einigermaßen valide erscheint.

Zur faktoriellen Validität: Bei mehreren Untersuchungen konnte ein Faktor gefunden werden, auf dem praktisch alle Untertests mit 41 bis 44 % (Kerekjarto und Schmidt, 1962) bzw. 49 bis 63 % (Lienert und Faber, 1963) der Gesamtvarianz laden. Diesen Faktor könnte man als g-Faktor bezeichnen, auf dem der Gesamt-IQ um 0.90 lädt (Kerekjarto und Schmidt, 1962). Dagegen konnten die Gruppenfaktoren nur bei bestimmten Altersgruppen gefunden werden. Kerekjarto und Schmidt fanden zwar zwei abhängige Faktoren, die ihrer Meinung nach die Unterscheidung in Verbal- und Handlungsteil rechtfertigen, beide Faktoren korrelieren aber sehr hoch mit dem g-Faktor ($r = 0.93$), so daß diese Unterscheidung nicht sehr bedeutsam erscheint.

4. Zuverlässigkeit, Interpretation und Aussagewert

Reliabilitätskoeffizienten sind für

den Gesamttest sowie für den Verbal- und Handlungsteil und die Untertests für alle Altersstufen jahrgangsweise nach der split-half-Methode berechnet (nach Priester und Kerekjarto, 1960). Es zeigt sich eine hohe Reliabilität sowohl für den Gesamttest – zwischen $r_{tt} = 0.84$ bis 0.94 (ohne die Untertests ZN und ZS) – als auch für den Verbalteil – zwischen $r_{tt} = 0.91$ bis 0.95 (ohne ZN) – und den Handlungsteil – zwischen $r_{tt} = 0.79$ bis 0.95 (ohne ZS).

Diese Daten, allein betrachtet, erwecken den Anschein, daß der HAWIK ein relativ genau messendes Instrument sei. Wie genau der HAWIK tatsächlich mißt, zeigt sich allerdings erst bei Betrachtung dieser Werte in bezug zu den Standardmeßfehlern. Diese liegen in IQ-Einheiten für den Gesamttest zwischen $s_e = 3.68$ bis 6.0 (ohne ZN und ZS), den Verbalteil zwischen $s_e = 3.68$ bis 4.5 (ohne ZN) und den Handlungsteil zwischen $s_e = 3.36$ bis 6.89 (ohne ZS). Dies soll an einem Beispiel verdeutlicht werden. Ein zehnjähriger Proband erreicht im HAWIK einen Gesamt-IQ von 92. Mit 95 %iger Wahrscheinlichkeit liegt der «wahre» Wert des Probanden zwischen 83.67 und 100.33, mit 99 %iger Wahrscheinlichkeit zwischen 81.03 und 102.97 (Vertrauensbereiche errechnet nach Lienert, 1969). Eine Klassifikation dieser Werte nach Wechsler (Handbuch, S. 17) ergibt, daß der Proband zwischen den Prozenträngen 10 und 50 bzw. 60 zu finden ist, er also entweder als niedrig intelligent oder durchschnittlich intelligent eingestuft werden könnte.

Starke Schwankungen der Reliabilitätskoeffizienten finden sich bei den einzelnen Untertests, zwischen $r_{tt} = 0.28$ bis 0.63 bei ZN und $r_{tt} = 0.80$ bis 0.91 bei WT, die auch jahrgangsabhängig sind. Des weiteren ergibt die Subtestinterkorrelation, daß die Homogenität innerhalb des Verbalteils höher ist als innerhalb des Handlungsteils (Verbalteil $r_{tt} = 0.22$ bis 0.74, Handlungsteil $r_{tt} = 0.11$ bis 0.53). Die Subtestinterkorrelation zwischen Verbal- und Handlungsteil, $r_{tt} = 0.11$ bis 0.57, in diesem Zusammenhang betrachtet, läßt die Unterscheidung zwischen Verbal- und Handlungsteil zumindest fraglich erscheinen.

5. Normen

Der HAWIK wurde an einer 1500 Personen umfassenden stratifizierten Stichprobe standardisiert, wobei als Grundlage Daten des Statistischen Bundesamtes dienten. Die Variablen der Stratifizierung waren: 1. Alter, von 6 bis 15 Jahren, wobei jede Altersgruppe in drei Viermonatseinheiten unterteilt wurde; 2. Geschlecht (jeweils gleiche Anzahl von männlichen und weiblichen Personen); 3. geographisches Gebiet (verschiedene Städte und Dörfer); 4. Schulart (Volksschule, Mittelschule, Oberschule, Hilfsschule, keine Schule). Bei der Interpretation des Abweichungs-IQ wird immer auf die Gesamtpopulation (Standardisierungsstichprobe) Bezug genommen. Aus heutiger Sicht ist es sehr fraglich, ob dieser Bezug noch zulässig ist. Nahe liegt, daß sich die prozentuale Zusammensetzung der Bevölkerung verändert hat; ebenso stimmt die Aufteilung der Schularten mit den heutigen Gegebenheiten nicht mehr überein, auch dürfte sich der Anteil von Personen innerhalb verschiedener Schularten verschoben haben.

Die im Test erhaltenen Rohwerte werden in Wertpunkte für die einzelnen Untertests transformiert, diese wiederum in IQ-Werte für den Gesamttest und die beiden Untertests. Der Gesamt-IQ ist mit Prozenträngen vergleichbar. Die Normen liegen für 6- bis 15jährige in Viermonatseinheiten vor. Schmalohr und Winkelman (1971) haben für lernbehinderte Sonderschüler Prozentrang-Äquivalente (Gesamt-IQ, Verbal- und Handlungs-IQ) errechnet.

6. Allgemeine Kritik

Problematisch bei der Anwendung des HAWIK ist, daß für den großen Altersbereich von 6 bis 15 Jahren weitgehend gleiche Instruktionen verwandt werden. Insbesondere für jüngere Kinder scheinen die Instruktionen nicht durchgängig einsichtig zu sein. Abgesehen davon, daß einzelne Aufgaben des HAWIK nicht mehr zeitgemäß sind, zeigen praktische Erfahrungen, daß der Schwierigkeitsgrad der einzelnen Subtestaufgaben nicht kontinuierlich ansteigt (dazu auch Meckel, 1977), was dazu führt, daß Probanden nicht alle für sie lösbaren Aufgaben erhalten.

Die Interpretation der Ergebnisse der einzelnen Untertests anhand einer sogenannten Profilanalyse erscheint wenig sinnvoll. Alter und IQ-Niveau spielen hier eine zu große Rolle, des weiteren ist auch auf Grund der zu hohen Interkorrelationen zwischen den einzelnen Untertests, sowie zwischen Verbal- und Handlungsteil ein solches Vorgehen sehr fragwürdig.

Bei der Interpretation des Gesamt-IQ ist zu berücksichtigen, daß die mit dem HAWIK erfaßte intellektuelle Leistung nur einen Teil der möglichen Aspekte intellektueller Fähigkeiten ausmacht (hierzu auch Pfeiffer und Zielinski, 1976).

All die aufgezeigten Mängel des HAWIK, neben allgemeinen Kritikpunkten an der Intelligenzmessung wie z. B. soziale Schichtabhängigkeit, zeigen, daß sein häufiger Einsatz in der Intelligenzdiagnostik wenig wünschenswert ist. Verwunderlich ist, daß bei der Fragwürdigkeit bzw. dem mehr historischen Wert des zugrundeliegenden Intelligenzmodells mehr an einer instrumentellen Verbesserung des Tests gearbeitet wird als an einer konsequenten Hinterfragung des Gesamtkonzepts.

Literatur

Kerekjarto, M. v., und Schmidt, G.: Faktorenanalysen des Hamburg-Wechsler-Intelligenztests für Kinder (HAWIK), in: Diagnostica, 8 (1962), S. 95–110

Lienert, G. A.: Testaufbau und Testanalyse, Weinheim [3]1969

Lienert, G. A., und Faber, C. H.: Über die Faktorenstruktur des HAWIK auf verschiedenen Alters- und Intelligenzniveaus, in: Diagnostica, 9 (1963) S. 3–11

Meckel, H.: Kritische Darstellung empirisch gewonnener HAWIK-Daten im Vergleich zur Standardisierung, in: Psychologie in Erziehung und Unterricht, 24. Jg., 1977, S. 20–27

Pfeiffer, G., und Zielinski, W.: Messen HAWIK und PSB das gleiche? In: Diagnostica, 22 (1976), S. 8–13

Priester, H. J., und Kerekjarto, M.: Weitere Forschungsergebnisse zum Hamburg-Wechsler-Intelligenztest für Erwachsene (HAWIE) und Hamburg-Wechsler-Intelligenztest für Kinder (HAWIK), Diagnostica, 6 (1960), S. 86–94

Priester, H. J., und Kukulka, R.: Vergleichsuntersuchungen zum Hamburg-Wechsler-Intelligenztest für Kinder und Binet-Bobertag und zum HAWIK und dem Hamburg-Wechsler-Intelligenztest für Erwachsene (HAWIE) in bezug auf die Intelligenzquotienten und die Benutzung dieser Tests als Paralleltests, in: Diagnostica, 4 (1958), S. 6–16

Wechsler, D.: Die Messung der Intelligenz Erwachsener, Bern [3]1964

Friedrich-Carl Braun-Munzinger, Achim Weiser

Testname: I-S-T, I-S-T (70)
Autor: Rudolf Amthauer
Göttingen [2]1955, [4]1973, Hogrefe

1. Testart: Intelligenztest

2. Allgemeines Grundkonzept
Der Test heißt «Intelligenz-Struktur-Test» – er will die intellektuelle Struktur des Probanden erfassen. Die zugrundeliegende Annahme ist, «daß alle Leistungen und die ihnen zugrunde liegend gedachten Fähigkeiten in einem gefügehaften Zusammenhang stehen, und daß sie jeweils eine Struktur aufweisen. Eine Struktur nämlich, in der die Glieder hierarchisch geordnet sind. Wie in einer Hierarchie der dominante Bereich alle übrigen mehr oder weniger beeinflußt, so werden die Glieder solcher hierarchischer Strukturen von den dominanten Schwerpunkten her beeinflußt und geprägt» (1955, S. 5)

Tragende Elemente der intellektuellen Struktur sind die sprachliche und rechnerische Intelligenz, die räumliche Darstellung und die Merkfähigkeit. Sie werden erfaßt über die Untertests.

SE (Satzergänzung) = «Urteilsbildung», «Wirklichkeitssinn»;

WA (Wortauswahl) = «Sprachgefühl», «Erfassung von Bedeutungsgehalten»;

AN (Analogie) = «Kombinationsfähigkeit», Gründlichkeit im Denken»;

GE (Gemeinsamkeiten) = «Abstraktionsfähigkeit», «geistige Bildungsfähigkeit»;

ME (Merkaufgaben) = «Merkfähigkeit»;

RA (Rechenaufgaben) = «Praktisch-rechnerisches Denken»;

ZA (Zahlenreihen) = «Induktives Denken mit Zahlen»;

FA (Figurenauswahl) = «Darstellungsfähigkeit», «konstruktive Momente»;

WÜ (Würfelaufgaben) = «Räumliches Vorstellen-Können» (1955, S. 257)

Der Test wird in Einzel- oder Gruppenuntersuchungen durchgeführt. Die Aufgaben werden beantwortet, indem aus jeweils fünf Lösungsmöglichkeiten die dem Probanden richtig erscheinende Lösung ausgesucht und angekreuzt wird. Die Auswertung vollzieht sich mit Hilfe vorgefertigter Schablonen zur Sicherung der «Auswertungsobjektivität».

Jeder Untertest muß innerhalb eines exakt vorgegebenen Zeitraumes gelöst werden.

3. Gültigkeit

a) I-S-T

Insgesamt drei Validitätsmaße werden angeboten:

Interne Validität: für die Gesamtpopulation; Mittel der Korrelationen der Untertests mit dem Gesamttest beträgt 0.60;

Kriterienbezogene Validität: Korrelation mit Schulzeugnis: 0.455 (bei N = 350);

Korrelation mit Lehrereinschätzung über Intelligenz: 0.623 (bei N = 350).

b) I-S-T (70)

Interne Validität: wie oben, 0.626 (N = 799));

Kriterienbezogene Validität: Schulzeugnis: 0.455 (N = 350);

Lehrereinschätzung über Intelligenz: 0.623 (N = 350).

4. Zuverlässigkeit, Interpretation und Aussagewert

I-S-T und I-S-T (70) werden nach verschiedenen Verfahren auf ihre Reliabilität hin überprüft, die hier nicht im einzelnen wiedergegeben werden sollen (s. dazu auch Brickenkamp, 1965, S. 134, S. 138f).

Die Interpretation geschieht einmal im üblichen Rahmen von Intelligenztests an Altersnormen für jeden Untertest wie für den Gesamttest; an diesen Normen kann der Proband ablesen, ob er hinsichtlich «Sprachgefühl» oder «Merkfähigkeit» über oder unter dem Durchschnitt seiner Altersgruppe liegt, und ebenfalls, ob sein Intelligenzquotient (IQ), der sich aus dem Gesamtergebnis des Tests errechnet, unter- oder überdurchschnittlich im Vergleich zur Altersgruppe ist (= *Intelligenzniveau*). «Grundlage für die Interpretation der mit dem Intelligenz-Struktur-Test gewonnenen Ergebnisse ist das Profil am Kopf des Antwortbogens» (1955, S. 18); in dieses Profil werden alle Einzelergebnisse eingetragen und miteinander verbunden, so daß sich ein individuelles «Intelligenzprofil» ergibt. Dieses Profil kann nun mit der beruflichen Bezugsgruppe, für die ein «Durchschnittsprofil» vorliegt, verglichen werden, oder wir können «durch weitere Vergleiche mit anderen ähnlichen Gruppenprofilen . . . abwägen, ob sich die Intelligenz des Probanden in dieser oder jener Richtung besser entfalten wird» (1955, S. 19). Zum Vergleich sind die Profile von 15 (!) Akademikerberufen, 7 Mittelstandsberufen und 9 Arbeiter- und Handwerkerberufen verzeichnet. «Hieraus folgt, daß man – von dem Gruppenprofil der im Beruf bewährten Personen ausgehend – Fehlansätze vermeiden kann und niemals in die Gefahr kommt, eine ‹Bestauslese› oder ‹Konkurrenzauslese› zu treiben im Sinne einer Auswahl der schlechthin ‹Intelligentesten› aus der Bewerbergruppe.» (1955, S. 23) An die Stelle des Vergleichs der Intelligenzquotienten möchte Amthauer den Vergleich der Profile setzen. Anhand von Einzelbeispielen demonstriert der Testautor den Vorteil des Profilvergleichs gegenüber dem Vergleich der Intelligenzquotienten.

Im I-S-T (70) verändert sich vor allem die Zahl der Profilgruppen: es sind jetzt 47 Berufsgruppen und 7 Schulgruppen im Profil dargestellt und damit reichere Vergleiche des individuellen Profils möglich geworden.

5. Normen

Im Testhandbuch finden sich Altersnormen von 13–60 Jahren, in Intervallen von 2 (13–15 Jahre) bis 15 (46–60 Jahre) Jahren. Darüber hinaus gibt es Schulstandardwerte für Volksschulen, Mittelschulen und Höhere Schulen. Die Eichstichprobe betrug insgesamt 8642 Personen.

Im I-S-T (70) sind Normen für 12- bis 60jährige Personen angegeben. Die Altersintervalle reichen jetzt von 1 (12 Jahre) bis 10 (51–60 Jahre) Jahren. Schulstandardwerte sind zusätzlich aufgeführt für Sonderschüler, Schulabgänger vor der Mittleren Reife und Universitäts- und Hochschulabsolventen. Die Eichstichprobe umfaßte insgesamt 15000 Personen. In beiden Tests wurde nicht zwischen den Geschlechtern differenziert.

6. Allgemeine Kritik

Der I-S-T ist ein vielverwendeter Intelligenztest, der vor allem in die Berufsberatung, in Eignungsuntersuchungen und in die Bildungsberatung Eingang gefunden hat. Die Häufigkeit seiner Anwendung und die große Zahl seiner Anwender spricht eher dafür, daß die Probleme, die mit den I-S-T einhergehen und bei Anwendung und Interpretation berücksichtigt werden müßten, wohl in der Regel ignoriert werden.

Zunächst ist die theoretische Grundlage keineswegs befriedigend; obwohl dem Thurstoneschen Faktorenmodell der Intelligenz vergleichbar, entspricht sie diesem nicht, und außer einigen wenigen Hinweisen bei Amthauer findet sich keine Begründung für ausgerechnet diese Intelligenzfaktoren. Die ganze Diskussion um die Fragwürdigkeit des Intelligenzbegriffs selbst wie der Testinhalte, die bestimmte Wertvorstellungen und Verhaltensweisen der gesellschaftlichen Mittel- und Oberschicht widerspiegeln, wird einfach ignoriert; auch der I-S-T unterliegt aber dieser sozialen Verzerrungstendenz, indem er – an den einzelnen Aufgaben leicht nachprüfbar – Wissen und Erfahrungen betont, die nicht zur Lebenswelt von Unterschichtangehörigen passen.

Die Validität ist, trotz der vergleichsweise befriedigenden Höhe der Korrelationskoeffizienten, als gering, wenn nicht gar völlig unzureichend zu betrachten: gerade Schulzeugnis und Lehrereinschätzung über Intelligenz haben sich als Kriterien erwiesen, in die eine unendliche und nicht annähernd aufgeklärte und kontrollierbare Fülle von Einflußgrößen eingehen: regionale Unterschiede im Bildungsbereich – Stadt-Land, Industrie–Landwirtschaft; Länderhoheit im Bildungsbereich mit unvergleichbaren Lehrplänen; Lehrerverhalten, das die guten Schüler fördert, die schlechten vernachlässigt, Mittelschichtkindern hilft, Unterschichtkinder weiter benachteiligt; Lebensbedingungen als Grundlage schulischer Leistungen usw. Insgesamt sagt der im Korrelationskoeffizienten ausgedrückte Zusammenhang zwischen Testleistung und Schulzeugnis bzw. Lehrerurteil vor allem aus – das läßt sich aus der Literatur über Intelligenz und ihre Messung mit einiger Sicherheit schlußfolgern –, daß beide ungefähr die soziale Schichtzugehörigkeit widerspiegeln: im Test wie in der Schule werden Leistungen verlangt, die von den Angehörigen einer gesellschaftlichen Gruppe eher erbracht werden können als von denen der anderen Gruppe. Man könnte dem I-S-T (wie dem I-S-T (70)) also eine ganz gute «Selektions-Validität» zusprechen – mehr nicht.

Die in beiden Tests angegebenen Normen sind – vor allem betrifft das den I-S-T – total überaltert; Ansprüche an psychologische Tests, auch von Testkonstrukteuren selbst erhoben wegen der «Schnellebigkeit unserer Zeit», in der sich Wissen und Erfahrung ständig verändern und die soziale Mobilität eine soziologische Gesetzmäßigkeit ist, lauten: alle zwei bis drei Jahre neue Normen. Die Normen des I-S-T sind 25 Jahre alt, die des I-S-T (70) inzwischen auch 7 Jahre. Wennschon, dann sollte der I-S-T (70) verwendet werden, mit dem I-S-T dürfte aus diesem Grunde *nicht mehr gearbeitet werden*, mit dem I-S-T (70) nur *unter größten Vorbehalten*!

Die Schulstandardwerte sind im übrigen aus den schon genannten Gründen geradezu sinnlos.

Der «Clou» des I-S-T ist sein Anspruch, die «Intelligenzstruktur» zu erfassen; sie wird graphisch dargestellt in den «Intelligenzprofilen» jedes einzelnen Probanden, der dann sein eigenes Profil mit dem seiner Berufsgruppe vergleichen kann.

Problematisch an dieser Vorstellung ist einmal die Intelligenzstruktur selbst; mit viel Selbstvertrauen behauptet Amthauer, so wie er sie im Untertest erfaßt, sehe die Intelligenzstruktur aus. Das ist eine gewagte Annahme und eine, die einen sehr statischen Intelligenzbegriff voraussetzt: als sei das Nebeneinander von Intelligenzfaktoren zu einer Gesamtintelligenz zu komponieren. Da hundert andere «Strukturmodelle» der Intelligenz denkbar sind, die zur Konstruktion von hundert verschiedenen Intelligenz-Struktur-Tests führen können, ohne daß einer seine Überlegenheit in der Intelligenzmessung auch nur annähernd beweisen könnte, ist die Behauptung, mit dem I-S-T werde hier *die* Intelligenzstruktur erfaßt, schlichtweg falsch. Erfaßt wird nicht mehr als die Fähigkeit, einen bestimmten willkürlich zusammengestellten Satz von Aufgaben lösen zu können – eine wenig überzeugende Basis für Berufsentscheidungen und Eignungsuntersuchungen.

Noch problematischer wird die Struktur-Annahme, wenn sie in die Profilvergleiche mündet. Einmal sind die Stichproben für die Berufsgruppenprofile viel zu klein, als daß auch nur einigermaßen gesicherte Schlußfolgerungen über die «Intelligenzstruktur» bestimmter Berufsguppen gezogen werden könnten; zweitens fehlt jede theoretische Begründung, warum bestimmte Berufsgruppen andere Profile aufweisen als andere; drittens ist die einzig plausible Hypothese die, daß die Anforderungen in bestimmten Berufsgruppen sehr einseitig sind; viertens wird durch die Berufsprofile der Eindruck erweckt, als könnten bestimmte Bewerber nach bestimmten Profilen für bestimmte Berufe vorgeschlagen werden – eine nicht nur durch nichts belegte Behauptung, aber auch eine, die irrigerweise davon ausgeht, Fähigkeiten, Qualitäten, Fertigkeiten seien auf das intellektuelle Niveau beschränkt, was einer ungerechtfertigten Vereinseitigung von Selektionsurteilen gleichkommt, und eine, die zusätzlich annimmt, die Komponenten, die am Zustandekommen einer Leistung im Intelligenztest beteiligt sind; die Zusammenhänge zwischen den Komponenten und ihr jeweiliger Anteil an den Leistungen in den Untertests seien bekannt. Nichts davon ist bekannt oder auch nur annähernd theoretisch begründet.

Von den theoretischen Voraussetzungen, den Gütekriterien wie von den Interpretationsmodi her sind I-S-T und I-S-T (70) für ihren Einsatz in Berufsberatung und Eignungsuntersuchung *nicht geeignet.* Entscheidungen oder Ratschläge auf ihrer Grundlage sind ungerechtfertigt und fahrlässig.

Literatur

Amthauer, R.: Intelligenz-Struktur-Test. Göttingen [2]1955, [4]1973

Brickenkamp, R.: Handbuch psychologischer und pädagogischer Tests. Göttingen 1975

Günter Rexilius

Testname: Leistungsprüfsystem (LPS)
Autor: W. Horn
Göttingen 1962, Hogrefe

1. Testart: Intelligenztest

2. Allgemeines Grundkonzept

«Bei der Wahl des günstigsten Ausbildungswegs und Berufs ist die Leistungsstruktur, welche sich aus dem Zueinander der Primärfaktoren ergibt, von ganz erheblicher Bedeutung. Sie läßt sich naturgemäß am besten mit solchen Reihen erfassen, welche möglichst reine Maße der einzelnen Primärfähigkeiten sind. Der deutliche Mangel an solchen Tests wurde der Anlaß zur Entwicklung des vorliegenden Leistungsprüfsystems.» (Handanweisung, S. 4)

Ziel war, zur Erfassung dieser

«Primärfähigkeiten» (primary mental abilities nach Thurstone) ein leicht zu handhabendes Testverfahren zu entwickeln, dessen Aufgabengruppen nach Schwierigkeit gestaffelt sein sollten. Hierzu verwendete Horn Teile der von Thurstone entwickelten Tests, wandelte einige Testaufgaben ab, fügte selbstentwickelte hinzu, sonderte alle weniger trennscharfen aus und erhielt ein Testsystem aus 14 Untertests zu je 40 Aufgaben, die im einzelnen folgende «Primärfähigkeiten» erfassen sollen:

Tests
1 + 2: Allgemeinbildung (Verbal Factor; 80 Aufgaben)
3 + 4: Denkfähigkeit (Reasoning; 80 Aufgaben)
5 + 6: Worteinfall (Wordfluency; 80 Aufgaben)
7–10: Technische Begabung (Space 1 und 2, Closure; 160 Aufgaben)
11 + 12: Ratefähigkeit (Closure; 80 Aufgaben)
13 + 14: Wahrnehmungstempo (Perceptual Speed; 80 Aufgaben)

Dazu kommt ein Rechentest, bestehend aus 10 Spalten mit je 40 Aufgaben, durch den die individuelle «Arbeitskurve» ermittelt werden soll.

Angewendet wird der Test bei Probanden ab 9 Jahren als Einzel- oder Gruppentest. Das Testmaterial besteht aus je 2 DIN-A-4-Bögen (Parallelformen A und B). Die beiden Blätter enthalten – sehr gedrängt – 960 Aufgaben pro Proband.

Die Aufgaben im einzelnen

Test 1 + 2: Entdecken von Rechtschreibfehlern. Bei den je 40 Substantiven ist jeweils ein Buchstabe falsch gedruckt, der vom Pbd. durchzustreichen ist.

Beispiel: Dvorek Ararat

Test 3 + 4: Erkennen, nach welchem Prinzip Zeichenreihen (Test 3) bzw. Zahlen- oder Buchstabenreihen (Test 4) aufgebaut sind.

Beispiel:

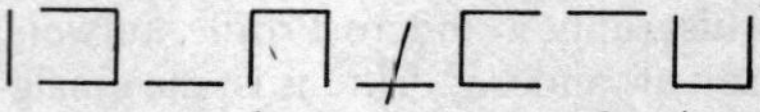

a c a d a e a f g

Test 5: Buchstaben umstellen, so daß sich ein sinnvolles Wort ergibt; dessen Anfangsbuchstaben durchstreichen.

Beispiel: G K R I E

Test 6: Auf Aufforderung jeweils aus einem Buchstaben möglichst viele Wörter bilden, die mit diesem Buchstaben beginnen.

Beispiel: K: Kurt, Kralle, klug, kein . . .

Test 7: Zeichen und Buchstaben erkennen, die um eine Achse (spiegelbildlich) gedreht wurden.

Beispiel:

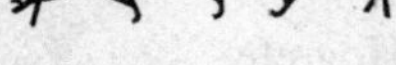

Test 8: Zuordnen von geometrischen Flächen: Geometrische Figuren sind einmal «aufgeklappt» (zweidimensional), einmal «zusammengefaltet» (dreidimensional) perspektivisch dargestellt. Der Pbd. soll die bei der einen Figur mit Zahlen gekennzeichneten Flächen und Seiten den entsprechenden Buchstaben bei der anderen Figur zuordnen.

Beispiel:

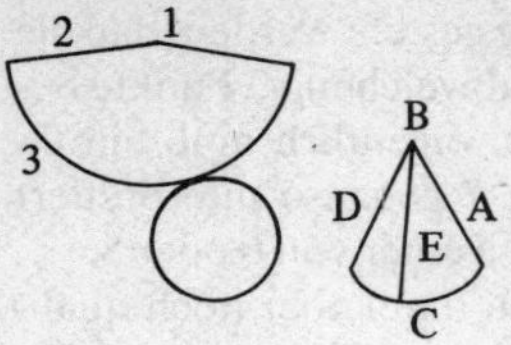

1 A~~B~~CDE
2 ABCD~~E~~
3 AB~~C~~DE

Test 9: Die Zahl der Flächen an geometrischen Körpern herauszufinden.
Beispiel:

3 4 ~~5~~ 6 7

Test 10: In zweidimensionalen Figuren jeweils das verborgene Muster erkennen, das in Größe und Lage mit der Vorlage identisch sein muß.
Beispiel:

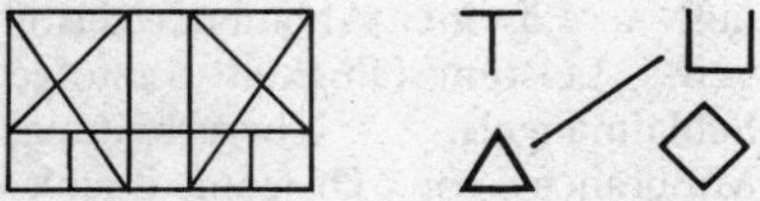

Test 11: In unfertigen Zeichnungen den abgebildeten Gegenstand erkennen, dessen Anfangsbuchstaben durchstreichen.
Beispiel:

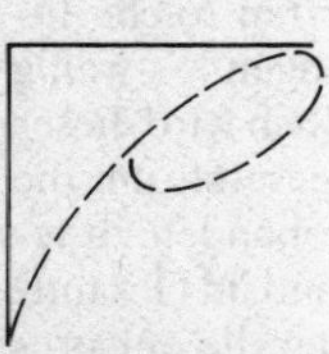

V S ~~T~~ R B

Test 12: Rechtschreibfehler in undeutlich gedruckten Substantiven erkennen.
Beispiel:

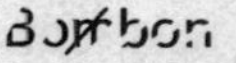

Test 13: Jede achte 0 (Null) und danach jede achte 1 (Eins) in einer Reihe von Zahlen und Buchstaben durchstreichen.
Beispiel: 1 0 2 0 0 1
0 2 0 0 4 0
2 8 2 1 ~~0~~ 2
usw.

Test 14: In zwei Spalten mit Zahlen und Zeichen Übertragungsfehler herausfinden.
Beispiel: L M 9 8 0 6 7 9
L M 9 8 ~~8~~ 6 7 9

Arbeitskurve: Je 10 einstellige Zahlen addieren. Die Endziffer des Ergebnisses ist in der entsprechenden Zeile durchzustreichen.
Beispiel: 9 3 5 9 7 2 5 4 6 ~~8~~

3. Gültigkeit

Verschiedene Gültigkeitsmaße wurden erhoben:

«Interne Gültigkeit» (eigentlich ein Maß für Zuverlässigkeit):

1. Korrelationsmittel von Untertests und Gesamttest:

$r_{t\ (bat)} = 0.71$ (ohne Arbeitskurve) (Brickenkamp, 1975, S. 155)
Das bedeutet: Untertests und Gesamttest haben ungefähr 50 % gemeinsame Varianz.

2. Korrelation zwischen Gesamtleistung des LPS und der Gesamtleistung des IST.

$r_{tc} = 0.73$, d. h., beide Tests haben 51 % gemeinsame Varianz

Kriterienbezogene Gültigkeit:

Korrelation zwischen Gesamtleistung u. Lehrerurteil hinsichtlich Intelligenz bei Volks- und Mittelschülern (N = 354):
$r_{tc} = 0.47$
Das bedeutet zum einen: beide «Intelligenzmaße» haben nur 22 % gemeinsame Varianz; zum anderen ist der Schätzeffekt
$E = 1 - \sqrt{1 - r_{tc}^2} = 0{,}12$
d. h. nur 12 % Reduktion von Unsicherheit.
«Damit (bleibt) . . . der echte Validitätsnachweis aus.» (Brickenkamp, 1975, S. 156)

4. Zuverlässigkeit, Interpretation und Aussagewert

- Keine Angaben der Paralleltest-Zuverlässigkeit (!)
- Halbierungs-Zuverlässigkeit für den Gesamttest: $r_{tt} = 0.99$

Bei der Umrechnung der Rohwerte in C-Werte sind viele Unsicherheiten in Rechnung zu stellen:

- «Es werden durchschnittlich 10–12 % Fehler gemacht.» (Handanweisung, S. 17)
- Wer z. B. 29 Jahre alt ist, wird – da in der Gruppe «20 bis 29 Jahre» – um einiges «strenger» beurteilt, als wenn er bereits 30 Jahre alt wäre und damit der nächsten Altersgruppe zugeordnet würde.
- Um den C-Wert 7 zu erhalten, muß z. B. ein Pbd. der Altersgruppe «30–39 Jahre» in den Tests 7–10 zwischen 82 und 106 Punkte erreichen, was doch ein beträchtlicher Spielraum ist.
- Schließlich muß bei jeder Interpretation der erhaltenen C-Werte (erst recht bei der Interpretation des C-Wertes für die «Gesamtleistung», da sich hier die Fehlermöglichkeiten potenzieren) in Rechnung gestellt werden, daß die Standardabweichung 2 Punkte beträgt, d. h. eigentlich muß ein C-Wert von 7 genauso interpretiert werden wie einer von 6 oder 8.

Wie sollen dann aber noch qualitative Urteile gefällt werden können?

Wie sollen C-Werte überhaupt interpretiert werden?

Horn gibt nur an: «Wird in der Gesamtleistung ein C von 1,0 nicht erreicht, so handelt es sich um einen ‹Schwachsinnigen› (IQ unter 70). Um den C-Wert 5,0 zu erreichen, muß die Leistung mindestens dem PR 50 entsprechen. Für C = 9,0 ist wenigstens das frühere Akademikerniveau notwendig . . .» (Handanweisung S. 17)

Ansonsten gibt Horn nur eine Handvoll Interpretationshilfen für das Leistungsprofil. Textprobe:

«Ein Abfall von 1 + 2 zu 3 + 4 läßt . . . auf einen Abbau der geistigen Leistungsfähigkeit infolge Schlafmangels, Überarbeitung, Mißbrauch von Drogen, Trunksucht, Arterienverkalkung usw. schließen . . . Hohe Leistungen in den Prüfreihen 10–12 dürften für manche Stellungen in einer Wehrmacht bedeutsam sein (z. B. Artilleriebeobachter.»

Im Normalfall dürften solche Interpretationsanweisungen wenig hilfreich sein. Schließlich wird dieser Test sehr häufig eingesetzt, um die «Intelligenz» von Probanden zu testen. Die IQ-Werte sind im Gesamtprofil auch gleich unter die entsprechenden C-Werte eingetragen.

5. Normen
Die letzte Eichung stützt sich auf über 3000 Testergebnisse. Die ganze «Arbeitskurve» wurde allerdings nur bei zwei Gruppen geeicht: bei «Berufsschülern» und bei «Kriminellen».

«Über die Repräsentativität liegen keine Angaben vor» (Brickenkamp 1975, S. 156). Es wird lediglich nach Altersstufen differenziert. Es liegen Altersnormen vor von «10 Jahre» bis «50 Jahre und älter». Mittelwert: C = 5, Standardabweichung: S = 2.

6. Allgemeine Kritik
Aber mißt dieser Test überhaupt «Intelligenz»?

Wir können uns hier nur noch einmal vor Augen führen, aus welchen Aufgabentypen dieses Testsystem besteht.

Tests 1 + 2 messen überwiegend die Fähigkeit, solche Begriffe zu identifizieren und darin Rechtschreibfehler zu entdecken, die nur höchst selten in der Alltagssprache, sondern im äußersten Fall in Kreuzworträtseln vorkommen. Solche Begriffe begegnen einem Durchschnittsbürger nur im Gymnasium und eventuell auf der Universität.

Es wird zwar so getan, als ob alle Probanden gleich wären (es gibt z. B. keine schichtspezifischen Normen, auch keine nach verschiedenen Schultypen), aber wer hier ausgesiebt werden soll, ist klar. Wozu das Aussieben notwendig ist, schreibt Horn selbst: «Wir leben in einer Zeit großer Veränderungen im sozialen Gefüge. Durch den Massenandrang zu den Oberschulen und zum Studium ist das Intelligenzniveau nach eigenen Untersuchungen bei Abiturienten und Studenten erheblich tiefer als vor 10 Jahren. Das Reservoir wirklich Begabter ist eben recht begrenzt . . .»

Ob es allerdings etwas mit Begabung zu tun hat, wenn man weiß, daß man «Ararat» mit einem «t» am Ende schreibt?

Fast in allen Aufgaben ist nur «die eine richtige» Lösung herauszufinden. Wer auch andere Lösungsmöglichkeiten entdeckt, dessen Lösung gilt als falsch. Bei dem Beispiel, das wir oben aus dem Test 12 entnommen haben, *muß* das «m» durchgestrichen werden («richtige» Lösung: Bonbon. Wer das «o» durchstreicht (Lösungsmöglichkeit «Bomben»), erhält keinen Punkt.

Viele Tests erfordern lediglich die Fähigkeit des Wiedererkennens (Test 1, 2, 3, 7, 10, 11, 12, 13, 14).

Insgesamt läßt sich sagen: was dieser Test wohl im wesentlichen mißt, ist die Fähigkeit des Prüflings
- Prüfungsangst zu ertragen,
- sich in zwei völlig unübersichtlichen Testbögen zurechtzufinden,
- teilweise komplizierte, teilweise in Befehlsform gehaltene Instruktionen («Halt! – Bleistift hinlegen und herhören!») hinzunehmen und ihnen zu gehorchen,
- stundenlang sinnlose Aufgaben durchzuführen, die er nie ganz zu Ende bringen kann (angestachelt von solch aufmunternden Worten wie: «Gerade bei langweiligen und ermüdenden Aufgaben zeigt es sich, ob man sich wirklich zusammennehmen kann oder ob man willensschwach ist» – Instruktion zur «Arbeitskurve»).

Was für ein Konzept von «Intelligenz»!

Literatur

Brickenkamp, R.: Handbuch psychologischer und pädagogischer Tests, Göttingen 1975

Michaela Huber

Testnahme: Standard Progressive Matrices (SPM)
Autor: J. C. Raven
London [13]1971, Lewis & Co Ltd.

1. Testart: Intelligenztest

2. Allgemeines Grundkonzept
Die erste Veröffentlichung des Matrizentests geht auf das Jahr 1938 zurück. Der Autor bezweckte mit dem sprachfreien Test die Erfassung «intellektueller Kapazität, unabhängig von Nationalität und Erziehung». Nach Raven sollen die SPM «Beobachtungsvermögen und klares Denken» messen, nicht nur «Allgemeine Intelligenz» (Generalfaktor der Intelligenz). Diese Feststellung wird durch faktorenanalytische Studien gerechtfertigt, die zeigen, daß der Test nicht nur dem Generalfaktormodell entspricht, sondern auch auf den Faktoren «räumliche Erfassung» und «schlußfolgerndes Denken» bedeutsame Ladungen zeigt.

Der Test, der ohne Zeitbegrenzung sowohl als Individual- als auch als Gruppentest angewendet werden kann, besteht aus 5 Aufgabenserien («sets») mit jeweils 12 nach zunehmender («progressive») Schwierigkeit geordneten Aufgaben. Die Aufgaben bestehen aus (meist) matrizenartig angeordneten Mustern, aus denen ein Teil herausgeschnitten ist. Von Stücken mit gleicher Größe wie der herausgeschnittene Teil, aber mit unterschiedlichen Mustern, soll der Proband das zum Gesamtmuster passende Stück auswählen.

Neben dem SPM existieren zwei weitere Testmodifikationen, die Coloured Progressive Matrices mit drei Aufgabenserien für Kinder von 5–11 Jahren (teilweise auch in der «Testbatterie für geistig Behinderte Kinder» enthalten) und die Advanced Progressive Matrices mit Aufgaben zur Differenzierung von Probanden mit «überdurchschnittlicher intellektueller Fähigkeit».

3. Gültigkeit
Auf Grund des langen und häufigen Gebrauchs der SPM u. a. zu wissenschaftlichen Zwecken liegen Untersuchungen zu verschiedenen Gesichtspunkten der Validität vor.

Innere Validität: Die in der Literatur angegebenen Korrelationen zwischen SPM und anderen allgemeinen Intelligenztests (Stanford-Binet-Revision nach Terman und Merrill, Wechsler-Intelligenztest) schwanken zwischen 0.86 und 0.54. Diese meist niedrigen Koeffizienten erlauben kaum mehr sinnvolle individuelle Vorhersagen des Ergebnisses in anderen Intelligenztests: Bei einem Validitätskoeffizienten von 0.60 hat die Vorhersage z. B. eines Wechsler-IQs von 90 durch die SPM einen Vertrauensintervall (bei 95 % Sicherheit) von

$X \pm s \cdot 1.96 \cdot \sqrt{1 - r_{tc}^2} = 90 \pm 15 \cdot 1.96 \cdot \sqrt{1 - 0.60^2} = 90 \pm 23.50$

in Rechnung zu stellen; der vorhergesagte «wahre Wert» liegt also gemäß dem üblichen Sprachgebrauch irgendwo zwischen «Debilität» und «guter Intelligenz».

Äußere Validität: Der Raven wurde mit gewissem Erfolg zur Vorhersage von Ergebnissen spezifischer Fähigkeits- bzw. Leistungstests, von Schulleistungen und beruflichem Erfolg herangezogen. Hohe Validitätskoeffizienten liegen nicht vor.

Faktorielle Validität: Wie schon unter Punkt 2 aufgeführt, ergaben im allgemeinen Faktorenanalysen je nach spezifischer Methode für die SPM eine Generalfaktorlösung oder eine Aufspaltung in einen Denk- und einen Wahrnehmungsfaktor. Eine neuere Untersuchung von Spada (1970) (629 und 172 Vpn im Alter von 11–30 Jahren) ergab, daß bei der Überprüfung des SPM-Tests anhand des Rasch-Modells der Test nicht genügend homogen im Sinne des Modells war; d. h., es mußten viele Testaufgaben ausgeschieden werden, um Modellkonformität herzustellen.

Zusammenfassung: Die Validitätsprüfungen zeigen zweierlei. a) Intelligenztests, Tests, die also dasselbe Merkmal erfassen sollen, ergeben recht unterschiedliche Ergebnisse. «Intelligenz» wird damit zu einem recht dehnbaren Begriff, der auch durch nachträgliche Faktorenanalysen oder Rasch-Modellanalysen nicht grundsätzlich festgelegt werden kann. b) Die gemeinhin vermutete Relevanz von «Intelligenz» für andere, spezifische Leistungen scheint angesichts wenig bestimmter, mäßiger Ergebnisse zur äußeren Validität in Frage gestellt, und zwar gerade auch bei einem Test wie den SPM, dem wegen seiner «Sprachfreiheit» besonders zugetraut wird, «klares Denken», «intellektuelle Kapazität» zu erfassen.

4. Zuverlässigkeit, Interpretation und Aussagewert

Es liegen Konsistenzschätzungen vor, die an Stichproben von Kindern gewonnen wurden. Sie schwanken zwischen 0.76 und 0.91 (vgl. Angaben bei Brickenkamp, 1975). Retestkoeffizienten für verschiedene Altersstufen (ab 12 Jahre) schwanken zwischen 0.83 und 0.93; allerdings ist aufgrund fehlender Zeitintervallangaben und kleinem N (<50 Vpn) der Wert dieser Koeffizienten zweifelhaft. In der Handanweisung zum Raven sind keine Zuverlässigkeitskoeffizienten enthalten.

Eine Bestimmung des Standardmeßfehlers und der Vertrauensgrenzen eines Meßwerts ist bei den SPM aufgrund der Daten der Handanweisung erschwert:

- es werden keine Zuverlässigkeitskoeffizienten mitgeteilt;
- die Normentabellen enthalten nur Prozentwerte; die statistischen Kennzahlen der Standardisierungsstichprobe (Mittelwert,

Streuung) werden nicht mitgeteilt; die Transformationsformel zur Umrechnung der Prozentwerte in IQ-Werte wird in der Handanweisung (absichtlich) nicht wiedergegeben.

5. Normen

Es liegen Normen (Prozentrangwerte) für Kinder im Alter von 6–13 (Einzeltest) bzw. 8–14 (Gruppentest) (N = 735 bzw. 1407) und für Erwachsene von 20–65 Jahren (N ≈ 6.000) vor.

Zusätzlich werden Erwartungswerte (gelöste Aufgaben) für die einzelnen Aufgabenserien (sets) mitgeteilt, die je nach der Gesamtzahl richtiger Lösungen im Test erreicht werden sollten. Bei größeren Abweichungen von diesen Erwartungswerten verliert die individuelle Testgesamtleistung an Aussagekraft und Gültigkeit (große Abweichungen als Indikator von Rate-Tendenzen, «neurotischen Hemmungen» u. ä.).

6. Allgemeine Kritik

Allgemeine Kritik an Intelligenztests trifft auch für die SPM zu. In bezug auf diesen Test sind jedoch folgende Punkte besonders hervorzuheben:

– Die z. T. postulierte «Kulturunabhängigkeit» des Tests ist nicht oder nur in einem sehr eingeschränkten Sinne gegeben. Die Testaufgaben der SPM setzen die Kenntnis zahlreicher kultureller Konventionen und Gewohnheiten voraus (bestimmter Umgang mit bildlichen und geometrischen Formen und Symbolen, logische Konventionen, abstrakte Interessen usw.).
– Die fehlende Zeitbegrenzung des Tests reduziert zwar den Einfluß des «Speed-Faktors» erheblich. Man kann jedoch annehmen, daß die meisten Probanden entweder nicht die Geduld haben oder in der Testsituation nicht wagen, soviel Zeit in Anspruch zu nehmen, wie sie zur Lösung der SPM-Aufgaben entsprechend dem individuellen Tempo benötigen würden.

Literatur

Brickenkamp, R.: Handbuch psychologischer und pädagogischer Tests, Göttingen 1975

Spada, H.: Intelligenztheorie und Intelligenzmessung in: Psychologische Beiträge, 12 (1970) S. 83–96

Paul Walter

2. «Objektive» Persönlichkeitstests

Testname: Freiburger Persönlichkeitsinventar (FPI)
Autor: J. Fahrenberg u. a.
Göttingen 1970, 1973, Hogrefe

---

1. Testart: «Objektiver» Persönlichkeitstest

2. Allgemeines Grundkonzept
Grundlage des FPI ist nicht eine explizite Persönlichkeitstheorie, sondern ein mathematisches Verfahren, die Faktorenanalyse, diente als strukturierendes Instrument einer großen Zahl von Items, die Aussagen über das eigene Denken, Erleben, Fühlen und Handeln darstellen. Anschließend wurden die Items eliminiert, die sich nicht in die erhaltenen Persönlichkeitsdimensionen integrieren ließen. Dieses Konstruktionsprinzip wurde bisher vor allem im angelsächsischen Bereich angewendet, das FPI ist die erste eigenständige deutsche Konstruktion eines subjektiven Persönlichkeitstests. Die Entscheidung für die endgültige Form mit 212 Items und 9 unabhängigen Skalen kam auf Grund einer Analyse der Antworten von 410 Personen zustande:

FPI 1: Nervosität (körperliche Beschwerden, psychosomatische Allgemeinstörungen)
FPI 2: Aggressivität (spontan aggressiv, impulsiv, unbeherrscht)
FPI 3: Depressivität (mißgestimmt, selbstunsicher)
FPI 4: Erregbarkeit (reizbar, leicht frustriert)
FPI 5: Geselligkeit (gesellig, lebhaft)
FPI 6: Gelassenheit (sich selbst vertrauend, gut gelaunt)
FPI 7: Dominanzstreben (reaktiv aggressiv, sich durchsetzend)
FPI 8: Gehemmtheit (gehemmt, gespannt)
FPI 9: Offenheit (verschlossen, unkritisch)

Es handelt sich jeweils um bipolare Skalen, von denen nur ein Extrem durch die Adjektive (hier nur verkürzt wiedergegeben) beschrieben wird. Geringe Offenheit kann entweder eine fehlende Bereitschaft bedeuten, kleine Fehler und Schwächen zuzugeben, die wahrscheinlich jeder hat (Selbstdarstellung im Sinn sozialer Erwünschtheit), oder eine wirkliche Unfähigkeit zur Selbstkritik. Hier liegen keine eindeutigen empirischen Ergebnisse vor. Zusätzlich wurden die Items der 9 Skalen, die in Bezug zu den Persönlichkeitsdimensionen Extraversion-Introversion und Neurotizismus nach Eysenck stehen, einer Itemanalyse unterzogen und als Skalen E und N bezeichnet. Die Items, die einen starken Geschlechtsunterschied aufweisen, wurden zur Skala M zusammengefaßt. Ein hoher Wert in dieser Skala steht für typisch männliche Selbstschilderung mit den Eigenschaften: aktiv, selbstbewußt, ausgeglichen, wenige psychosomatische Allgemeinstörungen. Hier muß man aber bezweifeln, ob die Daten einer

Stichprobe aus den sechziger Jahren nach den starken Veränderungen im Rollen- und Selbstverständnis von Mann und Frau auf heutige Verhältnisse ohne weiteres übertragbar sind.

3. Gültigkeit

Die Antworten zu den einzelnen Items müssen als Selbstschilderung oder Ausdruck der Einstellung zu sich selbst betrachtet werden. Zunächst sollte aber einmal die Frage gestellt werden, wie sinnvoll es ist und ob es der Realität entspricht, die Annahme von Persönlichkeitszügen vorauszusetzen, die unabhängig sind von verschiedenen Situationen und Interaktionspartnern. Das sich in den Itemantworten widerspiegelnde Selbstbild beruht bereits auf der Integration von unterschiedlichen und widersprüchlichen Elementen des Verhaltens und Erlebens durch Selbstreflexionsprozesse. Außerdem besteht bei einem großen Teil der Items infolge der pauschalen Fragestellung und auf Grund der eingeschränkten Antwortmöglichkeiten (stimmt/stimmt nicht) für den Probanden von vorneherein nicht die Möglichkeit, sich differenziert selbst darzustellen. Bei der Testinterpretation sollte man genau überlegen, was die Werte einer so gewonnenen Persönlichkeitsdimension aussagen können.

Die Aufgabe von Validitätsstudien ist es zu überprüfen, inwieweit die Antworten mit dem tatsächlichen Verhalten der Probanden oder anderen Informationen über Handeln, Erleben und Denken übereinstimmen. Die von den Autoren angeführten Vergleiche mit anderen Persönlichkeitsfrageboten (ENNR, 16 PF, EPI, MPI, GT, Angst-Tests nach Cattell) zeigen, daß viele Beziehungen vorliegen, von denen ein Teil die Beschreibung der FPI-Skalen stützt. Diese Zusammenhänge sind aber schon deshalb zu erwarten, weil viele Items in den verwendeten Fragebogen ähnlich sind. Als weitere bestätigende Ergebnisse werden von den Autoren herangezogen: ein Vergleich von FPI-Ergebnissen mit Verhaltenseinstufungen durch Bekannte, bei dem die Beschreibungen einiger Skalen gut mit den Fremdeinschätzungen übereinstimmen, und eine Analyse der FPI-Werte von klinischen Gruppen, bei denen im Vergleich zu Kontrollgruppen psychosomatische Störungen, Depressivität, Erregbarkeit und Gehemmtheit häufiger auftraten, während Geselligkeit und Selbstvertrauen weniger stark ausgeprägt waren. Diese Untersuchungen kann man so interpretieren, daß die Persönlichkeitsdimensionen des FPI in bestimmten Punkten einen erwartungsgemäßen Bezug zum Verhalten und Erleben der befragten Probanden haben. Sie zeigen aber auch, daß es Widersprüche gibt, vor allem bei den Skalen 7 und 8. Eine Studie, die den Zusammenhang zwischen der Selbsteinstufung anhand der Bezeichnungen der FPI-Skalen und den FPI-Werten selbst untersuchte, kam zu dem Ergebnis, daß die Selbsteinstufung nach FPI 2,7 und 8 stärker mit anderen Skalen korreliert.

4. Zuverlässigkeit, Interpretation und Aussagewert

Die meisten Reliabilitätskoeffizienten des Gesamttests (Konsistenz und Stabilität der Skalenwerte) liegen zwischen 0.7 und 0.9, die Konsistenzkoeffizienten der Halbformen zwischen 0.56 und 0.79. Die Vertrauensgrenzen betragen bei 5 % Irrtumswahrscheinlichkeit für die verschiedenen Skalen des Gesamttests minimal ± 1.2 oder maximal 1.8 Stanine-Werte, d. h. daß die Abweichung vom Normwert 5 mindestens 2 Stanine-Werte betragen muß, damit eine tatsächliche Abweichung mit 95 % Wahrscheinlichkeit angenommen werden kann. Eine Untersuchung über die Stabilität nach längerer Zeit (9–16 Monate) ergab allerdings niedrigere Koeffizienten von durchschnittlich 0.58, die Stabilitätskoeffizienten der Testwertprofile schwankten zwischen 0.95 und −0.49.

5. Normen
Es liegen Normen vor für den Gesamttest mit 212 Items, die beiden Halbformen mit 114 Items in Stanine- und T-Werten und für die Kurzform mit 74 Items in Quartilwerten, jeweils differenziert nach Geschlecht und drei Altersgruppen (15–30, 31–50, 51 und älter). Allerdings umfaßt die Eichstichprobe nur 630 Personen, deren Repräsentativität für die Gesamtbevölkerung noch dazu bezweifelt werden muß, da die Probanden nach dem Quotenverfahren von Studenten aus deren Bekanntenkreis ausgewählt wurden. Die Normen müßten zumindest im Altersbereich 15 bis 20 stärker differenziert werden, da besonders in diesem Alter wichtige Entwicklungsprozesse stattfinden. Eine Untersuchung von Kury und Bäuerle (1975) ergab signifikante Unterschiede bei 15jährigen im Vergleich zu den Normen des FPI in mehreren Skalen.

6. Allgemeine Kritik
Als Ganzes betrachtet stellt das FPI einen Versuch dar, ein differenzierteres Persönlichkeitsbild zu erfassen, als es etwa beim EPI, MPI, MMQ und ähnlichen Verfahren der Fall ist. Es scheint aber auf Grund einer Untersuchung von Schenk u. a. (1977) nicht ganz klar, ob die 9-Faktoren-Lösung des FPI dem Itempool wirklich angemessen ist und nicht möglicherweise überdifferenziert. Es gibt Hinweise, daß die unterschiedlichen Ergebnisse der verschiedenen Faktorenanalysen stichprobenabhängig sind. Unklar ist auch, ob ein FPI-Profil ein recht konstantes Persönlichkeitsbild wiedergibt oder ob es sich nach einem Zeitraum von einem Jahr stark verändern kann, und wovon solche Veränderungen abhängen.

Die Validitätsuntersuchungen haben gezeigt, daß nicht alle Skalen als ausreichend validiert gelten können. Dies sollte man bei der Interpretation des FPI berücksichtigen.

Die Anwendung des FPI sollte aus zwei Gründen nur bei einer echten freiwilligen Entscheidung des Probanden zur Teilnahme an der Testdurchführung geschehen: Aus ethischen Gründen ist es nicht vertretbar, Informationen über den persönlichen Bereich gegen den Willen oder bei unzureichender Aufklärung des Probanden zu erheben. Falls Zweifel an der Offenheit der Beantwortung auf Grund der Umstände der Testsituation bestehen, sollte man ohnehin auf eine Interpretation verzichten.

Literatur

Schenk, J., u. a.: Zur Struktur des Freiburger Persönlichkeits-Inventars (FPI), in: Zeitschrift für angewandte und experimentelle Psychologie, 3(1977), S. 492–509

Kury, H. u. Bäuerle, S.: Ein Beitrag zur Standardisierung des Freiburger Persönlichkeitsinventars FPI: 13- bis 15-jährige Volksschüler, in: Diagnostica (1975), S. 53–65

Anton Rosner

Testname: Hamburger Neurotizismus- und Extraversionsskala für Kinder und Jugendliche (HANES, KJ)
Autor: Franz Buggle, Frank Baumgärtel
Göttingen 1972, ²1975 (verbesserte Auflage, Hogrefe)

---

1. Testart: «Objektiver» Persönlichkeitstest

2. Allgemeines Grundkonzept
Der HANES, KJ ist ein Persönlichkeitsfragebogen für Kinder und Jugendliche, der durch die Methode der Selbstbeschreibung die Persönlichkeitsdimensionen «Neurotizismus» und «Extraversion – Introversion» erfassen soll. Er wurde entwikkelt auf der Grundlage des von Sybill Eysenck Mitte der sechziger Jahre veröffentlichten «Junior Eysenck Personality Inventory» (JEPI) und stellt den Versuch dar, für den deutschsprachigen Raum ein Instrumentarium zur objektiven Erfassung der von H. J. Eysenck konstatierten Persönlichkeitsdimensionen Stabilität/Emotionalität («Neurotizismus») und Extraversion/Introversion bei Kindern und Jugendlichen der Altersstufen 8;0 bis 17;11 zu erarbeiten. Der Ausprägungsgrad dieser Dimension ist um so größer, so die Grundannahme des Tests, je mehr sich die Kinder bestimmte Persönlichkeitszüge bzw. Symptome zuschreiben. Die Autoren nennen für die Dimension «Neurotizismus» folgende Merkmale:
«Insuffizienzgefühle, verbunden mit sozialer Empfindlichkeit und Verletzbarkeit,
Neigung zu Tagträumen und Grübelei,
Verstärkte Neigung zu Stimmungsschwankungen, vor allem als Neigung zu depressiven Verstimmungen,
Sorgen um die eigene Gesundheit,
Angst vor zukünftigen Ereignissen,
Innere Unruhe und ‹Nervosität›, Erregbarkeit,
Einschlafstörungen,
Häufige Müdigkeit und Abgespanntheit,
Neigung zu Kopfschmerzen.» (Handanweisung, S. 7)

«Extraversion» schreibt sich jemand um so mehr zu, je mehr er sich «Freude an der Gesellschaft anderer, Bedürfnis nach und Fähigkeit zu regem, eher heiter akzentuiertem Kontakt mit anderen Menschen (‹Geselligkeit›), Lebhaftigkeit, Erlebnisdrang, Unternehmenslust und Unbeschwertheit (‹Aktivität›) zuschreibt» (Handanweisung, S. 7).

Die Kinder und Jugendlichen vollziehen ihre Selbstbeschreibung im Rahmen eines voll standardisierten Fragebogens, der in zwei Kurzformen vorliegt, die hinsichtlich der Dimension «Neurotizismus» (N) parallelisiert sind. Diese Aufteilung der Gesamtform wurde mit der Intention vorgenommen, ein den restriktiven Bedingungen psychologischer Praxis (z. B. Zeitmangel, Gruppenuntersuchungen) und den Interessen psychologischer Forschung (z. B. Wiederholungsuntersuchungen) gerecht werdendes ökonomisches Instrumentarium zu schaffen. Die Gesamtform des Tests enthält drei Skalen, innerhalb derer die Items nach ansteigender Schwierigkeit geordnet sind:

A. eine Neurotizismus-Skala (N_3) mit 40 Items, die geteilt werden kann in parallelisierte Halbskalen (N_1, N_2) mit je 20 Items,

B. eine Extraversionsskala (E_3) mit 16 Items, die sich unterteilt in die Unterskalen «Geselligkeit» (E_1) und «Aktivität» (E_2),

C. eine Lügen-Skala (L) mit 12 Items, die zur Aussonderung nicht interpretierbarer Fragebögen dient.

Die Kurzformen setzen sich wie folgt zusammen:

Form I: 20 Neurotizismus-Items
16 Extraversions- (8 Geselligkeits-, 8 Aktivitäts-) Items
Form II: 20 Neurotizismus-Items
12 Lügen-Items

Die Items müssen jeweils mit «Ja» oder «Nein» beantwortet werden. Um eventuell auftretenden Bejahungstendenzen entgegenzuwirken, wurde die Schlüsselrichtung der Beantwortung bei den E- und L- Items teils mit «Ja», teils mit «Nein» bestimmt. Dies konnte aus verschiedenen Gründen (u. a. Verminderung der Verständlichkeit) bei der N-Skala nicht realisiert werden. Die Schlüsselrichtung der Beantwortung liegt dort ausschließlich bei «Ja».

Zur Anwendung:
Die Anwendungsmöglichkeiten des Tests liegen im gesamten Spektrum psychologisch-diagnostischer Praxis (Beratungstellen, Schulen, Forschung etc.). Er kann sowohl als Einzel- als auch als Gruppenuntersuchung durchgeführt werden. Die Handhabung des Tests ist sehr einfach: Bis zum Alter von 12 Jahren sollen Instruktion und Fragen vom Testleiter noch vorgelesen werden, bei Kindern ab 12 Jahren ist dies nicht mehr erforderlich. Die Durchführungszeit beträgt je nach Alter 15–40 Minuten.

Zur Auswertung:
Die Auswertung ist, wie die Autoren formulieren, «völlig objektiv, erfordert wenig Zeit und kann, im Gegensatz zur Interpretation, auch von Hilfskräften wahrgenommen werden» (Handanweisung, S. 14). Mit Hilfe von Schablonen werden die jeweiligen Rohpunkte bestimmt, dann für jede Skala getrennt addiert und schließlich in Stanine-Werte, Pro-

zentrangbereiche und verbale Klassifikationen (in 5 Abstufungen von weit unterdurchschnittlich bis weit überdurchschnittlich) transformiert. Für eine maschinelle Auswertung liegt ein Computerprogramm vor.

4. Zuverlässigkeit, Interpretation und Aussagewert

Die Ausführungen zu den Gütekriterien in der Handanweisung zum HANES, KJ sind wie die gesamte Handanweisung relativ knapp gehalten. Die Autoren beschränken sich auf die kurze Darstellung verschiedener Untersuchungsergebnisse.

Buggle und Baumgärtel haben die *Zuverlässigkeit* des Tests an der inneren Konsistenz der Skalen (Äquivalenzreliabilität) und an der Retest-Reliabilität überprüft. Die Berechnungen ergaben bei N = 1755 Konsistenzkoeffizienten von r = 0.83 bis r = 0.93 für die verschiedenen Skalen. Die Werte für die Retest-Reliabilität wurden an einer Gruppe von 876 Kindern erhoben. Die zeitliche Differenz zwischen Test und Retest betrug drei Monate. Es wurden dabei Korrelationskoeffizienten zwischen r = 0.50 bis r = 0.70 für die Altersgruppen 8;6 bis 10;5 und r = 0.62 bis r = 0.75 für die Gruppe der 10;6- bis 16;0jährigen erreicht. «Im ganzen erscheinen die E-Dimensionen im angegebenen unteren Altersbereich weniger gesichert und nicht so stabil wie die Dimension Neurotizismus auf allen Altersstufen und die Extraversionsdimensionen im oberen Altersbereich.» (Handanweisung, S. 11)

Zur Bestimmung der *Validität* des HANES, KJ führen die Autoren in der Handanweisung eine Reihe von Untersuchungen an. Sie wollen diese verstanden wissen als Beiträge «im Rahmen eines liberalistischen Konzepts von Konstruktvalidität» (Handanweisung, S. 11).

Eigene Validitätsuntersuchungen nahmen die Autoren an Gruppen vor, von denen angenommen wurde, daß sie sich durch hohe N-Werte auszeichnen, wie sie der Hanes messen soll. Diese Kriteriumsgruppe von 225 Kindern setzte sich aus Jungen und Mädchen zusammen, die sich zur Behandlung oder Beobachtung in einer Poliklinik, in Erziehungsberatungsstellen, in einer Schule für «verhaltensgestörte Kinder» oder in einem Heim aufhielten. Kriterium für die Aufnahme in die Gruppe war eine nicht näher erläuterte Diagnose durch die jeweilige Institution von «Neurotizismus». Das Alter der Kriteriumsgruppe liegt im oberen Altersbereich, den der HANES, KJ erfaßt (z. B. Gruppe der Mädchen: 14;6 – 16;6). Bei einem Vergleich der Fragebogenergebnisse der Kriteriumsgruppe mit denen der Normpopulation ergaben sich für die Kriteriumsgruppe signifikant erhöhte Mittelwerte für N (auf dem 1 %-Niveau bei Jungen, auf dem 0,1 %-Niveau für Mädchen). Dies werten die Autoren als Beleg für die Gültigkeit des HANES, KJ.

Die im weiteren von den Autoren angeführten Validitätshinweise können hier im einzelnen nicht aufgeführt werden. Es handelt sich dabei um Korrelationen mit Testverfahren, die ähnliche Kategorien messen sollen wie der HANES, KJ (z. B. Kinder-Angst-Test, Woodworth-Mathews-Skala, Gruppentest für soziale Einstellung) und um Belege für statistische Zusammenhänge zwischen Merkmalen wie schlechter Rechtsschreibung, Sprechstörungen, «sozialer Reife» und sozialer Beliebtheit und den entsprechenden N- und E-Werten des HANES, KJ. Die dargestellten Untersuchungsergebnisse vermitteln insgesamt den Eindruck, daß die Validität inbesondere der N-Skala befriedigend ist.

5. Normen

Die Normierung des Tests erfolgte an 6333 Kindern und Jugendlichen aus städtischen und ländlichen Gebieten verschiedener Bundesländer. Die Untersuchungen ergaben keine Beziehungen zwischen sozioökonomischem Status der Eltern und Schultypus einerseits und den Fragebogenwerten andererseits. Der Test gilt somit als schichtenunabhängig. Es ergeben sich jedoch Abhängigkeiten der Fragebogenwerte von Alter und Geschlecht der Kinder. Deshalb mußten alters- und geschlechtsspezifische Normen aufgestellt werden. Diese basieren allerdings in den unteren Altersgruppen auf sehr kleinen Normpopulationen (z. B. Mädchen 8;0 – 8;11: N = 67). Zur besseren Veranschaulichung und Vergleichbarkeit der Testergebnisse liegen für die Rohwerte Transformationen in Stanine-Werte, in Prozentrangbereiche und verbale Klassifikationen für die verschiedenen Alters- und Geschlechtsgruppen vor.

6. Allgemeine Kritik

Eine Kritik des Tests muß sicher an dem ihm zugrunde liegenden nicht unumstrittenen theoretischen Konzept von «Neurotizismus» und «Extraversion» ansetzen. Dies kann im Rahmen einer Darstellung wie dieser allerdings nicht geschehen. Die folgenden Bemerkungen beziehen sich daher auf die Frage, in wieweit der HANES, KJ Bedingungen bietet, so schwer zu bestimmende Konstrukte wie «Neurotizismus» und «Extraversion» sicher und objektiv zu erfassen. Dabei sollen an dieser Stelle nicht die einzelnen angeführten Validitätshinweise und die damit verbundenen methodisch-statistischen Fragestellungen diskutiert werden, es soll hier die Brauchbarkeit des HANES, KJ, ausgehend von Fragebogenitems und Testsituation, reflektiert werden. Die These, die im folgenden erläutert und belegt werden soll, lautet:

Der HANES, KJ bietet den Kindern und Jugendlichen wenige Möglichkeiten, sich selbst wirklich zu beschreiben. Sie werden in ein Frage- bzw. Beschreibungssystem gepreßt, in dem sie weder auf die Fragestellungen, anhand derer sie sich beschreiben, noch auf die Antwortmöglichkeiten Einfluß nehmen können. Die Möglichkeit zur Selbstbeschreibung liegt ausschließlich im Ankreuzen von «Ja» oder «Nein» bzw. in der Verweigerung der Antwort. (Dies darf allerdings nicht mehr als einmal pro Skala geschehen, da der Fragebogen sonst nicht mehr quantitativ auswertbar und so ein Hauptzweck des Tests hinfällig ist.) Der Psychologe, der mit dem HANES, KJ arbeitet, erhält durch den Fragebogen Informationen von Kindern, die jedoch nicht ohne weiteres («sicher und objektiv») einen bestimmten Ausprägungsgrad an «Neurotizismus» indizieren. Dies soll im folgenden deutlich gemacht werden.

Die Items des HANES sind in der Regel sehr allgemein gehalten und müssen daher sehr allgemein beantwortet werden. Das hat zur Folge, daß die Eingebundenheit der Antworten des Kindes in bestimmte soziale und inhaltliche Lebenszusammenhänge und situative Gegebenheiten nicht berücksichtigt werden kann. Das Kind entscheidet sich auf Grund bestimmter Vorstellungen von der Frage und aus dem eigenen Erfahrungszusammenhang heraus für «Ja» oder «Nein» und legt damit eine bestimmte Interpretation in die Antwort. Diese muß dann allerdings nicht mit der Interpretation übereinstimmen, die bei der Testauswertung durch die Addition der Rohwerte zur Geltung kommt und die zu einer bestimmten Klassifizierung führt. Ein Beispiel: Item 1/7 (N-Skala) lautet:
«Kannst Du manchmal schlecht einschlafen, weil Dir so viele Gedanken durch den Kopf gehen?»

Eine Ja-Antwort ergibt in der Auswertung einen Rohpunkt, der dann einen Teilpunkt der Gesamtdiagnose auf «Neurotizismus» ausmacht. Eine solche Antwort kann aber aus den verschiedensten Gründen, die nicht unbedingt etwas mit «Neurotizismus» zu tun haben, zustande gekommen sein. Gründe könnten in diesem Fall sein: der Begriff «manchmal» ist sehr weit ausgelegt worden, oder die Schlafstörungen haben organische Ursachen, die Gedanken sind nur scheinbare Ursache, was von dem Kind nicht gesehen wird.

Dieses Beispiel weist auf einen weiteren kritischen Punkt hin. Die Items enthalten viele Begriffe, die extrem unterschiedliche Interpretationen zulassen. Es sind dies Begriffe wie «selten», «meistens», «manchmal», «häufig», «öfter» oder «empfindlich», «unangenehm», «vergnügt» etc. Sie alle ergeben nur einen Sinn bei Erläuterung oder in einem bestimmten sprachlichen Kontext. Eine Diagnose, die auf sprachlich so unpräzise gefaßten Items basiert, ist daher äußerst fragwürdig.

Problematisch erscheint auch die Lügenskala. In ihren Items werden soziale Verhaltensweisen erfragt, die stark sozialisationsabhängig sind:
«Ißt Du immer alles, was auf den Tisch kommt?» (II/9)
«Ist Dein Benehmen immer gut und einwandfrei?» (II/16) Antworten mit «Ja» auf diese beiden Fragen können auf Grund einer bestimmten Sozialisation durchaus ehrliche und konsequente Antworten sein. Sie müssen bei der Auswertung aber als Lügenpunkte gezählt werden. Auf diese Weise können dann völlig unbegründete Lügenwerte und damit verbundene Interpretationen zustande kommen.

Im HANES, KJ wird aus dem Verhalten der Kinder in der Testsituation, nämlich die Fragen in einer bestimmten Art (Tendenz) zu beantworten, auf Persönlichkeitsmerkmale geschlossen. Dies ist ein fragwürdiges Vorgehen, betrachtet man die Testsituation etwas genauer: Die Testsituation beim HANES, KJ ist wie jede andere Testsituation eine soziale Situation, die durch bestimmte strukturelle Merkmale gekennzeichnet ist. Testleiter und Kind gehen mit bestimmten Erwartungen, Vorstellungen und Interessen in die Befragung. Während der Testleiter größere Verhaltenssicherheit sucht, zum Teil sicher auch Legitimation für weitere Entscheidungen, weiß das Kind, daß der Fragebogen in Beziehung zu wichtigen Entscheidungen und Problemen aus seinem ganz konkreten Lebenszusammenhang steht (z. B. Schulentlassung, Heimeinweisung). Das Kind wird versuchen, die Fragen so zu beantworten, wie es für sein Problem «günstig» scheint. Dies wird einerseits verschiedene Antwort-Tendenzen bewirken, wie etwa, sozial erwünschte Antworten zu geben oder ein Negieren bzw. Bejahen von Krankheitssymptomen. Andererseits werden Unsicherheit und gleichzeitig Entscheidungsdruck in der Testsituation verstärkt, da es vielfach dem Kind nicht möglich ist, zu unterscheiden, welche Antwort gerade «günstig» ist. Ob dies dann allerdings noch Bedingungen sind, die Gewähr bieten, einigermaßen valide eine quantitative, vergleichbare Diagnose «so schwer zu fassender Dimensionen wie ‹Neurotizismus› und ‹Extraversion›» (Handanweisung, S. 11) zu stellen, muß bezweifelt werden.

Die Relevanz und Beliebtheit des HANES, KJ liegen einerseits in seiner einfachen Handhabung begründet, andererseits aber auch in der schnellen quantitativen Auswertung und in der Möglichkeit, die Ergebnisse verständlich und vergleichbar in Prozentrangbereichen und verbalen Klassifikationen darzustellen. Dies quantitative Ergebnis wird, zumal in der Handanweisung keinerlei Hinweise für eine qualitative Auswertung gegeben werden, entscheidenden Einfluß auf diagnostische und damit verbundene Entscheidungen haben. Der Test fördert so Tendenzen, schnelle (vorschnelle) Klassifikationen vorzunehmen, die Entscheidungen legitimieren helfen, nicht unbedingt aber dem Kind gerecht werden und seine Persönlichkeit erfassen.

Ulrich Tappe

Testname: MMPI-Saarbrücken
Autor: S. R. Hathaway und J. C. McKinley, deutsche Bearbeitung: O. Spreen
Herausgeber: Psychologisches Institut der Universität des Saarlandes
Bern und Stuttgart 1963, Huber

1. Testart: «Objektiver Persönlichkeitstest» (Handanweisung, S. 7)

Diese Bezeichnung ist irreführend, da der Test subjektiv interpretiert werden muß.

2. Allgemeines Grundkonzept

a) *Aufgabe* des Tests soll es sein, «Meßwerte für alle wesentlichen Persönlichkeitsbereiche» eines Probanden (Handanweisung, S. 11) zu liefern. «Die Bedeutung eines Persönlichkeitszuges wurde unter dem Gesichtspunkt eines im klinischen Bereich oder in der Personalauslese Arbeitenden bestimmt, der diejenigen Züge erkennen möchte, die charakteristisch für krankhafte oder in anderer Weise störende psychische Auffälligkeiten sind.» (Handanweisung, S. 11)

Als «wesentlich» zu erachten sind die im MMPI thematisierten Persönlichkeitsbereiche bestenfalls für eine auf dem psychopathologischen Klassifikationssystem Kraepelins fußende (psychiatrische) Praxis (zur Kritik des medizinischen Krankheitsmodells vgl. Dörner, 1972, und Keupp, 1972).

Die theoretische Orientierung des Tests und die seine Konstruktion leitenden «Gesichtspunkte» sprechen dafür, den MMPI als Instrument der Auslese bzw. (pseudo-)wissenschaftlichen Rechtfertigung der Auslese von (im Sinn der testimmanenten Normen) kranken und unangepaßten Personen zu betrachten. (Schon Kraepelin war sich der Bedeutung der Psychologie für Wirtschaft und Volksgesundheit bewußt (vgl. Schmid, 1976, S. 11).)

b) *Anwendungsbereich:*

Alter: 14–55 Jahre

Es fehlen Normen für Personen von mehr als 55 Jahren. Auf ihre Erstellung wurde verzichtet, da diese Personen «erfahrungsgemäß . . . seltener als Proband in psychologischen Untersuchungen zu finden» sind (Handanweisung, S. 52). (Frage: Lohnt sich der Aufwand nicht mehr?)

Praxisfelder: Grundsätzlich Psychiatrie und Klinische Psychologie, praktisch aber auch häufig Personalauslese, TÜV, Justiz, Strafvollzug etc.

Eine Anwendung des MMPI im «Normalbereich» erscheint angesichts seines vielfältigen Bezuges zur klinischen Praxis nicht als angemessen. Guilford hält einen solchen Einsatz für «recht ungeschickt, wenn nicht sogar – wegen der pathologischen Kategorisierungen – äußerst peinlich» (1970, S. 175).

c) *Testimmanente Theorie:*

Ausgangspunkt der Entwicklung des MMPI war nicht eine Theorie der Persönlichkeit, sondern die Klinik.

Die dem MMPI – vermittelt über das Klinikerurteil – zugrunde liegende Persönlichkeitstheorie («das auf den Kraepelinischen Einteilungen aufgebaute Denken» (Handanweisung, S. 45)) muß – wie bereits unter 2 a) angeführt – als unwissenschaftlich eingeschätzt werden.

«Der MMPI verwendet die Terminologie des Klinikers und korreliert klinische Tatbestände mit dem in der Beantwortung der Fragen zum Ausdruck kommenden verbalen Verhalten.» (Blaser und Gehring, 1972, S. 7)

Es ist problematisch, Reaktionen auf Testitems («verbales Verhalten») als unmittelbare Indikatoren subjektiver Größen («klinische Tatbestände») zu werten. Rückschlüsse von Objektivierungen von Bewußtsein auf das Bewußtsein selbst sind nur im Kontext der konkret-historischen Situation möglich (vgl. Dick, 1974, S. 317ff).

d) *Aufbau:*
566 Feststellungen aus 26 Bereichen «von der körperlichen Verfassung bis zur moralischen oder sozialen Einstellung» (Handanweisung, S. 11), von denen etwa 400 zu 14 Standardskalen (10 klinische und 4 Validitätsskalen) zusammengefaßt werden. Die klinischen Skalen: Hypochondrie (Hd), Depression (D), Hysterie (Hy), Psychopathie (Pp), Maskulinität – Femininität (Mf), Paranoia (Pa), Psychasthenie (Pt), Schizophrenie (Sc), Hypomanie (Ma), Soziale Introversion (Si). Die Validitätsskalen: Weiß nicht (?), Lügen (L), Validität (F), K (K).
Keine Parallelformen.

Von 400 auszuwertenden Items werden etwa 350 doppelt und mehrfach ausgewertet, was hohe unerwünschte Interkorrelationen der Skalen zur Folge hat (vgl. Bottenberg und Wehner, 1966).

Die Gesamtzahl der Items wird zur Bildung der mehr als 200 bisher konstruierten zusätzlichen Skalen benötigt (vgl. Handanweisung, S. 65–97).

Die für die amerikanische Ausgabe konstruierten Zusatzskalen (die 213 im Handbuch aufgeführten Skalen stammen ohne Ausnahme aus den Jahren 1947–1958) lassen vom MMPI zum Teil Wunderdinge erwarten, zum Teil gleicht ihre Zusammenstellung einem Panoptikum von Kuriositäten: So ist der MMPI z. B. nicht nur zur Diagnose der «Fähigkeit zum fortgeschrittenen Universitätsstudium» (Nr. 71) geeignet, sondern auch dienlich zur Feststellung von Persönlichkeitsfaktoren bei der «Wahl der Säuglingsernäherung» (Nr. 127) sowie des «Erfolg(es) im Baseballspiel» (Nr. 20). Über die Gütekriterien der Zusatzskalen werden im Handbuch keine Aussagen gemacht.

e) *Testmaterial:*
Handanweisung, Testheft, Antwortblätter, Auswertungsschablonen, Profilblätter für weibliche und männliche Pbn.; außerdem Schreibmaterial.

f) *Durchführung:*
Form: Einzel- oder Gruppentest
Handhabung: Die auf dem Titelblatt des Testheftes vorgedruckte Instruktion wird dem – leise mitlesenden – Pbn. vorgelesen. «Man sollte sich sehr bemühen, das Vertrauen des Patienten zu gewinnen und ihn im Hinblick auf den Gebrauch, der von den Testdaten gemacht wird, zu beruhigen.» (Handanweisung, S. 41) «Es ist offensichtlich, daß eine Versuchsperson, die weiß, daß die Testdaten zu ihren Ungunsten verwendet werden können, anders beim Beantworten des MMPI reagiert als eine Person, die den Test in einer nicht bedrohlichen, freien Situation ausfüllt.» (Handanweisung, S. 41)

Die Durchführung zielt im Interesse der Validität des Tests auf eine subtile Manipulation des Pbn. ab.

«Es gibt eine unbekannte (!) Zahl solcher Variablen der Einstellung zum Versuch, die vom Benutzer des MMPI berücksichtigt werden muß.» (Handanweisung, S. 41) Keine leichte Aufgabe! Eine Durchführungs-Objektivität ist demnach nur bedingt gegeben.

Auf einem gesonderten Antwortblatt sollen die Feststellungen vom Pbn. – möglichst zügig, ohne langes Überlegen – mit «richtig» oder «falsch» beantwortet werden.

Zeit: Keine zeitliche Begrenzung; die Beantwortung der 566 Items dauert laut Handbuch etwa 90 Minuten.

Die unter den Testitems enthaltenen «doppelten Verneinungen, Ambivalenzen und dgl.» (Handanweisung, S. 8) lassen vermuten, daß seine Anwendbarkeit bei Personen mit niedrigem Bildungsgrad eingeschränkt ist und daß in gewissem Ausmaß generell mit Verzerrungen zu rechnen ist.

Die in erheblicher Anzahl mehrdeutig, unpräzise, primitiv und brüskierend formulierten Items werden, falls sie statistisch dennoch unerheblich sein sollten, beim Pbn. zumindest Verunsicherungs-, Unlust-, Verärgerungseffekte bewirken. Ebenso dürfte die enorme Länge des Tests zu Verzerrungen führen sowie die schwer kontrollierbare Art der Beantwortung (z. B. spontan vs. zögernd-überlegt).

Eine Fehlerquelle prinzipiellen Charakters liegt in der Beschränkung der Antwortmöglichkeiten auf «Richtig» oder «Falsch» (sowie «Weiß nicht») begründet. Gerade die Information, die aus den spezifischen (dem angebotenen Schema nicht entsprechenden) Lebensumständen und Erfahrungen des Pbn. erwächst, wird auf diese Weise methodisch eliminiert. Vor allem soziale Orientierungen, die durch Ambivalenz oder innere Widersprüchlichkeit gekennzeichnet sind (vgl. Berger, 1974, S. 95), können durch standardisierte Frage- und Antwort-Schemata prinzipiell nicht erfaßt werden.

g) *Auswertung:*
Auszählen der Rohwerte jeder Skala mittels Auswertungsschablonen (Ausnahmen sind der L- und «Weiß nicht»-Wert, die ohne Schablonen ermittelt werden) und Eintragung in das Profilblatt (dadurch «automatische» Umrechnung in T-Werte). Zur Möglichkeit der Computer-Auswertung s. Blaser und Gehring (1972) sowie Abschnitt «Der Computer-Service» in dieser Kurzdarstellung.
Das Auswertungsverfahren ist objektiv.

3. Gültigkeit
«Die Validität der deutschen Fassung wurde durch die Herstellung von Gruppenprofilen für zahlreiche klinische Gruppen überprüft (es handelt sich dabei um die bereits im Abschnitt «Normen» angesprochenen Mittelwertprofile, der Verf.). Eine Umvalidierung wurde nicht vorgenommen, da dies – so erwünscht es bei einzelnen Skalen wäre – einer völligen Neukonstruktion des Tests gleichkommen würde.» (Handanweisung, S. 9)

Die deutsche Ausgabe des MMPI wurde de facto nicht auf Validität hin überprüft. Die «Überprüfung» «durch Herstellung von Gruppenprofilen» genügt nicht den testtheoretischen Mindestanforderungen an einen sog. «objektiven Persönlichkeitstest». So waren die Gruppen zahlenmäßig sehr klein (von 19 hatten 7 eine Größe von 2–9 Mitgliedern) und in ihrer Zusammensetzung sehr heterogen «durch große Altersunterschiede der Patienten und durch die unterschiedliche Handhabung diagnostischer Klassifizierungen von einer Klinik zur anderen» (Handanweisung, S. 54). Weder für die deutsche noch für die amerikanische Fassung werden Zahlenangaben zur Validität gemacht.

Die zur Validierung der amerikanischen Fassung herangezogenen pathologischen Gruppen (N = 20–50) werden von Guilford (1970, S. 171f) als «ungewöhnlich kleine Stichproben» gekennzeichnet. Außerdem muß die Repräsentativität dieser Stichproben für die zu testenden deutschen Populationen in Anbetracht ihrer zeitgeschichtlichen und kulturell-sozialen Differenzen stark bezweifelt werden. Es erscheint daher nicht als gerechtfertigt, als Argument für die Validität des MMPI-Saarbrücken die Untersuchungen zur amerikanischen Basis-Ausgabe anzuführen.

Eine Umvalidierung des Tests wäre also dringend erforderlich gewesen, zumal bei der Übersetzung «auf eine genaue grammatikalische und inhaltliche Entsprechnung jeder einzelnen Feststellung Wert gelegt (wurde)» (Handanweisung, S. 8). Die Vorstellung, auf diese Weise für die deutsche Ausgabe eine der amerikanischen vergleichbare statistische Qualität gesichert zu haben, mutet naiv an, wird doch die Frage der Stichproben-Repräsentativität dadurch nur noch virulenter. Was vor vierzig Jahren dem puritanisch-religiösen Amerika z. B. als Anzeichen «(asozialer) Psychopathie» galt, kann hier und heute ganz anders bewertet werden. Und Beispiele kultureller Klischeevorstellungen finden sich – trotz «Aufklärung linguistischer Besonderheiten» (Handanweisung, S. 8) – in allen Skalen. Die (Maskulin – Feminin-) Interessen-Skala enthält fast ausschließlich entsprechende Items.

Die Validität eines kriterienvalidierten Tests kann nicht höher sein als seine Reliabilität und die Validität seines Kriteriums.

Die Reliabilität des MMPI ist – wie oben angemerkt – kaum befriedigend, die mangelnde Validität seines Kriteriums – der klinisch-psychiatrischen Diagnose – ist bekannt. Guilford zieht in Zweifel, «ob die diagnostischen Gruppen, die der Psychiater gewöhnlich anwendet, überhaupt jemals ausreichend valide sind, um aus ihnen Bewertungskategorien . . . für den MMPI abzuleiten» (1970, S. 174).

Die Validität des MMPI muß also auch von daher als gering eingeschätzt werden.

So bleibt denn auch Spreen nichts anderes übrig als festzustellen: «Man sollte ständig im Auge behalten, daß die große Mehrzahl der Personen, die ein vom Normalen abweichendes Profil haben, nicht im üblichen Sinne des Wortes geistig krank ist oder einer psychischen Behandlung bedarf.» (S. 44)

Auf die Frage, was der MMPI denn mißt, wenn nicht das, was er messen soll, gibt eine Untersuchung Jacksons und Messicks (1967, S. 541 ff) eine Antwort. Bei drei unabhängigen Stichproben wiesen sie übereinstimmend nach, daß etwa die Hälfte der Gesamt-Varianz der Testwerte und nahezu 75 % der «common variance» durch die formalen Beantwortungstendenzen der «Acquieszenz» (Tendenz zur Ja-Antwort) und der «Tendenz zur sozial erwünschten Antwort» zu erklären sind.

Die Anfälligkeit gegenüber solchen Antworttendenzen dürfte als Tribut zu zahlen sein für die – auswertungsbequeme – Einschränkung der Antwortmöglichkeiten auf «Richtig» oder «Falsch». Dem ließe sich zwar entgegenhalten, daß auch diesen «formalen» Tendenzen eine inhaltliche Bedeutung zukommen kann, eine Validität des MMPI im Sinne der Definition seiner Skalen wird durch diese Ergebnisse aber dennoch zumindest in Frage gestellt.

In Entsprechung dazu ermittelte Hobi (1972) bei einer Untersuchung der Faktorenstruktur des MMPI-Saarbrücken nur sechs psychologisch sinnvoll interpretierbare Faktoren, die ebenfalls nicht mit den Standardskalen übereinstimmten.

Die Differenzierung des MMPI in 14 Skalen muß daher als Artefakt bezeichnet werden.

Insgesamt ist Spreens Feststellung sicherlich nicht übertrieben, daß «die Überprüfung der Validität, wie sie hier vorgenommen wurde, für den kritischen Leser viele Wünsche offen lassen (wird)» (Handanweisung, S. 9).

Die sog. «Validitäts-Skalen» sollen eine Kontrolle des Pbn.-Verhaltens ermöglichen in Hinblick auf Ehrlichkeit (L-Wert), Leseverständnis/Gewissenhaftigkeit (F-Wert) und Simulation/Dissimulation (K-Wert).

Einem Pbn., der dem Test, dem Diagnostiker, der Situation mißtraut und deshalb nicht bereit ist, sein «Innerstes» preiszugeben (und dies zu Recht), soll mit diesen Skalen «auf die Schliche gekommen» werden.

Ihre Validität unterliegt großenteils der gleichen Kritik wie die der Klinischen Skalen.

4. Zuverlässigkeit, Interpretation und Aussagewert

Interpretation

Vor einer Interpretation der klinischen Skalenwerte muß durch Beurteilung der Werte der vier Validitätsskalen geklärt werden, «ob die Antworten der Versuchsperson eine gültige Reihe von Skalenwerten erbracht haben» (Handanweisung, S. 42). Die Werte der klinischen Skalen können dann einzeln als Maß eines bestimmten psychopathologischen bzw. persönlichkeitspsychologischen Zuges interpretiert werden, wozu im Handbuch (S. 23 ff) Interpretationshinweise gegeben werden.

Bei einer Irrtumswahrscheinlichkeit von 5 % liegt der «wahre» Wert eines Pbn. mit einem Psychopathie-T-Wert von 65 zwischen den T-Werten 78,45 und 51,55 (bei r = 0.53 – niedrigster Split-half-Koeffizient der Skalen). Der Skalen-Wert erlaubt demnach keine Entscheidung darüber, ob der Pb. als völlig normal (T-Wert etwa 50) oder deutlich psychopathisch (T-Wert über 70) zu diagnostizieren ist.

Das Vertrauensintervall eines Schizoidie-T-Wertes von 65 (r = 0.89 – höchster Split-half-Koeffizient der Skalen) liegt bei P = 1% zwischen 73,55 und 56,45.

Es wird aber angesichts praktischer Erfahrungen – z. B. der Häufigkeit psychiatrischer Mischformen – dringend dazu geraten, das «Zueinander» der einzelnen Skalen auszuwerten und sich durch Vergleich des erhaltenen Profils mit Profilen bereits diagnostizierter Gruppen die empirisch gesammelten MMPI-Erfahrungen nutzbar zu machen. Für die amerikanische Ausgabe existiert dazu ein «Atlas» von Profiltypen (Hathaway und Meehl, 1951), der auch im Handbuch der deutschen Ausgabe zur Benutzung empfohlen wird.

Es ist kaum vorstellbar, daß die im «Atlas» vor etwa 30 Jahren in den USA gesammelten und beurteilten Profile valide Kriterien abgeben für eine Beurteilung aktuell mit der deutschen Ausgabe ermittelter Profile.

Spreen weist denn auch darauf hin, daß «das MMPI-Profil selbst bei der Mehrheit der psychiatrischen Patienten keinen definitiven Anhalt auf eine Erkrankung oder eine Diagnose (liefert)» (S. 40).

Auch aus testtheoretischer Sicht verwundert dies nicht, handelt es sich bei den Profilen doch weitgehend um «Scheinprofile» (vgl. Abschnitt «Zuverlässigkeit»).

«Das Profil muß vom Untersuchenden subjektiv (!) auf Grund seiner Beurteilung der Symptombedeutungen ausgewertet werden.» (Handanweisung, S. 40) Außerdem gilt: «Es ist äußerst naiv und verantwortungslos, eine Diagnose oder eine Behauptung über eine Versuchsperson auf Grund der Testdaten ohne weitere Untersuchung und ohne Berücksichtigung des Herkommens der Versuchsperson und der Umstände, unter denen sie die Feststellungen beantwortete, zu machen.» (Handanweisung, S. 41)

Die Verfahrensvorschriften zur Interpretation zeigen, daß eine Interpretations-Objektivität beim MMPI nicht gegeben ist.

Zuverlässigkeit

Die Frage der Zuverlässigkeit der deutschen Ausgabe des MMPI «konnte im Vertrauen auf die zahlreichen Reliabilitätsuntersuchungen in den USA zurückgestellt werden» (Handanweisung, S. 9). Untersuchungen und Koeffizienten des deutschsprachigen Tests werden im Handbuch nicht genannt.

In Anbetracht der Abhängigkeit der Reliabilität von der untersuchten Stichprobe kann dem nicht zugestimmt werden, zumal Angaben über die Varianz der Kontrollstichproben nicht gemacht werden (vgl. Lienert, 1969, S. 238). Bottenberg und Wehner (1966) geben für die Standardskalen Split-half-Koeffizienten von 0.53 bis 0.89 an, mit einem Durchschnitt von 0.70 (N = 127; 84 männliche und 43 weibliche Pbn., Altersdurchschnitt etwa 21 Jahre).

Wehner und Bottenberg (1969) ermittelten Test-Retest-Koeffizienten von 0.57 bis 0.80 mit einem

Durchschnitt von 0.69 bei einem 10-Tage-Intervall (N = 61; 34 männliche und 27 weibliche Pbn.) und von 0.39 bis 0.71 mit einem Durchschnitt von 0.51 bei einem Intervall von 6 Monaten (N = 65; 33 männliche und 32 weibliche Pbn.). Nach Lienert (1969, S. 309) reicht ein Wert von r = 0.70 zur Beurteilung individueller Differenzen «eben noch» aus – nur 6 der 13 Standardskalen («Weiß nicht»-Skala nicht gerechnet) erreichen diesen Wert.

Der Standardmeßfehler der Skalen beträgt unter Zugrundelegung der o. a. Split-half-Koeffizienten zwischen 6,86 T-Werten (Psychopathie-Skala mit r = 0.53) und 3,32 T-Werten (Schizoidie-Skala mit r = 0.89).

Der «wahre» Wert eines Pbn. mit einem Psychopathie-T-Wert von z. B. 65 liegt demnach mit einer Wahrscheinlichkeit von 68 % zwischen T-Wert 71,86 und 58,14 (statistische Normalität bei T = 50). Selbst bei einer Irrtumswahrscheinlichkeit von etwa einem Drittel sind also keine eindeutigen Aussagen möglich.

Es wird denn auch einschränkend darauf hingewiesen, daß «MMPI-Skalen ... eine beträchtliche Variabilität von einem Versuch zum anderen (zeigen); ... So kann z. B. eine klinisch signifikante Depression beinahe innerhalb von Minuten verschwinden» (Handanweisung, S. 40).

Die Reliabilität von Profilen ist «dann am größten, wenn die Einzelteste hoch reliabel sind und zugleich niedrig interkorrelieren» (Lienert 1969, S. 457). Da beide Bedingungen beim MMPI nicht erfüllt sind – im Gegenteil (vgl. Bottenberg und Wehner, 1966) –, dürften sie den von Lienert für Testprofile als Minimum erachteten Wert von r = 0.60 kaum erreichen. MMPI-Profile sind daher weitgehend als «Scheinprofile» zu betrachten.

So ist es verständlich, daß Spreen klarstellt: «Die MMPI-Profile reichen nicht zur Bewertung der Symptombedeutungen und ihres Einflusses auf die Anpassungsfähigkeit der Versuchsperson aus.» (S. 40)

Objektivität im testtheoretischen Sinn
Durchführung = bedingt objektiv
Auswertung = objektiv
Interpretation = nicht objektiv

Der Computer-Service

Seit 1972 existiert ein programmierter Kurs zu deutschsprachigen Ausgabe des MMPI (Blaser und Gehring, 1972), der mit Konstruktion und Auswertung des Tests vertraut machen soll und – auf 56 seiner 80 Seiten (ohne Anhang) – die Benutzung eines vom schweizerischen Pharma-Konzern Hoffmann-La Roche «gewährleisteten» Computer-Service erläutert und anbietet.

Das Angebot der Hilfestellung zur Psychodiagnostik läßt sich sehr wohl aus den ökonomischen Interessen dieses zu den größten Herstellern von Psychopharmaka auf dem Weltmarkt gehörenden Konzerns erklären.

Zum einen ist die Benutzung des «Computer-Service» natürlich nicht kostenlos, zum anderen zielt das in der psychiatrischen Klassifikation des Pbn. repräsentierte medizinische Krankheitsmodell zuvörderst auf eine medikamentöse Behandlung seiner Schwierigkeiten ab.

Es würde sich lohnen zu prüfen, inwieweit die Verordnung von Psychopharmaka statt Psychotherapie durch die Nutzung des «Computer-Service» nahegelegt wird – auf jeden Fall kann sie dadurch «wissenschaftlich» gerechtfertigt werden.

Im Rahmen eines «MMPI-Scoring» überprüft der Computer die Validitäts-Skalen, erstellt das Standard-Profil und berechnet nach Bedarf Spezialskalen. Die ausgedruckten Ergebnisse müssen vom Benutzer selbst interpretiert werden.

Zur Erstellung eines «Computer-Berichts» wird über die rechnerische Auswertung hinaus das erhaltene Profil in Form einer «Konfigurationsanalyse» mit den «bekannten MMPI-Profiltypen» (ebda., S. 34), denen bestimmte klinische Erfahrungsdaten zugeordnet sind, verglichen. Aus einer «Bibliothek von statements» werden dann die statements zu einem «Bericht» zusammengestellt, die dem Profil zugeordnet sind, das am besten mit dem erhaltenen Profil übereinstimmt. Der Bericht enthält demnach – ähnlich einer schriftlichen Diagnose – ausformulierte, inhaltliche Aussagen über «Befindlichkeit, Problematik und Auffälligkeiten von Patienten» (ebda., S. 73).

Computer-Berichte werden laut Blaser und Gehring «nur an Ärzte und Psychologen ausgehändigt, die im Fachbereiche der Psychiatrie arbeiten» (ebda., S. 74). «Psychologen in außerklinischen Tätigkeitsbereichen erhalten den MMPI-Scoring» (ebda.). «Ein MMPI-Computer-Bericht ersetzt keinesfalls die Untersuchungen durch einen Fachmann» (ebda., S. 64).

Die umfassende und perfekt anmutende Interpretation der Testergebnisse und ihre «mundgerechte» Ausformulierung im Computerbericht fordert in der Praxis – z. B. aus Rationalitäts-Erwägungen – sicherlich häufig seine Verwendung als «Untersuchungs-Ersatz» geradezu heraus.

Der im Abschnitt 4. Zuverlässigkeit zitierte Hinweis aus dem Handbuch, es sei «äußerst naiv und verantwortungslos, eine Diagnose ... auf Grund der Testdaten ohne weitere Untersuchung ... zu machen» (S. 41 f), fehlt sinnigerweise im «Programmierten Kurs».

Genau dies geschieht aber bei Erstellung eines Computer-Berichtes! Das Angebot einer solchen – allein auf den Testrohwerten sowie der Nennung von Alter und Geschlecht des Pbn. basierenden – Computer-Diagnose erweist die eigenen (höchst berechtigten) methodischen Skrupel und ethischen Ansprüche als bloße Fassade, hinter der sich zuvörderst pragmatisch-ökonomische Interessen verbergen.

Die Stellung des Pbn. gleicht unter diesen Bedingungen noch mehr der eines Untersuchungsobjektes, dessen Individualität in der Testsituation nicht einmal mehr durch das Diagnostiker-Urteil berücksichtigt wird.

Die Funktion der Computer-Diagnose selbst ist als affirmativ-konservativ zu werten.

Die zur Beurteilung von Profilen herangezogenen «MMPI-Erfahrungen» sind immer die (gespeicherten) Erfahrungen der Vergangenheit. Ihre Validität, und d. h. auch ihre Aktualität, kann aber vom Benutzer des Tests nicht kontrolliert und gegebenenfalls als für Diagnose-Zwecke hier und heute unzureichend erkannt werden. Gemessen an diesen Erfahrungen «unnormale» Reaktionen des Pbn. werden vom Computer entsprechend bewertet und kommentiert.

Die Konsequenzen können in einem Versuch der psychotherapeutischen oder psychiatrischen Änderung dieser Reaktionen bestehen (u. U. zwangsweise-stationär) oder in einer Auslese des Pbn. als für eine best. Aufgabe nicht geeignet. Die zukünftige Entwicklung des Pbn. wird so an den Maßstäben der Vergangenheit ausgerichtet, die Möglichkeit von Veränderung methodisch-tendenziell ausgeschlossen.

5. Normen

In den für weibliche und männliche Pbn. normierten Profilblättern sind die den Rohwerten entsprechenden T-Werte abzulesen.

Die zur Berechnung der T-Werte herangezogene Formel (vgl. Handanweisung, S. 19) gilt nach Lienert (1969, S. 331) nur für den Fall der Normalverteilung der Werte. Diese Bedingung wird aber von den MMPI-Skalen offensichtlich nicht erfüllt.

Die Normen sind nur nach dem Geschlecht differenziert.

Für die Standardisierung der einzelnen Skalen wurde aus den Antworten einer Gesamtpopulation von 998 «gesunden» Versuchspersonen (705 Männer und 293 Frauen im Alter von 14–55 Jahren) für jedes Geschlecht jeweils ein «gewogener Mittelwert» errechnet (vgl. Handanweisung, S. 51).

Der Normierung liegt ein statistischer Normalitätsbegriff zugrunde: Als psychisch gesund gilt, wer «normal» ist, eine inhaltliche Begründung der psychischen Gesundheit der Standardisierungsgruppe wird nicht gegeben. Von einem kultur- bzw. gesellschaftskritischen Standpunkt aus zu diagnostizierende weitverbreitete psychische Deformationen werden damit methodisch in psychische Gesundheit – da «normal» – umgefälscht.

Außerdem werden im Handbuch «Mittelwertsprofile» für verschiedene klinische Gruppen abgebildet.

Für Standardisierungszwecke sind diese Profile unbrauchbar (vgl. auch Abschnitt «Gültigkeit»).

6. Allgemeine Kritik

Der Gebrauch des MMPI trägt zur Zementierung der überkommenen Verhältnisse in Diagnostik, Psychiatrie und Gesellschaft bei. Nutzen aus seiner Anwendung ziehen vor allem die Kräfte der Gesellschaft, die auf der Seite der Herrschenden stehen, nicht aber Patienten, Arbeitnehmer und «sonstwie auffällige» Probanden.

Literatur

Berger, H.: Untersuchungsmethode und soziale Wirklichkeit, Frankfurt 1974

Blaser, P., und Gehring, A.: Ein programmierter Kurs zur deutschsprachigen

Ausgabe des Minnesota Multiphasic Personality Inventory von S. R. Hathaway & J. C. McKinley. Bern 1972
Bottenberg, E. H., und Wehner, E. G.: Mitteilung zur Zuverlässigkeit und Interkonsistenz der Standardskalen des MMPI Saarbrücken, in: Diagnostica, 12 (1966) S. 85–86
Dick, F.: Kritik der bürgerlichen Sozialwissenschaften, Heidelberg 1974
Dörner, K.: Entstehung und Wirkung psychiatrischer Diagnosen, in: Sozialpsychologische Informationen, 1 (1972)
Guilford, J. P.: Persönlichkeit, Weinheim 1970
Hathaway, S. R., und Meehl, P. E.: An atlas for the clinical use of the MMPI, Minneapolis: University of Minnesota Press, 1953
Hobi, V.: Ein Beitrag zur Faktorenstruktur des MMPI, in: Psychologie (Schweizer Zeitschr. f. Psychol. und ihre Anwendungen), 31 (1972), S. 298–305
Jackson, D. N., und Messick, S.: Response Styles and the Assesment of Psychopathology; in: dies. (Hg.): Problems in Human Assesment, 1967
Keupp, H. (Hg.): Der Krankheitsmythos in der Psychopathologie, München 1972
Lienert, G. A.: Testaufbau und Testanalyse, Weinheim 1969
Schmid, R.: Anmerkungen zur Geschichte und Funktion von Tests, in: b:e Sonderdruck Nr. 5: Nützen Tests?, Weinheim 1976
Wehner, E. G., und Bottenberg, E. H.: Wiederholungsreliabilität und faktorielle Konstanz des MMPI-Saarbrükken, in: Diagnostica, 15 (1969) S. 36–40

Walter Rokita

Testname: Gießen-Test (GT)
Autoren: Dieter Beckmann, Horst-Eberhard Richter
Bern ²1975, Huber

---

1. Testart: «Objektiver» Persönlichkeitstest

2. Allgemeines Grundkonzept
Der Proband soll ein Selbstbild entwerfen, das seine innere Verfassung und seine Umweltbeziehungen beschreibt; dies geschieht im Hinblick auf Merkmale, die psychoanalytisch aufschlußreich bzw. interpretierbar sind.

Ziel bei der Entwicklung des GT war es, ein objektives und praktisches Instrument mit mittlerer Bandbreite und Präzision zu erhalten, das als ökonomisches diagnostisches Routineinstrument für Personen ab 15 Jahren mit normaler Intelligenz (IQ ⩾ 80) anwendbar ist. Die Beantwortung der 40 bipolaren, siebenstufigen (−3 . . 0 . . +3) Items dauert ca. 10–15 Minuten. Indem die Testfragen von der ersten in die dritte Person umgesetzt werden, wird (neben dem Vergleich Selbstbild/Idealselbstbild) ein Vergleich Selbstbild/Fremdbild möglich. Hierdurch kann der GT auch für sozialpsychologische Untersuchungen verwandt werden (im Hinblick auf Therapeuten–Patienten- oder Partner-Beziehungen oder für Familien- oder Gruppenstrukturen).

Die Items sind so gewählt, daß sie einerseits konstante Qualitäten mit genügender Reliabilität messen sollen, andererseits sensibel für Veränderungen über die Zeit oder durch eine Therapie sind. Inhaltlich beziehen sie sich auf Merkmale des sozialen Befindens (Nähe, Abhängigkeit, Durchhaltefähigkeit, Selbstkritik) und auf emotionale Grundbefindlichkeiten (Ängstlichkeit, Depressivität). Der GT kann über die 40 Items oder über die sechs Standardskalen interpretiert werden. Die Standardskalen beziehen sich auf «Soziale Resonanz», «Dominanz», «Kontrolle», «Grundstimmung», «Durchlässigkeit» und «Soziale Potenz». Stereotype Antwortmuster werden durch die zusätzlichen Skalen M (Tendenz zur Mitte) und E (Extremantworten) erfaßt. Die ersten fünf Standardskalen wurden mittels Faktorenanalysen an unausgelesenen Neurotikern (N=235) mit verschiedener körperlicher Symptomatik konstruiert, die sechste Skala («Soziale Potenz») auf Grund von Korrelationen der Items mit Einkommen und Schulbildung.

Auf klassische eindimensionale Neurotizismuskonzepte (wie im MPI oder FPI) wird hier nicht Bezug genommen, auch werden keine speziellen körperlichen Symptome erfragt.

3. Gültigkeit

Auf eine (faktorielle) Validierung wurde kein Wert gelegt, um den erwähnten inhaltlichen Kriterien vorzugsweise Rechnung zu tragen. Im Mittelwertsprofil von Neurotikern (N=235), Ulcuskranken (N=35), jugendlichen Delinquenten (N=70) und anderen Gruppen ergaben sich z. T. signifikante, interpretierbare Abweichungen von der Standardisierungsstichprobe; dies repräsentiert nach Ansicht der Autoren verschiedene Aspekte der Gültigkeit des GT.

Korrelationen der Standardskalen des GT bei unausgelesenen Neurotikern (N=144) mit MMPI-Skalen und einem Fragebogen über neurotisch bedingte körperliche Beschwerden (BSB) erbrachten überwiegend nur geringe Zusammenhänge.

4. Zuverlässigkeit, Interpretation und Aussagewert

Die mittlere Test-Retest-Reliabilität nach 6 Wochen bei einer «repräsentativen» Stichprobe (N=204) beträgt für die 40 Items r=0.30, für das Testprofil (N=202) r=0.56 und für die Standardskalen r=0.72. Die Autoren meinen zu diesen relativ niedrigen Werten, daß die Standardskalen zu ca. 50 % zeitkonstante, zu weiteren 25 % zeitvariable Merkmale und der Rest auf unaufgeklärte zeitvariable Faktoren rückführbar sind. Dies widerspricht dem Konzept der klassischen Testtheorie; es wurde (daher?) kein Standardmeßfehler berechnet. Zur Interpretation der Testdaten sei auf das im Handbuch erwähnte Fallbeispiel einer 25jährigen Studentin mit «depressiver Neurose» hingewiesen, die mit dem GT vor und nach 35stündiger, psychoanalytischer Therapie getestet wurde. Folgende Ergebnisse zeigten sich vor und nach der Therapie (in T-Werten; M=50, s=10): «Soziale Resonanz» 32;47 (lediglich auf dieser und der Skala «Kontrolle» entspricht ein höherer Skalenwert einer höheren Variablenausprägung), «Dominanz» 47;49, «Kontrolle» 56;37, «Grundstimmung» 79;59, «Durchlässigkeit» 42;50 und «Soziale Potenz» 51;53. Die Patientin litt nach Beschreibung der Autoren vor der Therapie unter ängstlich-depressiven Gefühlen und starkem Über-Ich-Druck (s. Skala «Grundstimmung») und war im Kontakt ohne Resonanz, was sich jedoch beides durch die Therapie verbesserte; zuvor war sie eher zwanghaft (s. Skala «Kontrolle»), nach der Therapie wesentlich gelockerter, was einer freieren Verfügbarkeit von Triebwünschen entspräche. Die Differenzen sind, eigenen Berechnungen zufolge nach Lienert (1969) signifikant (5 %-Niveau). Die Werte und Veränderungen auf den anderen Skalen sind nicht so aussagekräftig bzw. bewegen sich im Bereich des «Normalen».

5. Normen

Die Standardisierungsstichprobe bestand aus 660 (= 76 % der 869 durch ein Meinungsforschungsinstitut ausgesuchten) Personen im Alter von 18 bis 60 Jahren; aus dieser Stichprobe wurden auch die Werte zur Reliabilitätsuntersuchung (N=204) entnommen. Eine gesonderte Standardisierung für die Altersgruppe 60–75 Jahre (N=718) liegt ebenfalls vor.

Aus der ersteren Standardisierungsstichprobe heraus sind Mittelwerte für Geschlecht, auch verbunden mit Alter (18–34 bzw. 35–60 Jahre), für Schulbildung (Mittelschulabschluß oder Abitur bzw. «weniger») und für Gesamthaushaltsnettoeinkommen (weniger bzw. mehr als 800,– DM im Monat) angegeben. Von dieser Stichprobe (N = 660) sind für die 40 Items und die Standardskalen entsprechende T-Wert-Normen berechnet worden.

Itemmittelwerte oder Mittelwertsprofile liegen ebenfalls für Neurotiker (N = 235), Ulcus-Kranke (N = 35), jugendliche Delinquenten (N = 70) und andere Gruppen vor.

6. Allgemeine Kritik

Der GT begeht, allerdings nicht so augenscheinlich wie andere Persönlichkeitstests (MPI, MMPI, FPI etc.), den Fehler einer dubiosen Etikettierungsdiagnostik, die höchstens im Falle des GT über die Interpretation wieder hineinkommen könnte. In den gegenüber (u. a. zeitlichen) Veränderungen sensiblen Items schlägt sich recht gut die momentane Gefühls- und Stimmungslage nieder; der Test hat also «an sich» als Möglichkeit zur Introspektion oder des Feedbacks bereits einen gewissen Wert, auch im Hinblick auf die vielfältigen sozialpsychologischen Anwendungsgebiete (stimmt meine Wahrnehmung einer Person oder Gruppe mit der eigenen überein?).

Es fehlen jedoch genauere Angaben über die Stufen der Testkonstruktion und das dahinter stehende Konzept ebenso wie eine hinreichende inhaltliche Validierung der Items und Skalen mit entsprechender statistischer Absicherung. Einzelne Items des GT erwiesen sich (z. T. hochsignifikant) von Alter, Geschlecht, Bildung und Einkommen abhängig; die Transformation zur Ermittlung der Standardskalenwerte ist dagegen für alle Probanden gleich.

Die Fremdbeurteilung einer Person oder Gruppe durch den GT wird zwar empfohlen, es liegen hierzu jedoch keine genaueren Untersuchungen oder gar Standardisierungen vor; trotzdem werden diese Werte genauso transformiert. Ähnlich verhält es sich bei dem Alter: der Test sei für 15- bis 16jährige prinzipiell geeignet, Normen (und Transformationen) liegen erst ab 18 Jahren vor.

Die Interpretation der Items und der Standardskalen erfordere nach Aussagen der Autoren hinreichende klinische Erfahrung und Wissen; u. a. hierdurch, neben den unterschiedlichen theoretischen Bezugsrahmen der Auswerter, ist nicht von einer allzu hohen Interpretationsobjektivität oder -übereinstimmung auszugehen, wodurch das Ziel, einen Test mit mittlerer *Präzision* und Bandbreite vorzulegen, nur bedingt erreicht wird.

In einer neueren Untersuchung (Liepmann und Hoppe, 1976) mit N = 3767 Lehrlingen elektrotechnischer Berufe (Altersdurchschnitt: 17;9 Jahre) wird nachgewiesen, daß es sich bei den fünf GT-Faktoren nicht um allgemeine Persönlichkeitsfaktoren handelt, an die man die Forderung der Konsistenz, Generalität und Universalität stellen kann. In den von diesen Autoren durchgeführten Faktorenanalysen erwies sich ebenfalls eine Fünf-Faktoren-Lösung als optimal, wobei sich diese Faktoren auf dem 0,1%-Niveau als stabil erwiesen. Sie stimmen jedoch mit den von Beckmann und Richter gefundenen Faktoren nicht hinreichend überein, was sich auch in den jeweils unterschiedlichen Markierungsitems zeigt.

Unserer Meinung nach trifft diese Kritik nur teilweise die Intentionen des GT: es war sicher kein Anliegen der Autoren des GT, hierdurch neue faktorielle Persönlichkeitsdimensionen zu entwickeln, zumal sich in den Standardskalen typische Merkmale bestimmter «Krankheitsbilder» nicht abbilden lassen. Andrerseits wurde eine genauere faktorielle Validierung gar nicht angestrebt; hierfür waren die Autoren des GT (gerne?) bereit, Ärgernis seitens «theoretisch orientierter Psychologen» in Kauf zu nehmen. Trotzdem weist die o. g. Kritik auf den wohl schwächsten Punkt des GT, die recht dürftige methodische Untermauerung, hin. Entsprechende Versuche der Autoren des GT stellen auch unserer Meinung nach eher eine Art von Garnierung zu den praktischen Anwendungsmöglichkeiten des Tests dar.

Literatur

Lienert, G.A.: Testaufbau und Testanalyse, Weinheim 1969[3]

Liepmann, D., und Hoppe, S.: Einige empirische Befunde zur faktoriellen Struktur des Gießen-Tests, in: Diagnostica 22 (1976)

Achim Weiser, Friedrich-Carl Braun-Munzinger

Testname: Problemfragebogen für Jugendliche
(Deutsche Fassung des SRA Youth Inventory von H. H. Remmers und B. Shimberg)
Autoren: F. Süllwold, M. Berg
Göttingen 1967, Hogrefe

1. Testart: Einstellungs- und Interessentest

2. Allgemeines Grundkonzept
Der Problemfragebogen soll Auskunft geben über die Einstellungen, Schwierigkeiten und Ängste von Jugendlichen. Die Verfasser sind der Ansicht, daß er «in Form von Feststellungen, Fragen und Wünschen eine Zusammenstellung von Problemen (liefert), die für die inneren und äußeren Entwicklungsvorgänge der Jugendzeit charakteristisch sind». Damit sei «für Eltern, Lehrer, Berufsberater, Juristen, Jugendleiter, Erziehungsberater, Personalleiter in Betrieben u. a. m. ein bedeutsames Hilfsmittel» geschaffen.

Die deutsche Fassung stimmt weitgehend mit dem amerikanischen Original überein, dessen erste Form 1949 erschien. Die Zusammenstellung der Probleme erfolgte anhand von eigens für diesen Zweck angefertigten Schüleraufsätzen in den USA.

Die beiden Formen des Fragebogens – Form M für Jungen, Form W für Mädchen – enthalten je 306 Items, die, teils als Frage oder Feststellung, teils als Wunsch formuliert, acht Problembereiche abdecken sollen: «Meine Schule», «Nach der Schulzeit (bzw. Lehre)», «Über mich selbst», «Ich und die anderen», «Zu Hause», «Jungen und Mädchen», «Gesundheit» und «Allgemeines».

Der Problemfragebogen ist für Jugendliche zwischen 14 und 18 Jahren gedacht und als Einzel- oder Gruppentest anzuwenden. In der Instruktion werden die Probanden «vom Versuchsleiter eindringlich darauf hin(gewiesen), daß es in (ihrem) eigenen Interesse . . . liegt, die Fragen ehrlich und gewissenhaft zu beantworten». Es wird ihnen dann erklärt, daß sie die Möglichkeit haben anzukreuzen, ob sie das jeweilige Item «sehr stark bewegt» (zählt bei der Auswertung 3 Punkte), «nicht so stark, aber doch häufig beschäftigt» (2 Punkte), «wenig und nur gelegentlich beschäftigt» (1 Punkt) oder «überhaupt nicht beschäftigt oder aus irgendeinem Grunde nicht betrifft» (0 Punkte).

Die Untertests im einzelnen
1. «*Meine Schule*» (40 Items): es werden Probleme mit der Schule allgemein («Ich wollte, ich könnte schon jetzt die Schule für immer verlassen») sowie mit einzelnen Schulfächern («Ich wünschte, ich verstünde die sprachlichen Fächer besser») angesprochen, außerdem das Verhältnis zu den Lehrern («Ich wünschte, meine Lehrer wären warmherzige und freundliche Menschen») und die Einschätzung der eigenen Leistungen («Ich brauche Nachhilfestunden»). Die Auswer-

tungs- bzw. Intepretationshinweise zu diesem Bereich sind recht vage gehalten: «Die Antworten ... können auf Ursachen und Motive hinweisen, die das soziale Verhalten und die Leistungen in der Schule maßgebend beeinflussen.» (Beiheft, S. 6)

2. *«Nach der Schulzeit (bzw. Lehre)»* (42 Items): Hier werden vor allem Probleme, die gegen Ende der Schulzeit auftauchen und einen eventuellen weiteren Schulbesuch («Ich wünschte, ich hätte genügend Geld, um studieren [eine Fachschule besuchen] zu können») bzw. die richtige Wahl des Berufsweges («Ich möchte eine andere Lehrstelle haben») betreffen, abgefragt.

Auch hier wird zur Auswertung nur verschwommen auf die «wertvolle(n) Hinweise» verwiesen, die «die Antworten auf diese Fragen ... für die schulische oder berufliche Laufbahnberatung (liefern)» (ebd.).

Bemerkenswert ist die Frage Nr. 63. In der «Form M» heißt es da: «Wie wird der Wehrdienst meine Laufbahn beeinflussen?», in der «Form W» lautet das entsprechende Item «Welche Berufe sind für Mädchen besonders geeignet?»

3. *«Über mich selbst»* (43 Items): Hier werden Probleme mit dem eigenen Körper («Ich möchte meine Pickel loswerden»), mit den eigenen Emotionen («Es fällt mir schwer, die Ruhe zu bewahren») und mit der Umwelt («Ich habe Angst, im Unterricht etwas zu sagen») behandelt.

Dieses Mal lassen die Interpretationshinweise an Deutlichkeit nichts zu wünschen übrig: «Probanden mit hohen Summenwerten in diesem Bereich leiden vermutlich an Fehlanpassungen und Störungen der Ichentwicklung. Sie sollen zur eingehenderen Untersuchung dem Schulpsychologen vorgestellt werden.» Allerdings: Was «hohe Summenwerte» sind, wird im einzelnen nicht angegeben, so daß der «kritische Score» von den Auswertern willkürlich festgelegt werden kann.

4. *«Ich und die anderen»* (46 Items): Hier wird das Verhältnis zu Gleichaltrigen («Ich muß lernen, mit meinen Altersgenossen auszukommen»), zu gesellschaftlichen Verpflichtungen («Soll man sich darum bemühen, zu Gesellschaften oder Bällen eingeladen zu werden?») bzw. zu Erwachsenen («Ich schwärme für einen Menschen, der älter ist als ich») angesprochen.

Bei der Auswertung wird lediglich auf die «wertvolle Information» verwiesen, die die Antworten auf diese Fragen «über die Beziehungen zur sozialen Umwelt» liefern sollen.

5. *«Zu Hause»* (43 Items): Der Erziehungsstil der Eltern («Meine Eltern interessieren sich nicht für das, was ich erreiche und leiste») sowie die finanzielle und wohnliche Situation («unsere Familie hat zu häufig Geldsorgen») werden hier behandelt. Zur Auswertung wird auch hier nur empfohlen, «die Antworten in diesem Bereich immer sorgfältig (zu) beachten».

6. *«Jungen und Mädchen»* (31 Items): Die Fragen umfassen Probleme mit der eigenen Sexualität («Es ist mir unangenehm, wenn von geschlechtlichen Dingen die Rede ist»), mit moralischen Vorstellungen («Ich möchte wissen, wie lange man

sich kennen sollte, bevor man heiratet») und mit dem Verhältnis zum anderen Geschlecht. Was den letztgenannten Problembereich angeht, so gibt es hier wiederum charakteristische Unterschiede in den Testbögen für Jungen und für Mädchen. So heißt es z. B. in Form M: «Ich frage mich, warum ich so gehemmt bin, *wenn ich ein Mädchen um eine Verabredung bitten möchte*» oder «Wie lange sollte man ein Mädchen kennen, *ehe man ihm das ‹Du› anbieten kann*?», während die entsprechenden Passagen aus den korrespondierenden Items in Form W lauten: «. . . *wenn ein Junge mich anspricht*» und «. . . *ehe man sich das ‹Du› anbieten läßt*», was auf geschlechtsspezifische Vorurteile der Testkonstrukteure hinweist. Ein weiteres Beispiel ist das Item 225: «Ich frage mich, warum es anstößig sein soll, wenn Jugendliche meines Alters abends ohne Begleitung ausgehen» (Form M) bzw. «Manchmal wünschte ich, daß auch Mädchen meines Alters ohne Begleitung ausgehen dürften» (Form W).

Die Antworten auf die Fragen dieses Untertests sollen laut Auswertungsanweisung «Hinweise auf die notwendigen sexualpädagogischen Maßnahmen geben».

7. *«Gesundheit»* (26 Items): körperliche Probleme aller Art («Ich habe oft Kopfschmerzen» bis «oft stört mich, daß ich eine Brille tragen muß») werden hier abgefragt.

Wie es allerdings gelingen soll, anhand dieser Fragen herauszufinden, «ob sich der Proband durch tatsächliche oder nur befürchtete» (also nicht tatsächlich vorhandene?) «Krankheiten oder körperliche Fehler behindert fühlt», bleibt das Geheimnis der Verfasser.

8. *«Allgemeines»* (35 Items): In dieser Sammelkategorie werden schließlich religiöse («Ich mache mir Gedanken über Himmel und Hölle»), moralische («Ich mache mir Gedanken darüber, ob man ein bißchen schwindeln [z. B. in der Schule abschreiben] darf») und politisch-soziale («Was kann ich tun, damit wir eine vertrauenswürdige Regierung haben?») Probleme angeschnitten. Hier sollen «Hinweise auf den Grad der geistigen und sozialen Reife eines Jugendlichen» erhalten werden. Wodurch aber eine solche «geistige und soziale Reife» gekennzeichnet sein soll, darüber ist im Testbeiheft nichts zu finden.

3. Gültigkeit

Die Autoren behaupten, der Test sei inhaltsvalide: «Wichtig für die Beurteilung der Inhaltsvalidität eines Tests . . . ist, daß eine repräsentative Stichprobe von Items des betreffenden Gesamtbereichs ausgewählt wurde. Diese Bedingung dürfte beim Problemfragebogen erfüllt sein.» (Beiheft, S. 16) Ob allerdings eine aus dem Amerikanischen übersetzte – 1949 zum erstenmal erschienene – Sammlung von Problemen für Jugendliche in der BRD rund dreißig Jahre später auch für *deren* Probleme repräsentativ ist, muß stark bezweifelt werden.

Kaum ein Jugendlicher wird sich heute noch mit der Frage herumquälen, ob er sich bemühen soll, auf Bälle eingeladen zu werden, eher wird er damit zu tun haben, sich in Jugendheimen oder Discotheken zurechtzufinden. Probleme mit Alkohol oder Drogen bleiben völlig ausgeklammert, ebenso Schwierigkeiten, die sich aus *praktizierter* Sexualität unter Jugendlichen ergeben (offensichtlich nehmen die Verfasser an, junge Leute bis 18 Jahren machten sich bestenfalls Gedanken über *zukünftige* «geschlechtliche Dinge»).

Den Autoren mag die Inhaltsvalidität dieses Tests selbst auch nicht so ganz unzweifelhaft vorgekommen sein, jedenfalls geben sie als weiteren Beleg für die Gültigkeit an: «Schließlich sagt in diesem Fall auch der Grad der inneren Konsistenz des Problembereichs, wie er zahlenmäßig durch den berechneten Reliabilitätskoeffizienten angezeigt wird, etwas über die Validität des Problemfragebogens aus.» (Beiheft, S. 16f) Dies ist nun allerdings falsch. Reliabilitätsmaße sagen lediglich etwas darüber aus, wie *zuverlässig* ein Test mißt, «gleichgültig, was er mißt. Reliabilität ist also kein inhaltliches, sondern ein formales Kriterium» (Selg und Bauer, 1971, S. 69). Die Zweifel an der Validität dieses Tests werden durch das gewählte Reliabilitätsmaß nicht ausgeräumt.

4. Zuverlässigkeit, Interpretation und Aussagewert

Die Zuverlässigkeit wurde überhaupt nur bei einer *Vorform* dieses Tests erhoben, die nur die Antwortmöglichkeit «Ja–Nein» vorsah (statt der schließlich verwendeten vierstufigen Skala). Bei einer Stichprobe von 217 weiblichen und 283 männlichen Jugendlichen zwischen 16 und 17 Jahren (also nicht repräsentativ für die Altersgruppe, für die der Test vorgesehen ist), ergab sich ja nach Untertest ein Maß der inneren Konsistenz von

$$r_{tt} = 0.83 \text{ bis } r_{tt} = 0.94$$

Die Autoren fügen zwar hinzu, «wie Vergleichsuntersuchungen gezeigt haben», seien die Werte bei der neueren Form des Tests nicht wesentlich anders, doch fehlt hier jede Möglichkeit der Überprüfung, da von den Verfassern keine Quellenangabe gemacht wird.

Fassen wir noch einmal zusammen, was alles den Aussagewert des Tests – wenn er heute bei Jugendlichen angewendet wird – beeinträchtigt:

– Die Sammlung der Probleme erfolgte in den vierziger Jahren in den USA (die damals Befragten dürften heute Kinder haben, die im Alter der heute noch damit getesteten Jugendlichen sind!). Die Probleme, die damals für die Jugendlichen vielleicht repräsentativ waren, sind es heute wahrscheinlich nicht mehr. Mit Sicherheit aber sind wesentliche neue Problembereiche dazugekommen, die im Test nicht angesprochen werden.
– Der Test genügt nicht einmal immanenten Gütekriterien (echte Nachweise der Gültigkeit und Zuverlässigkeit der heutigen Testform bleiben aus).
– Die Eichung des Tests erfolgte nur anhand von Ergebnissen bei Berufsschülern, und das vor langer Zeit.
– Der Willkür des jeweiligen Auswerters, wann er welche Tester-

gebnisse für signifikant hält, wird keinerlei Grenze gesetzt.

5. Normen
Geeicht wurde der Test nur an Berufsschülern, und zwar bei den Jungen im Jahre 1959, bei den Mädchen 1965. Jeder, der sich heute daranmacht, die bei seinen Probanden erhobenen Rohwerte in Prozentrangnormen umzurechnen, sollte sich diese Tatsache vor Augen halten, denn es schränkt die Aussagemöglichkeit heutiger Testergebnisse zusätzlich ein.

Durch die Umwandlung der Rohwerte in Prozentrangnormen soll festgestellt werden, ob der Proband in den einzelnen Problembereichen unterdurchschnittlich, durchschnittlich oder überdurchschnittlich viele Probleme hat.

Darüber hinaus sind Tabellen über die Häufigkeitsverteilung der Einzelantworten dazu da, «ab(zu)schätzen, ob die Intensität eines Problems, mit dem sich ein Proband beschäftigt, ungewöhnlich ist oder bei vielen Jugendlichen seines Alters angetroffen wird» (Beiheft, S. 20).

6. Allgemeine Kritik
Eines ist bisher noch überhaupt nicht angesprochen worden: die Reaktion der Probanden auf diesen Problemfragebogen.

Eigentlich kann man jedem Jugendlichen, der diesen Test vorgesetzt bekommt, nur raten, die Beantwortung desselben zu verweigern. Denn dieser Test dringt in nur noch unverschämt zu nennender Weise in die Privatsphäre der Jugendlichen ein und fragt sie aus, ohne daß die Getesteten auch nur die geringste Einflußmöglichkeit auf die Auswertung, Interpretation und Verwertung ihrer Antworten haben.

Wer sich jedoch nicht weigern kann oder will (vielleicht aus Angst, dann einen besonders «schlechten Eindruck» zu hinterlassen), dem kann man nur raten, worauf sicherlich zahlreiche Probanden von selbst kommen: auf gar keinen Fall wahrheitsgemäß zu antworten, sondern statt dessen einen souveränen Jugendlichen zu mimen, der zwar über die Probleme dieser Welt nachdenkt, persönlich aber – von ein paar Kleinigkeiten abgesehen, die man ruhig zugeben sollte – keine Probleme hat.

Literatur
Selg, H., und Bauer, W.: Forschungsmethoden der Psychologie, Stuttgart 1971

Michaela Huber

3. Projektive Persönlichkeitstets

Testname: Rorschach-Test
Autor: Hermann Rorschach
Bern 1921, [8]1962, Huber

1. Testart: Projektives Formdeuteverfahren

2. Allgemeines Grundkonzept
H. Rorschach entwickelte das nach ihm benannte Verfahren seit 1911 (einschließlich Vorstudien). Das Rorschach-Verfahren (RoV) besteht aus 10 Bildtafeln mit zufällig entstandenen symmetrischen Klecksfiguren; auf einem Teil der Tafeln befinden sich nur schwarzweiße Klecksgebilde; der andere Teil der Tafeln enthält mehrfarbige Kleckse.

Im als Individualtest konzipierten RoV soll der Proband zu jeder Klecksfigur Deutungen produzieren (Frage an den Probanden: «Was könnte das sein?»). Der Testleiter verabreicht die 10 Tafeln nacheinander in festgelegter Reihenfolge. Im Anschluß an die eigentliche Testdurchführung folgt häufig eine Befragungsphase, in der die einzelnen Deutungen des Probanden nochmals durchgegangen werden (um z. B. Informationen darüber zu erhalten, in welchen Tafelregionen der Proband seine Deutungen lokalisierte).

Insbesondere in der Vergangenheit gab es viele Theoretiker und Praktiker des RoV, die der Überzeugung waren, aus den Deutungen zu den Rorschachtafeln eine umfassende Diagnose der Persönlichkeitsstruktur und -dynamik gewinnen zu können (ein «Röntgenbild der Seele»); diesem umfassenden Anspruch entsprechen die differenzierten, vielschichtigen Interpretationsvorschläge in den Lehrbüchern zum RoV, die Interpretationshinweise zur Intelligenzstruktur, zu kognitiven Stilen, zur affektiven und emotionalen Erlebnisweise, zur Verarbeitungsform von psychischen Konflikten, zu sozialen Kontaktbedürfnissen usw. enthalten. Die Vielzahl der psychologischen Interpretationsvorschläge zu Testantworten und die nach wie vor große Beliebtheit des RoV in der Beratungspraxis stehen in einem ziemlichen Gegensatz zu den Ergebnissen empirischer Untersuchungen des RoV; die Kritik solcher Untersuchungen richtet sich im wesentlichen gegen die fehlende oder unzulängliche testtheoretische/psychometrische Absicherung der Testergebnisse oder gegen die vereinfachten und im Anspruch übersteigerten diagnostischen Schlußfolgerungen angesichts dürftiger Erfahrungsgrundlagen.

Für die Auswertung des RoV liegen mehrere «Signierungssysteme» vor, mit deren Hilfe die vom Probanden gegebenen Deutungen nach den folgenden verschiedenen Gesichtspunkten klassifiziert werden (die folgenden, beispielhaft aufgeführten Signa entstammen der Klopferschen Konvention; vgl. Klopfer und Davidson, 1967; Bottenberg, 1972):

- Erfassungsmodus (z. B. W = der ganze Klecks wurde zur Deutung herangezogen; D = Klecksdetail wurde gedeutet),
- Determination (z. B. F = Formbestimmtheit, C = ausschließliche Farbbestimmtheit, M = menschliche Bewegung),
- Inhalt (z. B. H = Menschganzantwort, Ad = Deutung eines Tierdetails),
- Häufigkeit (P = Vulgärantwort, O = originelle, seltene Deutung).

An die Signierung der Antworten schließen sich einfache Verrechnungen an, in denen Summen- bzw. Prozentwerte und einige Quotienten zwischen zentralen Signa gebildet werden (z. B. F % = Prozentwert formbestimmter Antworten; Quotient aus M/C, der sogenannte «primäre Erlebnistyp», der zur Unterscheidung einer «nach innen» von einer «nach außen» zentrierten Erlebnisrichtung taugen soll). In den Lehrbüchern zum RoV werden für die (verrechneten, im Protokoll des Probanden vorherrschenden) Signierungen «persönlichkeitsumfassende» Interpretationshinweise gegeben.

Neben der Auswertung nach den skizzierten formalen Gesichtspunkten wird meist eine inhaltsanalytische, symbolexegetische Interpretation der Probanden-Antworten erfolgen, die ganzheitlich aufgrund eines Vergleichs psychoanalytischen, klinischen Erfahrungswissens mit psychologischen Anmutungscharakteristiken der Testantworten erfolgt. Es darf vermutet werden, daß in der Anwendungspraxis diese inhaltliche Interpretationsform des RoV häufig gegenüber einer den formalen, mühsamen Signierungskriterien vollständig folgenden Testinterpretation vorgezogen wird; angesichts der sehr unsicheren psychologischen Gültigkeit der Signa ist ein solches zeitökonomisches Vorgehen verständlich.

3. Gültigkeit

Die herkömmlichen interpretativen Aussagen in den Lehrbüchern zum RoV entstammen weitgehend den «klinischen Erfahrungen» der Autoren, wobei die Aussagen vornehmlich auf erwachsene Personen bezogen sind. Einige solcher Interpretationshypothesen zu einzelnen Signa werden hier zur beispielhaften Veranschaulichung dargestellt (orientiert an der halbwegs distanzierten Zusammenstellung von Bottenberg, 1972, S. 134f):

- W (Ganzantwort), Interpretation: abstraktes, theoretisches Denken bzw. globale oberflächliche Auffassung, Leistungsmotiviertheit;
- F (Formbestimmtheit), Interpretation: sachlicher, bewußter Lebensstil, Indikator eines allgemeinen Intelligenzniveaus;
- c (ausschließliche Bestimmtheit durch Schattierungseffekte, z. B. «etwas Flauschiges»), Interpretation: unreife, unmittelbar-direkte Liebes- bzw. Kontaktbedürfnisse;
- «Blut» (Deutungen entsprechenden Inhalts), Interpretation: aggressive Impulse, unzulängliche Bewältigung aggressiver Impulse.

Bei der Erstellung des Testbefundes hat der Diagnostiker eine Gewichtung der Interpretationsaspekte vorzunehmen, die den Antworten des jeweiligen Probanden angemessen ist; die Befunderstellung erfordert dabei komplexe kognitive Prozesse beim Diagnostiker, wenn die im Einzelfall z. T. widersprüchlichen Hinweise aus den zahlreichen Signierungsgesichtspunkten «stimmig» zusammengefaßt werden sollen.

Die verschiedenen empirischen Untersuchungen zur Validität des RoV (eine Zusammenstellung findet sich bei Bottenberg, 1972, S. 139ff), die einzelne Auswertungsaspekte des RoV mit Außenkriterien (anderen psychodiagnostischen Verfahren) in Beziehung setzen, sind nach Bottenberg als heterogen zu bezeichnen. Etwas günstigere Ergebnisse scheinen sich in Untersuchungen zu ergeben, die die Zuordnung des Rorschach-Gesamtbefundes zu psychopathologisch klassifizierten Patientengruppen bzw. zu Intelligenzdiagnosen überprüften. Es ergaben sich hier Urteilsübereinstimmungen von über 50% bzw. z. T. Korrelationskoeffizienten über 0,60. Die Begründung der Stichhaltigkeit des Rorschach-Testbefundes mit «klinischer Erfahrung» des Diagnostikers wird von den vorliegenden empirischen Untersuchungen nicht bestätigt: Beurteilern mit höherem Grad an Ausbildung und Erfahrung mit dem RoV scheint keine signifikant bessere, validere Voraussage anhand des Rorschachbefundes zu gelingen.

Zusammenfassung

a) Den zahlreichen Untersuchungen ist zu entnehmen, daß das RoV zu keinen psychologisch eindeutigen und befriedigend gültigen Befunden gelangt. Besonders im Einzelfall entbehren psychologische Entscheidungen anhand des Testbefundes einer gesicherten Basis; die u. a. mit Hilfe des RoV getroffenen, oft weitreichenden Entscheidungen (z. B. in der Gerichtspsychiatrie: «Blut»-Deutungen → «mangelnde Aggressionskontrolle») lassen sich somit nicht psycho-logisch rechtfertigen.

b) Noch stärker als den thematischen Apperzeptionsverfahren fehlt der Rorschach-Interpretation die «Augenschein»-Validität. Die Interpretation von Deutungen des Probanden zu abstrakten Textgebilden beruht auf ebenso abstrakten psychologischen Schlußfolgerungen (Formbestimmtheit der Deutung: Sachlichkeit des Realitätsbezugs; Farbbestimmtheit: affektive, emotionale Erlebnisweise) und Symbolexegesen (Blut: Aggression).

c) Die Interpretation des Rorschachbefundes gründet auf ausgesprochenen und unausgesprochenen persönlichkeitstheoretischen Vorstellungen klassisch-psychiatrischer Provenienz und psychologistischer Grundtendenz. Diese Persönlichkeitstheorie schlägt nicht nur bei der Interpretation einzelner Signa durch, sondern dürfte besonders auch die «stimmige» Zusammenstellung der Einzelinterpretationen zum «Gesamtbefund» steuern.

4. Zuverlässigkeit, Interpretation und Aussagewert

Bei der Überprüfung der Zuverlässigkeit des RoV muß eine Vielzahl von Aspekten und Einflußgrößen beachtet werden. Zu den einzelnen Gesichtspunkten liegen Untersuchungen vor; eine exakte und direkte Gesamtschätzung der Rorschachzuverlässigkeit läßt sich daraus nicht ableiten. Diese verschiedenen Einfluß- und Fehlerquellen des RoV in seiner vorliegenden Form verhindern allerdings, daß das Verfahren dem testtheoretischen Kriterium eines zuverlässigen Tests genügt. Die folgenden Punkte geben wichtige Aspekte der Zuverlässigkeit/Fehlervarianz des RoV wieder:

a) Rolle des Testleiters/Testdurchführung: Untersuchungen belegen, daß z. B. die Testatmosphäre, hervorgerufen durch bestimmte Reaktionstendenzen des Testleiters, die Art und Häufigkeit der Deutungen des Probanden beeinflußt (positive emotionale Atmosphäre: u. a. mehr Deutungen, mehr M-Antworten). Geschlechts-, Alters- und Berufsbzw. Statusmerkmale (z. B. Testleiter in Alltags- versus im weißen Arztmantel) sind weitere Testleitervariablen, die sich in den Testergebnissen auswirken.

b) Auswertungsobjektivität: Die Übereinstimmung von verschiedenen Testleitern bei der Zuordnung von Signa zu gleichen Rorschachtestprotokollen ist im Vergleich zu anderen Aspekten der Reliabilität hoch. Die in der Literatur angegebenen Korrelationskoeffizienten erreichen z. T. Werte von > 0.90. Allerdings sind die verschiedenen Ergebnisse nur teilweise vergleichbar, da die Übereinstimmungen auch in Abhängigkeit vom jeweiligen Signum vom benutzten Signierungssystem schwanken.

c) Einfluß des Bildmaterials: Untersuchungen bestätigen die Abhängigkeit bestimmter Deutungsinhalte und Signa von Tafelmerkmalen, wie z. B. der Helligkeit der Klecksflächen, der Farbigkeit oder dem globalen Aufforderungscharakter der einzelnen Tafel, und von der Aufeinanderfolge der Tafeln.

d) Zuverlässigkeit der Signierung: Die Untersuchungen zur Reliabilitätsbestimmung nach der Halbierungs- und Retestmethode ergeben für die meisten Signa niedrige Werte; in diesem Punkt erweist sich das RoV als vollkommen unzulänglich für individualdiagnostische Zwecke.

e) Objektivität und Zuverlässigkeit der Interpretation: Die Beurteilungen verschiedener Interpreten führen zu beträchtlich schwankenden Übereinstimmungskoeffizienten (von rund $r < 0.0$ bis $r > 0.90$). Relativ hohe Übereinstimmungen ergaben sich bezüglich des Merkmals «Intelligenz» (mittlere Korrelation ca. 0.60). Auch in diesen Reliabilitätsuntersuchungen erwies sich Erfahrung und Ausbildung der Beurteiler als wirkungslos (erfahrene Interpreten erreichten keine höheren Übereinstimmungen).

5. Normen

Die vorliegenden Normen zu einzelnen Signa sind bislang unzulänglich, da sie auf zu kleinen Stichproben beruhen und kaum eine brauchbare Hilfe für die Interpretation der Testergebnisse darstellen.

6. Allgemeine Kritik

Die Kritik am RoV kann aus methodologischer/testtheoretischer und aus inhaltlicher/psychologiekritischer Perspektive geführt werden.

a) Bei der Beurteilung nach üblichen teststatistischen Kriterien schneidet das RoV denkbar schlecht ab. Das Verfahren erfüllt danach nicht die basalen Voraussetzungen, um für individuelle psychologische Entscheidungen brauchbare und verläßliche Informationen zu liefern. In neuerer Zeit beginnt man, die methodischen Mängel des RoV allmählich zu beseitigen: durch die Entwicklung von Testmodifikationen (Holtzman Inkblot Technique, Ro3B) oder durch den Versuch einer testtheoretischen Neubegründung anhand probabilistischer Testmodelle (Hinweise in Fischer, 1974).

b) Diese Weiterentwicklungen, aber auch die nach wie vor unbekümmerte Anwendung des RoV im psychologischen Alltag unterstreichen, daß eine ausschließlich methodische Kritik unzureichend ist. Eine Kritik des RoV muß vor allem die psychologische Theorie treffen, die im RoV und seiner Anwendung zum Ausdruck kommt: sie muß gerichtet sein gegen die dem RoV zugrunde liegende (wenngleich nicht vollständig ausformulierte) Persönlichkeitstheorie, in der der Proband weitgehend zum Objekt psychopathologischer Etikettierungen degradiert wird; gegen eine psychologische Praxis, in der der Proband unter Deutungszwang steht, in der psychologische Stressreaktionen o. ä. als projizierte Persönlichkeitsdispositionen interpretiert werden können, ohne daß dem Probanden Möglichkeiten zur aktiven Einflußnahme auf diesen Prozeß gegeben sind.

Literatur

Bottenberg, E. H.: Rorschachtest und Modifikationen, in: Arnold, W.: Psychologisches Praktikum, Bd. 2, Stuttgart 1972

Fischer, G.: Einführung in die Theorie psychologischer Tests, Bern 1974

Klopfer, B., und Davidson H. H.: Das Rorschach-Verfahren, Bern 1967

Paul Walter

Testname: Picture Frustration Test (PFT)

Autor: S. Rosenzweig; (deutsche Bearbeitung: E. Duhm und J. Hansen (für Kinder) H. Hörmann und W. Moog (für Erwachsene)
Göttingen 1957, Hogrefe

1. Testart: Der PFT ist ein *projektiver Persönlichkeitstest* (verbalthematisches Verfahren). Er existiert in einer Form für Kinder und in einer Form für Erwachsene.

2. Allgemeines Grundkonzept: Ziel dieses Verfahrens ist es, Reaktions- und Verhaltenstendenzen in alltäglichen Konfliktsituationen zu erfassen. Wie der Name «Bilderfrustra-

tionstest» schon andeutet, wird dem Probanden in einem Testheft eine Reihe von 24 schematischen Zeichnungen vorgelegt, die alle konflikthaltige und frustrierende soziale Situationen darstellen. In jeder Zeichnung sind zwei gesichtslose Personen zu sehen, von denen die eine in einer Sprechblase Aussagen macht, die die andere Person in ihren Strebungen, Wünschen oder Zielen beeinträchtigen oder behindern.

Das Verfahren geht nun von der (nicht geprüften) Annahme aus, daß der Proband sich mit der so frustrierten Person identifiziert und die Projektion eigener Einstellungen, Reaktionen und Verhaltenstendenzen in die leere Sprechblase dieser Figur einträgt. Die vom Probanden eingetragenen Antworten sollen dann Hinweise auf die Art und die Richtung der Reaktion, die hier stark auf «aggressive» Reaktionen verschiedener Formen eingeengt wird, geben und entsprechende Rückschlüsse auf Reaktionsmuster und Verhaltenswahrscheinlichkeiten in Belastungssituationen des Alltags erlauben.

Zur Verdeutlichung hier je ein Beispiel aus der Testform für Kinder (6–14 Jahre) und für Erwachsene:

1. Beispiel aus der Form für Kinder: Eine Frauengestalt sagt zu einer Mädchengestalt, die mit Blumen in der Hand im Garten vor dem Haus auf sie zukommt: «Du bist ein ungezogenes Kind, du hast meine Blumen abgepflückt.»

2. Beispiel aus der Form für Erwachsene: ein skizzierter Kellner sagt zu einem am Tisch sitzenden Gast: «Machen Sie da nicht ein bißchen zu viel Aufhebens?»

Der Test, der als Einzel- oder Gruppentest durchgeführt werden kann und keiner Zeitbegrenzung der Bearbeitung unterliegt, wird nach einem komplexen Verrechnungsschema des Verfassers ausgewertet.

Zuerst werden die vom Probanden eingetragenen Antworten signiert. Hierzu dienen die in der Handanweisung aufgeführten Kategorien der

- Reaktionsformen, wie z. B. die Tendenz-Schwierigkeiten und Belastungen auf die leichte Schulter zu nehmen oder sie im Gegenteil als unüberwindliche Hindernisse zu betrachten – und der
- «Aggressionsrichtung», die z. B. angeben soll, ob durch Frustration entstandene Aggressionen eher gegen andere (bzw. das Hindernis) oder gegen sich selbst gerichtet oder verdrängt werden, sowie eine größere Zahl beispielhafter Antworten mit dazugehöriger Signierung für jede Zeichnung.

Nach einer Auszählung der Häufigkeiten verschiedener Kategorien und der Ermittlung prozentualer Häufigkeitsverteilungen, sowie verschiedener Merkmalskombinationen erfolgt ein Vergleich mit gelieferten Normtabellen und die Gesamtinterpretation. Es soll hier noch kurz darauf verwiesen werden, daß der PFT in der psychologischen Praxis häufig nicht nach den angegebenen Vorschriften ausgewertet wird, sondern nur im Überblick über die verschiedenen Antworten festgestellt wird, ob ein Antworttyp (z. B.

Beschuldigung anderer) vorherrscht.

3. Gültigkeit
Zu den Gütekriterien des Verfahrens ist wenig zu sagen:

Objektivität: in Untersuchungen zur Signierungsübereinstimmung unabhängiger Auswerter stellten Duhm und Hansen (Form für Kinder) bei 100 Testheften eine Übereinstimmung von 89 % fest, Hörmann und Moog 84 % (s. Brickenkamp 1975).

Zur *Reliabilität und Validität* werden keine Angaben gemacht.

5. Normen
Normen liegen sowohl für die Form für Kinder vor (deutsche Fassung), wobei 320 Fälle in die Berechnungen eingingen (160 Jungen, 160 Mädchen. Es handelte sich um Volksschüler aus Nord- und Westdeutschland im Alter von 6 bis 13;11 Jahren), als auch für die Erwachsenenform (deutsche Fassung). Hier erfolgte keine geschlechtsspezifische Aufgliederung. Es handelte sich um eine Eichstichprobe von 300 Arbeitern, Angestellten, Hausfrauen, Fach- und Oberschülern und Akademikern.

6. Allgemeine Kritik
Der PFT wurde schon vor 1948 entwickelt und ist von 1957 bis heute in deutscher Fassung unüberarbeitet im Handel, was vor allem z. B. in den Skizzen der Erwachsenenform erkennbar ist. Trotz dieses veralteten Äußeren erfreut er sich sowohl im klinischen und Beratungsbereich als auch im Rahmen der Personalauslese noch relativ verbreiteter Beliebtheit. Kein Wunder, wenn man davon ausgeht, daß gerade heute im Zusammenhang mit dem Anwachsen «aggressiver» Handlungen in Schule und Kindergarten auf Grund wachsender Unterdrückung, Einengung des Lebensraums, Stressfaktoren etc. einerseits und bezüglich «durchsetzungsbetonten» Verhaltens im Berufsbereich auf dem Hintergrund wachsender Rivalität um Arbeitsplätze andererseits für Diagnostiker und vor allem für «Diagnose-Auftraggeber» von Interesse ist, welches Verhalten bei Problem- und Frustrationssituationen von den untersuchten Menschen zu erwarten ist.

Kann diese Information nun vom PFT auch erwartet werden? Sicherlich nicht in der Form so eindeutig, wie es die Autoren für dieses Verfahren in Anspruch nehmen. So scheint doch die ungeprüfte Gültigkeitsannahme (keine Reliabilitäts- und Validitätsangaben!), die eingetragene Antwort eines Probanden lasse Rückschlüsse auf ihr tatsächliches Verhalten in Konfliktsituationen zu, äußerst zweifelhaft, wenn man die Unterschiedlichkeit realsozialer Situationen zu den Eintragungen in einen Bogen mit skizzierten Situationen in Betracht zieht. So fehlen dem Antwortenden in dieser Testsituation sowohl reale Anhaltspunkte zum Zustandekommen der gezeigten Situation, zu deren Ablauf und Prozeßcharakter, zu näheren Charakteristika (z. B. Machtposition, äußere Erscheinung) der «frustrierenden» Person, zu Beziehungen zwischen Sprecher und Projektionsfigur, zu den zu erwartenden Konsequenzen etc., kurz, zu allen den situationalen und darüber hinaus sozial-gesellschaftlichen Größen, die gerade das reale Handeln beeinflussen.

Auch die Hypothese der Projektion eigener Gefühle, Reaktions- und Handlungstendenzen in die frustrierte Person entbehrt jeder Stichhaltigkeit. Zumindest muß man davon ausgehen, daß bei verschiedenen Probanden völlig unterschiedliche Grade von Identifikation zustande kommen können (z. B. allein bedingt durch das unterschiedliche Geschlecht der dargestellten frustrierten Personen).

Einen näheren Hinweis bzw. eine Aufforderung, sich in die Rolle des Frustrierten zu versetzen, mußten sich die Autoren in der Instruktion beider Formen wohl sparen, um den eigentlichen Zweck der Untersuchung vor den Untersuchten zu verschleiern. So gibt man den Erwachsenen keinen Hinweis auf den Sinn und Zweck des Tests (man erwartet wahrscheinlich von den eingeschüchterten «Testobjekten» keine unangenehmen Rückfragen) und macht den Kindern (bei denen man noch mit unangenehmen Fragen rechnet) vor: «Wir wollen jetzt ein Spiel zusammen spielen.» Der so im ungewissen belassene bzw. belogene Getestete soll möglichst wenig bewußt («Schreiben Sie die *allererste* Antwort, die Ihnen dazu einfällt ... Arbeiten Sie so schnell wie möglich/ Schreib immer die erste Antwort, die Dir dazu einfällt ... Sieh zu, daß Du so schnell wie möglich fertig wirst») und unbedacht antworten. Er wird in seinen Handlungsmöglichkeiten ebenso auf das bloße unreflektierte Reagieren reduziert wie die «frustrierte» Person im Bild.

Ein weiterer der zahlreichen Kritikpunkte am PFT ist die Interpretation der Ergebnisse, die auf der selbst äußerst fragwürdigen und umstrittenen psychologisch-theoretischen Grundlage einer irgendwie «dynamisch orientierten» Frustrations-Aggresions-These aufbaut (die jedoch im Testbegleitmaterial nie explizit deutlich gemacht wird und nur aus Begriffen wie «Überich- und ich-blockierenden Situation» «extra-, intro- und impunitive Aggressionsrichtungen» und «ego Defense» Reaktionstypen zu schließen ist).

Auf diese theoretische Grundlage kann hier jedoch nicht näher eingegangen werden. Ebenso aufschlußreich für den Leser ist sicher die Signierung und Interpretation der Reaktionen in den im Beiheft gegebenen Beispielen.

So sind in dem o. g. Beispiel aus der Kinderform des PFT (eine Frau tadelt ein Mädchen, weil es Blumen abgepflückt hat) die Antworten:

> «Ach, das ist doch nicht schlimm, es sind ja noch welche da»;
> «Du hast es mir ja gesagt» oder
> «Nun kann ich auch nichts mehr daran ändern» –

Indiz für *Feindseligkeit*, die sich gegen eine Person oder Sache der Umgebung richtet.

Die Antwort:

> «Hab ich nicht abgepflückt – nein, das stimmt nicht»

ist ein Zeichen für *aggressive* Ableugnung von Verantwortung.

Es muß wohl kaum erwähnt werden, daß sich viele solcher Antworten im Gesamtergebnis negativ niederschlagen. Während Antworten wie:

«Ich will sie gern bezahlen» oder
«Pflanz ich sie wieder ein» –

als eigenes Bemühen um eine Lösung aus einem gewissen Schuldgefühl heraus angesehen werden und entsprechend positiv zu Buche schlagen.

Entsprechendes gilt selbstverständlich für die Form des Tests für Erwachsene. So gilt eine Reaktion des Gastes, der dem Kellner antwortet:

«Ich finde nicht, meine Beanstandung ist berechtigt» –

– als *aggressive* Ablehnung von Verantwortlichkeit und die Antwort

«Ich weiß nicht, vielleicht bin ich wirklich aufgeregt» –

– als auf sich selbst gerichtete Beschuldigung und Tadel;

Beide Antworten werden bei häufigem Auftreten im Gesamtergebnis sicherlich negativ bewertet.

Was hier, wie in allen anderen Unteraufgaben, deutlich wird, ist sowohl die relative Willkürlichkeit der Interpretation in bestimmten Kategorien (die auch aus der Praxis oft als Interpretationsunsicherheit vernommen wird und Objektivitätsuntersuchungen und Auswerterübereinstimmungen (s. o.), die beim PFT angegeben werden, recht fragwürdig erscheinen läßt) als auch die implizite positive und negative Bewertung der signierten Antworten.

Die Bewertung des gesamten Testresultats ist eigentlich eine Beurteilung der «richtigen» Mischung von Reaktionsformen bzw. Antworttypen, die dem jeweiligen Diagnostiker bzw. seinem Auftraggeber überlassen bleibt und sich letztlich aus dem Diagnoseziel bestimmt. So wird bei der Selektion durchsetzungskräftiger Manager sicher ein anderer Antwortmodus als positiv bewertet und als angemessen angesehen als bei der Auswahl einer anpassungsfähigen Sekretärin oder als in der Untersuchung eines Kindes mit «Disziplinproblemen» in der Schule.

Die Kritik am PFT (wie an allen anderen Testverfahren) wäre jedoch falsch und gefährlich, ginge sie lediglich auf die immanente Fragwürdigkeit dieses Tests ein. So ist zwar wichtig und richtig, mangelnde Gütekriterien zu benennen und sie den Anwendern und Befürwortern dieses Verfahrens entgegenzuhalten. Diese Kritik ist jedoch nicht imstande zu erklären, warum der Test entwickelt und weiter angewendet wird, und somit nicht dazu geeignet, seinen Charakter und seine Funktion zu erfassen. Was erfaßt also der PFT, was für den Anwender von Interesse sein kann?

Er mißt, und das müßte aus dem bisher Gesagten auch klargeworden sein, vor allem die Bereitschaft eines Menschen, eine Situation, in der er selbst sich befindet, als gegeben zu akzeptieren.

Er stellt weiter die Bereitwilligkeit und Fähigkeit fest, sich dieser scheinbar unveränderlichen Situation des Reagierens im Sinne der vermuteten Präferenz des Untersuchenden zu unterordnen. Er mißt die Anpassungsfähigkeit an die von anderen (hier Mächtigeren bzw. die Situation Strukturierenden und Bestimmenden) gesetzten Erwartungen und Normen in Spannungsfeldern wie: Unterordnung – Widerstand oder Leichtnehmen von Schwierigkeiten – Zielstrebiges Herangehen an Probleme etc.

So fragwürdig, wie Rückschlüsse auf reales Verhalten in alltäglichen sozialen Problemsituationen scheinen, so naheliegend sind Rückschlüsse auf die Position und auf das Handeln des Getesteten in anderen der Testsituation ähnlichen Anpassungssituationen.

Konkret: Will er dort gegen «frustrierende» Autoritäten aufmucken oder sich nur gezielt gegen behinderte Untergebene und Gleichgestellte durchsetzen? Hat er vor, eher die Schuld auf sich zu nehmen? Ist er bereit, sich sozial erwünscht zu verhalten? Kann er das? Stellt er es durch sozial erwünschte Antworten im Test unter Beweis? Ist er zur Anpassung bereit?

Diese Bereitschaft des Getesteten wird in einer Form erhoben, die ihm möglichst undurchsichtig ist bzw. die ihm keine Hinweise auf das Ziel des Verfahrens liefert. Durchschaut er es nicht, so zeigt er sich ohne sein Wissen als anpassungsbereit, widerspenstig, durchsetzungsbewußt etc. Durchschaut er das «Spiel», hat er die Wahl zwischen offener eigener Antwort mit der Gefahr, nicht den Vorstellungen des Diagnostizierenden bzw. dessen Auftraggeber zu entsprechen, und auf der anderen Seite zielgerichtetem Testverhalten. Hier antwortet er in Richtung auf die angenommenen Erwartungen und gibt ein erstes Zeichen für seine Bereitwilligkeit zur Unterordnung in Situationen, in denen andere (hier der Diagnostiker) den Ton angeben.

Frank Nestmann

Testname: Baum-Test
Autor: Karl Koch
Bern [3]1957, Huber

---

1. Testart: Projektives Gestaltungsverfahren

2. Allgemeines Grundkonzept
«Aber seht, jeder Baum, sinnvoll betrachtet, ist ein Baum der Erkenntnis» (Hermann Hiltbrenner, nach Koch, 1949, S. 7). Karl Koch geht von dieser Weisheit aus, die durch eine «Kulturgeschichte des Baumes» und Hinweise auf Mythologie und Religion, Märchen und Sagen ergänzt wird. «Was in der Baumzeichnung zum Ausdruck kommt, ist keine echte Physiognomie, sondern fast eher eine Ausscheidung des Innern, ein Hinausverlegen des Innern in ein zwar menschenähnliches, aber seinem inneren Wesen nach verschiedenartiges Gebilde. Es ist ein ‹Hinaushängen› der Seele, und was herauskommt, ist

nicht etwa ein ‹Gesicht›. Wie es dem Gesetz des Baumes entspricht, das Innere hinauszuverlegen, so folgt die Seele des Menschen dem Gesetz des Baumes.» (Koch, 1949, S. 10)

«Der Baumtest gehört in die Reihe der Projektionstests» (Koch, 1949, S. 9). Der Zeichner projiziert seine Seele in den Baum, obwohl auch dem Testautor nicht so ganz klar ist, «mit welcher seelischen Schicht die (Versuchsperson, G. R.) auf die Aufgabe reagiert, einmal ist die Oberfläche, einmal die Tiefe angesprochen» (Koch, 1949, S. 8). Trotz dieser Unklarheit soll der Test das psychische Entwicklungsniveau normaler und debiler Kinder, emotionale Störungen, neurotische Fehlentwicklungen usw. erkennen lassen; selbst «Betrüger» und «Lügner» entlarven sich im Baum-Test, «die Baumzeichnung des ‹Betrügers› ist zum Röntgenbild des Scheins geworden» (Koch, 1957, S. 104). So öffnen sich Persönlichkeit und Seele nach Ansicht von Karl Koch dem Interpreten, wenn auch das Baum-Material «nicht etwa zu einer vollen Charakteranalyse» reicht (Koch, 1949, S. 7).

Testmaterial ist naturgemäß nicht nötig. Der Proband erhält ein weißes Blatt (Format DIN A 4), einen Bleistift und ein Radiergummi; dann wird er aufgefordert, einen Baum zu zeichnen, aber keinen Tannen- oder Fichtenbaum. Kindern wird die Instruktion gegeben: «Zeichne einen Apfelbaum». Es gibt keine Zeitbegrenzung. Ist der Testleiter mit dem Ergebnis unzufrieden, wird um Wiederholung gebeten mit dem Hinweis, einen ganz anderen Baum zu zeichnen. Der Baum-Test kann auch als Gruppentest durchgeführt werden.

Wichtigster Auswertungsfaktor ist die Erfahrung des Interpreten, dessen Eindruck vom Baum im Vergleich mit vielen anderen Bäumen von vielen anderen Probanden eine Gewähr für ein richtiges und treffendes Urteil liefere. Reicht das nicht, kann die «Baumsymbolik» herangezogen werden: «Links» und «Rechts», «Unten» und «Oben» des Baumes, in dem der Test gezeichnet worden ist, werden als Ausdruck bestimmter Eigenschaften und/oder Entwicklungstendenzen der Persönlichkeit betrachtet. Eine weitere Auswertungsebene ist die «Baumsymbolik», nach der Krone und Äste, Stamm und Wurzel, Blätter, Blüten und Laub usw. nach den verschiedensten Kriterien interpretiert werden. Eine letzte Auswertungsebene ist die «Graphologie»; bestimmte Merkmale graphologischer Deutungen werden auf den Baum-Test übertragen.

Für den ungeübten Anwender enthalten die Koch-Bücher (im wahrsten Sinne!) eine ungezählte Fülle von Interpretationsbeispielen und -hinweisen. Im übrigen hat Koch Häufigkeitstabellen für verschiedene Interpretationsmerkmale, aber auch für einige Gruppen «Auffälliger» oder «Abweichender» erstellt, die eine grobe Richtschnur für quantitative Kontrolle der Interpretation sein sollen.

3. Gültigkeit

Der Baum-Test hat keine Gültigkeit in strengem testtheoretischem Sinn.

Validitätsversuche sind der sog. «Wittgensteinindex», der die Beziehung zwischen der Höhe einer Linie, die den Baum durchtrennt, und Entwicklungsdaten oder -ereignisse «indiziert», d. h. Vermutungen über ihn anstellt. Es ist versucht worden, Korrelationen zwischen der «Gesamtinterpretation» des Baum-Tests und klinischen Befunden (Städel, 1955) bzw. zwischen Rorschachtest und Baumtest (Tolor, 1957) zu errechnen.

Schließlich ist der Zusammenhang zwischen differential-diagnostischen Kategorien (Schizophrenie; Hertrich, 1954); konstitutionelle Reifeentwicklung (Schröder, 1956) und Baumtest untersucht worden.

Festzuhalten bleibt: Der Test hat *keine* Validität im psychometrischen Sinne.

4. Zuverlässigkeit, Interpretation und Aussagewert

Zuverlässigkeitsdaten liegen nicht vor, auch keine näheren Erläuterungen dazu vom Testautor.

Zur Interpretation lassen sich deskriptiv-statistische Daten heranziehen, die hinsichtlich bestimmter Merkmale wie «Stammhöhe/Kronenhöhe», «Kronenbreite» usw. Verhältnis(Prozent-)zahlen verschiedener Personengruppen angeben: Debile zu normalen Kindern, angelernte Arbeiter und kaufmännische Angestellte zu Kinder-Alters-Gruppen, Neger zu Kindern usw. Es gibt aber weder verbindliche Hinweise auf die in bestimmten Merkmalsausprägungen sichtbar werdenden «Gesetzmäßigkeiten» noch auf gesicherte Interpretationsmuster der von Koch gelieferten Prozentzahlen. Der Aussagewert richtet sich allein nach der klinischen Erfahrung des Anwenders bzw. nach seiner «Intuition».

5. Normen

Koch stellt Häufigkeitstabellen zusammen hinsichtlich bestimmter Auswertungskriterien und Personengruppen (s. unter «Zuverlässigkeit»), die vage Vergleiche ermöglichen. Normtabellen im strengen Sinn gibt es nicht.

6. Allgemeine Kritik

Mehr noch als andere «projektive Verfahren» läßt der Baum-Test dem Anwender bzw. Interpreten nahezu unbegrenzten Spielraum. Kontrolle, Überprüfbarkeit und Vergleichbarkeit von Ergebnissen und Schlußfolgerungen sind nicht gewährleistet.

Die theoretischen Grundlagen sind interessant und lehrreich, aber mehr aus kulturgeschichtlichen als psychologischen Gründen. Sie sind unverbindlich; über den Zusammenhang zwischen dem gezeichneten Baum und psychischen Zuständen oder Prozessen gibt es so viele Auffassungen wie Anwender. Das Urteil des Interpreten ist in der Regel ein kunstvolles Gebäude aus begrifflichen Bausteinen, deren undefinierter und beliebig interpretierbarer Inhalt der Phantasie des Psychologen alle Möglichkeiten, dem Getesteten aber eher beängstigende Perspektiven eröffnet. «Während die Linksbetonung . . . interpretiert werden kann als: Introversion, Unehrlichkeit, Eigenbezüglichkeit,

Sammlung, Beschaulichkeit, Ablehnung, Zurückhaltung, Vorsicht, Grübelei, Selbstbespiegelung usw., so läßt sich die Rechtsbetonung» interpretieren als «sich breit machen, selbstbewußt sein, Geltungwille, Extraversion in der Phantasie, halb und ganz träumerisches Schweigen, Flüchtigkeit, Mangel an Konzentration, Erlebnisdrang» (Koch, 1949, S. 13). Mit diesem Jargon herablassender Demütigung wird nicht beschrieben, mit ihm werden Urteile gesprochen, die weder recht noch billig, weder begründet noch überprüfbar sind.

Der Baum-Test wird – wohl wegen der Beliebigkeit der Interpretationen – überraschend oft angewendet. Gerade deshalb muß auf fahrlässige Äußerungen wie die folgenden hingewiesen werden: «Die Tatsache, daß definierbare Merkmale der Baumzeichnung gewisse entwicklungsbedingte Gesetzlichkeiten erkennen lassen, kann als Ausweis der Gültigkeit des Baumtests zur Erfassung der kindlichen Entwicklung und ihrer Störungen beurteilt werden» (Hiltmann, 1977, S. 210). Es gibt weder für die Voraussetzungen noch für die Auswertungskategorien, noch für die Interpretationsmuster des Baum-Tests *gültige* Grundlagen.

Literatur

Hertrich, O. H.: Der Baumtest am Schizophrenen, Diss., Tübingen 1954

Hiltmann, H.: Kompendium der psychodiagnostischen Tests, Bern ³1977

Koch, K.: Der Baum-Test, Bern 1949, ³1957

Schröder, R.: Über den Zusammenhang zwischen der konstitutionellen Reifeentwicklung in der Pubertät und der graphischen Gestaltung im Baum-Test, Diss., Tübingen 1956

Städel, B.: Der Baumtest nach Koch als Hilfsmittel bei der medizinisch-psychologischen Pilotenselektion und ähnlicher Verfahren, Diss., Zürich 1954

Tolor, A., The stability of tree drawings as related to several Rorschach signis of rigidity, in: Journal of Clinicala Psychologie, 13 (1957), S. 162–64

Günter Rexilius

Testname: Wartegg-Zeichen-Test (WZT)
Autor: Ehrig Wartegg
Göttingen 1953, Hogrefe

1. Testart: Projektiver Persönlichkeitstest

2. Allgemeines Grundkonzept
Der WZT ist ein diagnostisches Verfahren zur «Graphoskopie», unter der «ein psychodiagnostisches Verfahren» zu verstehen ist, «welches die zeichnerisch testmäßige Weiterführung planmäßig variierter Reizgegebenheiten in gefügehaft überschaubarem Zusammenhang fordert und auf Grundlage experimentell kontrollierter Wechselbeziehungen

der Antriebs- und Empfindungsfunktionen im optischen Felde Einblick in den Schichtenaufbau kortikaler Steuerung von reflexiblen Ausgangspositionen bis zur qualitativen Differenzierung geistiger Sinnbezüge ermöglicht» (Wartegg, 1953, S. 9).

Reizgegebenheiten sind 8 quadratische Felder auf einem DIN-A-4-Bogen, die jeweils ein Anfangszeichen enthalten. Aufgabe des Probanden ist es, aus jedem Zeichen eine Figur zu zeichnen; am Schluß wird nach Sinn und Inhalt der Figuren und nach den «besten» und «schlechtesten» gefragt.

Von den Anfangszeichen wird angenommen, daß sie eine «archetypische Funktion ... im Sinne von C. G. Jung haben» und deshalb «als Meßkriterium entwicklungs- und strukturell-bedingter Haltungen» dienen können. Archetypen sind «als gleichsam kollektives Erfahrungsgut phylogenetisch vorgebahnt» (Wartegg, 1953, S. 27) und deshalb als Grundlage für ein Meßkriterium geeignet.

Aus den Zeichnungen können dann schließlich «alle jenen reflexiblen Teilreaktionen abgelesen werden, die als kortikale Faktoren der sensomotorischen Reizbewältigung den zeichnerischen Gestaltungsprozeß physiologisch unterbauen» (Wartegg, 1953, S. 21) und von denen dann auf die Gesamtpersönlichkeit geschlossen werden kann.

Der Test kann als Gruppen- oder Einzeltest durchgeführt werden.

3. Gültigkeit

Für Wartegg selbst scheint das Problem der Gültigkeit nicht zu bestehen, es taucht bei ihm nicht auf. Bei Sehringer (1964) sind Arbeiten zur Itemvalidierung angeführt, denen keine überzeugenden Validitätsaussagen zu entnehmen sind. Andere Arbeiten zur Differentialdiagnose von Psychosen, Süchtigkeit und Sonderschulbedürftigkeit können kaum als Validierungsversuche gelten, weil diese Validitätskriterien vor allem durch ihre Uneindeutigkeit und eigene «Ungültigkeit» ausgezeichnet sind: Der Begriff der Psychose ist nahezu beliebig verwendbar und wird praktisch von Diagnostiker zu Diagnostiker verschieden interpretiert (s. Dörner, 1975; Süchtigkeit ist ein Oberbegriff für die verschiedensten Ursachen, Verläufe und Zustände; und Sonderschulbedürftigkeit ist weder durch Tests noch durch Lehrerurteile einigermaßen definierbar, ist ein multifaktorieller Zustand (s. Ferdinand und Uhr, 1973; Löschenkohl, 1975). Andere Tests als Validierungskriterium (MPI, Wischmas) sind keine bessere Lösung, weil ihre eigene Validität eher fragwürdig ist.

Gültigkeit ist für den WZT bislang unbelegt.

4. Zuverlässigkeit, Aussagewert und Interpretation

Über die Zuverlässigkeit des WZT gibt es keine Angaben.

Ausgewertet werden die Bilder nach: Bildabfolge und Zeit; Schichtprofil; Qualitätenprofil; qualitative Dominante; qualitatives Polverhältnis; Bildgefüge; Charakterologische

Projektion der Darstellungs- und Sinnakzente (Einzelheiten auch bei Brickenkamp, 1975, S. 560–62).

Grundlage für die Interpretation sind die Einzelauswertungen und ihre Einzelheiten: Begriffe, Kategorien, Interpretationsmuster. Da jedoch keine verbindlichen oder kommunizierbaren Regeln für die Auslegung, Deutung, Entfaltung der Begriffe und Kategorien vorliegen, werden zusätzlich Fallbeispiele als paradigmatische Interpretationshilfe herangezogen.

Der Anspruch des WZT auf Anwendung ist groß: so soll er in der psychiatrischen Diagnostik, bei der Hilfsschulauslese, in der Erziehungsberatung, bei der Oberschulauslese, in der Berufsberatung, in der Charakterologie, in der Neurosenanamnese, in der Forensischen Diagnostik angewendet werden (Wartegg, 1953, S. 39–52). Gründe, warum der Test in allen diesen Bereichen anwendbar sein könnte, führt Wartegg nicht an, schon gar nicht Belege für ihren prognostischen, therapeutischen Entscheidungswert; er fügt lediglich einige lockere Assoziationen über mögliche Zusammenhänge zwischen möglichen Notwendigkeiten und Zielen in den jeweiligen Aufgabengebieten, möglichen psychischen Voraussetzungen und möglichen Details in den Zeichnungen im WZT aneinander. Im Zusammenhang mit Erziehungsberatung heißt es etwa: «Es ist – bei weitgehender Berücksichtigung der von der Normalreihe abweichenden Original-Minus-Lösungen – im einzelnen festzustellen, ob Zeichen 1 durch diffuse Verlagerung der Mittelpunkte Störungen der Selbstsicherheit oder Zeichen 2 in Einengung oder Verfestigung der Wellenlinie Kontakthemmungen hervorkehrt» (Wartegg, 1953, S. 41) usw. usf. Weitere Angaben darüber, weshalb sich etwa «Kontakthemmung» «in Einengung oder Verfestigung der Wellenlinie» äußert, fehlen, wie für jeden anderen Interpretationshinweis, jede andere Kategorie auch.

5. Normen

Wartegg teilt eine «autogenetische Grundreihe» mit, in der für 3- bis 6jährige Kinder die gesetzmäßige Entwicklung der zeichnerischen Fertigkeiten erfaßt werden als «stufenweise Reizbewältigung und die allmähliche Einbettung sensomotorischer Reflexe in optische Sinnbezüge» (Wartegg, 1953, S. 18).

Darüber hinaus gibt es eine «Normalreihe», «eine Zusammenstellung jener Sinnmotive, die unter 100 Lösungen durchschnittlich mehr als einmal vorkommen» (Wartegg, 1953, S. 18). Woher diese Tabellen kommen, wie sie entstanden sind, an wie vielen Probanden sie erhoben wurden, wie der Bezug der einzelnen Zeichnung des einzelnen Probanden auf sie zu interpretieren ist, bleibt ungeklärt. Es handelt sich um die Zusammenstellung von Zeichnungen und Begriffen, deren enger Zusammenhang mit Test und Interpretation unerfindlich bleibt.

6. Allgemeine Kritik

Die theoretische Grundlage, von der Wartegg ausgeht, ist *eine* unter Dutzenden von Persönlichkeitstheorien. Er deutet «den graphischen Ausdruck vor dem Hintergrund eines erklärtermaßen zuerst entworfenen Persönlichkeitsmodells. Dabei wird in jedem Fall die Fülle der beobachteten graphischen Merkmale und der zugeordneten Persönlichkeitsbezüge experimentell nicht mehr faßbar» (Sehringer, 1971, S. 708). Die Theorie, die Wartegg über die Persönlichkeit entwickelt, ist einerseits ein eklektisches, unverständliches und unbegründetes Kauderwelsch aus psychoanalytischen psychiatrischen, behavioristischen und reflexologischen (Pawlow) Segmenten, andererseits ein bunt schillerndes Mosaik aus unzähligen Eigenschaften, Charakterzügen, individuellen Eigenarten, über deren Zusammenhang, Bedeutung, Sinn und Ausdruck im Verhalten nichts Näheres bekannt ist. Sie sind damit nicht nur als solche, sondern auch in ihrer Interpretation beliebig.

Geradezu kriminell wird der Unfug, wenn von Berufsberatung und «Arbeitscharakteren» gesprochen wird. Da gibt es neben den «Einfühlend-Besinnlichen» für das «weiche, organische Material» die «Gefühlsbewegt-Findigen» für «reizbetont wechselvolle Tätigkeit mit Geltungsanspruch», neben den «Gefühlswarm-Lebensnahen» für «weiches und halbhartes Material» die «Praktisch-Wendigen» für «Freiluft, Reise oder Betriebsgruppenarbeit am beweglichen Material», neben den «Tatkräftig-Zielstrebigen» für «hartes Material und selbständigen Arbeitsplatz» die «Triebkräftig-Zähen», die in «naturverbundener Freiluftarbeit vital-instinktiv verwurzelt sind (Wartegg, 1953, S. 42f). Und in der Charakterologie soll in «eindeutig polarer Anordnung das letztlich biologisch fundierte Wechselspiel von Antrieb und Empfindung unter dem Aspekt personaler Strukturiertheit» herausgearbeitet werden.

Die Testinterpretation bleibt schließlich willkürlich bei derart weiten, metaphysischen und undefinierbaren Interpretationsgrundlagen. Es gibt keine auch nur annähernd verläßliche, sinnvolle und nachprüfbare Sicherheit für irgendwelche Aussagen auf der Grundlage des WZT.

Literatur

Brickenkamp, R.: Handbuch psychologischer und pädagogischer Tests, Göttingen 1975

Dörner, K.: Diagnosen in der Psychiatrie, Frankfurt 1975

Ferdinand, W., und Uhr, : Sind Arbeiterkinder dümmer – oder letztlich nur ‹die Dummen›? In: *Psychologie in Erziehung und Unterricht*, 20 (1973), S. 31–35

Löschenkohl. E.: Über den prognostischen Wert von Schulreifetests, Stuttgart 1975

Sehringer, W.: Zeichnerische Gestaltungsverfahren, in: Handbuch der Psychologie, Band 6, Göttingen ^{3}1971, S. 706–743

Wartegg, E.: Schichtdiagnostik, Göttingen 1953

Günter Rexilius

Testname: Familie in Tieren
Autor: Luitgard Brem-Gräser
München/Basel ²1970, Reinhardt

1. Testart: Projektives, zeichnerisches Gestaltungsverfahren

2. Allgemeines Grundkonzept
Das Verfahren «Familie in Tieren» ist für die Schul- und Erziehungsberatung vorgesehen. Dem Kind wird hierbei die Aufgabe gestellt, sich seine Familie als Tierfamilie vorzustellen und sämtliche Familienmitglieder einschließlich der eigenen Person als Tiere zu zeichnen. Zusätzlich soll das Kind die Reihenfolge der Zeichnungen, die Tiernamen und den Namen des jeweils zugeordneten Familienmitglieds auf dem Bild festhalten. Die Instruktion kann je nach Alter des Kindes modifiziert werden.

Die Autorin glaubt, daß «das unmittelbar seelische Erleben . . . ablesbar an den Zeichnungen» ist (S. 27), daß das Kind eigene Erlebnisse und Affekte in die Zeichnungen projiziert, die dem Diagnostiker Rückschlüsse auf die Persönlichkeit des Kindes und auf das Erleben der familiären Situation erlauben. Unter recht lockerem Rückgriff auf geistesgeschichtliche und anthropologische Quellen versucht die Autorin zu belegen, daß die Darstellung von Tieren aufgrund des engen Verhältnisses zwischen Mensch und Tier und aufgrund der vielschichtigen Tiersymbolik geeignet sei, kindliches Erleben zum Ausdruck kommen zu lassen.

Die Auswertung der Zeichnungen berücksichtigt formale und inhaltliche Gesichtspunkte: a) formale Aspekte (graphologisch: Strichcharakter, Strichführung usw.), b) Reihenfolge der Tiere, c) gleiche/ungleiche Tiere, d) Gruppierungen (stereotype Reihung, zentrifugale Anordnung usw.), e) Größenverhältnis, f) Ausdrucksgebaren der Tiere, g) Charakter der Tiere, h) Gesamtbetrachtung bezüglich der kindlichen Problematik.

3. Gültigkeit
Das Verfahren soll vom 4./5. Lebensjahr bis zum 14./15. Lebensjahr anwendbar sein.

In den zeichnerischen Darstellungen sollen insbesondere kindliche Erlebnisverarbeitungen folgender familiärer Themenbereiche zum Ausdruck kommen: Geborgenheitsproblematik, Kontaktproblematik (Mittelpunktkind, nichtbeachtetes Kind), Machtproblematik. Die Autorin berichtet, daß mit 800 von einer Beratungsstelle untersuchten Kindern (ohne Altersangabe) das Verfahren durchgeführt worden sei (allerdings werden davon nur 683 Zeichnungen als gelungen im Sinne der Testaufgabe bezeichnet). Von 372 Zeichnungen, in denen eine der drei familiären Grundthematiken hervortrat, wiesen 301 eine Übereinstimmung zwischen psychologischem Gutachten und Testergebnis auf (keine Angaben über empirische Vorgehensweise und statistische

Überprüfung bei diesen Ergebnissen).

Die psychologische Bedeutung der Testbefunde versucht die Autorin anhand von Fallbeispielen (Zeichnungen, Interpretation, anderweitige Explorationsbefunde) zu unterstreichen. Zur Illustration Fallbesprechung XI (vgl. S. 108f):

- Beratungsgrund, Problematik: W., 12 J., Einzelkind, als Kleinkind «sehr zart», «tyrannisiert Eltern u. Großeltern durch maßlose Ansprüche», mangelnde Anstrengungsbereitschaft und Schulleistungen, Vater Arzt, Mutter Arzthelferin, beide haben wenig Zeit für W., jedoch «abgöttische Liebe» zu W.
- Zeichnung: Vater als Pferd, dahinter Mutter als Tiger, W. als Adler über beiden «schwebend».
- Interpretation der Autorin (zusammengefaßt): schwebender Adler zeigt gewisse Domination an, jedoch «kompensatorische Erhöhung» von W. (tonige Strichführung, gesenkte Kopfhaltung des «Adlers»); «Spannung zwischen Unabhängigseinwollen und Abhängigseinmüssen»; anscheinend keine tatsächliche Überlegenheit von W.

Das Beispiel zeigt, wenngleich hier etwas unanschaulich, wie über intuitive, mehr oder weniger nachvollziehbare Analogieschlüsse Zeichnungen aus «Familie in Tieren» mit psychologischer Bedeutung vollgeladen werden; die Interpretation der Zeichnung scheint zudem auf die übrigen Explorationsdaten inhaltlich abgestimmt worden zu sein.

4. Zuverlässigkeit

Interpretation und Aussagewert

Hierzu liegen keine Angaben vor.

5. Normen

Anhand von 2000 Kinderzeichnungen gibt die Autorin einen Überblick, welche Tiere am häufigsten gezeichnet werden, welche Tiere am häufigsten bestimmten Familienmitgliedern zugeordnet werden und welche Eigenschaften (positiv – negativ) den verschiedenen Tieren zugeordnet werden. Altersspezifische Unterschiede oder sonstige Unterschiede werden bei diesen Daten nicht mitgeteilt; eine ausdrückliche Relativierung der Testinterpretation aufgrund dieser mitgeteilten Häufigkeitsdaten wird nicht vorgeschlagen (keine explizite Normierung).

6. Allgemeine Kritik

Das Verfahren entspricht in vielerlei Hinsicht nicht den üblichen Anforderungen und Kriterien psychologischer Tests (halbwegs standardisiert ist lediglich die Instruktion und das Thema der Zeichnungen; Angaben zu den Testgütekriterien liegen nicht vor). Die psychologischen Interpretationsvorschläge orientieren sich an vagen Analogieschlüssen; d. h. Analogien werden zwischen der Form der Zeichnung (Reihenfolge, Strichführung, Raumlage der Tiere usw.), «Eigenschaften» der Tiere einerseits und davon herrührenden psychologischen Anmutungen andererseits hergestellt. Die empirische Absicherung der Interpretationen ist unzureichend: Testbefunde werden mit Befunden aus anderen Informationsquellen vermischt (s. Beispiel);

die von der Autorin mitgeteilten Ergebnisse aus der Beratungspraxis werden weder problematisiert (obwohl von 800 Zeichnungen mehr als ein Siebtel unzulänglich war, nur knapp die Hälfte auf eine der drei zentralen Thematiken hinwies) noch einigermaßen stichhaltig auf ihre Gültigkeit überprüft.

Inwieweit «Familie in Tieren» eine wichtige Ergänzung eines Explorationsgesprächs sein kann, ist vor diesem Hintergrund sehr fraglich. Zweifellos besitzt das Verfahren eine gewisse Attraktivität für jüngere Kinder, nicht zuletzt wohl auch für interpretationsfreudige Diagnostiker; zweifellos transportieren Zeichnungen, wie alle menschlichen Äußerungen, psychologische Informationen; man wird jedoch kaum auf Grund der kindlichen Zeichnungen zuverlässige Aufklärung darüber erwarten können, ob diese Informationen besondere Interessen, aktuelle Wahrnehmungen, Befürchtungen, Wünsche oder «tieferliegende Dispositionen» signalisieren oder auch nur Ausdruck sozialer (individuell gebrochener) Stereotype sind. Unter Umständen erlaubt der «Test» hypothetische Hinweise zur Steuerung des weiteren Explorationsverlaufs; möglicherweise taugt aber das Verfahren weit weniger zur Gewinnung zentraler psychologischer Hypothesen als zur Befriedigung voyeuristischer Tendenzen des Diagnostikers (wogegen sich die Autorin mit Hinweis auf das Berufsethos ausdrücklich verwahren zu müssen glaubt; vgl. S. 15).

Paul Walter

Testname: Sceno-Test
Autorin: Gerhild von Staabs
Stuttgart [2]1951, Hirzel

---

1. Testart: Persönlichkeit-Gestaltungsverfahren

2. Allgemeines Grundkonzept
Der Sceno-Test ist eigentlich kein Test, sondern ein «Szenarium», auch wenn Staabs meint, «daß es sich hier, wie die weiteren Darlegungen zeigen, um einen Test handelt, weil dieser ein experimentelles Werkzeug darstellt, um für praktische Zwecke auf kurzem Wege zu einem Urteil zu gelangen, das für wissenschaftliche Zwecke sonst längerer und weiterer Umwege bedürfte» (S. 15). «Szenarium» meint, daß es sich um ein Verfahren handelt, in dem der Proband unter Verwendung vorgegebener Figuren und Gegenstände in handlicher Form Szenen nach eigenem Interesse, Bedürfnis, Gutdünken darstellen soll. Das Ziel besteht darin, «die nicht selten vom Patienten oder den Angehörigen mehr oder weniger subjektiv gefärbte Vorgeschichte zu erhellen, also

die *Testbestandsdiagnostik* zu erweitern, als auch zweitens zu ermitteln, wie der Patient bewußt und unbewußt seine Umgebung erlebt und innerlich zu ihr Stellung nimmt, um dadurch die *Persönlichkeitsdiagnostik* zu vertiefen» (S. 10).

Das Spielmaterial selbst besteht aus 16 biegsamen Puppen (8 Erwachsene, 8 Kinder), die alle unterschiedliches Aussehen haben und ganz verschiedene «Rollen» spielen können; dazu kommen Bausteine, Bäume, Blumen, Fahrzeuge, Tiere, alltägliche Gebrauchsgegenstände. Die Figuren sollen durch ihre «Beweglichkeit in allen Gelenken das Kind besonders anregen, wechselseitige Beziehungen, Stimmungen und Affekte der einzelnen Personen durch Gebärde und Haltung in szenischen Darstellungen zum Ausdruck zu bringen. Dadurch wird die Versuchsperson gedrängt, ganz speziell ihre Affekte und Konflikte gegenüber Personen ihrer nächsten Umgebung im Spiel zu erleben und sich mit ihnen auseinanderzusetzen.» (S. 13) Weil die Personen in der Regel «Scenen» ihrer eigenen Problematik oder aktuelle Konfliktsituationen spielen, heißt der Test «Sceno-Test».

Der Test wird als Einzeltest von drei Jahren an aufwärts, auch mit Erwachsenen, angewendet. Er wird nicht nur diagnostisch appliziert, sondern auch zu therapeutischen Zwecken verwendet, im Verlauf einer Therapie zur Darstellung, zur Reflexion des Behandlungsverlaufs oder zum «kathartischen Abreagieren».

3. Gültigkeit

Über die Gültigkeit liegen keine Angaben vor.

4. Zuverlässigkeit, Interpretation und Aussagewert

Zur Zuverlässigkeit gibt es keine Informationen. Der Test soll Aussagen ermöglichen über das Erleben und seine Verarbeitung, über die Beziehungen des Probanden zu seiner Umwelt, soweit sie mit den Testmaterialien darstellbar ist. Nach Staabs spielen sich beim Sceno-Test die Affekte im Rahmen einer Miniaturwelt ab. «Die Bedeutung liegt darin, daß hier am Spiel der häuslichen Umwelt – die durch Beziehungspersonen und Umgebung dargestellt werden kann – die Äußerungshemmungen der Menschen unmerklich überwunden werden und die innerseelischen Schwierigkeiten frei Gestalt gewinnen. Unwillkürlich bewirkt dabei das Spiel mit Puppenfiguren stärkere Distanzierung vom eigenen Erleben. Durch seine vielseitigen Ausdrucksmöglichkeiten vermag das Zusatzmaterial jegliche Handlung und Scenerie anzudeuten und unwillkürlich auch Aussagen über die Wesensart zu machen, die für die einzelnen auftretenden Figuren charakteristisch sein soll.» (S. 15)

Durch Beobachtung und Festhalten der Szene (Zeichnung, Fotografie) wird das Spiel interpretierbar. Zusätzliche Interpretationshilfen liefert die anschließende Frage an den Probanden, was er dargestellt habe. Diese Informationen, Anamnesedaten und Kenntnisse aus dem Therapieverlauf bilden den Hintergrund der Interpretation.

Anhand kasuistischer Beispiele gibt Staabs zusätzliche Interpretationshilfen.

5. Normen

Über Normen liegen keine Angaben vor.

6. Allgemeine Kritik

Nach Staabs läßt sich der Sceno-Test in der Diagnostik, in der Forschung, in der forensischen Medizin und in der Therapie anwenden. Er erscheint als ein Mittel, daß unter bestimmten Voraussetzungen eine große Hilfe für Diagnostiker und Therapeuten sein kann:

1. Über den sozialen und psychischen Hintergrund (inklusive Familie, Schule, peer-group) müssen differenzierte Kenntnisse vorliegen.
2. Die Anamnese muß umfassend und gründlich erhoben werden.
3. Die Interpretation muß mit dem Probanden gemeinsam geschehen und im Therapieverlauf überprüft werden.

Unter diesen Bedingungen lassen sich mit Hilfe des Sceno-Tests wichtige Zusammenhänge, in denen der Proband steckt, aufdecken, bestätigen, Auffassungen des Therapeuten über sie korrigieren. Da er dem Rollenspiel ähnelt und die Erlebniswelt herausfordert, sind ihm wichtige Hinweise zu entnehmen. Anzumerken ist auch, daß mit Hilfe des Sceno-Tests Schwerhörigen, Taubstummen und Sehgestörten die Möglichkeit gegeben werden kann, ihr Erleben, Fühlen, ihr mögliches oder erwünschtes Handeln zu äußern.

Allerdings scheinen auch erhebliche Einschränkungen notwendig zu sein. Staabs weist auf die Möglichkeiten des Einsatzes in der forensischen Medizin hin und berichtet über zwei Fälle, die den Einsatz eher fragwürdig erscheinen lassen – *Entscheidungen* lassen sich an den Sceno-Test nicht binden, er kann nur unter den genannten Voraussetzungen *ein* diagnostisches Hilfsmittel sein.

Noch problematischer wird der Einsatz des Sceno-Tests «zur Erfassung charakterologischer Struktur». Angeblich «ergeben sich bei der Versuchsbeobachtung eine Reihe von Hinweisen auf die allgemeine Struktur der Psyche, auf das, was man häufig Wesensart nennt, auf Züge ihrer Begabung, auf bewußte Neigungen und Charaktereigentümlichkeiten». Angeblich können «Produktivität und Gestaltungsfreude, Einfallsreichtum und Phantasie, Farbenfreudigkeit, Selbständigkeit, Temperament und Gefühlsbetontheit sowie Wirklichkeitssinn» (S. 24) über den Sceno-Test erfaßt werden.

Wer sich hütet, seine Arbeit mit dem Sceno-Test von derartigen Wort- und Sinnungetümen freizuhalten, kann ihn zum Wohle des Probanden einsetzen, überlegt und nutzbringend.

Günter Rexilius

4. Interessentests

Testname: Berufs-Interessen-Test (BIT)
Autor: M. Irle
Göttingen 1955, Hogrefe

---

1. Testart: Interessentest bzw. Berufseignungstest

2. Allgemeines Grundkonzept
a) *Aufgabe:*
Diagnose der Richtung und Stärke berufsbezogener Interessen: die Ergebnisse sollen objektiv, vergleichbar, zuverlässig und gültig sein (vgl. Handanweisung, S. 5).

Die Aufgabenstellung (wie auch die Konstruktion) des Tests erfolgt offensichtlich in Anlehnung an die Bedürfnisse der Käufer von Arbeitskraft, nicht aber der einen Arbeitsplatz oder eine Ausbildungsstelle suchenden Test-Probanden. Ein Ratsuchender benötigt keine «objektive» Diagnose der Richtung und Stärke seiner Interessen, er kennt aus unmittelbarem Erleben seine Interessen.

Was er benötigt, sind Antworten auf die Frage, zum einen, ob die in seinen Interessen enthaltenen Vorstellungen über den interessierenden Gegenstandsbereich realistisch sind, zum anderen, wie er diese seine Interessen in die Tat umsetzen kann; dazu nützt ihm der Test aber überhaupt nichts, im Gegenteil, er verschleiert nur die wirklichen Arbeitsbedingungen.

Auch die «Vergleichbarkeit» seiner Interessen mit denen anderer Pbn. interessiert nicht ihn (er *ist* einfach mehr oder weniger interessiert), sondern den potentiellen Käufer seiner Arbeitskraft, der sich ein möglichst starkes Interesse für die angebotene Tätigkeit als «subjektiven Faktor» ihrer Verwertbarkeit wünscht.

Ähnlich verhält es sich mit «Zuverlässigkeit» und «Gültigkeit». Der Arbeit«geber» muß sich darauf «verlassen» können, daß die Interessen auch wirklich in die Tätigkeit eingebracht werden und sich nicht etwa nur zum Zeitpunkt der Messung einstellen, und er möchte natürlich sichergehen können, daß es wirklich das Interesse an der verlangten Tätigkeit ist, das jemanden zu einer Bewerbung motiviert, und nicht ein vorgetäuschtes, nicht der bloße Anreiz z. B. einer höheren Entlohnung.

Und auch in dem Fall, daß ein Ratsuchender nicht so recht weiß, was seine Interessen sind, hilft ihm der Test nicht weiter oder doch nur scheinbar.

Interessen entwickeln sich in Auseinandersetzung mit der natürlichen und gesellschaftlichen Umwelt, in praktischer Tätigkeit und sozialem Verkehr; wo die nötige Praxis und Erfahrung fehlen, um Interessen entwickelt zu haben bzw. vorhandene Interessen sicher auf ihre Bedeutung für die eigene Lebensplanung einschätzen zu können, kann ein Blatt Papier mit 162 aufgedruckten

Tätigkeiten keine Praxis ersetzen.

Auf den Begriff gebracht wird die Funktion des Tests durch Irle selbst: Es geht um das «bisher sehr schwierig zu lösende . . . Problem, zu diagnostizieren, ob ein Mensch vorhandene Fähigkeiten und Leistungseigenschaften mit großer Sicherheit in dem Beruf und an dem Arbeitsplatz aktivieren wird, die in ihren Anforderungscharakteren seiner Anlagenstruktur entsprechen» (Handanweisung, S. 5). (Vgl. auch Abschnitt «Gültigkeit»)

b) *Anwendungsbereich:*
Alter: Ab 13 Jahren. «Es ist jedoch zu beachten, daß sich die beruflichen Interessen noch während der Pubertät entwickeln und spezifizieren, in dieser Zeit im allgemeinen also noch instabiler sind als beim erwachsenen Menschen.» (Handanweisung, S. 16)

Gerade für Zwecke der Berufseignungsdiagnose bei Jugendlichen erscheint es daher unangemessen, sie hinsichtlich ihrer Interessen mit «erhöhter diagnostischer Intensität» (Handanweisung, S. 9) auf einen «objektiv» und «zuverlässig» ermittelten Wert zu fixieren.

Praxisfelder: Psychologische Berufseignungsuntersuchung (Berufsberatung, Personalauslese, berufliche Umschulung etc.); nur zur Ermittlung der beruflichen Interessen zu benutzen. Zu denken gibt, daß ein und derselbe Test sowohl für die Interessen des Arbeit«nehmers» bzw. Auszubildenden als auch für die des Arbeit«gebers» dienlich sein soll.

c) *Testimmanente Theorie:*
Interessen sind nach Irle «latente Dispositionen, welche die aktuellen Handlungen in einer konkreten Lebenssituation des Individuums *allgemein* antreiben, ordnen und steuern . . . Interessen sind immer *gerichtet* auf bestimmte Objekte, Regionen bzw. Bereiche der Umwelt . . . *Interessen werden difiniert durch ihre Richtung und Stärke.*» (Handanweisung, S. 5, Hervorhebungen von Irle).

In der Auffassung Irles wird dem für die Entwicklung der Persönlichkeit besonders wichtigen Gesichtspunkt der bewußten, erkenntnismäßigen Auseinandersetzung des Individuums mit dem Gegenstand seines Interesses nicht genügend Rechnung getragen.

Die Entscheidungen des Pbn. für bestimmte Tätigkeiten «werden als Symptome für die zu untersuchenden beruflichen Interessen gewertet» (Handanweisung, S. 8).

Ein bestimmtes Interesse eines Pbn. kann sich sehr wohl in bestimmten Wahlhandlungen objektivieren. «Aber man kann diese Handlung *nur in der konkreten Situation,* auf dem Hintergrund der Gesamtheit des Bewußtseins, auf dem Hintergrund der Gesamtheit der äußeren Bedingungen als Ausdruck einer best. Denkweise ansehen.» (Dick, 1974, S. 318f., Hervorhebung von Dick) Es ist daher unwissenschaftlich, Entscheidungen eines Pbn., und ganz besonders in der parzellierten, reduzierten und labilisierten quasi-experimentellen Test-Situation (vgl. Holzkamp, 1972, S. 26ff.), mechanisch als

Symptom beruflicher Interessen zu deuten.

d) *Aufbau:* Untersucht werden 9 Interessenrichtungen:
1. Technisches Handwerk (TH)
2. Gestaltendes Handwerk (GH)
3. Technische und naturwissenschaftliche Berufe (TN)
4. Ernährungs-Handwerk (EH)
5. Land- und forstwirtschaftliche Berufe (LF)
6. Kaufmännische Berufe (KB)
7. Verwaltende Berufe (VB)
8. Literarische und geisteswissenschaftliche Berufe (LG)
9. Sozialpflege und Erziehung (SE)

Die Benennung und Auswahl der mit dem Test erfaßten Interessenrichtungen wird nicht begründet.

Jede Richtung ist durch 18 berufliche Tätigkeiten vertreten. Eine spezielle Anordnung der Testitems in einer 10 × 10-Matrix (auf jeder der beiden Fragebogenseiten 81 verschiedene Items und 19 konstruktionsbedingte Wiederholungen an den Rändern der Matrix) erlaubt es, «jede Tätigkeit aus einer Richtung mit Tätigkeiten aus allen übrigen 8 Richtungen zu konfrontieren, indem sie je 4mal in einem Wahlakt erscheinen.» (Handanweisung, S. 8) Jede einzelne Tätigkeit kann insgesamt 0–4mal gewählt werden, der Maximalwert in einer Richtung beträgt daher 72 Punkte (4 × 18), der Minimalwert 0 Punkte.

Da insgesamt 162 Entscheidungen zu treffen sind, beträgt der Gesamtwert aller Richtungen immer 162 Punkte.

Infolge des Wahlzwanges erhält jeder Pbn. grundsätzlich den Gesamtpunktwert 162. Diese Gleichschaltung der Pbn. nivelliert interindividuelle Unterschiede in der generellen Stärke der Interessen.

Ebenso werden intraindividuelle Interessensunterschiede verzerrt; bei – subjektiv auch nur leichter – Bevorzugung einer Interessenrichtung bleiben für die anderen 8 Richtungen infolge der ipsativen Meßtechnik nur relativ kleine Punktzahlen übrig (vgl. auch Abschnitt «Interpreation»).

e) *Testmaterial:*
Handanweisung, Testbogen mit angehängtem Personal-, Anweisungs- und Profilbogen, ein Satz von 3 Auswertungsschablonen; außerdem Schreibgerät.

f) *Durchführung*
Form: Einzel- oder Gruppentest; Gruppengröße: «Geübter Testleiter» bis zu 50 Personen; »Anfänger« höchstens 20 Personen.

Handhabung: «Bevor der BIT im Ernstfall angewandt wird, muß der Versuchsleiter mehrere Probeuntersuchungen mit ihm durchführen.» (Handanweisung, S. 6) Die Anweisung wird dem/den – mitlesenden – Pbn. vom Versuchsleiter «so langsam, rhythmisch, das Wichtige eindringlich betonend» vorgelesen, «daß keine Schwierigkeiten beim Verständnis der Anweisungen entstehen» (Handanweisung, S. 6) Außerdem hat der Testleiter Verständnisfragen zu beantworten und die Bearbeitung der Testbogen auf Korrektheit hin zu kontrollieren.

Nach Kettel und Simmat gelingt «das Verständnis der Instruktion nicht allen Probanden auf Anhieb ..., so daß es zu Fällen kommt, deren Korrektur nicht nur äußerst zeitraubend ist, sondern vor allem die Motivation der Untersuchten beeinträchtigt» (1967, S. 30). (Sie schlagen daher eine Erweiterung der Instruktion vor.)

Der Testleiter-Einfluß dürfte bei der Durchführung des BIT erheblich sein. Nach Sader und Keil kann «fast jede Eigenart des TL ..., wenn sie extrem genug ausgebildet ist, einen statistisch signifikanten ... Einfluß haben» (1966, S. 291). Die Durchführung des BIT kann daher nur als bedingt objektiv angesehen werden.

Der Pbn. hat sich 162mal zu entscheiden (Zwangswahlverfahren), welche von vier verschiedenen Tätigkeiten, und zwar jeweils nur eine, er «am liebsten tun würde» (vgl. Handanweisung, S. 7). Die Abfolge der einzelnen Entscheidungen wird durch ein dem Testbogen aufgedrucktes System von Pfeilen und Zahlen gesteuert. (Zu den Implikationen des Zwangswahlverfahrens s. «Abschnitt 4.») Der Pbn. soll sich «beim Ausfüllen immer vor(stellen): Alle Arbeiten werden gleich gut bezahlt; Sie haben alles Notwendige zu ihrer Durchführung gelernt; alle Tätigkeiten genießen ein gleich gutes Ansehen bei allen Menschen» (Handanweisung, S. 7).

Die an den Pbn. gerichtete Erwartung, daß er sich im Sinne «reiner» Interessen entscheidet, muß als irreal angesehen werden (zu den Implikationen dieser Abstraktions-Erwartung vgl. Abschnitt 3.)

Zeit: Keine zeitliche Begrenzung; meistens «(ohne Erteilung der Anweisungen) etwa 30–40 Minuten, mindestens 20 und höchstens 80» (Handanweisung, S. 6). «Es empfiehlt sich, den BIT bei Gruppenuntersuchungen, z. B. in der Berufseignungsdiagnostik, vor größeren Pausen oder als letzten Test der gesamten Untersuchung durchzuführen.» (Handanweisung, S. 6)

Die große Spannweite der in der Praxis zu konstatierenden Bearbeitungszeiten läßt vermuten, daß unterschiedliche Antwortstile (z. B. spontan vs. überlegt) bzw. Unterschiede in der Fähigkeit (Geübtheit), Tests zu bearbeiten, zu Verzerrungen führen.

Der in den «Handanweisungen» enthaltene Hinweis: «Es gibt keine richtigen und falschen Antworten; Sie entscheiden nur, was Sie am liebsten tun» (S. 7), kann, zumindest bei einer Verwendung des Tests zu Zwecken der Personalauslese, nur als Irreführung des Pbn. gewertet werden.

g) *Auswertung*

Mit Hilfe der Schablonen werden die Rohwerte der 9 Interessenrichtungen ausgezählt und addiert. Bei Abweichungen von mehr als ± 10 Punkten vom Gesamt-Punktwert (162) ist eine Test-Wiederholung angebracht.

Auf dem Profilbogen, in den die 9 Rohwerte eingetragen werden, können die ihnen entsprechenden Prozentrangplätze abgelesen werden.

3. Normen

Die Normpopulation bestand aus 1150 männlichen und 260 weiblichen Personen; davon waren mehr als die Hälfte Lehrlinge, etwa 20% Schüler und etwa 30% Erwachsene.

Weibliche Probanden sind in der Normpopulation stark unterrepräsentiert.

Die den Rohwerten entsprechenden Prozentrangplätze sind als Gesamtnormen auf dem Profilbogen aufgedruckt.

Die Normen sind nicht differenziert, weder nach Geschlecht, noch nach Alter und Bildungsstand; sie eignen sich daher, genaugenommen, nur für den Vergleich der Ergebnisse von Probanden-Gruppen, deren Zusammensetzung und Charakteristika der Norm-Population entsprechen.

Kettel und Simmat (1968) zeigen dann auch eine Abhängigkeit der Ergebnisse von der Vorbildung der Pbn. auf sowie von traditionellen Geschlechtsrollenstereotypen.

Das Alter der Pbn. war bei ihnen – im Gegensatz zu Irles eigener Aussage (vgl. Abschnitt 2b) – von untergeordneter Bedeutung.

Für eine Kurzform des BIT (Berücksichtigung nur der Vorderseite des Testbogens) errechneten Kettel und Simmat (1968) neue Normen: 13-, 14-, 15jährige Volksschüler/innen, 15- und 16jährige Realschüler/innen, 16- und 17/18jährige Gymnasialschüler/innen (N = 69–327).

Die Verteilung der Prozentrangplätze «ist graphisch so vorgenommen, daß die Normalverteilung der Gaußschen Kurve entspricht(± 3 Signa)» (Handanweisung, S. 9).

Bei dieser Transformation handelt es sich um ein methodisch zumindest zweifelhaftes und zu Mißverständnissen Anlaß gebendes Verfahren, da die Verteilung der Werte aus konstruktionsbedingten Gründen (ipsative Messung) prinzipiell linksgipflig ist. Damit soll nach Irle die Gefahr eingeschränkt werden, «daß der statistisch Unkundige hohe und niedrige Prozentrangplätze überschätzt . . .» (Handanweisung, S. 9). Die Frage stellt sich hier, was ein solcher Test in der Hand des «statistisch Unkundigen» überhaupt zu suchen hat?!

4. Zuverlässigkeit, Interpretation und Aussagewert

Interpretation:

Rangplätze im Bereich zwischen 0 und 25% weisen auf ein im Vergleich zur Normpopulation «schwaches» Interesse hin, zwischen 26 und 75% auf eine «durchschnittliche» und zwischen 76 und 100% auf eine «starke» Interessenausprägung.

Der methodische Aufbau des BIT (ipsative Messung: Die Entscheidung für eine der je vier zur Wahl stehenden Tätigkeiten ist – gewollt oder nicht – eine Entscheidung gegen die drei anderen) führt zu verzerrten Ergebnissen.

Minimal unterschiedliche Interessensausprägungen können maximal unterschiedliche Prozentrangplätze zur Folge haben. Aussagen über die Intensität von Interessen, über die Größe intraindividueller Unterschiede zwischen den Interessen eines Pbn. sowie über Unterschiede zwischen verschiedenen Pbn. sind nicht möglich (!). Prozentrangnormen suggerieren demnach eine Vergleichbarkeit der Ergebnisse, die nicht besteht.

So kann z. B. Pb. A, der generell desinteressiert ist, aber – wenn überhaupt – «technisch-handwerkliche» Tätigkeiten bevorzugt, ebenso einen sehr hohen TH-Prozentrang erhalten wie Pb. B, der sich für viele Tätigkeiten stark interessiert, darunter aber – wenn man ihm schon eine Entscheidung für nur jeweils eine der Tätigkeiten abverlangt – ebenfalls besonders für das «Technische Handwerk».

Es ist daher keinerlei Gewähr gegeben, daß die prozentrangmäßige Einteilung der Interessensstärke mit der subjektiven Realität der Pbn. übereinstimmt.

Ein Prozentrang von z. B. 60 für die Richtung TH läßt also nur die formale Aussage zu, daß der ihm entsprechende Testrohwert 18 höher ist als derjenige, den 60% der Normpopulation erreicht haben.

Da die Meßwertverteilung nicht der Normalkurve entspricht, können darüber hinaus Standardabweichungen und somit Standardmeßfehler und Vertrauensgrenzen nicht angegeben werden.

Eine weitere Möglichkeit der Interpretation besteht darin, das erhaltene Rohwertprofil mit 25 (bis auf zwei Ausnahmen signifikant unterschiedlichen) «berufstypischen Interessenprofilen» zu vergleichen (vgl. Handanweisung, S. 15).

Auf Grund der Abhängigkeit der Messungen der 9 Interessenrichtungen voneinander sind über die Interkorrelationen der Skalen keine der üblichen testtheoretischen Aussagen möglich (vgl. Handanweisung, S. 14), daher auch nicht über die Profileigenschaften der nebeneinander aufgezeichneten Skalenwerte. Die «berufstypischen Interessenprofile» sind also bestenfalls individuell als Rangreihe interpretierbar.

Eine Interpretation von BIT-Ergebnissen, die sich an den in den fünfziger Jahren ermittelten Normen oder den «berufstypischen Profilen» orientiert, hat konservative Funktion; sie perpetuiert – bewußt oder unbewußt – die damals herrschenden Strukturen beruflicher Sozialisation. Persönlichkeits- und Interessensstrukturen, die den damit gegebenen Maßstäben nicht entsprechen, wird qua Auswahlentscheidung eine Abfuhr erteilt.

Zuverlässigkeit:
Nach der Methode von Kuder-Richardson (innere Konsistenz):
TH – 0.940
EH – 0.811
VB – 0.902
GH 0.874
LF – 0.949
LG – 0.865
TN – 0.831
KB – 0.752
SE – 0.902
(N = 310) (Handanweisung, S. 14)

Die Höhe der angegebenen Koeffizienten reicht (in Anlehnung an Lienert, 1969, S. 309) zur Beurteilung individueller Differenzen aus.

Allerdings werden über die Varianz der Kontrollstichprobe keine Angaben gemacht. Da diese Stichprobe nicht nach Geschlecht, Alter etc. differenziert war, ist ihre Varianz u. U. deutlich größer als die der Testpopulation. Die angegebenen Reliabilitätskoeffizienten sind daher in Hinblick auf spezifische Testpopulationen u. U. als zu hoch anzusehen (vgl. Lienert, 1969, S. 238).

Gültigkeit:
Aus schwerpunktmäßig methodischer Sicht:
Eine «objektive, zahlenmäßige Verifizierung des Grades der Gültigkeit» fand mangels einer «objektiven, vergleichbaren und statistisch behandelbaren Bestimmung der Berufsbilder» (Handanweisung, S. 16) nicht statt.

Diesen Verzicht dürfte sich der Autor angesichts seiner hohen testtheoretischen Ansprüche eigentlich nicht zugestehen (vgl. Abschnitt «Allgemeine Kritik»).

«Die Ermittlung berufstypischer Interessenprofile kann . . . als erfolgreiche Probe auf die Gültigkeit des BIT gewertet werden.» (Handanweisung, S. 16)

In Anbetracht u. a. der eingeschränkten Interpretierbarkeit der «berufstypischen Interessenprofile» (vgl. Abschnitt 4) ist diese Probe als für Validierungszwecke nicht ausreichend zu bewerten.

Anzunehmen ist nun zwar, daß dem Test – nach den Kriterien der klassischen Testtheorie – eine gewisse inhaltliche Gültigkeit zukommt. Wichtiger ist aber der prognostische Wert des Tests; seine Konstruktion war schließlich kein Selbstzweck, sondern soll Entscheidungshilfen geben zur Beurteilung der beruflichen Eignung der Pbn.

Eine diesbezügliche prognostische Gültigkeit kann aber aus der Ermittlung der o. a. Profile auch von daher nur mit Einschränkungen erschlossen werden, daß die herangezogenen Stichproben durchweg aus (überwiegend 16jährigen) Lehrlingen und Berufsanwärtern bestanden, also durchaus nicht «typisch» waren für «berufsgeeignete» am Arbeitsplatz stehende Kollegen, deren soziale Stellung im Betrieb und deren psychische Verfassung (Fähigkeiten, Bedürfnisse, Interessen etc.) sich u. U. wesentlich von den Charakteristika der Validierungsstichprobe unterscheiden. Mit anderen Worten – die Validität des Kriteriums kann nicht als gesichert betrachtet werden. Die Validität der Ergebnisse leidet weiterhin – vor allem bei einer Verwendung des Tests zu Auslesezwecken – unter ihrer relativ leichten Verfälschbarkeit. Irle selbst stellt dazu fest, «daß bei entsprechender Motivation die wirklichen Interessen hinter vorgetäuschten Interessen verborgen werden können» (1963, S. 53). Allerdings war den Pbn. seiner Untersuchung «die Fälschung von Interessen . . . nicht in dem Maße möglich, daß berufsspezifische Konstellationen von verschiedenen Interessenrichtungen vorgetäuscht werden konnten» (Irle, 1963, S. 53).

Aus schwerpunktmäßig inhaltlicher Sicht:

Die Inhalte beruflicher Tätigkeiten und das Interesse an ihnen sind nicht unabhängig zu sehen vom Stand der politisch-ökonomischen, sozial-kulturellen und technisch-wissenschaftlichen Entwicklung. Da Tätigkeiten, die zur Zeit der Konstruktion des Test repräsentativ waren für best. Berufe, 20 und mehr Jahre später u. U. nicht mehr diese Funktion erfüllen, bestünde eine Bedingung der Sicherstellung einer ausreichenden Validität des Tests in der inhaltlichen Revision der Items.

Diese Unzulänglichkeit dürfte aber auf Grund der ipsativen Messung – und darin besteht ihr wohl einziger Vorteil – praktisch nicht allzu bedeutsam sein, können Interessen doch nicht differenziert, in quantitativer Abstufung ihrer jeweiligen Stärke, bekundet werden (geschweige denn in ihrer Widersprüchlichkeit), sondern nur in Abgrenzung zu Interessen an Tätigkeiten aus anderen Gebieten.

Darüber hinaus aber unterliegt die Konstruktion des BIT einem viel grundsätzlicheren Mangel.

Die mit dem BIT erhaltenen Ergebnisse gründen nicht auf der Realität beruflicher Arbeit, sondern auf den Vorstellungen bzw. der Vorstellungskraft des Pbn., und dies in zweierlei Hinsicht: Zum einen wird der Pb. aufgefordert, gerade von den Bedingungen zu abstrahieren, die für eine berufliche Tätigkeit, vor allem im Rahmen des kapitalistischen Wirtschaftssystems, charakteristisch sind: vom Verkauf der Arbeitskraft, der zu ihrem Verkauf benötigten Qualifikation sowie vom sozialen Ansehen, das ihr entgegengebracht wird.

Zum anderen sind – im Einklang damit – die Tätigkeiten selbst als abstrakte formuliert: Es geht z. B. darum, ob man Interesse hat, «an einer Rechenmaschine (zu) arbeiten»; von den konkreten Bedingungen am Arbeitsplatz, von Sinn und Zweck der Arbeit ist keine Rede. Die im Text der «Anweisungen» demnach enthaltene Aufforderung, Interesse zu zeigen an abstrakter Arbeit, deckt sich sehr gut mit den realen Verhältnissen der kapitalistischen Arbeitswelt, in der sich der Lohnarbeiter ebenfalls nicht für Sinn und Zweck seiner Arbeit zu interessieren hat, sondern seine Fähigkeiten und Interessen einsetzen soll für die – fremdbestimmten – (in den Worten Irles) «Anforderungscharaktere von Beruf und Arbeitsplatz». Aus einem Interesse an solchen abstrakten, erst aus der subjektiven Erfahrung heraus mit konkretem Inhalt gefüllten Tätigkeiten kann natürlich auf ein Interesse an der betreffenden realen Berufstätigkeit kaum valide geschlossen werden; die nötige Konkretisierung in der Vorstellung des Pbn. trifft aufgrund mangelnder Kenntnisse und anderer subjektiver Bedingungen oft nicht die tatsächlichen Verhältnisse der Berufswelt.

Von den Ergebnissen des BIT bzw. der Einwilligung in das Ausfüllen eines solchen Tests überhaupt (!) kann – so gesehen – eher auf eine Bereitschaft des Pbn. geschlossen werden, sich der Fremdbestimmung – Entfremdung – seiner Arbeit zu unterwerfen.

Objektivität (im testtheoretischen Sinn):

Durchführung: bedingt objektiv

Auswertung: objektiv

Interpretation: anhand der Prozentrangskala objektiv, anhand der berufstypischen Interessenprofile bedingt objektiv

5. Allgemeine Kritik

So «unbefriedigend» es in der berufspsychologischen Diagnostik sein mag, «den Probanden nach seinen beruflichen Interessen direkt zu befragen» (Handanweisung, S. 5), so unbefriedigend ist es zweifellos, Aufschlüsse darüber durch Anwendung des BIT erlangen zu wollen. «Unbefriedigend» ist die direkte Befragung aber nur für den im Interesse der Arbeit«geber»seite arbeitenden, auf zeitliche Ökonomie bedachten Testleiter. Eine «mangelnde Bewußtheit der eigenen Interessen» (Handanweisung, S. 5) verlangt nach Bewußt-Machung durch kritisch-solidarische Gespräche über die anstehenden Sachfragen und ihre erlebnismäßige Verarbeitung bzw. überhaupt erst nach Möglichkeiten der Entwicklung von Interessen. Dazu aber dient kein Test, sondern z. B. ein Berufspraktikum, durch das der Ratsuchende Gelegenheit findet, geeignete Erfahrungen im realen Leben zu machen.

Irles «Glaubensbekenntnis», «daß der BIT den strengen Anforderungen der modernen Testforschung und -entwicklung in jeder Weise gerecht wird» (Handanweisung, S. 4), darf angezweifelt werden. Eine Verwendung dieses – wie auch vergleichbarer anderer – Tests in der Berufsberatung kann nicht empfohlen werden. Gegen eine Verwendung zu Zwecken der Personalauslese ist in Anbetracht der leichten Verfälschbarkeit seiner Ergebnisse nichts einzuwenden.

Literatur

Dick, F.: Kritik der bürgerlichen Sozialwissenschaften, Heidelberg 1974

Holzkamp, K.: Kritische Psychologie, Frankfurt 1972

Irle, M.: Die Vortäuschung von Interessen im Berufs-Interessen-Test (BIT), in: Diagnostica, 9 (1963), S. 49–55

Kettel, K. J., und Simmat, W. E.: Über BIT-Instruktion und Kurzform, in: Diagnostica, 13 (1967) S. 30–37

Kettel, K. J., und Simmat, W. E.: Geschlecht, Alter und Bildung als Bedingung der Interessenausprägung, in: Diagnostica, 14 (1968), S. 156–173

Lienert, G. A.: Testaufbau und Testanalyse, Weinheim 1969

Sader, M., & W. Keil: Bedingungskonstanz in der psychologischen Diagnostik, in: Archiv für die gesamte Psychologie, 118 (1966), S. 279–308

Walter Rokita

5. Konzentrations-Leistungs-Tests

Testname: Konzentrations-Leistungs-Test (KLT)
Autor: H. Düker
Herausgeber: G. A. Lienert
Göttingen [2]1965, Hogrefe

---

1. Testart: Konzentrationstest (Brickenkamp: allgemeiner Leistungstest)

2. Allgemeines Grundkonzept
Die Pbn. bekommen einfache Rechenaufgaben (z. B. 7 + 6 − 3) zum Ausrechnen (es wird nichts von Konzentration oder Belastbarkeit gesagt!). Von zwei Aufgaben müssen sie sich die Ergebnisse merken und miteinander vergleichen. Die kleinere Zahl wird dann von der größeren abgezogen und das Ergebnis in ein Kästchen eingetragen.

Es werden also verschiedene Einzeltätigkeiten wie Auffassen, Merken, Rechnen und Entscheiden dem Pbn. abverlangt. Unter Zeitdruck muß er diese verschiedenen Tätigkeiten koordinieren. Die psychische Anspannung für diese Leistung nennt Düker «Konzentration».

3. Gültigkeit
Lehrer wurden aufgefordert, besonders «aktive» und «passive» Schüler und Schülerinnen zu benennen. Mit einem Extremgruppenvergleich, zu dem nur ein bestimmter Prozentsatz der Pbn. herangezogen wurde, wurde ein Korrelationskoeffizient von $r = 0.50$ zwischen dem Lehrerurteil und der Mengenleistung im KLT errechnet. D. h. ein hoher Wert im KLT stand in Beziehung zur Einschätzung «aktiv» von Lehrern gegenüber ihren Schülern.

In einer anderen Untersuchung wurde festgestellt, daß die Mengenleistung beim KLT das mißt, was Lehrer «Willenskraft und Ausdauer» nennen.

Der Faktor «Fehlerzahl» beim KLT scheint allerdings nicht den Anforderungen an Test-Gütekriterien standhalten zu können.

Faktorenanalysen haben mehrmals gezeigt, daß Konzentrationstests nur gering miteinander korrelieren. Deshalb kommt Pawlik zu dem Schluß, daß ganz allgemein «. . . über ihre Validität wenig bekannt ist» (1969, S. 198).

4. Zuverlässigkeit, Interpretation und Aussagewert
Die Retest-Koeffizienten nach 8 Wochen lagen bei Schülern (N = 141) zwischen 0.86 und 0.88, bezogen auf die Leistungsmenge. Die Koeffizienten für die Fehlerzahl sind z. T. recht gering gewesen (Düker, 1965).

Verschiedene Untersuchungen zur Zuverlässigkeit, beruhend auf einer Zweiteilung bzw. Dreiteilung des Tests, ergaben für die Leistungsmenge sogar Werte über $r = 0.9$, so daß die Zuverlässigkeit der KLT-Leistungsmenge mit «gut» zu bewerten ist.

5. Normen
Die Autoren haben zur Normierung etwa 6500 Pbn. (Schüler, Berufsschüler, Erwachsene) herangezogen. Es gibt viele verschiedene Normen, nach denen man den Test auswerten kann. «Nur wenige dieser Normen beruhen auf einer zahlenmäßig unzureichenden Basis.» (Brickenkamp, 1975, S. 227)

6. Allgemeine Kritik
Der Test hat eine ziemlich große gemeinsame Varianz mit «rechnerischer Intelligenz», er ist vom individuellen «Grad der Gewandtheit in den Grundrechnungsarten» (Hiltmann, 1966, S. 157) abhängig.

Dieser Test wird ziemlich oft als Konzentrationstest bei Eignungs- und Ausleseuntersuchungen angewandt, obwohl eine recht enge Beziehung zur Intelligenz und zu rechnerischen Fähigkeiten besteht. Da er nicht unabhängig von der Intelligenz, von der Förderung des Einzelnen in der Schule ist, darf man mit diesem Test nicht den Anspruch erheben, für alle möglichen Tätigkeiten Belastbarkeit, Ausdauer und Ermüdungsresistenz vorhersagen zu können. Zudem beträgt die Testdauer 30 Minuten. Eine kontinuierliche Tätigkeit über diesen langen Zeitraum bedeutet für jeden, der den Test bearbeitet, eine große Qual.

Literatur
Brickenkamp, R.: Handbuch psychologischer und pädagogischer Tests, Göttingen 1975
Düker, H.: Handanweisung zum KLT, Göttingen ²1965
Hiltmann, H.: Kompendium der psychodiagnostischen Tests, Bern und Stuttgart ²1966
Pawlik, K.: Psychologische Diagnostik, Vorlesungsskript, Hamburg 1969

Berthold Dunkel

Testname: Konzentrations-Verlaufstest (KVT)
Autor: D. Abels
Göttingen 1961, Hogrefe

1. Testart: Konzentrationstest (Brickenkamp: allgemeiner Leistungstest)

2. Allgemeines Grundkonzept
Es soll die «anhaltende Konzentration bei geistiger Tempoarbeit» (Bartenwerfer, 1962) erfaßt werden. Ein Paket von Karten muß nach aufgedruckten Zahlen möglichst schnell sortiert werden. Es werden dann die Testdauer und die Zahl der Fehler gemessen. Das Kartensortieren soll möglichst berufsnah sein (Bürotätigkeit), es kann auch von schreibungewohnten Pbn. angewandt werden.

3. Gültigkeit
Abels ist der Meinung, jedem Laien müsse einsehbar sein, daß vom Pbn. die Bereitschaft zu konzentrierter Leistung gefordert wird (Augenschein-Gültigkeit). Zahlen zur Gül-

tigkeit gibt er nicht an.

Seyfried (1962) fand zwischen dem Lehrerurteil über «Konzentrationsfähigkeit» und den KVT-Fehlern mit Vierfelderkorrelationen Koeffizienten zwischen 0.60 und 0.83. Die Koeffizienten dieser und auch anderer Gültigkeitsuntersuchungen müssen aufgrund verschiedener statistischer Fehler als überhöht angesehen werden.

4. Zuverlässigkeit, Interpretation und Aussagewert
Abels fand einen Koeffizienten (bei N = 157) von r = 0.67 nach der Testhalbierungsmethode. Bartenwerfer fand etwas niedrigere Werte bei Schätzungen der Paralleltestrelabilität. Nach Pawlik (1969) ist «fraglich, ob die Zuverlässigkeit des KVT noch verbessert werden kann».

5. Normen
Der Test wurde an ca. 1200 Pbn. geeicht. Genaueres über Alter oder sozioökonomischen Stand wird nicht gesagt, abgesehen davon, daß «bildungsmäßig alle Typen vom Akademiker bis zum Volksschulabsolventen vertreten waren».

6. Allgemeine Kritik: Die Eichstichprobe ist nicht repräsentativ für unsere Gesellschaft.

Es wird eine bestimmte Form von Routinearbeit bei hohem Zeitdruck verlangt, dessen Ergebnis nur schwer auf andere Situationen übertragbar ist. Die Fähigkeit, sich auf bestimmte Leistungsanforderungen in Schule oder Betrieb zu «konzentrieren», läßt sich mit diesem Test nicht messen.

Der Test wird nur noch selten angewandt.

Literatur

Abels, D.: Handanweisung zum KVT, Göttingen 1961
Bartenwerfer, H.: Faktorenanalysen bei Konzentrations-Leistungs-Tests, unveröffentlicht, 1962
Brickenkamp, R.: Handbuch psychologischer und pädagogischer Tests, Göttingen 1975
Pawlik, K.: Psychologische Diagnostik, Vorlesungsskript, Hamburg 1969
Seyfried, H.: Persönliche Mitteilung (erwähnt in: Handbuch der Psychologie Band 6), 1962

Berthold Dunkel

Testname: d2 Aufmerksamkeits-Belastungs-Test
Autor: R. Brickenkamp
Göttingen [4]1974, Hogrefe

1. Testart
Konzentrationstest (Brickenkamp: allgemeiner Leistungstest)

2. Allgemeines Grundkonzept
Der d2 soll die Belastbarkeit der visuellen Aufmerksamkeit messen. Die Schnelligkeit und Genauigkeit der Unterscheidung ähnlicher visueller Reize soll den Anforderungen bei der Autoführerscheinprüfung sehr ähneln. Ursprünglich wurde der

Test nur zur Auslese ungeeigneter Kraftfahrer entwickelt, später wurde er dann auch bei der Diagnostik allgemeiner Leistungsfähigkeit in Schule, Berufsberatung, klinischen Institutionen und Betrieben angewandt. Er ist heute der gebräuchlichste Konzentrationstest.

Der Pb hat aus einer Reihe ähnlicher Zeichen das d durchzustreichen, das mit insgesamt zwei Strichen versehen ist. Es kann ein Gesamtleistungswert, ein Fehlerwert und ein Leistungsschwankungswert errechnet werden. Man kann außerdem ein «Leistungsprofil» eintragen, an dem man die individuellen Leistungsschwankungen bei derartigen Aufgaben feststellen kann.

3. Gültigkeit
Die Korrelationskoeffizienten mit anderen Konzentrationstests liegen zwischen r = 0.30 und r = 0.50 (Brickenkamp, 1972). Pawlik (1969, S. 197) beurteilt diese Tatsache wie folgt: «Da Tests wie der d2 sehr reliabel sind, erfassen sie hauptsächlich testspezifische Varianz. Vermutlich sind sie für prognostische Zwecke nur wenig geeignet.»

In Untersuchungen hat sich gezeigt, daß die d2-Mengenleistung Erwachsener von intellektuellen Faktoren (gemessen mit Intelligenztests) weitgehend unabhängig ist, während bei Kindern zwischen dem BTS (Begabungstestsystem) und d2-Leistungen Korrelationskoeffizienten bis über r = 0.5 festgestellt wurden (Brickenkamp, 1972).

Brickenkamp berichtet, daß mit dem d2 die Fahrtauglichkeit gut vorausgesagt werden kann.

Auch konnten signifikante Zusammenhänge zwischen hoher d2-Leistungsmenge und den Lehrerurteilen «Willenskraft und Ausdauer» und «Aktivität in schulischen Leistungssituationen» festgestellt werden (Brickenkamp, 1972).

4. Zuverlässigkeit, Interpretation und Aussagewert
Wie der Konzentrations-Leistungs-Test (KLT) hat auch der d2 in verschiedenen Untersuchungen bewiesen, daß er eine gute Zuverlässigkeit hat: Alle Untersuchungen ergaben für die Leistungsmenge Werte über r = 0.80, während die Zahl der Fehler und die Schwankungsbreite sehr viel niedrigere Werte bei einer Testwiederholung aufwiesen. Brickenkamp kommt daher hinsichtlich der Schwankungsbreite zu dem Schluß, daß sie «. . . – wenn überhaupt – nur diagnostischen, nicht aber prognostischen Zwecken dienen» kann (1975, S. 239).

5. Normen
Es bestehen Normen für die Altersstufen von 9–60 Jahren. Die Normen der Kinder und Jugendlichen sind nach Alter, Geschlecht und Schultyp gegliedert. Es wurden zur Eichung über 3000 Schüler und Schülerinnen und etwa 3000 männliche Erwachsene herangezogen. Nach Brickenkamp überwiegen bei den Erwachsenen «. . . in einem annähernd repräsentativen Verhältnis der mittlere und untere soziale Status» (1972, S. 15).

Ein gewisser Fehler ging bei der Normierung sicher mit ein, da vorwiegend männliche Erwachsene zur Untersuchung herangezogen wurden. Hier kann man nicht von einem repräsentativen Verhältnis sprechen.

6. Allgemeine Kritik

Der d2 ist im Vergleich zu den beiden anderen Konzentrationstests (Konzentrations-Verlaufstest, KVT) und KLT ökonomischer (Testdauer etwa 8 Minuten), zuverlässiger und besser geeicht. Die Angaben von Brickenkamp (1972) zur Gültigkeit sind zwar nicht gut, aber besser als beim KLT und ganz besonders besser als beim KVT. Mit einem bestimmten Testergebnis allein im d2 darf man aber wohl kaum etwas über die «Konzentrationsfähigkeit» eines bestimmten Kindes oder eines Erwachsenen sagen. Uns scheint viel wichtiger, den Pbn. bei allen möglichen Tätigkeiten, die er ausübt, systematisch zu beobachten. Sicher kann man dann den Test d2 wie auch andere Tests zur Beobachtung mit heranziehen.

Aus den Untersuchungen hat sich gezeigt, daß bei speziellen Fragestellungen (abgesehen eventuell von der Fahrtuntauglichkeit) der Test für eine gewünschte Diagnose nicht mehr valide genug ist. Der Begriff «Konzentration», der eine überdauernde Leistungsbereitschaft für sehr vielfältige Tätigkeiten beschreiben soll, scheint eher überflüssig zu sein.

Ein Testergebnis im d2 sollte nicht zu hoch bewertet werden, da es ein objektives Ergebnis vortäuscht.

Literatur

Brickenkamp, R.: Handanweisung zum d2, Göttingen [4]1972

Brickenkamp, R.: Handbuch psychologischer und pädagogischer Tests, Göttingen 1975

Pawlik, K.: Psychologische Diagnostik, Vorlesungsskript, Hamburg 1969

Berthold Dunkel

6. Schulreifetests

Einleitung zu den Kurzdarstellungen der Schulreifetests

Im folgenden werden vier Testverfahren aus der Schulreife- bzw. Schuleingangsdiagnostik vorgestellt. Es handelt sich um drei Verfahren, die als Gruppentests dem gesamten Jahrgang der Schulanfänger vorzugeben sind, sowie um ein Verfahren, dessen Einsatz für solche Kinder angezeigt ist, die bei den ersten Verfahren im niedrigsten Leistungsbereich erscheinen.

In einer Diskussion über Schuleingangstests muß mindestens auf die folgenden Probleme hingewiesen werden:

- Problem des Einschulungsverfahrens überhaupt,
- Problem des Konstruktes «Schulreife»,
- Problem der Vorhersage von Leistungen.

Die Abhängigkeit der Anforderungen an ein Kind bei Schuleintritt von dem Insgesamt der schulischen Bedingungen ist so häufig betont worden, daß sie nicht weiter belegt zu werden braucht. Insbesondere der «Arbeitskreis Grundschule» hat 1975 Vorstellungen zum «Modell 1. Schuljahr» entwikkelt. Die Sinnhaftigkeit einer Schuleingangsdiagnostik im Sinne einer ausschließlich auf das Kind bezogenen Förderhilfe ist abhängig von der Sinnhaftigkeit der Struktur des Schulbeginns. Ein bürokratisierter Schulbeginn zwingt die Diagnostik zu bürokratisierten Entscheidungen.

Der klassische Aufgabenbereich der Schulreifetests liegt in der Diagnose einer angeblich intelligenz-unabhängigen «Reife». Insbesondere Artur Kern hat sich für dieses Konzept eingesetzt, und er vermochte noch 1970 den Kindern, die in der Testung im unteren Leistungsbereich erschienen, eine einjährige «Nachreife der Entwicklung aller körperlichen und geist-seelischen Kräfte» anzuraten. Es ist hier nicht der Raum, die logische und entwicklungspsychologische Diffusität dieses Reifebegriffes zu analysieren. Es reicht, daß er mindestens seit 1962 durch einen Aufsatz von Lilly Kemmler und Heinz Heckhausen unter dem Titel «Ist die sogenannte Schulreife ein Reifungsproblem?» problematisiert wurde. In einer Auseinandersetzung mit dem «Grundleistungstest» nach Kern wiesen sie überzeugend die prinzipielle Übereinstimmung der Testergebnisse mit Ergebnissen aus Intelligenztests nach. Joachim Tiedemann (1974 b) stellt das Problem der Konstruktvalidität von Schulreifetests noch radikaler in Frage. Er referiert Untersuchungen, die zum einen die Trainierbarkeit von Leistungen aus Schulreifetests belegen, zum anderen der These der Begabungsunabhängigkeit widersprechen. Er kommt zu dem Ergebnis: «Nach alledem kann man sich nun der Einsicht kaum mehr verschließen, daß sich hinter den heutigen Schulreifetests im wesentlichen nichts anderes verbirgt, als mehr oder weniger abgewandelte Neuauflagen der Binetschen Intelligenztestserien.» Und: «Schulreife- und Intelligenztests schöpfen ihre Aufgabenstichproben aus ein und derselben Grundgesamtheit.» (S. 290)

Im Blick auf die Praxis der Zurückstellung vom Schulbesuch folgert Tiedemann: «Die sogenannten Schulreifetests entlarven sich damit als höchst fragwürdige Ausleseinstrumente zugunsten der ohnehin soziokulturell Begünstigten und der Begabten. Unter diesen Umständen käme die Beibehaltung der Zurückstellungspraxis dem systematischen Lernentzug der besonders bedürftigen Schulanfänger gleich, nämlich solcher mit – aus welchen Gründen auch immer – besonders geringer aktueller Lernkapazität.» (1974 b, S. 291)

Die Praxis der Zurückstellung im Rahmen einer einfachen alternativen Selektionsentscheidung ist aus einem weiteren Grund höchst fragwürdig. Die durch einen Test gewonnene diagnostische Entscheidungssicherheit ist abhängig von der sogenannten Selektionsrate. Im Falle der Schulreifetestungen kann man aus der Praxis von ca. 10% Rückstellungen innerhalb eines Jahrgangs eine 10%ige Selektionsrate unterstellen. Wenn man unter 100 Schulanfängern blind ohne jedes psychologische Kriterium 90 Schüler als «schulreif» und 10 Schüler als «schulunreif» bezeichnen würde, machte man nur folgenden Fehler: Innerhalb der 90 sogenannten Schulreifen wären vermutlich 9 tatsächlich nicht schulreif, innerhalb der 10 angeblich Schulunreifen wäre vermutlich 1 tatsächlich Schulreifer. Mithin wäre für diese willkürliche Klassifikation die Diagnose für 82 von 100 Schülern richtig. Da Schulreifetests an der Gesamtheit aller Probanden validiert werden, muß ihre prognostische Valenz den eben genannten Zufallswerten standhalten. Kornmann (1972) verrechnet Ergebnisse von Krapp und Mandl und kommt zu dem Ergebnis, daß *unter Anwendung eines bestimmten Schulreifetestes die Wahrscheinlichkeit einer Fehlklassifikation für jeden Schüler größer gewesen sei als ohne Anwendung dieses Tests* (S. 284). Zwar senke ein Schulreifetest die Quote der ungerechtfertigten Aufnahmen, zugleich müsse aber eine größere Zahl von ungerechtfertigten Zurückweisungen in Kauf genommen werden.

Dieses Problem wird in einer Studie von Andreas Krapp und Heinz Mandl (1971) ausführlich erarbeitet. Sie untersuchen die Richtigkeit der Prognose «schulreif» gegenüber «nicht schulreif». Über fünf verschiedene Schulreifetests erweist sich die Prognose «schulreif» in über 90% (92–96 %) aller Fälle als richtig. In der Gruppe «nicht schulreif» ist jedoch die Prognose nur zu ca. 34–53% aller Fälle richtig, mithin bis zu 66% aller Fälle falsch. Für die Kinder, die als nicht schulreif klassifiziert wurden, hätte also ein einfacher Münzwurf eine sicherere Prognose ermöglicht. Auch unter immanenter Akzeptierung dürften diese Werte einer selektiven Entscheidungspraxis keinesfalls ausreichen, um einen Schulreifetest zu begründen. Da das Verfahren inhaltlich auf die Leistungsschwachen bezogen ist, muß es insbesondere für Leistungsschwache sichere Prognosen liefern.

Eine optimale pädagogisch orientierte Schuleingangsdiagnostik muß Instrumente entwickeln, die sich unmittelbar in fördernde Behandlung wenden müssen. Wenn auch die Selektionsstrategie innerhalb der Protagonisten einer Einschulungsdiagnostik zunehmend abgelehnt wird (vgl. z. B. Krapp, Mandl 1977 und die hier vorgestellten Tests DVET und TES), so ist die Einschulungsdiagnostik noch weit davon entfernt, ihre Instrumente konsequent an Kriterien zu orientieren, die ihrerseits aus den sachlichen Anforderungen einer demokratischen und entwicklungspsychologisch vertretbaren Einschulungspraxis abgeleitet werden.

Bislang gilt jedoch unwiderlegt das Ergebnis einer anderen Untersuchung von Joachim Tiedemann (1974a): «Der bemerkenswerteste Befund ist jedoch in dem Tatbestand zu sehen, daß selbst die effizientesten Testverfahren kaum in der Lage sind, gegenüber der Strategie der Einschulung aller Schulanfänger nennenswerte Klassifikationsverbesserungen zu erzielen . . .» Es werden «im günstigsten Falle Fehlurteile in etwa der Größenordnung gefällt, wie durch die Maßnahme der Einschulung aller Schulanfänger unter Verzicht auf jegliche Testanwendung» (S. 129).

Literatur

Herff, E.: Schulreife als pädagogisch-psychologisches Problem, München 1967
Kemmler, L., und Heckhausen, H.: Ist die sogenannte «Schulreife» ein Reifungspro-

blem? in: Ingenkamp, K.: Praktische Erfahrungen mit Schulreifetests, Basel und New York 1962

Kern, A.: Sitzenbleiberelend und Schulreife, Freiburg 1951

Kern, A.: Die Schulreife in pädagogischer und psychologischer Sicht, Frankfurt 1970

Kornmann, R.: Untersuchungen über Möglichkeiten der Früherfassung lernbehinderter Sonderschüler mit Hilfe objektiver Testverfahren, in: Zeitschrift für Entwicklungspsychologie und pädagogische Psychologie, 4(1972), S. 17–26

Kornmann, R.: Minimalisieren Schulreifetests die Zahl der Fehlentscheidungen ? – Kommentar zum Bericht von Mandl und Krapp «Zum Problem der Punktwertgrenzen bei der Interpretation von Schulreifetestergebnissen», in: Zeitschrift für Entwicklungspsychologie und pädagogische Psychologie, 4(1972), S. 282–286

Krapp, A.: Untersuchungen zur multiplen Prognose des Schulerfolgs bei Schulanfängern – Alternativen zur Schulreifediagnostik, in: Psychologie in Erziehung im Unterricht, 22(1975), S. 78–87

Krapp, A., und Mandl, H.: Schulreifetests und Schulerfolg, München 1971

Krapp, A., und Mandl, H.: Einschulungsdiagnostik – Eine Einführung in Probleme und Methoden der pädagogisch/psychologischen Diagnostik, Weinheim 1977

Mandl, H.: Kompendium deutschsprachiger Schulreifetests, München 1970

Rüdiger, D., Kormann, A., und Peez, H.: Schuleintritt und Schulfähigkeit – Zur Theorie und Praxis der Einschulung, München 1976

Tiedemann, J.: Die Problematik der Schuleingangsdiagnose unter entscheidungstheoretischem Aspekt, in: Zeitschrift für Entwicklungspsychologie und pädagogische Psychologie, 4 (1974), S. 124–132 (a)

Tiedemann, J.: Zur Konstruktvalidität von Schulreifetests, in: Zeitschrift für Entwicklungspsychologie und pädagogische Psychologie, 4 (1974), S. 281–294 (b)

Witzlack, G.: Zur Diagnostik und Entwicklung der Schulfähigkeit, Berlin (DDR) 1969

Ulrich U. Herrmann

Testname: Duisburger Vorschul- und Einschulungstest (DVET)
Autor: Rudolf Meis
Herausgeber: Karlheinz Ingenkamp
Weinheim 1973, Beltz

---

1. Testart
Test aus den Testverfahren der Schuleingangsdiagnostik.

2. Allgemeines Grundkonzept
Es war die Absicht, «einen Test zu konstruieren, mit dem sich eine möglichst umfassende Diagnose des Entwicklungsstandes ‹grundschulrelevanter› Fertigkeiten stellen läßt und der beim schwächsten Viertel der Sechsjährigen besser differenzieren sollte» (Manual, S. 4).

Der Autor kritisiert den Begriff «Schulreife» und stellt statt dessen den diagnostischen Bedarf an einem Verfahren dar, daß «auch schon bei Vierjährigen in Gruppen angewendet werden kann. Neben Auskünften über den allgemeinen intellektuellen Entwicklungsstand eines Kindes sollte es Hinweise geben auf individuelle Stärken und Schwächen im Vergleich zu seinen Altersgenossen. Bei Retardierten können dann früher als bisher kompensatorische Maßnahmen eingeleitet werden, und auch für die übrigen lassen sich die jeweils bestgeeigneten Anreize zum Lernen schneller und sicherer auswählen» (Manual, S. 3).

Unter minimalen Anforderungen an die Feinmotorik werden insbesondere zwei für das Lesenlernen wichtige Voraussetzungen geprüft: «die Fähigkeit zu visuellem Differenzieren und der Stand der Sprachentwicklung» (Manual, S. 3).
Der Test besteht aus 5 Untertests:

1. Formidentifikation: Eine Abbildung (z. B. Ball) soll unter fünf ähnlichen Abbildungen identifiziert werden. (Der Test ist ähnlich dem Bildertest 1–2, Subtest 5)
2. Punktzeichnen: In einem Punktgitter vorgegebene geometrische Figur soll in ein gleiches Punktgitter übertragen werden. (Dieser Test ist ähnlich dem Subtest Nr. 9 aus den Weilburger Testaufgaben für Schulanfänger.)
3. Bauen mit dem Bleistift: Auf roten Karos sind in schwarzer Farbe bausteinähnliche Figuren eingetragen. Sie sollen in ein freies Feld übertragen werden.
4. Abzeichnen: Stilisierte Figuren des täglichen Alltags sollen nachgezeichnet werden. Mehrmalige Nachzeichnungen sind erwünscht.
5. Sprachentwicklung, Sinneszuordnung: Den Kindern werden bestimmte Eigenschaften gesagt, die sie jeweils den vier vorgegebenen stilisiert dargestellten Sinnesorganen Nase, Ohr, Auge, Mund zuordnen müssen, z. B. das Adjektiv «salzig» verlangt die Identifizierung der Abbildung des Mundes. Um die 10 Aufgaben nacheinander zu bearbeiten, sind den jeweiligen Reihen der Sinnesorgane Orientierungsabbildungen vorangestellt, die mit der eigentlichen Aufgabe nichts zu tun haben. So soll innerhalb einer Zeile, die mit einer Frucht markiert ist, das Sinnesorgan angestrichen werden, das Bratenduft wahrnimmt.

3. Gültigkeit

Der DVET ist in bezug auf 4jährige, 5jährige, Erstkläßler und Lernbehinderte validiert worden. Für 4jährige werden Korrelationskoeffizienten zwischen dem DVET und dem Entwicklungsalter des Kleinkindertests von Bühler und Hetzer in Höhe von ca. r = 0.85 (Stichproben unter N = 30) referiert sowie bei noch kleinerer Stichprobe Korrelationskoeffizienten zu einer deutschen Fassung der Minnesota-Preschool-Scale von ca. r = 0.96. An 5jährigen wurde die DVET mit Intelligenzquotienten interkorreliert: Zum Binet-Simon-Kramer-Test (N = maximal 27) werden Korrelationen von maximal r = 0.56 und zu den Progressive Matrices von Raven (maximales N = 26) Korrelationskoeffizienten von maximal r = 0.60 referiert. Bei ähnlich großen Stichproben werden ferner Korrelationskoeffizienten zum Wortschatztest für Schulanfänger (WSS) von Kamratowsky in maximaler Höhe von r = 0.63 sowie zum Frankfurter Schulreifetest (maximale) r = 0.82 berichtet. Die Vorhersagegültigkeit zur Lehrereinstufung nach einem Jahr Schulbesuch wird in etwa gleich hohen Stichproben mit (maximal) r = 0.71 berichtet. Für die Erstkläßler ergeben sich zwischen Tests und eineinhalb Jahre später erbrachten Schulnoten folgende Korrelationen: Gesamtpunktzahl zu Rechnen r = 0.57, Gesamtpunktzahl zu Rechtschreiben r = 0.57, Gesamtpunktzahl zu Lesen r = 0.51. Die Leseleistung wird offenbar wesentlich geringer prognostiziert, Meis und Rüdiger referieren Korrelationskoeffizienten zwischen 0.33 und 0.51. An 59 Klassen mit knapp 1900 Schülern wurde die Übereinstimmung zur Lehrereinstufung kontrolliert, es wurden Korrelationen zwischen 0.34 und 0.92 berichtet. Meis berechnet aus diesen Werten ein gewogenes Mittel von r = 0.65. Dieser Wert entspricht einem Determinationskoeffizenten von D = 0.42. Mithin wird die DVET ca. 42% der gemeinsamen Varianz von Test und Kriterium erfassen, ein Wert, der für prognostische Selektionsentscheidungen zu niedrig liegt. Hinsichtlich lernbehinderter Kinder wurden Korrelationen zwischen Ergebnis im DVET und später durchgeführten Intelligenztests zwischen ca. = 0.52 und ca. = 0.67 berichtet. Aber auch diese Koeffizienten liegen so niedrig, daß von einer speziellen Eignung für die Vorhersage von Lernbehinderungen nicht die Rede sein kann.

4. Zuverlässigkeit, Interpretation und Aussagewert

Die Reliabilität wurde durch Vergleich der Paralleltests ermittelt. Naturgemäß schwankt sie altersbedingt. Sie liegt zwischen r = 0.90 für 4- und 5jährige und r = 0.95 für Erstkläßler bei der Einschulung (N je = 150). Es wird außerdem eine Tabelle mit Standardmeßfehlern mitgeteilt. Wegen der unterschiedlichen altersbedingten Standardabweichung liegt der einfache Standardmeßfehler (für 68%ige Wahrscheinlichkeit) gerundet zwischen 4 und 7 Punkten. Da maximal 104 Punkte erreicht werden könnten und da keine starren Grenzwerte festgelegt wurden, wirft dieser Meßfehler keine sonderlichen Interpretationsprobleme auf.

5. Normen

Es liegen Prozentränge sowie (die Umsetzung des Standardmeßfehlers berücksichtigend) Prozentrangbänder vor. Insgesamt bestehen fünf verschiedene Normentabellen für Kinder aus Modellkindergärten und Vorklassen, für Schulanfänger 10 Wochen vor der Einschulung, für Schulanfänger bei der Einschulung sowie für Estkläßler 5 bzw. 8 Wochen nach der Einschulung. Damit ist ein differenzierter Bezugsrahmen gesichert. Für jede dieser Gruppen und in bezug auf jeden Untertest sowie auf den Gesamtwert werden Grenzwerte angegeben, ab denen eine Förderung einsetzen sollte. Schließlich werden Tabellen mit Richtwerten für Einschulungsprognosen in den prognostischen Stufen «unzureichend, fraglich, durchschnittlich, überdurchschnittlich» und Richtwertbänder bei einer Wahrscheinlichkeit von 68 und 95% unter Einbeziehung des Standardmeßfehlers geliefert.

6. Allgemeine Kritik

Die soziale Schichtabhängigkeit wird von Meis überzeugend nachgewiesen. In verschiedenen Tabellen erweist sich, daß die Kinder aus der sogenannten Oberschicht bedeutend höhere Punktzahlen erreichen als Kinder aus der sozialen Unterschicht. Konsequent ersetzt Meis den Begriff «Schulreife» durch den Begriff «Milieutheoretischer Optimismus». Ob dieser ein testwürdiges Konstrukt darstellt, steht dahin, hat doch der Lehrer in der Schule die sozialen Daten unmittelbar vor sich und könnte aus ihnen direkte Informationen entnehmen, die der Test allenfalls auf Umwegen zu liefern in der Lage ist.

Ulrich U. Hermann

Testname: Frankfurter Schulreifetest (FST)
Autoren: Heinrich Roth, Gerhard Schlevoigt, Fritz Süllwold, Gerhard Wicht, 4. Aufl. unter Mitarbeit von Hartmut Horn und Lothar Riemenschneider 5. Aufl. unter Mitarbeit von Ulrich Raats und Elisabeth Schwarz
Herausgeber: Deutsches Institut für Internationale Pädagogische Forschung, Frankfurt am Main
Weinheim [5]1968, Beltz

1. Testart: Schulreifetest

2. Allgemeines Grundkonzept

Die Autoren des FST gehen von der Annahme aus, «das die Sicherheit von Diagnose der Schulreife und Prognose der späteren Schulleistung hauptsächlich von solchen Aufgaben abhängig ist, die Differenzierung und Strukturierung optischer Gestalten erfordern» (Manual, S. 4).

«Der Frankfurter Schulreifetest FST erfaßt in erster Linie die allgemeine, reifebestimmte Entwicklungshöhe als Voraussetzung für die Mitarbeit in der Schule. Er beantwortet die Frage: Kann ein Kind voraussichtlich ohne übermäßige Anstrengungen dem Klassenunterricht folgen oder nicht?» – «Die positive Beantwortung dieser Frage ist am stärksten von der ‹Gliederungsfähigkeit› des Kindes abhängig.» (Manual, S. 22)

Äußerlich fällt der FST dadurch positiv auf, daß er – im Gegensatz zu anderen Tests dieser Art – eher Ähnlichkeit hat mit einem Bilderbuch als mit einer Mischung aus bürokratischem Formularvordruck und Kreuzworträtsel.

Der Test besteht aus drei Aufgabengruppen, die im Testheft vermischt auftreten. Zum Zweck der Auswertung werden sie systematisch zusammengefaßt.

Aufgabenauswertungsgruppe 1: Zeichen abmalen,

Auswertungsgruppe 2: Zaunmuster fortsetzen,

Auswertungsgruppe 3: Mengen ordnen.

Im inhaltlichen Kontext einer knappen Rahmenhandlung sollen 10 buchstabenähnliche Figuren nachgezeichnet werden. Die Auswertungsmerkmale betreffen die Proportionen, die Gestalteigenschaften, Kreuzungen von Linien und Winkeln. Sofern ein Merkmal nicht beachtet ist, gilt die Zeichnung als falsch. Eine Beispielliste erleichtert die Auswertung. Die Aufgabe «Zaunmuster fortsetzen» verlangt von den Kindern die periodische Reproduktion von vier unterschiedlichen geometrischen Vorlagen, die als eine Art Zaun um eine Bilderbuchwiese zu zeichnen sind. Die Aufgabengruppe «Mengen ordnen» verlangt von den Kindern die geordnete und in der Anzahl richtige Wiedergabe ungeordneter Mengenvorlagen: Die Kinder müssen in Abbildungen von Spielzeughäusern Fenster eintragen.

Als Gegengewicht zu dem im wesentlichen auf optische Differenzierung und Strukturierung orientierten FST wird ein Beobachtungsbogen beigelegt, der das Verhalten während der Testbearbeitung erfassen soll. Der Beobachtungsbogen umfaßt die Kategorien

a) Ansprechbarkeit für die Aufgaben:
   1. Aufgabenverständnis
   2. Sachinteresse
   3. Denkvermögen

b) Mitarbeit in der Gruppe
   4. Kontakt zum Prüfer
   5. Kontakt zur Gruppe

c) Lernbereitschaft und Arbeitsweise
   6. Aufmerksamkeit
   7. Selbständigkeit
   8. Arbeitswille und Ausdauer.

So nützlich ein solcher Beobachtungsbogen auch sein mag, so fragwürdig ist sein Einsatz zu prognostischen Zwecken im Rahmen einer selektiven diagnostischen Strategie. Denn ein offenes Kategoriensystem liefert bekanntlich wenig verläßliche Beobachtungen.

3. Gültigkeit

Die Autoren referieren Validitätskoeffizienten bis zu ca. r = 0.70. Die Ergebnisse wurden durch Korrelation der FST-Testergebnisse mit Schulnoten des ersten Halbjahres erzielt. Für Korrelationen zwischen Testergebnis und der Gesamtnote nach einem Schuljahr werden für eine Stichprobe von N = ca. 2800 ein Koeffizient von r = 0.52 referiert. Bis zur 4. Klasse ergaben sich signifikante Korrelationen um r = 0.50 zwischen Zeugnisnoten und FST-Testergebnis. Die Koeffizienten entsprechen einem Determinationskoeffizient von maximal 0 = 0.49.

Die Autoren weisen ferner an einer Schülerzahl von knapp 8000 nach, daß in der Gruppe des unteren Testergebnisses überproportional viele Schüler sitzenbleiben. Schließlich folgern sie aus dem Sachverhalt, daß ältere Schüler eine höhere durchschnittliche Testleistung erbringen, eine Konstruktgültigkeit des Testes. Diese Folgerung ist jedoch trivial, denn es ist ja bekannt, daß beispielsweise bei Intelligenztests von älteren Schülern höhere Rohwerte erwartet werden. Der

Sachverhalt, daß ältere Schüler mehr Aufgaben richtig lösen, könnte nach dieser «Logik» also auch bei Intelligenztests als Beleg des Konstruktes «Reife» gewertet werden.

4. Zuverlässigkeit, Interpretation und Aussagewert
Die Autoren referieren Parallel-Form-Reliabilitäten bis zu r = 0.92 bezogen auf eine Stichprobe von maximal n = 350. Da Normwerte (siehe 5.) nur als Prozentränge angegeben werden und die Verteilung nicht bekannt ist, kann ein Standardmeßfehler nur unter Vorbehalt mit ca. 2 Punkten vermutet werden. Dieser Wert (gültig für eine Wahrscheinlichkeit von 68%) reicht aber aus, um die vier Punkte umfassende Kategorie «nicht schulreif» und die drei Punkte umfassende Kategorie «bedingt schulreif» als Grenzen für eventuelle Selektionsentscheidungen zu kritisieren.

5. Normen
Für den FST werden Prozentränge angegeben. Sie sind an ca. 7000 Kindern, die im Jahre 1967 getestet worden waren, erhoben. Es ist zu vermuten, daß diese Prozentränge inzwischen revisionsbedürftig sind. Entsprechend der Zielsetzung sogenannter Schulreifetests, leistungsschwache Schüler vor Beginn der Schulzeit zu erkennen und zu fördern, ist es bei diesen wie anderen Testverfahren unverständlich, daß der für die Diagnose relevante Bereich zwischen 0–6 Rohwerten, während der für die konkrete Fragestellung weitgehend irrelevante Bereich der Schulreife zwischen 7–30 Punkten liegt.

6. Allgemeine Kritik
Da der Test inhaltlich im wesentlichen optische Differenzierung und feinmotorische Leistungen verlangt, in aller Regel schichtspezifische Leistungsmerkmale, sind insbesondere für die Schülergruppen, die besonderer Förderung bedürfen, nur sehr geringe diagnostische Erkenntnisse zu erwarten.

Ulrich U. Hermann

Testname: Weilburger Testaufgaben für Schulanfänger (WTA)
Autoren: Hildegard Hetzer und Lothar Tent
Herausgeber: Karlheinz Ingenkamp
Weinheim 1971 (redigierte Fassung), Beltz

1. Testart: Gruppentest zur Überprüfung der Schulreife

2. Allgemeines Grundkonzept
Dieser Test ist ein Hilfsmittel, «das bei der Beurteilung von Kindern neben anderen Mitteln verwendet werden kann. Er leistet eine erste Grobauslese». Man gewinnt «mit seiner Hilfe in kurzer Zeit einen Überblick über den Entwicklungsstand einer größeren Anzahl von Kindern» (Manual, S. 4).

Der Test besteht aus 10 Aufgabengruppen:

1. Freies Zeichnen, Menschendarstellung,
2. Randverzierungen zeichnen (ähnlich Subtest «Zaunmuster fortsetzen» aus dem Frankfurter Schulreifetest),
3. Begriffsbildung: Aus einer Reihe dargestellter Objekte sollen die zu einem bestimmten Oberbegriff gehörenden Objekte identifiziert werden,
4. Postspiel: Zu drei Gegenständen, «die der Briefträger bringt», sollen abstrakte Symbole erlernt, kurzfristig behalten und reproduziert werden.
5. Gegenstände einprägen und wiedererkennen: Acht Abbildungen mit Gegenständen aus dem täglichen Alltag sollen während einer Minute eingeprägt werden und über die Bearbeitung von fünf weiteren Subtests behalten und am Ende der gesamten Testdurchführung erinnert werden.
6. Nachzeichnen: Stilisierte und geometrisch vereinfachte Gegenstände sollen nachgezeichnet werden. Die Auswertung bezieht sich auf Anzahl der Details, auf Klarheit der Figuren und winkelgetreue Wiedergabe.
7. Zuordnung: Zu einer Reihe von insgesamt 8 Bildvorlagen soll aus einer zweiten Reihe aus insgesamt 12 Bildvorlagen eine inhaltliche paarweise Zuordnung erfolgen.
8. Größenvergleich: Zu der Abbildung eines Kindes sollen Kleidungsstücke im gleichen Größenverhältnis identifiziert werden.
9. Punktzeichnen: Geometrische Figuren in einem Punktegitter sollen in ein freies Punktegitter übertragen werden (vgl. Subtest 2 des Duisburger Vorschul- und Einschulungstests).
10. Mengenerfassung: Karten mit Mengen (2 bis 8) werden den Kindern kurzzeitig demonstriert, die Mengen sollen dann reproduziert werden.

3. Gültigkeit

Die prognostische Validität zwischen Testergebnis (Gesamtpunktwert und einer schulischen Gesamtnote lag nach etwa einem halben Jahr bei r = 0.70. Differenziert nach unterschiedlichen Schulzensuren sowie nach Geschlechtern und den beiden Paralleltestformen der WTA werden Korrelationskoeffizienten zwischen 0.55 und 0.71 referiert. Am sichersten werden für die Jungen, die mit der Testform A untersucht wurden, die Leistungen im Rechnen sowie das Gesamturteil des Lehrers mit je r = 0.71 vorhergesagt. Aber auch dieser Wert klärt, als Determinationskoeffizient verstanden, ja lediglich nur ca. 50% der gemeinsamen Varianz.

4. Zuverlässigkeit, Interpretation und Aussagewert

Die Autoren schätzen die Reliabilität als sog. Halbierungsstabilität in Höhe von r = 0.81. Da die Verteilung der Gesamtpunktwerte weder normal noch symmetrisch, sondern rechtsgipflig verläuft, kann ein Standardmeßfehler nur mit großen Vorbehalten genannt werden. Er dürfte ganzzahlig gerundet bei ca. 4 Punkten für eine 68%ige Wahrscheinlichkeit liegen. Die nur die Spannweite von 16 bis 21 Gesamtpunktwerten umfassende Kategorie «Schulreife fraglich» erweist sich, angesichts eines auf der Grundlage des Standardmeßfehlers anzulegenden Vertrauensintervalls, als kaum interpretierbar.

5. Normen
Es liegen Normentabellen lediglich als einfache Prozentränge vor. Die Eichstichproben (für Form A N = 815, für Form B N = 1020) stammen nahezu aus dem gesamten Bundesgebiet.

6. Allgemeine Kritik
Nach Meinung der Autoren kommt es bei einem Schulreifetest «letzten Endes darauf an, den späteren Schulerfolg (Kriterium) möglichst genau vorherzusagen. Die Zurückstellung schulpflichtiger Kinder wegen mangelnder Schulreife läßt sich nur dann vertreten, wenn die Testergebnisse (Prädiktoren) nachweislich hochvalide sind ... erst bei hinreichender prognostischer Validität in diesem Sinne kann der Test beanspruchen, ein ‹Schulreife›-Test zu sein, und nur dann ist Schulreife operational durch den Test definiert (Schulreife ist das, was der Test mißt)» (Manual, S. 29). Die gegenwärtig im Handel befindliche revidierte Fassung von 1971 der WTA ist folglich weiterhin einer selektiven Entscheidungsstrategie verpflichtet und beansprucht faktisch eine Konstruktvalidität mit einer prinzipiell tautologischen Merkmalsdefinition. Das Merkmal ist das, was der Test mißt – was der Test mißt, ist das Merkmal. Dagegen ließe sich an diesem Test (wie an anderen auch) die Notwendigkeit einer kriterienorientierten Einschulungsdiagnostik erörtern und belegen.

Ulrich U. Hermann

Name des Tests: Testbatterie für entwicklungsrückständige Schulanfänger (TES)
Autor: Reimer Kornmann
Weinheim 1977, Beltz

1. Testart: Test aus den Testverfahren der Schuleingangsdiagnostik mit dem speziellen Gültigkeitsbereich für solche Kinder, die aufgrund anderer diagnostischer Verfahren im Rahmen der Einschulungsuntersuchung zurückgestellt wurden.

2. Allgemeines Gundkonzept
«Die TES kann bei allen schulpflichtig gewordenen, aber wegen fehlender Schulreife oder ähnlicher Diagnosen nicht eingeschulten oder wieder ausgeschulten Kindern angewendet werden. Ihr Alter liegt in der Regel zwischen 78 und 84 Monaten. Auch für zweimal zurückgestellte

Kinder, die aus diesem Altersbereich herausfallen, eignet sich die TES. Voraussetzung für die Anwendung der TES ist, daß die untersuchten Kinder während des Zurückstellungsjahres mit dem ausdrücklichen Ziel gefördert werden, späterem Leistungsversagen in der Schule vorzubeugen. Es wäre ein Mißbrauch der TES, bestimmte Kinder – etwa aufgrund extrem schwacher Testergebnisse – von solchen Förderungsmaßnahmen auszuschließen» (Manual, S. 7). Eine Besonderheit der TES liegt darin, daß zu einer zweimaligen Testvorgabe angeraten wird. Normen liegen für die erste und zweite Untersuchung sowie für die Differenz zwischen den Untersuchungen vor (siehe 5.). So wird einer eventuellen Überinterpretation situativ bedingter oder aktuell kurzfristig auftretender Leistungsschwächen vorgebeugt. Die Ergebnisse der zweiten Untersuchung, die zur Mitte des Schuljahres etwa 12 bis 7 Monate nach der ersten Untersuchung durchgeführt werden soll, gestatten Aufschluß darüber, ob – und gegebenenfalls in welchem Leistungsbereich – Verbesserungen oder Rückschritte zu registrieren sind.

Die Testbatterie TES besteht aus elf Untertests:

1. PPVT: Peabody Picture Vocabulary Test

Es handelt sich um einen Wortschatztest, der den passiven Wortschatz erfaßt. Dem Kind werden 53 Bildvorlagen vorgelegt, die je aus vier Einzelbildern bestehen. Das Kind wird aufgefordert, auf das vom Versuchsleiter genannte Einzelbild zu zeigen.

Der PPVT findet auch Verwendung in der Testbatterie für geistig behinderte Kinder von Bondi u. a.

2. RF: Reihen fortsetzen

Auf Pappstreifen (18 Stück) sind Halmasteine in drei verschiedenen Farben in verschiedenartiger Zusammenstellung aufgeklebt. Das Kind wird aufgefordert, mit Hilfe von losen Halmasteinen die Reihe in ihrer vorgegebenen Gesetzmäßigkeit fortzusetzen.

Dieser Test entspricht etwa dem Subtest 8 des Bildertestes 1 bis 2 von Horn u. a.

3. Pn/r: Perlen aufreihen, rechte Hand

Die Versuchspersonen müssen in jeweils 30 Sekunden möglichst viele Perlen auf eine Nadel aufreihen, die sich in einer Kunststoffröhre befindet. Der interpretierbare Wert ergibt sich aus Mitteilung von vier Durchgängen dieses Versuches.

4. Pn/l: Perlen aufreihen, linke Hand

Wie 3., nur mit der linken Hand.

Der Test prüft insbesondere die Händigkeit. Aus der Differenz zwischen den Leistungen läßt sich die Leistungsdominanz ermitteln.

5. F/G: Figur – Grund – Erfassung

Den Kindern werden vier Bildtafeln vorgelegt, die je zwölf ineinander gezeichnete Figuren zeigen. Dazu gibt es vier Sätze der jeweiligen einzelnen Bilder. Die Kinder werden aufgefordert, innerhalb der großen Vorlage mittels der kleinen Einzelbilder möglichst viele Objekte zu identifizieren.

6. WEIT: Weitsprung aus dem Stand

Die Kinder werden aufgefordert, aus dem Stand vier möglichst weite Schlußsprünge zu machen. Das Ergebnis wird aus den drei weitesten Sprüngen gebildet.

7. HÜPF: Hüpfen seitwärts

Es handelt sich hier um einen Untertest aus dem Körper-Koordinationstest von Kiphardt und Schilling. Die Kinder werden aufgefordert, mit geschlossenen Beinen möglichst oft seitlich über ein Maßband und zurück zu springen. Es werden zwei Versuche durchgeführt. Es zählen nur Sprünge, bei denen mit beiden Füßen auf der einen Seite der Markierung abgesprungen wird und bei denen mit beiden Füßen auf der anderen Seite der Markierung gelandet wird.

8. RLE: Raumlage Erfassung (Erkennen)

Die Kinder sollen aus jeweils vier gleichen, jedoch in der Raumlage verschiedenen Objekten ein bestimmtes gleichzeitig vorgegebenes Objekt identifizieren.

9. KHV: Konzentrations-Handlungs-Verfahren

Den Kindern werden Bildkarten mit Enten in der Form vorgelegt, so daß einmal eine einzelne Ente, einmal ein Entenpaar gelegt wird. Die Kinder erhalten dann nach einer Übung 48 Testkarten mit je 24 verschiedenartigen Abbildungen, darunter entweder eine oder zwei Enten. Nach diesem Kriterium sollen die Testkarten sortiert werden.

10. TRAC: Tracing (Spuren nachfahren)

Die Kinder müssen bei jeder der insgesamt 24 Aufgaben einen bogig gezeichneten Strich, der durch ein Liniengewirr läuft, mit dem Finger und später mit den Augen von einer Seite einer Aufgabenkarte zur anderen verfolgen.

11. WE: Wahrnehmungsgenauigkeit

Auf jeder von insgesamt 16 Aufgaben sind vier Objekte dargestellt, von denen sich eines in einem Detail von den übrigen 3 unterscheidet. Dieses veränderte Bild muß identifiziert werden.

Die Testbatterie für entwicklungsrückständige Schulanfänger (TES) wurde seit 1967 von Kornmann entwickelt. «Das ursprüngliche Konzept der TES zielte darauf ab, Klassifikationen nach klinischen und schulorganisatorischen Kriterien zu ermöglichen. So sollten innerhalb der Gruppe der zurückgestellten ‹schulunreifen› Kinder die hirngeschädigten von den nicht hirngeschädigten unterschieden . . ., die späteren lernbehinderten erfaßt und von den nicht lernbehinderten getrennt werden . . . Die entsprechenden Diagnosen sollten zwar Hinweise für bestimmte therapeutische oder pädagogische Maßnahmen liefern, waren aber nicht unmittelbar mit diesen verknüpft und gestatteten keine Hinweise für individuell gestaltete Entscheidungen» (Manual, S. 5). Dieses ursprüngliche Konzept wurde durch die Grundsatzdiskussion innerhalb der klinischen und pädagogischen Diagnostik in Frage gestellt. Insbesondere galt es zu verhindern, mittels der TES ein positives Normierungsinstrument für die individuelle Klassifikationsentscheidung «lernbehindert» einzuführen.

Die Testresultate lassen Feststellung und Analyse objektivierter Leistungsschwächen zu und deren aufgabenspezifische Analyse sowie die Planung der entsprechenden Fördermaßnahmen.

3. Gültigkeit
Im Lauf der Entwicklung der TES konnte Kornmann 1971 innerhalb einer Stichprobe von Kindern, die für nicht schulreif befunden worden waren, hirngeschädigte, aber milieubenachteiligte von milieubenachteiligten, aber nicht hirngeschädigten Kindern trennen. Die multiple Korrelation der Untertests zu diesem Kriterium betrug R = 0.85. In einer späteren Untersuchung an 70 unausgelesenen Schulanfängern, von denen nur 8 als nicht schulreif beurteilt worden waren, ergaben sich deutliche Korrelationen der TES zum Sozialstatus. Hierfür werden im Manual keine Daten angegeben.

Faktorielle Gültigkeit:

Kornmann konnte in früheren Untersuchungen von einer differenzierten Faktorenstruktur der TES berichten. Nunmehr ließen sich allerdings nur noch zwei Faktoren sichern: ein kognitiver und ein motorischer Faktor.

Die Gültigkeit der TES im Vergleich zu anderen Testverfahren:

Kornmann berichtet mittelhohe Korrelationen einzelner Untertests der TES zu dem Kettwiger Schulreifetest (KST) von Meis und zum Bildertest 1–2 (BT 1–2) von Horn sowie zum Duisburger Vorschul- und Einschulungstest (DVET) von Meis. Eine Schulerfolgsschätzung durch Lehrer ergab in Korrelation zur TES multiple Korrelationskoeffizienten von r = 0.71 (für den Beginn des Schuljahres) bzw. r = 0.67 (Mitte des Schuljahres). Diese Daten wird man jedoch nur schwer als prognostische Validität interpretieren können. In einer früheren Studie (Kornmann, 1972) wurde bei 42 Schulkindergartenbesuchern eine multiple Korrelation der TES zum Kriterium der Einschulung in die Grundschule oder in eine Sonderschule von r = 0.81 festgestellt. Kornmann relativiert diese, einen psychometrisch orientierten Testautor durchaus befriedigenden Werte, erheblich. Er weist darauf hin, diese hohen Koeffizienten bedeuteten doch, «daß die zu Beginn des Schuljahres feststellbaren Leistungsunterschiede zwischen den Kindern weitgehend konstant geblieben sind, insbesondere sind die Kinder mit schwachen Leistungen nicht so weit gefördert worden, daß zwischen ihnen und den leistungsstärkeren keine großen Leistungsdifferenzen mehr bestehen. Dies müßte aber ein wesentliches Ziel der Förderung sein. Somit sind die hohen Vorhersage-Koeffizienten auch als ein pädagogischer Auftrag zu sehen, nämlich die Leistungsunterschiede zugunsten der schwachen Kinder im Laufe des Schuljahres stärker zu reduzieren.» (Manual, S. 45)

4. Zuverlässigkeit, Interpretation und Aussagewert
Für die Retestreliabilität (Zeitintervall von 7–10 Tagen) wurden Koeffizienten zwischen 0.77 und 0.93 ermittelt (Kornmann, 1971). Die Kennwerte für die innere Konsistenz

liegen zwischen 0.85 und 0.94. Die Profilreliabilität wird mit 0.70 angegeben. Die Ermittlung eines Standardmeßfehlers ist aus der vorliegenden Endform der TES nicht möglich, da lediglich Prozentrangnormen vorliegen. Da das Konzept der TES nicht an harten Entscheidungsgrenzen für Klassifikationsentscheidungen orientiert ist, kann auf den Standardmeßfehler auch durchaus verzichtet werden.

5. Normen

«Als einheitlicher Normmaßstab wurde die Prozentrangskala gewählt. Normen wurden an der gleichen Stichprobe für den Beginn des Schuljahres, für die Mitte des Schuljahres und für die Differenz beider Messungen erstellt. Die Eichstichprobe bestand zu Beginn des Schuljahres aus n = 259 Schulkindergartenbesuchern verschiedener Regionen Baden-Württembergs.» Die Differenzen wurden an den Kindern normiert, deren Leistung bei der ersten Untersuchung unterhalb des Medians lag. Dadurch wird die Aufmerksamkeit insbesondere auf solche Kinder gelenkt, deren Anfangsleistungen unterdurchschnittlich waren. Die Normierungsstichprobe entspricht somit qualitativ voll dem Gültigkeitsanspruch.

6. Allgemeine Kritik

Mit der TES liegt ein Verfahren vor, das in seinem Gültigkeitsanspruch gezielt auf eine Altersstufe und auf eine spezifische Fragestellung begrenzt ist. Es entspricht damit der insbesondere von Karl Hermann Wewetzer mehrfach vorgetragenen Forderung nach eindeutiger Indikation bei der Testanwendung. Es muß allerdings sorgfältig beobachtet werden, ob und gegebenenfalls in welchem Umfang künftig Bürokraten sich der TES bemächtigen und gegen die – freilich widersprüchlichen – Intentionen des Autors im Laufe der Entwicklung des Verfahrens auf harte Klassifikationsentscheidungen, insbesondere auf Selektionsentscheidungen dringen.

Ulrich U. Hermann

7. Schulleistungstests

Testname: Allgemeiner Schulleistungstest für 2. Klassen (AST 2)
Autor: Oskar Rieder
Testname: Allgemeiner Schulleistungstest für 3. Klassen (AST 3)
Autor: Franz Fippinger
Testname: Allgemeiner Schulleistungstest für 4. Klassen (AST 4)
Autor: Franz Fippinger
Herausgeber der Allgemeinen Schulleistungstests: Karlheinz Ingenkamp
Weinheim, Beltz, AST 2: 1971; AST 3: 1971; AST 4: 1967, Neubearbeitung 1977 (hat zur Erstellung dieses Kurzberichtes noch nicht vorgelegen)

---

1. Testart: Die Allgemeinen Schulleistungstests sind an den Lehrplananforderungen für das 2. Schulhalbjahr der jeweiligen Klassenstufe orientiert. Sie geben dem Lehrer die Möglichkeit zu einer Beurteilung von Gruppen- und Einzelleistungen. Die Anlässe zur Begründung einer Gruppentestung sind vielfältig: So könnten z. B. Eltern eine Gruppentestung verlangen, wenn sie den Verdacht haben, daß der Leistungsstand ihrer Klasse aus besonders negativen schulorganisatorischen Gründen (z. B. überfüllte Klassenfrequenz, häufiger Lehrerwechsel) besonders niedrig liegt. Oder die Eltern eines als lernbehindert gemeldeten Kindes bestreiten die Lernbehinderung ihres Kindes mit der Begründung einer generell zu hohen Leistungsanforderung des Lehrers. Anlässe für Einzeltestungen liegen insbesondere dann vor, wenn ein Zurückbleiben objektiviert werden soll. Der AST 4 bietet sich darüber hinaus als Entscheidungshilfe zur Übergangsauslese weiterführender Schulen an.

Die Allgemeinen Schulleistungstests bestehen aus folgenden Untertests:

1. Leseverständnis (LV): Beispiel aus dem AST 2:
   Die Kinder erhalten folgende Vorlagen: «Vater streicht den Lattenzaun neu an.
   a) Nagel, b) Hammer, c) Pinsel, d) Zange.»
   Das passende Wort soll angekreuzt werden.
2. Wortschatz (WS): Beispiel aus dem AST 2:
   Die Kinder erhalten folgende Vorlage: «Fisch
   a) schwimmen, b) springen, c) ertrinken, d) versinken.»
   Das passende Wort soll angekreuzt werden.
3. Zahlenrechnen (ZR):
   Für den AST 4 zerfällt dieser Subtest in Kopfrechnen (KR) und schriftliches Rechnen (SR).
   Rechenaufgaben aus den vier Grundrechnungsarten sollen bearbeitet werden.
   Im Fall des AST 3 sind die Antworten als Auswahlantworten vorgegeben.
4. Textaufgaben (TA): Es handelt sich um sog. eingekleidete Rechenaufgaben zur sog. Anwen-

dung der vier Grundrechnungsarten.

5. Rechtschreiben (RS): Beispiel aus dem AST 20:

	a) Schreiben	
Wir	b) shreiben	in das Heft.
	c) schreiben	
	d) schriben	

6. Sachwissen (SW): Für den AST 2; bzw. Heimatkunde und Kartenverständnis (HW/KV) für den AST 4.
   Beispiel aus dem AST 2: Was braucht das Auto zum Fahren?
   a) Kohlen
   b) Heizöl
   c) Gas
   d) Benzin
   Im AST 4 werden Grundkenntnisse der Kartographie und der Geographie verlangt sowie die Umsetzung von Maßstabsangaben.

2. Gültigkeit

Für den AST 2 werden Korrelationen zwischen den Subtests und den Schulnoten in Rechtschreiben, Rechnen und Sachwissen referiert in Höhe von r = ca. 0.60 (0.52 bis 0.72). Die Koeffizienten klären mithin ca. 25 bis maximal ca. 50% der gemeinsamen Varianz. Erstaunlich ist, daß die Subtests eine fachspezifische Vorhersage kaum leisten. So korreliert der Subtest «Sachwissen» mit der Lesenote in nahezu gleicher Höhe wie der Subtest «Leseverständnis» mit der Lesenote, bzw. der Subtest «Zahlenrechnen» mit der Rechtschreibnote in fast gleicher Höhe wie mit der Rechennote. Der Gesamttest korreliert mit den Schulnoten durchgängig in Höhe von r = ca. 0.73.

Für den AST 3 werden Korrelationen zwischen den Subtests und den Schulnoten Lesen, Rechtschreiben und Rechnen im Bereich von 0.27 bis 0.60 berichtet. Hier tritt die fachspezifische Korrelation deutlicher zutage: Subtest LV zur Lesenote r = 0.52, Subtest RS zur Rechtschreibnote r = 0.48, Subtest ZR zur Rechennote r = 0.60. Die Korrelationen zwischen Gesamttest und Schulnoten liegen zwischen r = 0.61 (Rechtschreiben) und r = 0.73 (Rechnen). (Alle Angaben für Form A.)

Für den AST 4 werden Korrelationen aus zusammengefaßten Subtests zu den Noten gerichtet: Die Subtests LV, WS, RS korrelieren zur Deutschnote mit r = 0.74, die Subtests KR, SR, TA zur Rechennote mit r = 0.73 und der Subtest HW/KV zur Note in Heimatkunde mit r = 0.60. Die Stichprobengrößen für diese Angaben liegen zwischen 265 Kindern (AST 2) und 956 Kindern (AST 3).

4. Zuverlässigkeit, Interpretation und Aussagewert

Die Reliabilität (Paralleltest bzw. Halbierungszuverlässigkeit) liegt bei mindestens 0.91 für die AST 4 und max. 0.96 für den AST 2. Der Standardmeßfehler des AST 2 beträgt ganzzahlig gerundet 4 Punkte, der des AST 3 3 Punkte und der des AST 4 ganzzahlig gerundet 7 Punkte für den jeweiligen Gesamttest (Wahrscheinlichkeit 68%).

5. Normen

Für die Allgemeinen Schulleistungstests liegen differenzierte Normentabellen für die einzelnen Subtests, für die Gesamttests und z. T. nach Probandengruppen (Geschlecht, Schulart) gegliedert vor. Es werden in allen Verfahren Prozentränge angegeben, für die AST 3 und 4 Standardwerte und Notenvorschläge und für den AST 2 ein mittlerer T-Wert und T-Wertband (unter Berücksichtigung des Meßfehlers). Die Stichproben stammen aus dem Gültigkeitsbereich der Testanwendung.

6. Allgemeine Kritik
Bei der Unterschiedlichkeit der Schullandschaft in der Bundesrepublik Deutschland ist das Konzept eines allgemeinen Schulleistungstests nicht recht einleuchtend. Sinnvoll wären eventuell unmittelbar lehrplanbezogene Testverfahren auf der Ebene des Gültigkeitsbereichs eines Lehrplans. Für individuelle Fragestellungen ist eine Testanwendung ebenfalls nicht recht einleuchtend, denn die Abstandsmessung einer individuellen aktuellen Leistungsdisposition zu einem bundesdeutschen Querschnitt ist ohne Berücksichtigung der spezifischen schulischen Bedingungen kaum interpretierbar. Mit der testmäßigen Objektivierung der mittleren Klassenleistung sind durchaus sinnvolle Fragen zu beantworten.

Prinzipiell sollten die Autoren von Schulleistungstests für bestehende Verfahren die kriterienorientierte Messung ermöglichen. Denn der soziale Vergleich zwischen zwei Schülern ist im Blick auf die schulischen Lerninhalte weniger interessant (es sei denn, man will ausschließlich zu qualitativ unterschiedlichen Schularten seligieren) als der inhaltliche Umfang, in dem Lernziele erreicht worden sind. Zu einer lernzielorientierten Leistungsmessung sind indessen die Allgemeinen Schulleistungstests vermutlich zu komplex.

Ulrich U. Hermann

8. Tests für Lernbehinderte

Testname: Schulleistungstestbatterie für Lernbehinderte und für schulleistungsschwache Grundschüler (SBL I/SBL II)
Autor: H. Kautter und L. Storz
Herausgaber: K. Ingenkamp
Weinheim 1972, Beltz

---

1. Testart: Schulleistungstest

2. Allgemeines Grundkonzept
Entgegen seiner Angaben im Testnamen müßte der SBL wohl richtiger «Schulleistungstestbatterie für schulleistungsschwache Grundschüler» heißen. Denn obwohl noch für 1972 angekündigt, liegen bis heute keine Normen für lernbehinderte

Schüler vor!

Unvollständige Tests zu veröffentlichen halte ich im Unterschied zu den Testkonstrukteuren und -herausgebern schlichtweg für unverantwortlich, also ganz und gar nicht «im Interesse der Lehrer in Sonderschulen für lernbehinderte Kinder und Jugendliche» (Manual, S. 3).

Deshalb ist es auch falsch zu sagen, der Test diene der «zuverlässigen und differenzierten Erfassung der Schulleistungen schulleistungsschwacher Kinder am Ende der ersten und der zweiten Grundschulklasse sowie den entsprechenden Klassen der Sonderschule für lernbehinderte Kinder und Jugendliche (Klassenbezeichnung regional unterschiedlich) in den Fächern Rechtschreiben, Rechnen und Lesen» (Manual, S. 3). Da sich der Test auf schulleistungsschwache Grundschüler richtet, ist seine Aufgabenschwierigkeit so konzipiert, daß er «feinere Unterscheidungen innerhalb der unteren 25% der Grundschülerpopulation», nicht aber innerhalb «durchschnittlicher und guter Grundschüler» anstrebt (Manual, S. 4). Was soll der Test leisten? Erfassung der relativen Stellung eines Schülers in der Leistungsrangreihe für Rechtschreiben, Rechnen, Lesen, wodurch für den Lehrer Fragen der Notenfindung, Versetzung und Sonderschulbedürftigkeit besser angegangen werden können. Außerdem soll der Test Informationen darüber erbringen, welche pädagogischen Fördermaßnahmen oder Zuweisungen zu Leistungsgruppen für einen Schüler angemessen sind.

Der Test besteht aus zwei Formen – Leistungsstufe SBL I, Ende der 1. Grundschulklasse; und der SBL II, Ende der 2. Klasse Grundschule. Sowohl vom SBL I als auch vom SBL II liegen jeweils zwei Parallelformen A und B vor. Jede Testform enthält drei Untertests, in denen folgende Leistungsaspekte geprüft werden:

Untertest	Leistungsaspekte
1. Rechentest	Mengen und Zahlen; Zahlenrechnen (Additionen; Subtraktionen; Textaufgaben)
2. Rechtschreibtest	Abschreiben; Anfangsbuchstaben erkennen und aufschreiben; Buchstabendiktat; Diktat einfacher ein- und zweisilbiger Wörter; Stellungslaute
3. Lesetest	Lesefertigkeit (Gruppentest); bedeutungserfassendes Lesen; Lesefertigkeit (Einzeltest)

Die Zuordnung der beiden Leistungsstufen SBL I und SBL II zu den beiden ersten Grundschulklassen ist formal und besagt nichts. Das wissen auch die Testautoren. Denn die Leistungsanforderungen in diesen Klassen unterscheiden sich im Bundesgebiet erfahrungsgemäß sehr stark. Folglich ist die Zuordnung der Testleistungsstufen zu den Leistungsmöglichkeiten der Schüler außerordentlich vage und irrational. Wenn ein Testanwender meint, ein Schüler müßte bereits bestimmte Leistungen in der Rechtschreibung erbringen, ohne daß dem Schüler aber zuvor ausreichende Lernmöglichkeiten gegeben waren, wird dem Schüler die Chance für ein gutes Abschneiden im Test durch die willkürliche Entscheidung des Testleiters in bezug auf die Leistungsstufe im vorhinein genommen.

3. Gültigkeit

Damit steht und fällt als erstes die inhaltliche Gültigkeit des Tests, dessen Aufgaben an den Lehrplänen von Sonderschulen für Lernbehinderte und für Grundschulen sowie an den häufig verwendeten Fibeln und Rechenlehrgängen aus verschiedenen Bundesländern orientiert sind. Denn wenn die Resultate des Tests von den Lernvoraussetzungen der Testpersonen abhängig sind, dann mißt z. B. der SBL II nicht die Schulleistung schulleistungsschwacher Kinder der Leistungsstufe II und kann sie gar nicht testen, weil die Schüler diese Fähigkeit gar nicht haben. Damit ist, entgegen der Behauptung der Testautoren auf Seite 27 des Manuals, eben *nicht* «die curriculare und inhaltliche Gültigkeit des Tests hinreichend gesichert».

Bei der kriteriumsbezogenen Gültigkeitsbestimmung wurden an Stichproben vom Umfang N = 164 bis N = 1364, deren Zusammensetzung im einzelnen nicht dargelegt wird, das Testresultat mit den Schulnoten korreliert. Dabei wurden Gültigkeitskoeffizienten von 0.40 bis 0.76 ($\bar{r}_{\o} \cong 0.55$) gefunden, die eine Determination von ungefähr 30% der Varianz der Schulleistung durch den Test erlaubt. Das kommt einem Schätzungseffekt von nur etwa 16% gleich! Über diese unzulängliche Gültigkeit tröstet auch nicht das Versprechen der Autoren hinweg, daß «weitere empirische Gültigkeitskontrollen an Lernbehinderten in Vorbereitung» seien (Manual, S. 28). Während die Gültigkeitsangaben für alle Testformen, also I, A/B und II, A/B an Stichproben von Grundschülern gewonnen wurden, stammen die Daten zur Überprüfung der Äquivalenz (Parallelität der Testformen A–B) aus einer Untersuchung an baden-württembergischen lernbehinderten Schülern. Dabei zeigt sich zwar, daß weitgehende statistische Äquivalenz zwischen beiden Testformen angenommen werden kann, aber diese ist bestenfalls für Lernbehinderte, nicht für Grundschüler anzunehmen, für die bislang nur Testnormen gegeben sind und also der Test angewendet werden kann. An Lernbehinderten (!) wurde auch die Aufgabenanalyse des SBL durchgeführt. Das bedeutet, daß die Testaufgaben zwar auf die Erfassung der Lernbehinderung gerichtet sind, die Normen aber an Grundschülern erhoben worden sind. Das heißt, die Aufgabenschwierigkeit ist an (wie auch immer definierten?) Lernbehinderten orientiert, die Normen aber stammen von Grundschülern. Wer also diesen Normen gar nicht oder nur unzulänglich genügt, ist damit – zumindest implizit – bereits ein Lernbehinderter!

Von ausgesprochener Naivität zeugen die Angaben zur Objektivität des Tests. Da scheint, als hätten die Testautoren nicht die Grundlagenliteratur zur Testtheorie gelesen, der sie entnehmen könnten, wie sich bereits die Art und Weise der Vorgabe von Übungsaufgaben auf die Bereitschaft der Pbn. auswirkt, sich mit den Anforderungen des Tests auseinanderzusetzen. Denn die Testautoren sind tatsächlich der Meinung, daß die Übungsaufgaben der Pbn. weitgehend ungeregelt vorgegeben werden können. Der Testleiter kann, um das Aufgabenverständnis herbeizuführen, bei Bedarf Zusatzerklärungen und weitere von ihm für notwendig erachtete Anweisungen selbständig geben.

4. Zuverlässigkeit, Interpretation und Aussagewert

Auch die Zuverlässigkeit ist nicht an einer Stichprobe von Grundschülern, für die der Test genormt ist, überprüft, sondern an lernbehinderten Sonderschülern. Die Paralleltestkoeffizienten haben durchweg Werte um $r_{tt} = 0.80$ (0.73–0.93). Die Größe des Standardmeßfehlers ist in Form des Vertrauensbereiches «in die Normtafeln des Anhangs als Prozentrangband und als T-Wert-Band eingearbeitet und kann dort für jede Rohpunktsumme abgelesen werden» (Manual, S. 26). Um feststellen zu können, ob sich die Leistungen eines Pbn. zwischen zwei Tests unterscheiden, bedarf es der Bestimmung der «kritischen Differenz». Diese Angaben seien in Vorbereitung. Anstatt nun aber den Benutzern des Tests wenigstens die selbständige Berechnung solcher kritischer Differenzen nahezulegen, werden ungenaue Empfehlungen ausgesprochen; die Unterschiede zwischen zwei Testleistungen sollen als subjektbezogene Unterschiede nur dann interpretiert werden, wenn sich die Prozentrang- bzw. T-Wert-Bänder verglichener Werte nicht überschneiden. Nun weiß jedermann, daß damit die präzisen kritischen Differenzen unterschätzt sind und damit interpretierte Fähigkeitsunterschiede – wenn überhaupt – nur bedingt zutreffen. «Es soll nachdrücklich darauf hingewiesen werden, *daß diese Orientierungshilfen keinesfalls mit verbindlichen Auslesekriterien verwechselt werden dürfen und daß jede schematische Anwendung zu Fehldiagnosen führen kann*» (Manual, S. 21f). Die Autoren sollten sich ihre eigenen Feststellungen zu Herzen nehmen.

5. Normen

Die Normierung vom SBL I und vom SBL II ist an N = 3000 Grundschülern der ersten und zweiten Klassen durchgeführt worden. Für den Test liegen Prozentrangnormen und T-Wert-Normen vor, allerdings nur «für den Bereich, in dem der Test gut differenziert (bis zum Prozentrang 25). Für die oberen 75% der Grundschüler der ersten und zweiten Klasse werden wegen der eingeschränkten Differenzierungsfähigkeit des Tests in diesem Bereich nur *Quartil*normen angegeben» (Manual, S. 30).

6. Allgemeine Kritik

Nach Meinung der Testautoren sollten die Testresultate durch Zusatzdaten ergänzt werden. Dazu rechnen sie: Schulstart, Intelligenzhöhe, Lebensalter, Förderungsmöglichkeiten in Familie und Schule (Arbeits- und Sozialverhalten). Schlagen die Autoren diese Zusatzdaten vor, weil sie ihrem eigenen Test nur wenig zumuten, oder ist es ihr diagnostisches Verantwortungsbewußtsein, daß sie dazu veranlaßt? Aber wieso publizieren sie dann einen unvollständigen Test?

Siegfried Grubitzsch

Testname: Columbia Mental Maturity Scale (CMM-LB)
Sprachfreier Gruppenintelligenztest für die Sonderschule für Lernbehinderte
Autoren: D. Eggert, K.-D. Schuck, M. U. von Raatz
Herausgeber: Deutsches Institut für Pädagogische Forschung, Frankfurt/M.
Weinheim 1971, Beltz

1. Testart: Gruppenintelligenz-Test

2. Allgemeines Grundkonzept
Der Test gibt vor, sprachfrei die Intelligenz von 9- bis 14jährigen lernbehinderten Sonderschülern zu erfassen. Dabei erbringe er Daten über:

«*Eine objektive, zuverlässige und gültige Klassifikation* der augenblicklichen Intelligenzleistung, bezogen auf die Gruppe der Schüler der Sonderschule für Lernbehinderte;

Informationen über die Leistungskapazität einzelner Schüler und Klassen;

Anhaltspunkte für eine Prognose der zukünftigen Schülerleistungen;

Hinweise auf die Notwendigkeit der Durchführung spezieller Förderungsprogramme;

Möglichkeiten der Beurteilung von Leistungs- und Entwicklungsfortschritten;

Grundlagen für die Schülergruppierung und Unterrichtsplanung;

Hilfen bei der Beratung der Schüler und Eltern in Fragen der Schullaufbahn und Berufsfindung.» (Manual, S. 4)

Die Aufgaben des Tests bestehen jeweils aus fünf Bildern, von denen eines nicht zu den übrigen vier paßt (z. B. vier Sitzmöbel und ein Schrank sind abgebildet). Das nicht passende Bild ist herauszufinden und zu kennzeichnen.

Zwar ist dem Testtitel zu entnehmen, daß das Verfahren Intelligenz messe, nicht aber, was unter Intelligenz verstanden wird. Mal ist von «allgemeiner Intelligenz» (Manual, S. 3) die Rede, dann von «augenblicklicher Intelligenz» und schließlich, daß eine amerikanische Version als Einzeltest für normalentwickelte und hirngeschädigte Kinder «Denkfähigkeit, logisch-schlußfolgerndes Denken und Abstrahierungsfähigkeit» erfasse. Ebenso ungeklärt ist, was diese (nichtbekannte) Intelligenz mit Lernbehinderung zu tun hat und wodurch eigentlich ein Sonderschüler charakterisiert ist.

3. Gültigkeit

Die Gültigkeit des CMM-LB ist durch Korrelation mit HAWIK-Testwerten und mit den Testwerten aus dem Bilder-Test 1–2 oder 2–3 überprüft worden (N_{HAWIK} = 2531 9- bis 14jährige Schüler, N_{BT} = 1088 9- bis 14jährige Schüler). Es ergaben sich durchweg Übereinstimmungs-Validitätskoeffizienten von r • 0.808, d. h. 64% und mehr der Kriteriumsvarianz sind durch die Meßwerte des CMM-LB determiniert. Die Höhe der Koeffizienten vermag jedoch nicht über die inhaltliche Fragwürdigkeit der Daten hinwegzutäuschen. Der HAWIK ist selbst nur sehr unzureichend validiert, und der Bilder-Test ist seinerseits wiederum am HAWIK validiert!

4. Zuverlässigkeit, Interpretation und Aussagewert

Die Reliabilität ist in Form der Testhalbierungskorrelation und in der Form der inneren Konsistenz angegeben. Der mittlere Reliabilitätskoeffizient beträgt r = 0.93. Der Standardmeßfehler beträgt (bei 1prozentiger Irrtumswahrscheinlichkeit) ± 6.45 Punkte, und die kritische Differenz zwischen zwei Werten muß mindestens 9,0 Punkte (bei 1prozentiger Irrtumswahrscheinlichkeit) betragen.

5. Normen

Die Normierung wurde an N = 6009 Schülern der Sonderschule für Lernbehinderte zwischen 9 und 14 Jahren bundesweit durchgeführt. Interessant ist, daß bei der Stichprobenorganisation der Anspruch formuliert wurde, «. . . die Eichstichprobe so zusammenzustellen, daß die Merkmale, von denen die Testergebnisse beeinflußt werden könnten, repräsentativ im Hinblick auf die Grundgesamtheit vertreten sind» (Manual, S. 9).

«Faktoren des sozialen Milieus», die die Autoren auf S. 4 ihres Testmanuals noch für wichtig hielten, werden hier nicht mehr berücksichtigt.

6. Allgemeine Kritik

Der Test gibt vor, Hinweise auf die relative Stellung eines Einzelschülers zu seiner Alters- oder Geschlechtsgruppe zu ermöglichen und Unterschiede zwischen Schülern festzustellen. Zunächst allerdings nur zwischen Sonderschülern, nicht zwischen diesen und «normalentwickelten» Schülern. Und eben weil dies so ist und keine Daten für normalentwickelte Schüler vorliegen (sie wurden 1971 angekündigt), ist der Test *gerade nicht* für den Einsatz «bei der Aufnahmeuntersuchung durch den testpsychologisch ausgebildeten Sonderschullehrer möglich» (Manual, S. 16).

Denn die Sonderschulbedürftigkeit soll ja erst festgestellt werden und darf nicht bereits als Voraussetzung bzw. Unterstellung in die Untersuchung eingehen! Dies gilt um so mehr, als von den Testautoren festgestellt wird: «. . . wie die Rohwertverteilungen anzeigten, gibt es Kinder, die in der Sonderschule für Lernbehinderte mit diesen Gruppentests *nicht* untersucht werden können. Möglicherweise sind es Kinder, die durch die Gruppensituation aufgrund bestimmter Persönlichkeitsmerkmale überfordert sind und ihre tatsächliche Leistungsfähigkeit nicht äußern können oder geistigbehinderte Kinder, für die am Schulort noch keine entsprechende Einrichtung besteht.» (Manual, S. 16) Mit seiner Anwendung bei der Aufnahmeuntersuchung würde gerade für solche Kinder, die mit diesem Test nicht untersucht werden können, ein unvergleichlich hohes Risiko verbunden sein, aufgrund ihres «Versagens» als Lernbehinderte zu gelten.

Siegfried Grubitzsch

Testname: Schulleistungstest lernbehinderter Schüler (SLS)
Autor: A. Reinhartz
Berlin [4]1974, Marhold

1. Testart: Schulleistungstest

2. Allgemeines Grundkonzept
Der Autor weist darauf hin, daß das Verfahren «geringe und geringste» Schulleistungen unter dem Niveau der zweiten Grundschulklasse erfasse. Eine tatsächlich normbezogene Auswertung ist jedoch nur «. . . für dessen Hauptanwendungsbereich, die Schule für Lernbehinderte . . .» möglich. Daraus resultiert, daß er nur anwendbar ist, wenn die Einweisung in die Sonderschule bereits feststeht und der Test lediglich als eine Antwort auf die «Einstufung des Schülers sowohl in die seiner Leistung entsprechende Klasse als auch in die Vor- bzw. Förderklasse» (Handanweisung, S. 5). Der Test will die Leistungen im Rechnen, Lesen und Schreiben erfassen. Die Angaben darüber, welche Zusatzinformationen der Test gleichsam noch nebenher liefert, können nicht ernst genommen werden. Denn entweder sind sie testspezifisch, dann müßten für die Erfassung der «. . . Kontaktfähigkeit, Arbeitsstil und -haltung, Aufgaben- und Anweisungsverständnis, Konzentration, Ermüdbarkeit, motorische Koordination und Sprachentwicklung sowie über leistungsmindernde zentrale oder periphere Behinderungen im optischen wie im akustischen Bereich» (Handanweisung, S. 6) sowohl Hinweise auf seine Validität enthalten sein als auch *Normen* angegeben sein. Beides ist nicht der Fall. Im Rechnen wird vom Kind erwartet, beispielsweise Mengen auszuzählen oder sie zu vergleichen. Einfache Rechenaufgaben folgen. Beim Lesen wird unter anderem das Erkennen und Differenzieren von Buchstaben und Silben abverlangt, und schließlich folgen Schreibaufgaben (Abschreiben, Diktat etc.).

3. Gültigkeit
Mit solchen und anderen Aufgaben sei «Lehrplangültigkeit» für den Bereich in der Sonderschule für Lernbehinderte gegeben. Diese Angabe kann sich allerdings bestenfalls auf den Bereich Dortmund, Gelsenkirchen usw. usw., d. h. das Ruhrgebiet

beziehen. Bei einer Stichprobe vom Umfang N = 26 wurden Testdaten und Lehrerurteil korreliert und folgende Werte ermittelt:

Rechnen = 0.81; Lesen = 0.73; Schreiben = 0.82.

Sieht man hier einmal ab von der fehlenden Überprüfung des Außenkriteriums, so läßt sich sagen, daß der Test im ungünstigsten Fall (Lesen) 53% und im günstigsten Fall 67% Kriteriumsvarianz aufklärt. Der Schätzungseffekt beträgt ganze 32% für das Lesen, 43% fürs Schreiben. Berücksichtigt man bei der Interpretation der Gültigkeitskoeffizienten die Standardmeßfehler des Korrelationskoeffizienten, so ergibt sich für das Lesen (bei 5% Irrtumswahrscheinlichkeit) ein Schätzungseffekt zwischen E = 12,1% und E = 50,7%!

4. Zuverlässigkeit, Interpretation und Aussagewert

Die Retest-Reliabilität beträgt r_{tt} = 0.85 und r_{tt} = 0.88 (N = 17 bzw. N = 18 Schülern). Eine Angabe des Standardmeßfehlers fehlt. Da weder eine Standardabweichung der Meßwerte noch die Art der Skala genannt sind, auf der gemessen wird, ist der Standardmeßfehler auch nicht nachträglich zu schätzen. Allerdings läßt sich aus dem Retest-Koeffizienten der Meßfehlerbereich abschätzen, in welchem Bereich der tatsächliche Reliabilitätskoeffizient zu erwarten ist. Es ergibt sich, daß bei einer Testwiederholung 26–92% der Varianz der Re-Testung determiniert sind. Im Höchstfalle ist der SLS also bei 92%, im ungünstigsten Fall bei nur 26% der Schüler genau. (Diese Angaben gelten für eine 1prozentige Irrtumswahrscheinlichkeit.)

5. Normen

Aus den Testantworten werden individuelle Testwerte (Leistungsprofile) bestimmt und in Beziehung gesetzt zu dem für die jeweilige Leistungs(Schul-)stufe durchschnittlich erwarteten. Wie diese «Normen» bestimmt wurden, ist im Testmanual nicht dargelegt. Auf jeden Fall sind sie lediglich als regional begrenzte und lehrplanabhängige Normen zu begreifen. Wie aus den individuellen Leistungsprofilen schließlich eine Einstufungsentscheidung des Testers per Interpretation der Resultate abgeleitet wird, ist im einzelnen nicht festgelegt. Klar ist, «... daß mit zunehmender Unregelmäßigkeit (gemeint sind hier schwankende Leistungen zwischen den einzelnen Testteilen, S. G.) des Leistungsprofils der pädagogische Ermessensspielraum wächst» (Handanweisung, S. 39). Noch am Anfang schrieb der Autor, daß der Test der objektiven Messung im Bereiche geringer und geringster Leistungen diene. Daß dieser Ermessensspielraum bereits in der Aufgabenbeurteilung und nicht erst der Interpretation eine Rolle spielt, zeigt sich bei der Bewertungsmöglichkeit von einzelnen Antworten: z. B. ob eine geschriebene Ziffer 1 oben an der Spitze gerundet ist und folglich noch als 1 gelten kann oder nicht (in Aufgabe 5, S. 19f). Auch die Interpretationsbeispiele für individuelle Testprofile am Ende des Testheftes lassen erkennen, welcher Ermessensspielraum hier dem Testanwender zugebilligt wird. Da wird folgende Interpretation gegeben: «A. ist aus Grundschulklassen 3 neu zur Sonderschule gemeldet. Er wirkt und arbeitet sehr zaghaft und unsicher. Er wird trotz fortgeschrittenen Alters nach Kl. 5 eingestuft. Bei erfolgreicher Mitarbeit und wachsendem Selbstbewußtsein kann eine Vorstufung später möglich werden.» (Handanweisung, S. 40) Die Interpretation des individuellen Testprofils läßt erkennen, daß hier (besonders Satz 2) auf die unmittelbaren Testresultate keine Rücksicht genommen wird und lediglich die subjektiven Einschätzungen des Testleiters als Grundlage für die Einschulungsentscheidung herangezogen werden.

6. Allgemeine Kritik
Bekanntlich wird dieser Test im Rahmen des Sonderschulüberweisungsverfahrens angewendet. Beabsichtigen Eltern gegen dieses Verfahren Einspruch zu erheben, darf sich dieser Einspruch in der Regel nur auf formale Belange (Verfahrensfehler) beziehen. Der Einspruch wird schwieriger, wenn der Testleiter während der Untersuchung des Kindes durch eine zweite Person unterstützt wird. Diese ist in der Testanweisung zum SLS bereits mit eingeplant: «Die Anwesenheit eines Helfers ist nicht vorgeschrieben, doch aus naheliegenden Gründen sowohl unter testpraktischen als auch unter psychologischen und juristischen Aspekten sehr zu empfehlen.» (Handanweisung, S. 9) Es sollte darauf geachtet werden, daß dem Testleiter diese zusätzliche «Amtshilfe» nicht möglich ist, solange nicht auch Eltern eine Vertrauensperson dort wissen.

Siegfried Grubitzsch

Testname: Testbatterie für geistigbehinderte Kinder (TBGB)
Autoren: Curt Bondy, Rudolf Cohen, Dietrich Eggert, Gerd Lüer
Herausgeber: Karlheinz Ingenkamp
Weinheim ³1975 (überarbeitete und erweiterte Aufl.), Beltz

1. Testart: Test zur Differentialdiagnostik geistiger Behinderung

2. Allgemeines Grundkonzept
Den Autoren der TBGB ging es darum, «eine Testkombination zu entwickeln, bei der alle Tests *zusammen* im Testprofil eine Aussage über die mögliche Förderung des Kindes über ein Leistungsbild aus spezifischen Stärken und Schwächen geben sollten. Dabei wurde stets von der Bezugsgröße der Gruppe der Geistigbehinderten ausgegangen. Damit sollte vermieden werden, daß der Test als Mittel zu einer Auslese von oben nach unten (Sonderschule für Lernbehinderte oder Grundschule) angewendet werden könnte. Er ist wohl auch dazu geeignet, im Alter von 7 bis 12 Jahren das *Nicht*vorliegen einer geistigen Behinde-

rung festzustellen . . ., er kann jedoch nur bedingt eine Plazierungsaussage (welche Form von Sonderschule z. B. oder Grundschule) abgeben . . . *Eindeutige Grenzwerte zwischen der Zuweisung in die Sonderschule für Geistigbehinderte (Praktisch Bildbare o. ä.), der Zuweisung zur Grundschule oder der Zuweisung zur Sonderschule für Lernbehinderte können für die TBGB nicht angegeben werden*» (Manual, S. 3).

Die TBGB «ist eine Zusammenstellung von Intelligenz-, Leistungs- und Entwicklungstests, die die objektive, zuverlässige und gültige Aussage über die Ausbringung verschiedener Persönlichkeitsmerkmale bei geistigbehinderten Kindern ermöglicht». Anlaß zur Entwicklung der TBGB war insbesondere die unzureichende Differenzierung anderer Tests im unteren Leistungsbereich.

Die TBGB besteht aus sechs Tests und einem Fragebogen:

1. Columbia Mental Maturity Scale (CMM)

Besprechung s. Seite 310.

2. Bunte und progressive Matrizen (BM+CM)

Dieser Test besteht aus 10 selbstkonstruierten Matrizen und aus den Coloured Progressive Matrices, A, AB, B.

Die bunten Matrizen sind nach dem Prinzip der Raven-Matrizen konstruiert, sie sind jedoch von geringerer Schwierigkeit. (Besprechung der Raven-Tests s. Seite 225)

3. Peabody Picture Vocabulary Test (PPVT)

Dieser Test findet verkürzt auch in der Testbatterie für entwicklungsrückständige Schulanfänger (TES) von Kornmann Verwendung (siehe S. 229). Der Test prüft in erster Linie den Wortschatz, ohne dabei eigentlich die Fähigkeit zur Wortbildung vorauszusetzen. Der Test umfaßt 100 Bildvorlagen mit je 4 verschiedenen Abbildungen. Das Kind muß auf das vom Versuchsleiter benannte Bild zeigen.

4. Befolgen von Anweisungen (BA)

Dieser Test soll Merkfähigkeit, wie auch Motivation und Mitarbeitsbereitschaft prüfen. Das Material besteht aus vier verschiedenen Spielsachen. Sinnentsprechend werden dem Kind bis zu zwanzig Anweisungen vorgegeben, von z. B. «Nimm das Auto und stelle es auf den Stuhl» bis z. B. «Mach das Fenster auf, leg das Auto unter den Schrank, lege die Puppe, das Auto und den Teddy auf den Tisch, bring mir den Koffer.»

5. Kreise punktieren (KP)

Der Test erfaßt in erster Linie Feinmotorik und feinmotorische Koordination. Die Kinder sollen in Kreise (etwas unter Pfenniggröße) Punkte setzen. Zeitgrenze 60 Sekunden.

6. Hamburger Version der Lincoln Oseretzky Motor Devolopment Scale (LOS)

Diese Skala zur Erfassung des motorischen Entwicklungsstandes geht auf Oseretzky zurück. Es soll «eine Messung der motorischen Begabung bzw. Befähigung erreicht werden, wobei sowohl Aussagen über den allgemeinen motorischen Entwicklungsstand wie über die

Entwicklung einzelner Bewegungskomponenten möglich sein sollen. Eine *vollständige* Erfassung der Gesamtmotorik war dabei nicht das Ziel» (Manual, S. 13). Die Skala besteht aus 36 Aufgaben:

1. Bei geschlossenen Augen und ausgestreckten Armen abwechselnd mit dem Zeigefinger jeder Hand dreimal die Nase berühren.
2. Einen ca. zwei Meter langen Zwirnsfaden auf eine Rolle wickeln.
3. Mit zwei Bleistiften jeder Hand zugleich auf nebeneinanderliegende Papiere Punkte setzen.
4. Sitzend gleichzeitig mit den Fußsohlen rhythmisch auf den Fußboden und mit dem Zeigefinger auf die Tischplatte klopfen.
5. Mit dem Bleistift Punkte auf Papier klopfen, ohne daß der Unterarm vom Tisch wegbewegt wird.
6. Ca. 2 Meter rückwärts gehen.
7. Über ein Seil springen, das ca. 40 cm über dem Boden hängt.
8. Berühren der Fingerspitzen einer Hand mit dem Daumen.
9. Abwechselndes Öffnen und Schließen der Hände bei vorgestreckten Armen.
10. Anfertigung eines Papierballes aus Zigarettenpapier.
11. 10 Sekunden lang bewegungslos auf einem Bein stehen.
12. Fersen und Zehen im Stehen aneinandersetzen.
13. Mit Tennisball auf Scheibe werfen.
14. In halbgeduckter Stellung auf den Zehenspitzen stehen.
15. Linien zwischen die Linien eines linierten Papiers zeichnen.
16. Kreise in die Luft schreiben bei ausgestreckten Armen.
17. Drehung aus dem Stand und Drehung um mindestens 180 Grad.
18. Auffangen eines Tennisballes.
19. Zwirnsfaden von ca. 2 Meter Länge während des Gehens aufwickeln.
20. Streichhölzer sortieren.
21. Hochspringen und dabei in der Luft die Fersen mit den Händen berühren.
22. Streichhölzer beidhändig einsammeln.
23. Fingerbewegungen: Unterschiedliche Drehbewegungen von Zeigefinger und Daumen jeder Hand.
24. Ein ca. 40 cm langer Holzstab soll auf dem Zeigefinger balanciert werden.
25. Beidhändig Pfennige und Streichhölzer einsammeln.
26. Durchfahren von zwei Labyrinthen mittels Bleistift.
27. Balancieren auf Zehenspitzen bei geschlossenen Augen.
28. Ausschneiden eines Kreises.
29. Öffnen und Schließen der Hände mit Drehbewegungen.
30. Geldstücke einsammeln mit einer Hand.
31. Klopfen mit den Füßen und Kreise beschreiben mit den Zeigefingern.
32. Mit Füßen und Fingern rhythmisch klopfen.
33. Stehen auf einem Bein mit geschlossenen Augen.
34. Hochsprung mit Händeklatschen.

35. Balancieren auf Fußspitze eines Beines.
36. Balancieren eines vertikal stehenden Stabes auf dem Zeigefinger.

Bei dem Fragebogen handelt es sich um eine Kurzform der Vineland Social Maturity Scale (VSMS): 43 Verhaltensweisen müssen von Erziehungsberechtigten mit «ja» oder «nein» beantwortet werden.

3. Gültigkeit
Da im Anwendungsbereich bisher kaum andere objektivierte diagnostische Verfahren vorliegen, ist eine Außenvalidierung naturgemäß schwierig. Es werden Korrelationen zwischen der CMM und dem HAWIK sowie dem BT 1/2 referiert, die zwischen r = 0.12 und r = 0.59 liegen, ähnliche Werte werden für Korrelationen zwischen BM + CM und dem HAWIK referiert. Faktorenanalysen (siehe Eggert, 1970, und Eggert, 1972) wiesen im wesentlichen einen allgemeinen Intelligenzfaktor und einen psychomotorischen Faktor auf.

4. Zuverlässigkeit, Interpretation und Aussagewert
Retest-Reliabilitäten (Zeitintervall 14 Tage) liegen für die einzelnen Subtests zwischen r = 0.87 und r = 0.98. (N = 57) Die mittlere Retest-Reliabilität (Zeitintervall 28 Tage) wird mit r = 0.90 angegeben. Standardmeßfehler sind zu ermitteln, da der Test aber nicht zu selektiven Zwecken angewendet werden soll und statt dessen in jedem Fall eine Förderung der Kinder vorgenommen werden soll, ist die Berücksichtigung von Standardmeßfehlern weitgehend irrelevant.

Die Testbatterie bietet ein Testprofil. Kritische Differenzen zwischen je zwei Tests der TBGB (Geltungsbereich nur für T-Werte bei Geistigbehinderten) sind von Lüer berechnet worden (siehe Eggert, 1972, S. 340ff).

5. Normen
Es liegen für Geistigbehinderte (getrennt nach Jungen und Mädchen und gestaffelt für den Altersraum von 7 bis 12 Jahren und 11 Monaten) T-Werte für jeden Test vor. In der Auflage von 1975 werden auch T-Wertnormen für Schüler der Sonderschule für Lernbehinderte mitgeteilt, sowie Vergleichswerte für nichtbehinderte Kinder in der CMM und in der VSMS. Wie weit mit diesen Vergleichswerten nicht doch die TBGB in den Anwendungsbereich selektiver Diagnostik gerät, muß abgewartet werden.

6. Allgemeine Kritik
Zur TBGB liegt umfangreiche Literatur vor (bis 1972 siehe Eggert, 1972; bis 1975 s. Literaturhinweise im Manual). W. Reincke urteilte 1973 über die TBGB: Die diagnostischen Intentionen seien weit gespannt und enthielten Widersprüche. Die Testbatterie produziere eine Reihe von Aussagen, die noch nicht die Valenz sicherer Einzelfalldiagnostik besäßen (Reincke, 1973, S. 198). In der jüngsten Kritik von Scharlau und Schmitz (‹Zeitschrift für Heilpädagogik› Januar 1978) wird die TBGB in der vorliegenden Fassung kritisiert. Die Autoren be-

mängeln die Eichung, die diagnostische Valenz des Testes «Befolgen von Anweisungen» und des Testes «Kreisepunktieren» sowie den zu hohen Schwierigkeitsgrad der LOS.

Literatur

Eggert, D.: Tests für geistig Behinderte, Weinheim [2]1970

Eggert, D. (Hg.): Zur Diagnose der Minderbegabung, Weinheim 1972

Eggert, D.: Zur Bewährung der Testbatterie für geistig behinderte Kinder (TBGB) in der Schulpraxis, in: Zeitschrift für Heilpädagogik, 25 (1974), S. 75–91

Reincke, W.: Zur Frage der Leistungsdifferenzierung bei geistig behinderten Kindern, in: Zeitschrift für Heilpädagogik 24. Jahrgang, (1973), Heft 3

Ulrich U. Hermann

9. Klinische Tests

Name: Benton-Test
Autor: A. L. Benton
Deutsche Bearbeitung: O. Spreen
Bern [4]1972, Huber

1. Testart: Der Benton-Test ist ein klinischer Test, der jedoch teilweise auch im Rahmen der Intelligenzdiagnostik und Entwicklungsdiagnostik eingesetzt wird.

2. Allgemeines Grundkonzept
Der Benton-Test dient der Feststellung von Leistungsstörungen im Bereich visueller Merkfähigkeit und soll darüber hinaus Hinweise auf das Vorhandensein von Hirnerkrankungen und Hirnverletzungen geben. Vor allem bei Kindern wird häufig davon ausgegangen, daß mit Hilfe dieses Verfahrens zwischen «psychisch bedingten» und hirnorganischen Störungen im Erleben und Verhalten unterschieden werden kann. Diese Ansicht basiert vor allem auf der ungeprüften Annahme, daß bei Kindern im Gegensatz zu Erwachsenen emotionale und motivationale Faktoren wie Testangst und Leistungsdruck kaum eine Rolle spielten und die Testresultate entsprechend eindeutiger in Richtung auf das Vorhandensein zerebraler Schädigungen interpretierbar seien.

Der Test existiert als *Zeichenform* und als *Wahlform* (für Probanden, die aufgrund ihrer Behinderungen nicht zeichnen können), enthält drei Bilderserien von zehn geometrischen Figurenkombinationen (die Wahlform zwei Serien zu je 15 Bildern) und wird ab 7 Jahre und als Einzeltest angewendet. Die Probanden bekommen in der Standard-Versuchsanordnung der Zeichenform nacheinander je eine Tafel für 10 Sekunden gezeigt und sind dann aufgefordert, das Gesehene mit Papier und Bleistift zu reproduzieren (auf einer solchen Tafel ist z. B. rechts ein großes auf der Seite stehendes Dreieck zu sehen, links daneben ein großer Kreis und ganz links in der Mitte ein kleines Quadrat).

Andere Möglichkeiten der Durchführung sind die mit – verkürzter Reproduktionszeit (5 Sekunden) – gleichzeitiger Reproduktion – verzögerter Reproduktion.

Bei der Wahlform muß der Pb. die gesehenen Figurenkonstellationen auf einer Wahltafel mit vier Alternativen herausfinden und zeigen (auch hier gibt es die oben aufgeführten weiteren Möglichkeiten der Durchführung). Außerdem besteht die Möglichkeit der Kombination beider Testformen.

Die Auswertung der Zeichenform des Tests besteht einmal in der Festlegung der richtigen Reproduktionen und dem Vergleich dieses Ergebnisses mit einem durch die Intelligenzhöhe bestimmten Erwartungswert, zum zweiten in der qualitativen Fehleranalyse auf der Grundlage der in der Handanweisung angegebenen Fehlerkategorien (wie: Auslassen, Entstellen, Perseveration, Drehung, Fehlplazierung und Größenfehler) und Fehlerbeispiele. Die Auswertung der Wahlform erfolgt analog hierzu.

3. Zuverlässigkeit, Interpretation und Aussagewert

Im Rahmen der Testinterpretation des Benton wird im dazugehörigen Handbuch (Spreen, 1974) sehr differenziert vorgegangen. So werden als Erklärungen für eine Störung der Leistungsfähigkeit der visuellen Merkfähigkeit neben Hirnverletzungen und Hirnerkrankungen (die zwar als häufigste Ursache schlechter Testleistungen angesehen werden) durchaus auch Faktoren wie:

ablehnende Einstellung zum Test,

Unfähigkeit auf Grund organischer Störungen,

autistisches Verhalten bei schizophrenen Patienten,

mangelnde Ausbildung entsprechender sozialer Erfahrung etc. angeführt. (Fragwürdig ist hierbei jedoch die Nennung mangelnder Motivation «asozialer Patienten» als Quelle schlechter Testergebnisse.) Es wird ferner darauf hingewiesen, daß sich nicht jedes Hirntrauma in mangelhafter Leistung in den gestellten Aufgaben niederschlägt und hierbei treffend auf die Vielfältigkeit dieser cerebralen Verletzungsformen und ihrer Folgen hingewiesen.

Auch in der Interpretation der qualitativen Leistungsanalyse wird vom Verfasser berechtigt mit einer gewissen Vorsicht argumentiert, was die Aussagekraft bestimmter Fehlerarten für die Differential-Diagnose der Störungen betrifft. So wird den Einzelbeobachtungen und darauf basierenden Vermutungen von Klinikern in bezug auf Zusammenhänge bestimmter Fehler mit bestimmten Schädigungen korrekt der Status von noch zu überprüfenden Hypothesen zugewiesen. Die gleiche Vorsicht ist in bezug auf Lokalisierung der Hirnschädigung festzustellen. In allen diesen Punkten werden im Handbuch zum Benton-Test zahlreiche Untersuchungen berücksichtigt und zitiert. Zu den Testleistungen bei Erwachsenen, Kindern (mit Leseschwächen), Schwachsinnigen, Schizophrenen und depressiven Patienten werden gesonderte Abhandlungen geliefert. Vor allem in der 4. überarbeiteten und ergänzten Auflage des Benton-Test-Handbuches liefern die Autoren eine Vielzahl von neueren Untersuchungen zur Validität, Reliabilität und Normierung des Tests.

Für den Benton-Test bestehen *Normen* für verschiedene Altersgruppen von Erwachsenen und für Kinder für die verschiedenen Instruktions- und Durchführungsarten des Tests. Von den Autoren wird sowohl eine «ziemlich hohe» Korrelation mit der Intelligenzhöhe angegeben als auch eine signifikante Beziehung zwischen Testergebnis und Lebensalter. So steigt die Testleistung von 8 bis 14/15 Jahren an, bleibt relativ gleich bis zum Alter von 40/50 und fällt dann wieder ab. Diese Zusammenhänge fordern somit eine Berücksichtigung von Intelligenzniveau und Alter bei der Interpretation des Tests.

Zur Zuverlässigkeit des Benton-Tests ist zu sagen, daß die Reliabilität (Retest) der Zeichenform des Benton bei 0.85 liegt und Korrelationen zwischen einzelnen Formen Koeffizienten von 0.79 bis 0.84 erbrachten. Geringe Zusammenhänge zwischen den beiden Hauptformen 0.55 wurden in neueren Untersuchungen bestätigt.

Korrelationen des Benton-Tests mit Untertests des HAWIE erbrachten Zusammenhänge zwischen 0.46 und 0.62. Korrelationen mit dem Bender-Gestalttest lagen bei 0.52–0.72.

4. Gültigkeit

Die *Validität* des Benton in bezug auf Erfassung von Hirnschädigungen ist trotz verschiedenster neuer Untersuchungen weiterhin umstritten. Während zahlreiche Untersuchungen von signifikanten Zusammenhängen zwischen Testwert und unterschiedlichen Hirnschädigungen berichten, bei anderen lediglich Trends festgestellt wurden, erbrachten einige keinerlei Hinweise auf diesbezügliche, oft postulierte Zusammenhänge oder sprechen für eine geringe Bedeutung des Tests bei differential-diagnostischen Fragestellungen (z. B. bei der Frage, liegt eine Hirnschädigung vor oder handelt es sich um «depressive» oder «schizophrene» Reaktionen) (S. Spreen, 1974). Da die meisten Untersuchungen zur Verläßlichkeit, Gültigkeit und vor allem zur Normierung im englischen Sprachraum durchgeführt wurden, ist eine direkte Übertragung auf deutsche Verhältnisse nicht vollkommen unbedenklich, obwohl es sich beim Benton um ein sprachfreies Verfahren handelt.

Der Benton-Test zielt auf die Erfassung von Störungen visueller Merkfähigkeit und kann diese auch diagnostizieren. Seine eigentliche Aufgabe in der diagnostischen Praxis liegt jedoch im differential-diagnostischen Bereich. So spielt der Benton-Test außer in der Kinderdiagnostik innerhalb der Erziehungsberatung, vor allem im Rahmen der Erwachsenenrehabilitation und im Zusammenhang mit forensischer Diagnostik, eine bedeutende Rolle.

In diesen Bereichen steht aber die wenig umstrittene Qualität des Tests, Störungen visueller Merkfähigkeit zu erfassen, nicht im Mittelpunkt des Interesses. Gefragt (aber meist nicht in Frage gestellt) ist hier vielmehr die äußerst problematische differential-diagnostische Aussagekraft des Verfahrens, d. h. liegt eine organische Hirnschädigung vor oder handelt es sich um «psychisch bedingte» Ausfälle (so z. B. in Entscheidungen über Verantwortlichkeit für eine Straftat etc.).

5. Allgemeine Kritik

Trotz zahlreicher, auf Gültigkeit hinweisende Untersuchungen in bezug auf den Niederschlag zerebralpathologischer Erscheinungen in der visuellen Merkfähigkeit bleiben Rückschlüsse aus den Testergebnissen auf die Unterscheidung zwischen organischen und psychischen Schädigungen und auf das Vorhandensein bestimmter Hirnschädigungen fragwürdig. Gründe hierfür liegen sowohl in sich widersprechenden Ergebnissen – die im Benton-Handbuch offen aufgeführt werden – als auch in möglicher Kritik an diesen Untersuchungen im Rahmen der Validitätsermittlung, der Validitätskriterien und der ausgewählten Stichproben (z. B. Validitätsüberprüfungen, die zum großen Teil nur mit schon länger in stationärer Behandlung befindlichen Patienten durchgeführt wurden; Validierung an ebenso umstrittenen Kriterien wie psychiatrische Klassifikationen oder EEG-Befunde; sehr kleine Stichproben etc.).

Eine Aussage in den entsprechenden Fragestellungen auf der Grundlage dieses Verfahrens ohne Berücksichtigung anamnestischer bzw. Beobachtungsdaten und vor allem medizinisch-physiologischer Erkenntnisse wären nahezu ebenso unverantwortlich wie Aussagen aufgrund der Benton-Testergebnisse im Rahmen von Intelligenzdiagnostik und bei der Untersuchung als «depressiv» oder «schizophren» bezeichneter Störungen.

Abgesehen von der Problematik dieser psychiatrischen Klassifizierungen, auf die in dem zur Verfügung stehenden Raum nicht näher eingegangen werden kann, lassen die kaum abgesicherten Positionen der Autoren zu Testleistungen entsprechend kategorisierter Patienten hier keine aussagekräftige Anwendung des Benton-Test gerechtfertigt erscheinen.

Ein weiterer Kritikpunkt in der Anwendung des Verfahrens liegt in der Voraussetzung, daß der Test vor allem dann Störungen visueller Merkfähigkeit als Indiz organischer Hirnschädigungen erfassen kann, wenn man davon ausgeht, daß die Leistung der Pbn. nicht von motivationalen (Bereitschaft, Anstrengung, Verweigerung), emotionalen (Stress, Angst) und situationalen (Testsituationen, Leistungsdruck) Faktoren beeinflußt wird.

Gerade diese im Sinne der klassischen Testdiagnostik «störenden» Einflüsse scheinen jedoch in den obengenannten Anwendungsbereichen des Benton-Tests von großer Bedeutung.

Da der zu Untersuchende in eben diesen Feldern diagnostischer Untersuchung in den häufigsten Fällen weiß, welche Fragen vom Gerichtspsychologen, Krankenkassenpsychologen etc. «geklärt» werden sollen, und vor allem, welche Konsequenzen für seine berufliche und soziale Zukunft sich aus dessen diagnostischer Beurteilung ergeben, liegt es geradezu auf der Hand, daß die Testergebnisse zu einem erheblichen Teil aus Einflüssen solcher motivationaler und emotionaler Faktoren zu erklären sind.

Ein Indiz für diese Behauptung findet man auch im Benton-Handbuch, in dem unter der Überschrift «Testleistungen bei Simulation» auf zwei Untersuchungen der Autoren (Benton und Spreen, 1961/1963) eingegangen wird, die die Testleistungen hirngeschädigter Patienten mit denen «experimenteller Simulanten» (absichtlicher Versuch, durch Hirnverletzung bedingte intellektuelle Störungen zu simulieren) und schwachsinniger Patienten mit denen «experimentieller Simulanten» (analog) verglichen. Hier wird zwar um Vorsicht bei der Übertragung der Ergebnisse auf Einzelfälle in der klinischen Anwendung gebeten, man gibt dem Diagnostiker aber trotz der zugegebenen «erheblichen individuellen Variationen» innerhalb der festgestellten Resultate klare Anhaltspunkte für die Diagnose von Simulanten (diese machen noch mehr Fehler als «echte» Hirngeschädigte und Schwachsinnige, andere Fehlertypen etc.).

Bezeichnenderweise wird anderen Einflußgrößen wie z. B. Testangst auf Grund der oft weitreichenden Folgen einer solchen diagnostischen Entscheidung oder Stress- und Leistungsdruck, unter dem sich der hier meist «Zwangsdiagnostizierte» befindet, von den sonst recht umfassend und sorgfältig vorgehenden Autoren keine besondere Aufmerksamkeit gewidmet. Wichtig für die Autoren ist, wie hier deutlich wird, eher das Interesse der «Auftraggeber», bewußte Verzerrungen der Testresultate zu verhindern, die eindeutige Klassifikationen und damit verbundene Zuweisungen (zu bestimmten Sanktionen wie z. B. Strafen) in der Gerichtspsychologie (oder zu bestimmten Gratifikationen – wie z. B. Rentenansprüchen) in der Rehabilitationsdiagnostik etc. unterlaufen und zugunsten des einzelnen Betroffenen wenden könnten.

Ein Aspekt, der selbst keines weiteren Kommentars bedarf, aber ein bezeichnendes Licht auf die Problematik eines Verfahrens wirft, was «immanent» (für sich genommen) wenig schwache Stellen zu bieten scheint, im Gesamtraum seiner Anwendung aber erhebliche Bedenken auslösen muß.

Frank Nestmann

IV. Anhang

1. Checkliste fürs Testen und Getestetwerden

Für den Testleiter/Testanwender:

- Wie sind meine eigenen Interessen im Hinblick auf die Testanwendung?
  - Will ich die Klienten unterstützen und ihnen solidarischer Berater sein?
  - Sind die Probleme der Klienten Ausdruck gemeinsamer und damit gesellschaftlicher Probleme?
  - Was geschieht, wenn ich mich weigere, einen Test durchzuführen? Werde ich Solidarität bei Kollegen und Mitarbeitern erhalten?
  - Wo sind Möglichkeiten, die Handhabung eines Tests im Interesse derjenigen, die ich untersuche, zu unterlaufen?
- Warum ist ein Klient zur Untersuchung erschienen? Handelt es sich um eine Zwangsuntersuchung (Prüfung)?
- Welche Konsequenzen hat die Untersuchung/Diagnose eines Probanden/Klienten? Geht es um die nächst höhere Besoldungsstufe, den Empfang von Sozialhilfe oder um die Einweisung in eine Sonderschule, ein psychiatrisches Krankenhaus?
- Erscheint ein Test als einzige Möglichkeit, zu nützlichen Informationen über den Klienten zu gelangen?
  - Welche anderen Informationsquellen gibt es noch?
  - Liegen andere Testverfahren vor, die bessere Informationen ermöglichen?
- Soll ein Test als Informationsquelle dienen, muß er auf seine Konstruktionsprinzipien und seine ihm zugrundeliegende Theorie hin befragt werden.
  - Welchen Anspruch erhebt ein Test? Welches sind seine Zielsetzungen?
  - Ist er in Einklang mit diesen Zielsetzungen auch validiert, oder bezieht sich die Gültigkeitsüberprüfung auf ganz andere Sachverhalte?
  - Wie hoch ist die Gültigkeit? Welche diagnostische Valenz bzw. Vorhersagemöglichkeit im Hinblick auf die zu beurteilende Sache hat der Test?
  - Kann der Proband als «typischer» Vertreter der Eich- bzw. Validierungsstichprobe betrachtet werden?
  - Ist der Test zuverlässig?
  - Wie groß ist der Standardmeßfehler? Wie groß der Vertrauensbereich? Was folgt für die Anwendung bei dem jeweiligen konkreten Klienten daraus?
  - Wo ist der Test von der Person des Anwenders abhängig? Wo lassen sich im Interesse des Klienten die Instruktionen vorgeben und die Resultate interpretieren?
  - Werde ich als Anwender durch den Test in Handhabungsregeln hineingezwungen, die mir nur noch wenig Möglichkeiten für die eigene Entscheidung und die Entscheidung im Hinblick auf den Klienten erlauben, oder kommt der Test meinen Interessen als Anwender entgegen?
  - Läßt der Test auch qualitative Analysen des beobachteten Verhaltens zu?
  - Welche Testsituation bringt ein Test mit sich? Verursacht er Angst und verleugnet er Bedürfnisse der Kommunikation auf seiten des Klienten?

– Welche Möglichkeiten gibt es, dem Probanden Sinn und Zweck der Anwendung zu vermitteln?

Für den Getesteten:

- Weshalb bin ich zur Untersuchung erschienen? Bin ich «gezwungen» worden/aufgefordert worden, oder ist es eine freiwillige Entscheidung gewesen, zur Beratung zu gehen?
- Wenn es Zwang ist, mich untersuchen zu lassen,
  – welche Möglichkeiten gibt es, die Untersuchung zu verweigern?
  – Welche Konsequenzen hat die Verweigerung für mich?
  – Gibt es juristische Einspruchsmöglichkeiten?
  – Welche Möglichkeiten gibt es, in die Untersuchung einen Zeugen mitzunehmen? Hat der Psychologe «Amtshelfer»?
- Wenn die Untersuchung freiwillig ist:
  – Nimmt sich der Psychologe für mich Zeit?
  – Geht er auf meine Probleme ein? Ist er nur daran interessiert, mich möglichst schnell wieder funktionabel zu machen?
  – Reduziert er mich auf seine Methoden?
  – Bin ich ihm mehr als nur die Summe der Testresultate?
- Welche Daten gibt der Psychologe/Testanwender weiter?
- Welches sind die Gründe, aus denen ich so untersucht werde, wie ich untersucht werde?
- Verschweigt mir der Psychologe/Berater/Testanwender die wirklichen Ziele der Untersuchung?
- Hat er den von mir erfragten Sinn und Zweck der Untersuchung ausweichend oder bestätigend dargelegt?
- Sieht er außer der Anwendung von Tests noch andere gleichwertige Untersuchungsverfahren?
- Für wen ist der Test geeicht? Bin ich der Normstichprobe zuzuordnen?
- Gibt es Literatur zur Testkritik, in der ich mich informieren kann? Welche Literatur gibt es, um mich für den Fall von Zwangssituationen auf die unverhoffte Prüfungs- und Ausfragesituation vorzubereiten?
- Sind die Tester überhaupt entsprechend ausgebildet in der Testanwendung?
- Darf ich überhaupt getestet werden als Voraussetzung dafür, einen Job zu bekommen oder versetzt zu werden? Welche rechtlichen Grundlagen gibt es für die Testuntersuchung?
- Welche Kontrollmöglichkeiten sind mir gegeben, die Testresultate auf ihre Richtigkeit hin zu überprüfen?

2. Erläuterung der Testabkürzungen

AFS – Angstfragebogen für Schüler
AST 2, 3, 4 – Allgemeine Schulleistungstests für 2., 3., 4. Klassen
Benton – Benton-Test
BIT – Berufs-Interessen-Test
CAT – Kinder-Apperzeptions-Test
CFT 1, 2, 3 – Cattell-Grundintelligenztest, Skala 1, 2, 3
CMM – Columbia Mental Maturity Scale (Test zur Erfassung der geistigen Reife)
DRT 2, 3, 4 – Diagnostischer Rechtschreibtest für 2., 3., 4. Klassen
DVET – Duisburger Vorschul- und Einschulungstest
d2 – Durchstreichetest
FPI – Freiburger Persönlichkeitsinventar
FST – Frankfurter Schulreifetest
GFT – Göttinger Form-Reproduktionstest
GT – Gießen-Test
HANES – Hamburger Neurotizismus- und Extraversions-Skala für Kinder und Jugendliche
HAWIE – Hamburg-Wechsler-Intelligenztest für Erwachsene
HAWIK – Hamburg-Wechsler-Intelligenztest für Kinder
HAWIVA – Hannover-Wechsler-Intelligenztest für das Vorschulalter
I-S-T – Intelligenz-Struktur-Test
KAT – Kinder-Angst-Test
KLT – Konzentrations-Leistungs-Test
KVT – Konzentrations-Verlaufs-Test
LPS – Leistungsprüfsystem
MMPI – Minnesota Multiphasic Personality Inventory (Mehrdimensionaler Persönlichkeitsfragebogen)
PFT – Picture-Frustration-Test (keine deutsche Übersetzung üblich)
PSB – Prüfsystem für Schul- und Bildungsberatung
SBL – Schulleistungsbatterie für Lernbehinderte
SLS – Schulleistungstest lernbehinderter Schüler
SPM (Raven) – Standard Progressive Matrices
TAT – Thematischer Apperzeptions-Test
TBGB – Testbatterie für geistig behinderte Kinder
TES – Testbatterie für entwicklungsrückständige Schulanfänger
WTA – Weilburger Testaufgaben für Schulanfänger
WZT – Wartegg-Zeichen-Test

3. Gesamt-Literaturverzeichnis

Ahrens, H. J.: Multidimensionale Skalierung, Weinheim 1974, Beltz
Amrine, M.: The 1965 congressional inquiry into testing, in: American Psychologist, 20 (1965), S. 859–993
Amelang, M., Tiedemann, I.: Psychologen im Beruf: Studienverlauf und Berufstätigkeit, in: Psychologische Rundschau, 22 (1971)
Anastasi, A.: Psychological testing, New York ²1967
Arnhold, W.: Hochschulzulassungstests? in: Report Psychologie, April 1977, S. 4–12
Autorenkollektiv I: Psychologie – eine Form bürgerlicher Ideologie, Heidelberg 1974, Sendler
Autorenkollektiv II: Systemananalyse der Psychodiagnostik, o. O., o. J.

Bauer, R. B.: Der neue Mensch in der sowjetischen Psychologie, Bad Nauheim 1955, Christian
Baugham, E. E.: Rorschach scores as a function of examiner difference, in: Journal of projective technique, 15 (1951), S. 143–149
Baritz, L.: The servants of the power, Middleton, Conn. 1960
Becker, M.: Der vermessene Mensch, in: betrifft: erziehung, 6 (1975)
Bell, F. O., Hoff, A. L., Hoyt, K. B.: Answer sheets do make a difference, in: Personnel psychology, 17 (1964), S. 65–71
Belser, H.: Wie beurteilt man Schultests? in: Tests in der Schulpraxis, hg. von Ingenkamp, K. H., Weinheim 1974, S. 135–145, Beltz
Belser, H.: Testentwicklung, Weinheim 1975, Beltz
Bennett, G. K.: Test of mechanical comprehension, New York 1940
Berdie, R. F.: The ad hoc committee on social impact of psychological assessment, in: American Psychologist, 20 (1965), S. 103–146
Bernal, J. D.: Wissenschaft, Science in History, Bd. 4: «Die Gesellschaftswissenschaften in der Geschichte», Berlin (DDR) 1961
Bernstein, L.: The examiner as inhibiting factor in clinical testing, in: Journal of consulting psychology, 20 (1956), S. 287–290
Bierkens, P. B.: Die Urteilsbildung in der Psychodiagnostik, München 1968, Barth
Bildungsgesamtplan der Bund-Länder-Kommission für Bildungsplanung, Band I, Stuttgart 1973, Klett
Binet, A., und Simon, Th.: Sur la nécessité d'établir un diagnostic scientifique des états inférieurs de l'intelligence, in: Année Psychologique, 11 (1905), S. 163–190
Binet, A.: Méthodes nouvelles pour le diagnostic du niveau intellectuel des anormaux, in: Année Psychologique, 11 (1905), S. 191–244
Black, H.: They shall not pass, New York 1962
Brenton, H.: The privacy invaders, New York 1965
Brickenkamp, R.: Handbuch psychologischer und pädagogischer Tests, Göttingen 1974, Hogrefe
Brozek, J., und Slobin, D. J.: Psychology in the USSR. An historical perspective, White Plains 1972
Bruder, K.-J.: Entwurf der Kritik bürgerlicher Psychologie, in: Bruder, K.-J. (Hg.): Kritik der bürgerlichen Psychologie, Frankfurt 1973, S. 92–194, Fischer

Calden, G., und Cohen, L. B.: The relationship between ego involvement and test definition to Rorschach performance, in: Journal of projective technique, 17

(1953), S. 300–311

Campbell, F. A., und Fiddleman, P. G.: The effect of examiner status upon Rorschach performance, in: Journal of projective technique, 23 (1959), S. 303–306

Cantril, H.: Gauging public opinion, Princeton, N. J. 1944

Cassell, P. H., u. a.: Examiner, ego defense and the H-T-P test, in: Journal of clinical psychology, 14 (1958), S. 157–160

Cattell, R. B., und Warburton, F. W.: Objective personality and motivation tests, Urbana 1967

Cohen, R.: Empirische Untersuchungen zur klinischen Urteilsbildung aufgrund psychologischer Tests, in: Hardesty, F., und Eyferth, K.: Forderungen an die Psychologie, Bern 1965, S. 139–162, Huber

Copley, L.: Frederic Winslow Taylor, father of scientific management, in: Manuskript der Vorträge in Harvard, Bd. I, New York

Costello, C. G.: Ego-involvement, success and failure, a review of the literature, in: Eysenck, H.-J.: Experiments in motivation, Oxford 1964

Cronbach, L. J., und Gleser, G.: Psychological tests and personnel decisions, Urbana/Ill. 1965

Cronbach, L. J.: Five decades of public controversy over mental testing, in: American Psychologist, 30 (1975), S. 1–14

Crow, W. J.: The effect of training upon accuracy and variability in interpersonal perception, in: Journal of abnormal and social psychology, 55 (1957), S. 355–359

Davis, W. E.: Effect of prior failure on subject's Wais Arithmetic subtest scores, in: Journal of clinical psychology, 25 (1969), S. 72–73 (a)

Davis, W. E.: Examiner differences, prior failure, and subject's arithmetic scores, in: Journal of clinical psychology, 25 (1969), S. 178–180 (b)

Dearborn, W. F, und Rothney, J.: Predicting the child's development, Cambridge, Mass. 1941, Sci-Art Publishers

Deutscher Bildungsrat: Empfehlungen der Bildungskommission: Strukturplan für das Bildungswesen, Stuttgart 1970, Klett

Dörner, K.: Diagnosen in der Psychiatrie, Frankfurt am Main 1975, Campus

Drenth, P.: Der psychologische Test, München 1969, Barth

Ebbinghaus, H.: Über eine neue Methode zur Prüfung geistiger Fähigkeiten und ihre Anwendung bei Schulkindern, in: Zeitschrift für Psychologie, 13 (1897), S. 401–459

Ebel, R. L.: The social consequences of educational testing, in: A. Anastasi (Hg.): Testing problems in perspective, Washington, D.C. 1966, American Council of Education

Ebel, R. L.: How to write true-false items, in: Educational and psychological measurement, 31 (1971), S. 417–426

Ernst, H.: Der Fall Cyril Burt – Wer Daten fälscht . . . in: Psychologie heute, April 1977, S. 51–57

Eron, D., und Walder, L. O.: Test burning: II. in: American Psychologist, 16 (1961), S. 237–244

Ervin, J.: Why senate hearings on psychological testing in government? in: American Psychologist, 20 (1965), S. 879–880

Eschenbach, A. E., und Borgatta, E. F.: Testing behavior hypotheses with the Rorschach: An exploration in validation, in: Journal of consulting psychology, 19

(1955), S. 267–273
Exner, J. E.: Variations in WISC performances as influenced by differences in pretest rapport, in: Journal of general psychology, 74 (1966), S. 299–306
Ferdinand, W., und Uhr, R.: Sind Arbeiterkinder dümmer – oder letztlich nur die Dummen? in: Psychologie in Erziehung und Unterricht, 20 (1973), S. 31–35
Fischer, G.: Einführung in die Theorie psychologischer Tests, Bern 1974, Huber
Fischer, G. H.: Psychologische Testtheorie, Bern 1968, Huber
Flanagan, J. C.: The development of an index of examinee motivation, in: Educational and psychological measurement, 15 (1955), S. 144–151
Flossdorf, B.: Kreativität und die Grenzen der Psychometrie, in: Psychologie und Gesellschaft, 2 (1978), S. 73–98
Frenz, H.-G., Krüger, K., und Tröger, H.: Die Unangemessenheit der herkömmlichen Testdiagnostik für schulische Entscheidungen, in: Projektgruppe: Diagnostik in der Schule, München 1973, S. 53–93, Oldenbourg
Friedenberg, E. Z.: Social consequences of educational measurement. Proceedings of the 1969 Invitational Conference of Testing Problems, Princeton, N. J. 1969, Educational Testing Service
Friedrich, W., und Henning, W.: Der sozialwissenschaftliche Forschungsprozeß, Berlin (DDR) 1975, Deutscher Verlag für Wissenschaften

Gaedike, A.-K.: Determinanten der Schulleistung, in: Heller, K. (Hg.): Leistungsbeurteilung in der Schule, Heidelberg 1974, Quelle & Meyer
Galton, F.: Hereditary Genius, 1896 (Genie und Vererbung, Leipzig 1910)
Galton, F.: Inquiries into human faculty and its development, London 1883
Gibby, R. G.: The examiner's influence on the Rorschach protocol, in: Journal of consulting psychology, 17 (1953), S. 425–428
Gillie, O.: IQ-Pionier fälschte seine Forschungsergebnisse, in: Psychologie und Gesellschaft, 3/4 (1977), S. 176–185
Goldberg, L. R.: The effectiveness of clinician's judgments: The diagnosis of organic brain damage from the Bender-Gestalt test, in: Journal of consulting psychology, 23 (1959), S. 25–33
Goldberg, L. R., und Werts, C. E.: The reliability of clinician's judgements: A multitrait-multimethod approach, in: Journal of consulting psychology, 30 (1966), S. 199–206
Goldberg, L. R. Diagnosticians vs. diagnostic signs: The diagnosis of neurosis vs. psychosis from the MMPI, in: Psychological Monographs, 79 (1965)
Golden, M.: Some effects of combining psychological tests on clinical inferences, in: Journal of consulting psychology, 28 (1964), S. 440–446
Goodenough, F. L.: Mental testing, Its history, principles and applications, New York 1969
Groffmann, K. J. Die Entwicklung der Intelligenzmessung, in: Handbuch der Psychologie in 12 Bänden, Band 6: Psychologische Diagnostik, Göttingen 1964, [3]1971, Hogrefe
Gross, L.: Effects of verbal and nonverbal reinforcement in the Rorschach, in: Journal of consulting psychology, 23 (1959), S. 66–68
Gross, M. L.: The brain watchers, New York 1962, Random House (Deutsche Ausgabe: Die Seelentester, Düsseldorf 1963, Econ)
Grubitzsch, S.: Zur Kritik der Wechslerschen Intelligenztheorie und des HAWIK, in: Psychologie und Gesellschaft, [1](1977), S. 14–25

Grubitzsch, S.: Pädagogische Diagnostik in der Sowjetunion, in: Pädagogik und Schule in Ost und West, 25 (1977), S. 38–45

Guion, R. M.: Personnel Testing, New York 1965, McGraw-Hill

Gulliksen, H.: Theory of mental tests, New York 1950, Wiley

Gutjahr, W.: Die Messung psychischer Eigenschaften, Berlin (DDR) 1971, Deutscher Verlag der Wissenschaften

Hamlin, R. M.: The clinician as judge: Implications of a series of studies, in: Journal of consulting psychology, 18 (1954), S. 233–238

Hammond, K. R.: Probabilistic functioning and the clinical method, in: Psychological Review, 62 (1955), S. 255–262

Hartmann, H.: Psychologische Diagnostik, Stuttgart 1970, Kohlhammer

Hays, W. L.: Statistics for the social sciences, New York ²1973, Holt, Rinehart & Winston

Heckhausen, H.: Anlage und Umwelt als Ursache von Intelligenzunterschieden, in: Funkkolleg Pädagogische Psychologie, Frankfurt am Main 1974, S. 275–312, Fischer

Heiss, R.: Psychologische Diagnostik: Einführung und Überblick, in: Heiss, R. (Hg.): Handbuch der Psychologie, Band 6: Psychologische Diagnostik, S. 3–18, Göttingen 1964, ³1971, Hogrefe

Heller, K. (Hg.): Leistungsbeurteilung in der Schule, Heidelberg 1974, Quelle & Meyer

Henry, E. M., und Rotter, J. B.: Situational influence on Rorschach responses, in: Journal of consulting Psychology, 20 (1956), S. 457–502

Herrmann, Th.: Lehrbuch der empirischen Persönlichkeitsforschung, Göttingen 1969, Hogrefe

Herrnstein, R. J.: Chancengleichheit – eine Utopie? Stuttgart 1974, Deutsche Verlags-Anstalt

Hill, K. T., und Sarason, S. B.: The relation of test anxiety and defensiveness to test and school performance over the elementary school years, in: Monographs of the Society for Research on Child Development, 31 (1966)

Hiltmann, H.: Kompendium der psychodiagnostischen Tests, Bern 1977, Huber

Hörmann, H.: Aussagemöglichkeiten psychologischer Diagnostik, in: Zeitschrift für experimentelle und angewandte Psychologie, 11 (1964), S. 353–390

Hoeth, F. V., und Koebler, V.: Zusatzinstruktionen gegen Verfälschungstendenzen bei der Beantwortung von Persönlichkeitsfragebogen, in: Diagnostica, 13 (1967), S. 117–129

Hoffman, B.: The tyranny of testing, New York 1962

Hofmann, W.: Universität, Ideologie, Gesellschaft, Frankfurt am Main 1969, Suhrkamp

Hofstätter, P.: Einführung in die Sozialpsychologie, Reinbek 1963, Rowohlt

Hofstätter, P. R.: Psychologie, Frankfurt am Main 1957, Fischer Lexikon

Hofstätter, P. R., und Wendt, D.: Quantitative Methoden der Psychologie, München 1966, Barth

Holzkamp, K.: Begabung–Intelligenz, in: Wulf, Chr. (Hg.): Wörterbuch der Erziehung, München ²1976, S. 44–49

Hopf, D.: Zensuren und Tests zur Hochschulauswahl, in: Flitner, A. (Hg.): Der Numerus clausus und seine Folgen, Stuttgart 1976, S. 100–107

Hunt, W. A., und Blomberg, S.: Manifest anxiety and clinical judgement, in: Journal of

clinical psychology, 17 (1961), S. 8–11
Hymann, H. H.: Interviewing in social research, Chicago 1955

Ingenkamp, K. H.: Dann wird mir bange, Interview , in: betrifft: erziehung, 6 (1975), S. 37
Ingenkamp, K. H.: Erläuterung einiger statistischer Begriffe und Vorgehensweisen als Hilfe zur Interpretation von Testergebnissen, in: Ingenkamp, K. H. (Hg.): Tests in der Schulpraxis, Weinheim [4]1974, S. 146–171, Beltz
Ingenkamp, K. H., und Marsolek, Th. (Hg.): Möglichkeiten und Grenzen der Testanwendung in der Schule, Weinheim 1973, Beltz
Ingenkamp, K. H. (Hg.): Tests in der Schulpraxis, Weinheim [3]1973, Beltz

Jencks, C.: Chancengleichheit, Reinbek 1973, Rowohlt
Jensen, A. R.: Wie sehr können wir Intelligenzquotient und schulische Leistungen steigern?, in: Skowronek, H. (Hg.): Umwelt und Begabung, Stuttgart 1973, S. 63–156

Kamin, L. J.: The Science and politics of I.Q., New York 1974
Kelly, T. L.: Cumulative significance of a number of independent experiments, in: School & Society, 57 (1943), S. 482–484
Kemmler, L.: Erfolg und Versagen in der Grundschule, Göttingen 1967, Hogrefe
Kern, H., und Schumann, M.: Industriearbeit und Arbeiterbewußtsein, Frankfurt am Main [2]1973, EVA
Kirchner, W. K.: A note on the effect of privacy in taking typing tests, in: Journal of applied psychology, 50 (1966), S. 373–374
Klatskin, E.: An analysis of the test situation upon the Rorschach record: Formal scoring characteristics, in: Journal of projective technique, 16 (1952), S. 193–199
Klaus, G., und Buhr, M.: Philosophisches Wörterbuch, Leipzig 1970, Bibliographisches Institut
Kline, P.: Psychological testing, London 1976, Malaby
Kostlan, A.: A method for the empirical study of psychodiagnosis, in: Journal of consulting psychology, 18 (1954), S. 83–88
Kramer, J.: Intelligenztests, Solothurn 1965, Antonius-Verlag
Krapp, A., und Mandl, H.: Einschulungsdiagnostik, Weinheim 1977, Beltz
Krevelen, D. A. van: Möglichkeiten und Grenzen der Psychodiagnostik, in: Förster, E., Wewetzer, K.-H. (Hg.): Jugendpsychiatrische und Psychologische Diagnostik, Bern/Stuttgart 1966, Huber
Krüger, K., und Tröger, H.: Intelligenztests und ihre Anwendung im Bildungswesen, in: Schmid, R. (Hg.): Intelligenzforschung und pädagogische Praxis, München 1978, S. 120–161
Krüger, K., Knoke, E. A., und Tröger, H.: On faulty use of confidence statements converning true scores: a look upon tests and literature, paper presented at the Third International Symposium on Educational Testing, Leyden (Netherlands) 1977
Küffner, H., und Rothe, C.: Zur Gültigkeit von Testnormwerten in der Schulpsychologischen Arbeit, in: Referate auf der Bundeskonferenz für Schulpsychologie und Bildungsberatung, Freiburg/Br. 1975
Kussmann, Th., und Brozek, J.: Die Lehr- und Forschungsgebiete der Psychologie im internationalen Vergleich, Teil I: Systeme und Theorien, in: Berichte des Bundesinstituts für ostwissenschaftliche und internationale Studien, 53 (1971), Köln

Langfeldt, H.-P.: Testtheoretische Ansätze der Schulleistungsmessung, in: Heller, K. (Hg.): Leistungsbeurteilung in der Schule, Heidelberg 1974, Quelle & Meyer

Lienert, G. A.: Testaufbau und Testanalyse, Weinheim 1969, Beltz

Lipmann, O.: Psychische Berufseignung und psychologische Berufsberatung, in: Zeitschrift für angewandte Psychologie, 11 (1916), S. 510–516

Little, K. B., und Shneidman, E. S.: Congruencies among interpretations of psychological tests and anamnestic data, in: Psychological Monographs, 73 (1959)

Liungman, C. G.: Der Intelligenzkult, Reinbek 1973, Rowohlt

Löschenkohl, E.: Über den prognostischen Wert von Schulreifetests, Stuttgart 1975, Klett

Lord, F. M., und Novick, M. R.: Statistical theories of mental test scores, Reading, Mass. 1974, Addison-Wesley

Lorenz, A. L. L.: Psychodiagnostik in der Psychiatrie, Gießen 1974, Achenbach

Lovell, V. R.: The human use of personality tests: A dissenting view, in: American Psychologist, 22 (1967), S. 383–393

Luft, J.: Interaction and projection, in: Journal of projective technique, 17 (1953), S. 489–492

Mackenzie, B.: Darwinism and positivism as methodological influences on the development of psychology, in: Journal of the History of the Behavioral Sciences, 12 (1976), S. 330–337

Magnusson, D.: Testtheorie, Wien 1975, Deuticke

Maikowski, R., Matthes, P., und Rott, G.: Psychologie und ihre Praxis, Frankfurt am Main 1976

Mandel, E.: Marxistische Wirtschaftstheorie, Frankfurt am Main 1970, EVA

Marks, J.: Predicting outcome in schizophrenia, in: Journal of abnormal and social psychology, 66 (1963), S. 117–127

Marks, P. A.: An assessment of the diagnostic process in a child guidance setting, in: Psychological Monographs, 75 (1961)

Masling, J.: Differential indoctrination of examiners and Rorschach responses, in: Journal of consulting psychology, 29 (1965), S. 198–201

Masling, J.: The effects of warm and cold interaction on the adminstration and scoring of an intelligence test, in: Journal of consulting psychology, 23 (1959), S. 336–341

McCarthy, D.: A study of the reliability of the Goodenough drawing test of intelligence, in: Journal of psychology, 18 (1944), S. 201–216

McLeish, J.: Soviet psychology, London 1975, Methuen

Meehl, P.: The cognitive activity of the clinician, in: American Psychologist, 15 (1960), S. 19–27

Meehl, P.: Wanted – a good cook-book, in: American Psychologist, 11 (1956), S. 263–272

Mehl, J.: Lexikon der Wirtschaft, Band Arbeit, Berlin (DDR) 1969

Meili, R.: Lehrbuch der psychologischen Diagnostik, Bern/Stuttgart 1961, Huber

Merrheim. A.: La vie ouvrière, 1913

Mischel, W.: Personality and assessment, New York 1968, Wiley

Mischel, W.: Predicting the success of Peace Corps Volunteers in Nigeria, in: Journal of personality and social psychology, 1 (1965), S. 510–517

Moskowitz, M. J., und Münsterberg, H.: A study in the history of applied psychology, in: American Psychologist, 32 (1977), S. 824–842

Münsterberg, H.: Grundzüge der Psychotechnik, Leipzig 1914

Münsterberg, H.: Zur Individualpsychologie, in: Centralblatt für Nervenheilkunde und Psychiatrie
Münsterberg, H.: Philosophie der Werte, Leipzig 1908
Münsterberg, H.: Psychologie und Wirtschaftsleben, Leipzig 1912
Münsterberg, H.: Psychology and industrial efficiency, Cambridge 1913

Neander, J.: Objektivierte Lernerfolgsmessung in der Gesamtschule – Fortschritt für wen? in: Die Deutsche Schule, 1 (1973), S. 35–47
Nettler, G.: Test burning in Texas, in: American Psychologist, 14 (1959), S. 682–683
Nicholson, W. N.: The influence of anxiety upon learning: Interference or increment? in: Journal of personality, 26 (1958)
Nikol, F., und Lindauer, P.: Aufnahme-Tests für Gymnasien und Realschulen, München 1972, Lindauer

Orth, B.: Einführung in die Theorie des Messens, Stuttgart 1974, Kohlhammer
Oskamp, S.: The relationship of clinical experience and training methods to several criteria of clinical prediction, in: Psychological Monographs, 76 (1962)
Ottomeyer, K., und Rexilius, G.: Einleitende Bemerkungen, in: Bruder, K. J., u. a.: Kritik der Pädagogischen Psychologie, Reinbek 1976, Rowohlt

Packard, V.: The naked society, New York 1964
Paczensky, S.-V.: Der Testknacker, Reinbek 1976, Rowohlt
Parsons, T.: Definition von Gesundheit und Krankheit im Lichte der Wertbegriffe und der sozialen Struktur Amerikas, in: Mitscherlich, A. (Hg.): Der Kranke in der modernen Gesellschaft, 22 (1969), Köln, Kiepenheuer und Witsch
Pawlik, K. (Hg.): Diagnose der Diagnostik, Stuttgart 1976, Klett
Peterson, D. R.: Scope and generality of verbally defined personality factors, in: Psychological Review, 72 (1965), S. 48–59
Peterson, J.: Early conceptions and tests of intelligence, Westport/Conn. 1969, Neudruck der Ausgabe von 1926
Projektgruppe: Diagnostik in der Schule, München 1973, Oldenbourg
Putnam, H.: Reductionism and the nature of psychology, in: Cognition, 2 (1973), S. 131–146

Quereshi, M. Y.: Practice effects on the WISC subtest scores and IQ estimates, in: Journal of clinical psychology, 24 (1968), S. 79–85

Rabin, A.: Rorschach content as a function of perceptual experience and sex of the examiner, in: Journal of clinical psychology, 10 (1954), S. 188–190
Rahman, L.: Soviet Psychology, in: Philosophical, theoretical and experimental issues, New York 1973, International University Press
Reichenberg-Hackett, W.: Changes in Goodenough drawings after a gratifying experience, in: American Journal of Orthopsychiatry, 23 (1953), S. 501–517
Reischmann, J.: Unterrichtskontrolle durch Tests, Heilbrunn 1974, Klinkhardt
Rexilius, G.: Zur Problematik der Intelligenz und ihrer Messung, in: Bruder, K. J., u. a.: Kritik der Pädagogischen Psychologie, Reinbek 1976, Rowohlt
Robinson, D., und Rohde, S.: Two experiments with an antisemitism poll, in: Journal af abnormal and social psychology, 41 (1946), S. 136–144
Rosenthal, R., und Rosnow, R. L. (Hg.): Artifact in behavioral research, New York 1969, Academic Press

Rosenthal, R.: Experimenter effects in behavioral research, New York 1966, Appleton-Century-Crofts

Ruch, F. L., und Zimbardo, P. G.: Lehrbuch der Psychologie, Berlin 1974, Springer

Rüder, D.: Oberschuleignung, München 1966

Sacks, E. L.: Intelligence scores as a function of experimentally established social relationships between the child and the examiner, in: Journal of abnormal and social psychology, 47 (1952), S. 354–358

Sanders, R., und Cleveland, S. E.: The relationship between certain examiner personality variables and subject's Rorschach scores, in: Journal of projective technique, 17 (1953), S. 34–50

Sarason, S. B.: A longitudinal study of the relation of test anxiety to performance on intelligence and achievement tests, in: Monographs of the Society for Research in Child Development, 29 (1964), S. 98f

Schmid, K. H.: Psychologische Testverfahren im Personalbereich, Köln (1971)

Schmidtchen, S.: Psychologische Tests für Kinder und Jugendliche, Göttingen 1975, Hogrefe

Schneider, F.: Schulpraktische Psychologie, Paderborn [2]1927

Scholz, G.: Tests in der Schule, in: betrifft: erziehung, 6 (1975), S. 28–30

Schulte, D.: Diagnostik in der Verhaltenstherapie, München 1974, Urban & Schwarzenberg

Seifert, K. H.: Die geschichtliche Entwicklung der Aufgabenstellung der Berufspsychologie, in: Seifert, K. H. (Hg.): Handbuch der Berufspsychologie, Göttingen 1977, S. 6–18, Hogrefe

Selg, H.: Einführung in die experimentelle Psychologie, Stuttgart 1966, Kohlhammer

Selg, H., und Bauer, W.: Forschungsmethoden der Psychologie, Stuttgart 1972, Kohlhammer

Silverman, L. K.: A Q-sort study of the validity of evaluations made from projective techniques, in: Psychological Monographs, 73 (1959)

Simkins, L.: Examiner reinforcement and situational variables in a projective testing situation, in: Journal of consulting psychology, 24 (1960), S. 541–547

Simon, B.: Intelligence, psychology and education. A Marxist critique, London 1971, Lawrence & Wishart

Simons, H., und Möbus, C.: Untersuchungen zur Fairneß von Intelligenztests, in: Zeitschrift für Entwicklungspsychologie und Pädagogische Psychologie, 8 (1976), S. 1–12

Sines, L. K.: The relative contribution of four kinds of data to accuracy in personality assessment, in: Journal of consulting psychology, 23 (1959), S. 483–492

Soskin, W. F.: Bias in postdiction from projective tests, in: Journal of abnormal and social psychology, 49 (1954), S. 69–74

Soskin, W. F.: Influence of four types of data on diagnostic conceptualization in psychological testing, in: Journal of abnormal psychology, 58 (1959), S. 69–78

Spada, H.: Modelle des Denkens und Lernens, Bern 1976, Huber

Spearman, S., und Wynn, L. J.: Human ability, London 1951, Macmillan

Staabs, G. von: Der Sceno-Test, Stuttgart 1951, Hirzel

Stalnaker, J. M.: Psychological tests and public responsibility, in: American Psychologist, 20 (1961), S. 131–135

Steinack, J.: Die Anwendung von Intelligenztests in Schulen, München 1973, Reinhardt

Stern, W.: Die Intelligenz der Kinder und Jugendlichen und die Methoden ihrer Untersuchung, Leipzig 1921, Barth
Stern, W.: Psychologische Begabungsforschung und Begabungsdiagnose, in: Petersen, P. (Hg.): Der Aufstieg der Begabten, Leipzig 1916
Stern, W.: Die psychologischen Methoden der Intelligenzprüfung und deren Anwendung an Schulkindern, Leipzig 1912
Stevens, S. S.: Measurement, psychophysics and utility, in: Churchman, C. W., und Ratoosh, P. (Hg.): Measurement, definition and theories, New York 1959, Wiley
Summerwell, H : The effect of differential motivation instruction on the emotional tone and outcome of the TAT stories, in: Journal of consulting psychology, 22 (1958), S. 385–388

Thomae, H., und Feger, H.: Einführung in die Psychologie, Stuttgart 1969, Huber
Thurstone, L. L.: Multiple Factor analysis, Chicago 1950
Titze, H.: Die Politisierung der Erziehung, Frankfurt am Main 1973, Athenäum
Torrance, E. P.: Neue Item-Arten zur Erfassung kreativer Denkfähigkeiten, in: Ingenkamp, K. H., und Marsolek, Th. (Hg.): Möglichkeiten und Grenzen der Testanwendung in der Schule, Weinheim [2]1973, Beltz
Traxler, A. E., und Hilkert, A. N.: Effect to type of desk on results of machine-scored tests, in: School & Society, 56 (1942), S. 277–296
Tsudzuki, A.: A study of rapport between examiner and subject, in: Japanese Journal of Psychology, 27 (1957), S. 22–28

Ullmann, L. P., und Krasner, L.: A psychological approach to abnormal behavior, Englewood Cliffs 1969

Voigt, B.: Bildungspolitik und politische Erziehung in den Klassenkämpfen, Frankfurt am Main 1973, Athenäum

Watkins, G. S.: Labor problems, New York 1921
Weber, E.: Grundriß der biologischen Statistik, Jena 1976, Fischer
Weise, G.: Psychologische Leistungstests, Bd. 1/Bd. 2, Göttingen 1975f, Hogrefe
Wendeler, J.: Intelligenztests in Schulen, Weinheim 1971
Wewetzer, K.-H.: Intelligenzdiagnostik, Intelligenzmessung und Faktorenanalyse, in: Aktuelle Fragen der Psychiatrischen Neurologie, 1 (1964), S. 320–371
Wickes, T. A.: Examiner influence in a testing situation, in: Journal of consulting psychology, 20 (1956), S. 23–26
Whyte, W. H.: The fallacies of «personality» testing, in: Fortune, 1954
Whyte Jr., W. H.: Herr und Opfer der Organisation, Düsseldorf 1958
Whyte, W. H.: The organization of man, New York 1956

Zeuch, W.: Was spricht gegen die Anwendung von Testverfahren?, in: Die Deutsche Schule, 65 (1973), S. 340–349

4. Einführende Literatur in wichtige Bereiche der Testproblematik

Geschichte der Test-Psychologie

Ernst, H.: Der Fall Cyril Burt – Wer Daten fälscht ... in: Psychologie heute, April 1977, S. 51–57

Galton, F.: Inquiries to human faculty and its development, London 1883

Gillie, O.: IQ-Pionier fälschte seine Forschungsergebnisse, in: Psychologie und Gesellschaft, 3/4 (1977), S. 176–185

Goodenough, F. L.: Mental testing, its history, principles and applications, New York ²1969

Groffmann, K. J.: Die Entwicklung der Intelligenzmessung, in: Handbuch der Psychologie, Band 6: Psychologische Diagnostik, Göttingen 1964, ³1971, Hogrefe

Gross, M. L.: Die Seelentester, Düsseldorf 1963

Kamin, L. J.: The Science and politics of I.Q., New York 1974

Peterson, J.: Early conceptions and tests of intelligence, Westport/Conn. 1969

Schmid, R.: Intelligenz- und Leistungsmessung, Geschichte und Funktion psychologischer Tests, Frankfurt am Main 1977, Campus

Testkonstruktion/Testtheorie

Barkey, P., Langfeld, H. P., und Neumann, G.: Pädagogisch-psychologische Diagnostik am Beispiel von Lernschwierigkeiten, Bern/Stuttgart 1976, Huber

Dieterich, R.: Psychodiagnostik, München 1973, Reinhardt

Hartmann, H.: Psychologische Diagnostik, Stuttgart 1973, Kohlhammer

Lienert, G. A.: Testaufbau und Testanalyse, Weinheim 1969, Beltz

Lord, F. M., und Novick, M. R.: Statistical theories of mental test scores, Reading, Mass. 1968, Addison

Magnusson, D.: Testtheorie, Wien 1975, Deuticke

Pawlik, K. (Hg.): Diagnose der Diagnostik, Stuttgart 1976, Klett

Projektgruppe: Diagnostik in der Schule; Beiträge zu einer pädagogischen Orientierung der Schülerbeurteilung, München 1973, Oldenbourg

Schulte, D. (Hg.): Diagnostik in der Verhaltenstherapie, München 1976, Urban und Schwarzenberg

Meßtheorie/Messen

Dick, F.: Kritik der bürgerlichen Sozialwissenschaften, Heidelberg 1974, Sendler

Gutjahr, W.: Die Messung psychischer Eigenschaften, Berlin (Ost) 1971, Deutscher Verlag der Wissenschaften

Orth, B.: Einführung in die Theorie des Messens, Stuttgart 1974, Kohlhammer

Sixtl, F.: Meßmethoden der Psychologie, Weinheim 1967, Beltz

Kritik von Testerei und Diagnostik

Autorenkollektiv: Psychologie – eine Form bürgerlicher Ideologie, Heidelberg 1974, Sendler
Becker, M.: Der vermessene Mensch, in: betrifft: erziehung, 8 (1975), S. 143–146
Dörner, K.: Diagnosen in der Psychiatrie, Frankfurt am Main 1975, Campus
Drenth, P.: Der psychologische Test, München 1969, Barth
Flossdorf, B.: Kreativität und die Grenzen der Psychometrie, in: Psychologie und Gesellschaft, 2 (1978), S. 73–98
Gross, M. L.: Die Seelentester, Düsseldorf 1963, Econ
Hartmann, H.: Psychologische Diagnostik, Stuttgart 1970, Kohlhammer
Hoffman, B.: The tyranny of testing, New York 1962
Lorenz, A. L. L.: Psychodiagnostik in der Psychiatrie, Gießen 1974, Achenbach
Mischel, W.: Personality and assessment, New York 1968, Wiley
Neander, J.: Objektivierte Lernerfolgsmessung in der Gesamtschule – Fortschritt für wen? in: Die Deutsche Schule, 1 (1973), S. 35–47
Packard, V.: The naked society, New York 1964
Putnam, H.: Reductionism and the nature of psychology, in: Cognition, 2 (1973), S. 131–146
Rexilius, G.: Zur Problematik der Intelligenz und ihrer Messung, in: Bruder, K. J., u. a.: Kritik der Pädagogischen Psychologie, Reinbek 1976, Rowohlt
Whyte, W. H.: Herr und Opfer der Organisation, Düsseldorf 1958
Zeuch, W.: Was spricht gegen die Anwendung von Testverfahren?, in: Die Deutsche Schule, 65 (1973), S. 340–349

Rechtsfragen der Testanwendung

Fehnemann, U.: Rechtsfragen des Persönlichkeitsschutzes bei der Anwendung psychodiagnostischer Verfahren in der Schule, 1976
Krieger, H. J.: Die Medizinisch-Psychologischen Institute bei den technischen Überwachungsvereinen (Aufgaben, Ergebnisse und juristische Kritik), in: Deutsches Verwaltungsblatt, 1964, S. 410ff
Kühne, H. H.: Innerbehördliche Schweigepflicht von Psychologen, in: Neue Juristische Wochenschrift, 1977, S. 1478ff
Kühne, H. H., und Schwaiger: Zum Recht der Heilbehandlung durch Psychologen, 1976
Leipold: Einstellungsfragebögen und das Recht auf Arbeit, in: Arbeit und Recht, 1971, S. 161ff
Peters, K.: Die prozeßrechtliche Stellung des psychologischen Sachverständigen, in: Undeutsch, U. (Hg.): Handbuch der Psychologie, Bd. 11: Forensische Psychologie, Göttingen 1967, S. 768ff
Schmidt, K. H.: Mitbestimmungsrechte des Betriebsrates bei der Verwendung psychologischer Testverfahren, in: Der Betrieb, 1974, S. 1910ff
Westenberger, N. M.: Verkehrspsychologische Testverfahren und das Grundgesetz, Diss. jur., Mainz 1967

Personennamenregister

Abels, D. 287f
Ahrens, H. J. 74
Amelang, M. 192
Amrine, M. 36
Amthauer, Rudolf 217ff
Anastasi, A. 14, 135–137, 139f, 146, 149, 151
Arnhold, W. 37

Barendregt 142
Bartenwerfer, H. 287f
Bauer, W. 80, 254, 255
Bäuerle, S. 231, 232
Baugham, E. E. 137
Baumgärtel, Frank 232
Becker, M. 120
Beckmann, Dieter 247ff
Bell, F. O. 135
Belser, H. 99, 117f, 134, 141
Benton, A. L. 319ff
Berg, M. 251ff
Berger, Hartwig 240, 246
Bernal, John Desmond 79
Bernstein, L. 138
Bierkens, P. B. 128, 144, 146f, 156
Binet, Alfred 13, 16, 20ff, 28, 31f, 46f, 212, 214, 291
Blanke, Thomas 109, 168ff
Blaser, P. 238, 245f
Blomberg, S. 144
Bobertag 22, 47, 212, 215
Bondi 301
Bondy, Curt 210, 212, 315
Borgatta, E. F. 142
Bottenberg, E. H. 239, 242f, 247, 256ff, 261
Braun-Munzinger, F.-C. 217, 250
Brem-Gräser, Luitgard 272ff
Brickenkamp, R. 194, 203, 218, 221, 223f, 227f, 262, 271, 286, 287ff
Brogden 45
Bruder, K.-J. 78
Buggle, Franz 232
Bühler, Charlotte 33, 294
Buhr, Manfred 74
Burdenski, W. 187
Burt, Cyril 18, 21, 35

Calden, G. 138
Campbell, F. A. 136
Cantril, H. 136
Cassell, P. H. 137
Cattell, McKeen 20, 28
Cattell, R. B. 117, 128, 147, 230
Cleveland, S. E. 137
Cohen, L. B. 138
Cohen, Rudolf 144f, 156, 315
Costello, C. G. 138
Cranach 145
Cronbach, L. J. 14, 25, 33, 34
Crow, W. J. 144

Dahl 210f
Darwin, Charles 16
Davidson, H. H. 256, 261
Davis, W. E. 138
Dearborn, W. F. 139
Dick, Franz 238, 247, 279, 285
Dörner, K. 145, 156f, 167, 238, 247, 269, 272
Drenth, P. 13, 22, 33, 35, 112, 135
Duhm, E. 261ff
Düker, H. 286f
Dunkel, Berthold 287f, 290

Ebbinghaus, H. 27
Ebel, R. L. 118, 140, 152
Eggert, D. 311, 315ff
Ernst, H. 18, 35
Eschenbach, A. E. 142
Exner, J. E. 137
Eysenck, Hans-Jürgen 21, 229, 232
Eysenck, Sybill 232

Faber, Ch. 214, 216
Fahrenberg, J. 229ff
Feger, H. 42
Fehnemann, U. 187

Ferdinand, W. 161, 270, 272
Fiddleman, P. G. 136
Fippinger, Franz 305
Fischer, G. 54, 62, 64, 122f, 154, 260, 261
Flanagan, J. C. 138
Flossdorf, B. 153
Freedman 36
Frenz, H.-G. 96, 145
Friedenberg, E. Z. 161
Friedrich, W. 99

Gaedike, A.-K. 120, 152f
Galilei, Galileo 61
Galton, Francis 13, 16ff, 31f, 46, 83f, 88, 110
Gehring, A. 238, 245f
Gibby, R. G. 137
Gillie, O. 35
Gleser, G. 14, 25
Goldberg, L. R. 142, 144
Golden, M. 142
Goldwater, Barry 35
Gonsior, Jutta 201
Goodenough, F. L. 13
Groffmann, K. J. 13
Gross, L. 137
Gross, M. L. 36, 203
Grubitzsch, Siegfried 33, 40ff, 47, 50, 75ff, 210, 212, 311, 313, 315
Guilford, J. P. 207, 238, 243f, 247
Guion, R. M. 45
Gulliksen, H. 64, 110
Gutjahr, W. 53, 54, 62, 74, 113, 116, 122, 132f, 146f, 150

Hamlin, R. M. 144
Hammond, K. R. 144
Hansen, J. 261ff
Hardesty, A. 210
Hardesty, Francis 212
Hartmann, H. 137, 138
Hase, F. 189
Hata 137
Hathaway, S. R. 237, 241, 247
Hays, W. L. 74
Heckhausen, Heinz 21, 291, 292f
Heiss, R. 109
Heller, K. 114f
Henning, W. 99
Henry, E. M. 138
Herff, E. 292
Herrmann, Th. 89
Herrmann, Ulrich 296, 298, 304, 307, 319
Herrnstein, R. J. 40
Hertrich, O. H. 267f
Hetzer, Hildegard 294, 298f
Hilkert, A. N. 135
Hill, K. T. 139
Hiltbrunner, Hermann 266
Hiltmann, H. 112, 118, 268, 287
Hobi, V. 244, 247
Hoeth, F. V. 140
Hoff, A. L. 135
Hofmann, W. 40
Hofstätter, Peter 51, 96, 102, 109, 160
Holzkamp, Klaus 24, 279, 285
Hopf, D. 38
Hörmann, H. 98, 113, 261ff
Horn, Hartmut 296ff
Horn, W. 221ff
Hoppe, S. 250
Hoyt, K. B. 135
Huber, Michaela 255
Hunt, W. A. 144
Hyman, H. H. 136

Ingenkamp, Karlheinz 106, 113, 134, 149, 151f, 293, 298, 305, 307, 315
Irle, M. 277ff

Jackson, D. N. 244, 247
Jäger 50
James, William 28, 30f
Jencks, C. 120
Jensen, Arthur 17f, 21, 33, 35, 37
Jones 117
Jung, C. G. 269

Kamin, L. J. 18, 21, 34f
Kamratowsky 294f
Kant, Immanuel 183
Kautter, H. 307
Keil, W. 280, 285
Kelley, T. L. 135
Kemmler, Lilly 118, 291, 292f
Kerekjarto, M. 211f, 214f, 217

Kern, Artur 291, 293
Kern, H. 159, 164
Kettel, K. J. 280, 281, 285
Keupp, H. 238, 247
Kirchner, W. K. 138
Klatskin, E. 138
Klaus, Georg 74
Kline, P. 117
Klopfer, B. 256, 261
Koch, Karl 266ff
Koebler, V. 140
Kornmann, Reiner 292f, 300ff, 316
Kostlan, A. 142
Kraepelin, Emil 238
Kramer, J. 84f
Krapp, Andreas 99, 292f
Krasner, L. 158
Krevelen, D. A. van 203
Krüger, K. 24f, 96, 106
Kuder 282
Küffner, H. 109
Kukulka, R. 214, 217
Kury, H. 231f
Küttner, Enno 201
Kuze 137

Ladeur, K. M. 189
Landauer, P. 164
Lange, K. 27
Langfeldt, H.-P. 116, 122, 132, 149
Lauber, H. 210
Lienert, G. A. 14, 64, 80, 88, 98f, 100–102, 110f, 214, 216, 242f, 247, 249f, 283, 285–287
Liepmann, D. 250
Lipmann, O. 29
Lippmann, Walter 34
Little, K. B. 145
Liungman, Carl G. 46, 84
Locke, John 188
Lord, F. M. 54, 64, 106, 137
Lorenz, A. L. L. 162
Löschenkohl, E. 143, 161, 270, 272
Luft, J. 137
Lüer, Gerd 315ff

Mackenzie, B. 17
Magnusson, D. 103
Maikowski, R. 37
Mandel, Ernest 159
Mandl, Heinz 99, 292, 293
Mao Tse-tung 165
Marks, J. 167
Marks, P. A. 142
Marsolek, Th. 149
Masling, J. 137
Matthes, Peter 37
Maydell, B. von 187
McCarthy, D. 138
McKinley, J. C. 237
Meckel, H. 216
Meehl, P. 113, 128, 145, 241, 247
Mehl, J. 119
Meili 102
Meis, Rolf 293ff, 303
Merrheim, A. 47
Merrill 226
Messick, S. 244, 247
Mischel, W. 142, 144, 167
Möbus, C. 99
Moog, W. 261ff
Moskowitz, M. J. 30
Müller, M. 187
Münsterberg, Hugo 13, 16, 27ff, 32, 47, 164

Neander, J. 129, 162
Nestmann, Frank 265, 323
Nettler, G. 35
Nicholson, W. N. 138
Nikol, F. 164
Novick, M. R. 54, 64, 106
Nunally 106

Orth, B. 53, 74
Orwell, George 177
Oskamp, S. 144, 145
Ottomeyer, Klaus 151

Paczensky, Susanne v. 37
Parsons, T. 161
Pawlik, Kurt 116, 286, 287–290
Pawlow, I. P. 271
Pearson, K. 19f, 88, 92, 110
Peez, H. 293
Pestalozzi, Heinrich 26
Peterson, J. 12, 18f, 20, 39, 167
Pfeiffer, G. 214, 216f

Priester, Hans J. 211f, 214f, 217
Putnam, H. 133, 166

Quereshi, M. Y. 139

Raats, Ulrich 296
Raatz, M. U. von 311
Rabin, A. 136
Rasch, G. 53f, 69–72, 154, 227
Raven, J. C. 226ff, 294, 316
Reichenberg-Hackett, W. 138
Reincke, W. 318f
Reinhartz, A. 313
Reischmann, J. 113
Remmers, H. H. 251
Rexilius, Günter 51, 112ff, 221, 272, 277
Richard, P. M. 112
Richardson 282
Richter, Horst-Eberhard 247ff
Rieder, Oskar 305
Riemenschneider, Lothar 296
Robinson, D. 136
Rohde, S. 136
Rokita, Walter 247, 285
Rorschach, Hermann 33, 37, 136–138, 142, 195, 256ff
Rosenthal, R. 137
Rosenzweig, S. 261
Rosner, Anton 209, 232
Rosnow, R. L. 137
Roth, Heinrich 296
Rothè, C. 109
Rothney, J. 139
Rott, G. 37
Rotter, J. B. 138
Rüdiger, D. 99, 293, 295
Ruch, F. L. 42

Sacks, E. L. 137
Sader, M. 280, 285
Sanders, R. 137
Sarason, S. B. 139
Scharlau 318
Schellhorn, W. 187
Schenk, J. 231, 232
Schlevoigt, Gerhard 296
Schmalohr 216
Schmid, Rudolf 12ff, 20, 26f, 33, 37, 43, 84, 158ff, 163f, 187, 238, 247
Schmidt, G. 214, 215
Schmidtchen, S. 194
Schmitz 318
Schneider, F. 26
Scholz, G. 134
Schröder, R. 267, 268
Schuck, K.-D. 311
Schulte, Dietmar 72
Schumann, M. 159, 164
Schwarz, Elisabeth 296
Sehringer, W. 269, 271f
Seifert, K. H. 29
Selg, H. 80, 254f
Seyfried, H. 288
Shimberg, B. 251
Shneidman, E. S. 145
Sigismund, Berthold 26
Silverman, L. K. 144
Simkins, L. 138
Simmat, W. E. 280f, 285
Simon, 22, 25f
Simon, B. 112, 118–121, 124f, 127, 131, 134, 160
Simons, H. 99
Sines, L. K. 142
Solschenizyn, Alexander 177
Soskin, W. F. 142
Spada, H. 69, 227, 228
Spearman, Ch. 19, 117, 212
Spreen, O. 237, 241, 243f, 319ff
Staabs, Gerhild von 274ff
Städell, B. 267f
Stern, W. 23, 29, 110
Sterzel, Dieter 109, 168ff
Stevens, S. S. 54, 59f
Storz, L. 307
Süllwold, Fritz 251ff, 296
Summerwell, H. 138

Tappe, Ulrich 237
Taylor, F. W. 31, 45–47
Tent, Lothar 298
Terman, Louis M. 22, 34, 38, 226
Thomae, H. 42
Thurstone, L. L. 19, 117, 219, 222
Tiedemann, J. 192, 291–293
Titze, H. 161
Tolor, A. 267f

Torrance, E. P. 153
Traxler, A. E. 135
Tröger, H. 24f, 96
Tsudzuki, A. 137

Uhr 161, 270, 272
Ullmann, L. P. 158

Voigt, B. 163

Wacker, A. 33, 37, 187
Walter, J. 187
Walter, Paul 47, 51ff, 110f, 154, 228, 261, 274
Warburton, F. W. 117, 128, 147
Wartegg, Ehrig 195, 269ff
Watkins, G. S. 46
Weber, W. 110
Wechsler, D. 23, 41, 142, 210ff, 226
Wehner, E. G. 239, 242f, 247
Weise, G. 194
Weiser, Achim 217, 250
Weiss, R. 207ff
Wendeler, J. 13
Wendt, D. 51
Werts, C. E. 142
Wewetzer, K. H. 195, 304
Whyte, W. H. 30f, 36, 123f
Wicht, Gerhard 296
Wickes, T. A. 137
Willmann, Otto 26
Winkelmann 216
Wissler 20
Witzlack, G. 293
Wundt, B. 19f, 27f

Yerkes 34

Zielinski, W. 214, 216f
Zimbardo, P. G. 42, 139

Sachwortregister

(Abkürzungen siehe Erläuterung der Testabkürzungen S. 325f)

Abstraktion von Inhalten 123, 146
– von Realität 25–27, 118–121, 179, 230, 263, 278, 280, 284; siehe auch Meßbarkeit und Abstraktion; Quantifizierung; Testsituation; Verdinglichung
Abstraktionsfähigkeit 217, 311
Abweichung vom statistischen Durchschnitt 20–23, 25, 76, 85, 106ff, 161ff; siehe auch Bezugsgruppe; Binet; Normalität und Normen; Normperson
Abweichungs-IQ 23
Acquieszenz 233, 244
Administration 157, 180ff
Aggression-Frustrations-Theorie 261ff
Aggressivität 229, 257f, 261ff
Allgemeinbildung 210, 213, 222, 306
Alter siehe die einzelnen Tests
Ambivalenz 240
Anamnese 142
«Angleichung von Mann und Werk» 29f, 46f; siehe auch Eignungsdiagnostik; Personalauslese
Angst-Test (Cattell) 230
Anpassung 41f, 164f, 265
Anthropometrie 18f
Anwendungsgebiete von Tests 116, 168f, 192f, 197f, 204, 209–211, 219, 227, 233, 238f, 247, 251, 270, 276, 288f; siehe auch die einzelnen Tests; Eignungsdiagnostik; Klinische Diagnostik; Schule, Diagnostik in der
Antwortmöglichkeiten 230, 235f, 240, 244, 279f
Arbeitshaltung 297, 313, 316; siehe auch Qualifikation
Arbeitsorganisation 46f
Arbeitsplatzanalyse 29
Arbeitsvermittlung siehe Personalauslese
AST 2, 3, 4 305–307
Aufgabenanalyse 80–82
Aufstiegsorientierung 162–164
Auswertungsobjektivität 128, 233f, 240, 245f

Baum-Test 196, 266–268
Bedeutsamkeit 57, 59–61
Befinden, soziales 248f, 252f, 256; siehe auch Umfeld, soziales; Verhalten, soziales
Begabung, technische 222
Begabungsunterschiede, «natürliche» 24f, 27; siehe auch Galton
Bender-Gestalt-Test 144
Benton-Test 319–323
Beobachtungsbogen 297
Berufsberatung siehe Eignungsdiagnostik; Personalauslese
Berufsgruppenprofile 218–221
«Betriebsführung, wissenschaftliche» 31, 46f; siehe auch Taylor
Betriebspsychologie 29f; siehe auch Scientismus; Münsterberg, H.; Personalauslese; Psychotechnik
Bezugsgruppe 126, 218f; siehe auch Abweichung vom statistischen Durchschnitt
Bilderordnen 210, 213
Bildungsinstitutionen, Zuordnung zu 16, 22–27, 46; siehe auch Schule; Hochschulzulassungstest
Binet-Simon-Testreihen 22, 294
Biometrie 18f
BIT 277–285
BTS 289

CAT 196ff
Charakterologie 271, 276
CFT 2, 3 207–209
CMM-LB 199, 311–313, 316

d 2 288–290
Debilität 22, 25, 34
Denkfähigkeit, allgemeine 217, 222, 311
–, konvergente 207
–, räumliche 207, 217, 226, 302
–, rechnerische 210, 213, 217, 222, 287, 305f, 308
–, schlußfolgernde 217, 226, 311
Depressivität 229f, 239, 242f
Determinationskoeffizient 95
Differenzierungsfähigkeit 294, 296f, 301
Diskriminationsfähigkeit (der Sinnesorgane) 18–20
– in Korrelation mit Intelligenz 18f; siehe auch Sinnesphysiologie
Disziplinierung 43f, 153; siehe auch Arbeitshaltung; Kontrolle; Qualifikation
Dominanzstreben 229, 248
Durchführungsobjektivität 128, 134ff, 240
DVET 293–296

Eichstichprobe 106–109
Eichung 85, 106–109
Eigenschaft, latente 154f, 173, 177; siehe auch Innerlichkeit; Persönlichkeitsmodell; Privatsphäre; Verhalten als Indikator für Eigenschaften
Eigentumsverhältnisse 160ff
Eignungsdiagnostik 29f, 46, 48, 168, 221ff, 277–285; siehe auch BIT; I-S-T; LPS; Personalauslese
Eindeutigkeit 57–59; siehe auch Homomorphie
Ein- und Mehrdimensionalität 58, 68
ENNR 230
Entwicklungsniveau 266ff, 294, 296; siehe auch Reifebegriff; Schulreifetests
EPI 230f
Erbdetermination 17, 21, 151f; siehe auch Galton; Jensen; Intelligenzbegriff; Persönlichkeitsmodell
Erkenntnistheorie 62f
Erregbarkeit 229f
Erwünschtheit, soziale 229, 237, 244, 255, 265; siehe auch Kontrolle
Etikettierung 157, 322; siehe auch Klassifikation; Persönlichkeitsmodell der Kliniker
Extraversion-Introversion 229, 232f, 235, 239

Face validity 140f, 259
Fähigkeit (Begriff) 116f; siehe auch Konstrukte; Meßbarkeit und Abstraktion
Faktoren 117f; siehe auch Intelligenzfaktor
Falldiagnostik 33, 51, 72f, 76–78, 146f, 276; siehe auch Klinische Diagnostik
Fallgeschichte 142, 167, 276
Familie in Tieren 272–274
Festschreibung des Ist-Zustands 16f, 24, 79, 125, 127, 132, 162–164, 246; siehe auch Stabilisierungsfunktion von Tests; Wissenschaftlichkeit
FPI 198, 229–232
Fremdbestimmung 55, 62ff, 284f
FST 296–298
Führerschein (exemplarisch für Persönlichkeitsrechte) 169, 172–181, 185f, 288

Gaußsche Kurve 85ff, 124, 281; siehe auch Normalverteilung
Gedächtnisleistung 213, 217, 316; siehe auch Merkfähigkeit, visuelle
Gehemmtheit 229f
Gelassenheit 229f
Genetik 16f
Genieforschung siehe Galton
Geschlechtsunterschiede 229f, 235, 239f, 244, 252f, 263
Geselligkeit 229f
Gesetzmäßigkeiten 28f, 42
Gewaltverhältnis 181–183
Gießen-Test 247–250
Graphologie 267; siehe auch Baum-Test; Familie in Tieren; WZT
Graphoskopie 269ff
Grundbefindlichkeit, emotionale 248f, 252, 256
Gruppentest für soziale Einstellung 235
Gruppentests 33, 106, 305; siehe auch die einzelnen Tests; Falldiagnostik

Gulliksen-Technik 110
Gültigkeit siehe Validität

Halo-Effekt 145
Hanes, KJ 232–237
HAWIE 41, 196ff, 210-212
HAWIK 196ff, 212–217
Hirnschädigung 302f, 319ff
Hochschulzulassungstest 32, 37f, 170
Holtzman Inkblot Technique 260
Homomorphismus 56–59
Hypochondrie 239
Hypomanie 239
Hysterie 239

Ideologie 162–165; siehe auch Legitimation
Individualpsychologie 28
Inhaltsgültigkeit 97, 253f
Innerlichkeit 177–181; siehe auch Eigenschaft, latente; Persönlichkeitsmodell; Privatsphäre; Vergesellschaftung der inneren Natur
Institution, totale 181f
Intelligenz (Begriff) 117–119, 131, 151, 159, 161, 165, 210, 217, 219f, 227
–, verbale 120f, 210, 213, 217, 222, 294, 305f, 308, 315; siehe auch Sprachentwicklung; Wortschatztests
– und Normalverteilung 124f
Intelligenzfaktor, allgemeiner 207f, 212, 226
–, spezieller 116, 212, 226
Intelligenzquotient 23, 151
Intelligenztest 116f, 207–228 (CFT; HAWIE; HAWIK; I-S-T; LPS; SPM, Raven)
– und soziale Schicht 98f, 120f, 126f, 134, 150f, 219, 225, 296; siehe auch Unterschichtkinder
–, sprachfreier siehe Benton-Test; CMM-LB; SPM, Raven
Interessen (Begriff) 278f
Interessentest 277–285 (BIT)
Interpretation, qualitative 204, 210
Interpretationsobjektivität 128, 241f, 246, 250; siehe auch Urteilsbildung
Intervallskalenniveau 61, 68, 92, 123, 154; siehe auch Skalen
Interview 142
Irrtumswahrscheinlichkeit 104f
Isomorphismus 73
I-S-T (70) 198, 207, 217–221
Itemselektion nach Vortest 81
Itemvorauswahl 79, 117, 121

Jensen-Debatte 33, 35, 37; siehe auch Jensen
JEPI 232

Kalkulierbarkeit von Verhalten 42f
KAT 235
Klasse vs. Schichtbegriff 162f
Klassifikation 38, 41, 59, 160, 302; siehe auch Etikettierung
Kleinkindertest 294
Klinische Diagnostik 72f (Verhaltenstherapie), 113, 210f, 238, 248, 262, 270, 275, 319–323 (Benton-Test); siehe auch Falldiagnostik
KLT 196, 286f
Kognition 120, 152
Kollektivität 166
Kombinationsfähigkeit 207, 210, 213, 217
Konfliktsituationen 261ff, 275
Konsistenz 101
Konstrukte 41, 50, 62f, 116ff; siehe auch Meßbarkeit und Abstraktion
Konstruktvalidität 98, 230, 234, 291, 300
Kontrolle 49, 113, 140, 157f, 323; siehe auch Disziplinierung; Kalkulierbarkeit von Verhalten; Kontrollskalen; Vorhersagbarkeit von Verhalten
Kontrollskalen 244f, 248; siehe auch Lügenskala
Konzentrations-Leistungs-Tests 286–290 (d2; KLT; KVT)
Konzentrationsfähigkeit 213, 286–290, 302
Körperkoordination 301, 313, 316f
Korrelationskoeffizient 82, 90, 92–96
Korrelationsrechnung 19f, 90f
Kreativität 152f
Kriterien, institutionelle 24–27 (Schule), 113
Kritik, immanente 53, 55, 201f

–, gesellschaftliche 53, 55, 75, 114f
KST 303
Kulturunabhängigkeit 226, 228
KVT 196, 287f

Legitimation gesellschaftlicher Bedingungen siehe Festschreibung des Ist-Zustands; Stabilisierungsfunktion von Tests
– von Hierarchie siehe Rangordnung und Rangplatzzuweisung
– von Selektion 23–25, 40f, 51, 113, 161, 163, 176, 291f, 315f, 318
Lehrerurteil 207f, 214, 219f, 286; siehe auch Übereinstimmungsvalidität
Leistungsbegriff 158f
Leistungstest 116; siehe auch LPS; Konzentrations-Leistungs-Tests; Schulleistungstests
Lernbehinderte siehe Tests für Lernbehinderte
Lernen, programmiertes 150
Lohnarbeit 43–50, 179
LOS 316f
Loyalität 44f, 164f
LPS 198, 221–226
Lügendetektor 172f
Lügenskala 233, 236

Matrizentest 316; siehe auch SPM (Raven)
Mensch-Maschine-System 43f, 159
Menschenbild 161, 177f, 179
– und gesellschaftlich-historische Dimension 17, 133; siehe auch Persönlichkeitsmodell
Menschenrechte 170ff
Menschenwürde 171–181, 188
Merkfähigkeit, visuelle 319
Meßbarkeit und Abstraktion 63, 71, 116ff; siehe auch Abstraktion; Konstrukte; Quantifizierung; Validität; Verdinglichung
Meßbegriff 61–64, 122
Meßfehler 64f, 67, 100ff, 123, 125; siehe auch Standardmeßfehler
Meßmodell 122–124
–, probabilistisches 69; siehe auch Rasch-Modell
Meßtheorie 52ff, 57f
–, Axiome der 57–61
–, Kritik der 61–64, 122f
– und Testtheorie 58
Messung (Def.) 54–57; siehe auch Meßbegriff; Meßtheorie
Minnesota-Preschool-Scale 294
Mittelwert 85–87
MMPI (Saarbrücken) 142, 195f, 237–247
MMQ 207, 231
Mosaiktest siehe HAWIE
MPI 230f, 270
MST 99

Naturwissenschaft Psychologie 28–31, 54, 122, 124, 132f; siehe auch Anthropometrie; Biometrie; Psychometrie; Scientismus; Sinnesphysiologie
Neger und Europäer 17f, 21, 35
Nervosität 229f
Neurotizismus 229, 232, 235f, 248
Normalität und Normen 79, 125f, 127, 151f, 161ff, 164, 241f, 244, 309; siehe auch Abweichung vom statistischen Durchschnitt; Eichung; Normperson; Verhalten, abweichendes
Normalverteilung 21, 24, 46, 83–89, 92, 102, 104, 124ff, 133
Normperson 76, 106, 164; siehe auch Abweichung vom statistischen Durchschnitt; Eichung; Normalität und Normen

Objektivität 127–129, 163
–, def. als interpersonelle Übereinstimmung 83, 89, 106
–, spezifische 70f
siehe auch Auswertungs-; Durchführungs-; Interpretationsobjektivität; Wissenschaftlichkeit
Offenheit 229

Paralleltest 67, 100, 103
Pauli-Test 207
Peabody Picture Vocabulary Test 301, 316
Pearson-Bravais (Methode) 92
Personalauslese 16, 27–32, 44f, 48,

159f, 168f, 185, 189, 238, 262, 277–285; siehe auch Betriebspsychologie; Eignungsdiagnostik
Persönlichkeitsmodell 116–120, 129, 155, 229f, 271
– und Invarianz 116f, 123, 130f
– der Kliniker 145, 259f; siehe auch Etikettierung
siehe auch Menschenbild; Verhalten als Indikator für Eigenschaften
Persönlichkeitsrecht 36, 170ff; siehe auch Führerschein
Persönlichkeitstest 112, 116, 142, 170ff
–, objektiver 229–255 (FPI; GT; Hanes; Problemfragebogen für Jugendliche); siehe auch Objektivität; Wissenschaftlichkeit
–, projektiver 33, 76–78, 127f, 136, 142f, 196f, 256–277 (Baum-Test; Familie in Tieren; PFT; Rorschach; Sceno-Test; WZT)
–, spezifischer vs komplexer 194f
PFT 261–265
Population 80
Positivität 58
Pragmatismus 30f, 62f, 68, 72f; siehe auch Theorie-Praxis-Bezug
Primärfähigkeiten 221f
Privatsphäre 171, 173, 176–181, 184; siehe auch Innerlichkeit
Proband, Situation des 138–141, 260, 263, 265; siehe auch Erwünschtheit, soziale; Kontrolle; Testangst; Testleiter; Testsituation
Problemfragebogen für Jugendliche 251–255
Produktionsintensivierung 45f
Produktionsprozeß 43–50, 185f
– und Diagnostik 158–160
Produkt-Moment-Korrelation 88, 92
Prozentrangordnung 281f
PSB 1–4 198
Psychasthenie 239
Psychometrie 76, 78, 133, 146f, 194, 197
Psychopathie 239, 241, 244
Psychophysik 124
Psychosomatik 229f, 248, 253
Psychotechnik 28, 30f; siehe auch Münsterberg

Qualifikation 44f, 47–49, 159f, 169f, 185, 263–265, 271, 284
–, prozeßgebundene 159
–, prozeßunabhängige 159f, 164, 169; siehe auch Arbeitshaltung; Disziplinierung
Quantifizierbarkeit 15, 24, 41f, 47, 76, 133, 153; siehe auch Meßbarkeit und Abstraktion; Psychometrie; Standardisierung; Verdinglichung

Rangordnung und Rangplatzzuweisung 15–17, 23, 32, 109, 163
Rasch-Modell 53, 69–72, 154, 227
–, Kritik am 71f
Rassentheorie 18, 33f; siehe auch Jensen
Ratefähigkeit 222
Rechts-Linkshändigkeit 301
Rechtssituation von Tests 36f, 168ff; siehe auch Führerschein; Menschenrecht; Menschenwürde; Persönlichkeitsrecht; Privatsphäre
Regressionslinie 94
Reifebegriff 291, 296
Relative 55–61, 122, 130
Reliabilität 47, 66–68, 88, 100–106; siehe auch Konsistenz; Paralleltest; Retest; Testhalbierung
Repräsentation 57f
Retest 100, 234
Ro 3B 260
Rorschach-Verfahren 37, 136f, 138, 142, 195ff, 256–261

SBL I und II 307–311
Sceno-Test 196, 274–277
Schätzwert 89–97
Schule 23f, 182f, 186f, 189, 251f
–, Diagnostik in der 12f, 98f, 114, 161f, 168, 209, 214; siehe auch Lehrerurteil; Schulerfolg; Schulleistungstests; Schulreifetests; Tests für Lernbehinderte
Schulerfolg 97, 131
Schulleistungstests 305–307 (AST 2, 3, 4) siehe auch Tests für Lernbehinderte
Schulreifetests 143, 290–304 (FST; DVET; TES; WTA)
Schwachsinnige siehe Debilität

Schwierigkeitsgrad (von Items) 80–82, 88, 110
Scientismus 30f
Selektion siehe Legitimation von Selektion
Signifikanzprüfung 110
Sinnesphysiologie 19f, 22; siehe auch Diskriminationsfähigkeit
16PF 230
Skalen 57, 154
– -niveau 57, 59–61, 63, 68, 70f, 92; siehe auch Intervallskalenniveau
SLS 313–315
Sozialdaten 142, 167, 276, 296
Sozialdarwinismus 16f, 21, 23f, 34
Spearman-Brown-Verfahren 111
SPM (Raven) 226–228
Sprachentwicklung 294, 313; siehe auch Entwicklungsniveau; Intelligenz, verbale
Stabilisierungsfunktion von Tests 35, 113, 157f, 160–166, 170, 246; siehe auch Festschreibung des Ist-Zustands
Standardabweichung 86f, 108
Standardisierung 125–127, 135
– des Unterrichts 149f
Standardmeßfehler 67, 102ff, 111
Stanford-Binet-Test 34, 226 (Revision)
Stichprobe, repräsentative 80, 89, 127
Stichprobenunabhängigkeit 70–72
Stochastisches Modell 154f; siehe auch Rasch-Modell; Verhalten als Indikator für Eigenschaften
Störvariable 100, 125, 129, 135–141; siehe auch Proband; Testleiter; Testsituation
Strafverfahren 168, 174f, 259
Symmetrie 58
Szondi-Test 196f

TAT 195ff
Tau-Äquivalenz 67
TBGB 315–319
TES 300–304
Test als Entscheidungshilfe/-zwang (Zuordnung) 14ff, 32, 35, 40f, 112f, 147f; siehe auch Legitimation von Selektion; Rangordnung und Rangplatzzuweisung
– als Prüfungssituation 40f, 75, 109, 113, 165, 322f
– und Öffentlichkeit 35f; siehe auch Administration; Rechtssituation
Testangst 139f, 239, 319
Testanspruch 112–114, 116ff
Testarten 193f, 196–198, 205ff; siehe auch Anwendungsgebiete von Tests
Testdefinition 14, 40, 76, 78, 112
Testgeschichte und gesellschaftlicher Hintergrund 13–39, 43–51; siehe auch Produktionsprozeß; Qualifikation
Testgütekriterien siehe Objektivität; Reliabilität; Validität
Testhalbierung 101
Testkonstruktion 78ff
Testleiter 136–138, 259, 280; siehe auch Durchführungsobjektivität; Proband; Testsituation
Testrohwerte 80, 82ff
–, Häufigkeitsverteilung der 82–89
Tests für Lernbehinderte 307–319 (SBL; SLS; TBGB)
Testsituation 10f, 40, 117f, 119f, 128, 134–141, 236f, 239, 260, 263; siehe auch Abstraktion von Realität; Proband; Test als Prüfungssituation; Testleiter; Verhalten, Situationsabhängigkeit von
Testtheorie 52ff, 64–68; siehe auch Meßtheorie
–, Axiome der 64–67
–, Kritik der 68
Theorie-Praxis-Bezug 52, 69, 146f, 149f; siehe auch Erkenntnistheorie; Pragmatismus
Transformation, zulässige 57, 59, 71
Transitivität 58
Trennschärfe 80–82, 88

Übereinstimmungsvalidität (mit Außenkriterium) 90–97, 131, 207f, 214, 219f, 230, 234, 244; siehe auch Lehrerurteil; Schätzwert
Umfeld, soziales siehe Familie in Tieren; Gießen-Test; Sceno-Test

Unterschichtkinder 120f, 161f; siehe auch Intelligenztest und soziale Schicht
Unterschiede, interindividuelle 40, 76, 106, 121f, 134
– und Vergleichbarkeit 40, 49f, 70–72, 125f
–, intraindividuelle 40, 72, 76, 106
Urteilsbildung 143–148
– durch klinische Erfahrung 144, 146, 250, 257f, 260, 267; siehe auch Interpretationsobjektivität
Urteilsfehler 145f

Validität 50, 68, 71, 88, 89–100, 129–132; siehe auch Face validity; Inhaltsgültigkeit; Konstruktvalidität; Übereinstimmungs-; Vorhersage-; Zuwachsvalidität
Variable (Def.) 110
Varianz 86
Varianzanalyse 66
Verdinglichung 41f, 55, 62ff, 68, 73, 78; siehe auch Fremdbestimmung; Quantifizierung
Vereinzelung 129, 179; siehe auch Privatsphäre; Testsituation
Vergesellschaftung der Erziehung 182f
– der inneren Natur 184–186; siehe auch Innerlichkeit
Verhalten als Indikator für Eigenschaften 76, 122f, 125, 154, 173, 177; siehe auch Eigenschaft, latente; Innerlichkeit; Persönlichkeitsmodell; Privatsphäre; Stochastisches Modell
–, abweichendes 157f, 161; siehe auch Abweichung vom statistischen Durchschnitt; Normalität und Normen
–, soziales 173, 177f, 261ff, 297, 313; siehe auch Befinden, soziales; Umfeld, soziales
–, Situationsabhängigkeit von 230, 238f; siehe auch Abstraktion von Realität; Testsituation
siehe auch Kalkulierbarkeit und Vorhersagbarkeit von Verhalten
Verhaltenswissenschaft 150–152
Vertrauensintervall 67, 104f
Vineland Social Maturity Scale 318
Vorhersagbarkeit von Verhalten 40–43; siehe auch Disziplinierung; Kalkulierbarkeit von Verhalten; Kontrolle; Vorhersagefähigkeit von Tests
Vorhersagefähigkeit von Tests 40–42, 50, 100, 131f, 148, 161, 167, 208; siehe auch Vorhersagevalidität
Vorhersagevalidität 97, 100, 130, 132, 227, 283, 292

«Wahrer Wert» 64, 67f, 104, 123
Wahrnehmung 222, 302
Wahrscheinlichkeitsrechnung 87f, 104; siehe auch Meßmodell, probabilistisches
Wertneutralität 28, 31f; siehe auch Wissenschaftlichkeit
Wischmas 270
Wissenschaftlichkeit 40f, 49, 51, 55, 68, 128f, 155, 175; siehe auch Objektivität
Woodworth-Mathews-Skala 235
Wortschatztest 210, 213, 222, 305, 316
WSS 294
WTA 120, 298–300
WZT 196, 269–272

Zufall 154f
Zuverlässigkeit siehe Reliabilität
Zuwachsvalidität 142, 147
Z-Werte 108